¡En ruta!

Writing and Consulting Staff

WRITERS
Guillermo Lawton-Alfonso
Jorge García-Rodríguez
Madela Ezcurra
Grammar summaries by
James W. Harris
*Massachusetts Institute
of Technology*
Exercises by
Douglas Morgenstern
*Massachusetts Institute
of Technology*

GENERAL CONSULTANT
Dora F. Kennedy
*Prince George's County Schools
Upper Marlboro, MD*

CULTURE CONSULTANT
Jo Anne Engelbert
*Montclair State College
Upper Montclair, NJ*
Elena Marra-López
*The Sidwell Friends School
Washington, DC*

CONSULTING EDITOR
Marina Liapunov

TEACHER CONSULTANTS
Helene Isaac
*Briarcliff High School
Briarcliff Manor, NY*

Fiorina Martínez
*South Shore High School
Brooklyn, NY*

Jack Thayer
*Rolling Hills High School
Rolling Hills Estates, CA*

Henry P. Ziegler
*Princeton High School
Cincinnati, OH*

¡En ruta!

Review Grammar

Spanish: Advanced Level

HBJ **HARCOURT BRACE JOVANOVICH, PUBLISHERS**

Orlando   New York   Chicago   San Diego   Atlanta   Dallas

ACKNOWLEDGEMENTS

For permission to reprint copyrighted material, grateful acknowledgment is made to the following sources:

René Avilés Fabila: Adaptations of "La máquina de máquinas" and "La máquina suprema" from *Fantasía en carrusel* by René Avilés Fabila.

Lucha Corpi: "Romance chicano" by Lucha Corpi from *Chicanos: Antología histórica y literaria* by Tino Villanueva.

Ediciones de la Flor S.R.L.: Comic strips numbered 400 from *Mafalda 2;* first frame from 638 and 805 in *Mafalda 3;* and 1006, 1057, and first frame from 1104 from *Mafalda 5* by Quino.

Editorial Losada S.A.: "La guitarra" and from "Baladilla de los tres ríos" in *Poema del cante jondo* by Federico García Lorca. From "Oda al cobre" in *Odas elementales* by Pablo Neruda. "Sensemayá" from *Sóngoro cosongo* by Nicolás Guillién.

Editorial Porrúa, S.A.: "Los ratones de Fray Martín" and "Palla-Huarcana" (Retitled: "La Ñustita"), both adapted from *Tradiciones peruanas* by Ricardo Palma.

Emecé Editores S.A.: Adapted from "El Sur" in *Ficciones* by Jorge Louis Borges.

Espasa-Calpe, S.A.: From *Martín Fierro* by José Hernández.

Margarita García Flores: Adaptation of "Mafaldas o Susanitas" by Margarita García Flores from *La mujer* by Margarita Michelena *et al.*

Luis González: "Yo soy chicano" by Luis González from *Chicanos: Antología histórica y literaria* by Tino Villanueva.

Librería Juan Mejía Baca: "Mi corbata" by Manuel Beingolea, adapted from *La narración en el Perú* by Alberto Escobar.

National Geographic Magazine: "A Traveler's Tale of Ancient Tikal" (Retitled: "Un antiguo juego de pelota") by Alice J. Hall from National Geographic, Vol. 148, Number 6, December 1975. "The Great Temple" (Retitled: "Las excavaciones del Templo Mayor") by Eduardo Matos Moctezuma from *National Geographic,* Vol. 158, Number 6, December 1980.

Quipos S.R.L.: Comic strips from *Mafalda 7* by Quino. © by Quino. Published by Editorial Lumen.

PHOTO CREDITS

ART CREDITS

Introduction

¡En ruta! is a review grammar intended for use in advanced level Spanish courses. Certain sections of the textbook can also be used for review during intermediate Spanish courses.

This textbook does not review the entire Spanish grammar. Its purpose is to review and extend those grammar constructions introduced in *Nuestros amigos* and *El mundo de la juventud.*

¡En ruta! is a random-access grammar. The teacher does not have to start with Chapter 1 and finish with Chapter 16, but can pick out points of grammar that students may not have had or may not know very well.

Each chapter opens with an introductory theme that provides examples of the grammar reviewed in the chapter. In addition to the grammar summaries and exercises, each chapter also contains reading selections that involve social, economic, and historical issues. The reading selections are also random-access. New vocabulary is treated independently in each chapter. The readings cover subjects that are of interest to our students. Many selections are original magazine articles, adapted stories, and realia. Topics include sports, ecology and environmental concerns, ambitions of young people, computers, spending money, women in professional life, popular music, humor. Students will be able to apply many of these topics to their own lives and will be stimulated to form opinions and express them. Each reading selection is followed by content and discussion questions. Often specific projects are suggested and can be prepared for oral and/or written presentation in class. This gives students the opportunity to get more deeply involved in the topic.

Contents

7

8

¡En ruta!

Estudiantes en el extranjero

Los estudiantes delante de la puerta del Colegio Universitario
Lucio Anneo Séneca, donde estudian.

—Silvia, ¿cómo te va con los exámenes? ¿No te parece difícil la composición en español? ¿Has vencido todas las dificultades? Yo no, creo que a mí me cuelgan.

—Pues, Jorge, yo tengo más problemas con el curso de administración de empresas. Me matriculé en él porque así estudio contabilidad y computadoras—el mundo moderno depende de las computadoras y de la alta tecnología—pero, ¡qué problemas tengo con la programación! Creo que esta noche no puedo salir con vosotros. Me voy a comer un emparedado en mi habitación y me paso la noche estudiando.

Ella toma varios cursos de computadoras: introducción, principios y ciencia de computadoras. El consejero de su escuela americana le recomendó tomar menos cursos, pero ella es ambiciosa y disciplinada. Y no sólo espera pasar sus cursos sino que también se quiere distinguir en todos ellos.

Silvia estudia toda la noche.

en Córdoba, España

¿Hay más gazpacho? —pregunta Silvia.
—¡Qué rico está! Esta noche mando la receta a Wisconsin, a mis antiguos compañeros de escuela. ¿No crees, Ramón, que es buena idea?

—Vale, pero yo soy un enamorado de las gambas. ¿Y qué crees de la tortilla de patatas? Toda la comida me gusta aquí. ¿Hay más flan? Espero no engordar mucho en España . . .

—¿Te acuerdas, Jorge, de la entrevista con el representante de la universidad?

Al día siguiente, los estudiantes almuerzan juntos.

En el patio de la escuela, los chicos conversan alrededor de la fuente.

—Sí. Primero me preguntó si me interesaba la arquitectura. Le contesté que sí. Es por eso que quiero estudiar en Andalucía, para ver el maravilloso arte moro: la Giralda de Sevilla, la Mezquita de Córdoba, y la Alhambra y el Generalife de Granada. ¡Todo es tan bonito aquí! Estoy gastando una fortuna en rollos de película.

—Pues yo—dice Laura—quise venir a Córdoba para especializarme en historia. Es la ciudad del espíritu. ¡Puedo recoger tanta información aquí! Aquí vivieron personas muy famosas como los filósofos Séneca, Maimónides y Averroes. Aquí convivieron el Islam, el cristianismo y el judaísmo. Córdoba fue la capital de la España musulmana, del siglo VIII al XI, admirada en toda Europa por su cultura, ciencia y arte. Creo que estudiar y vivir en Andalucía va a ser una experiencia maravillosa para todos nosotros.

—El sábado voy a visitar la Mezquita y luego el Alcázar. ¿Queréis venir conmigo?

—Yo no puedo, Rocío. Tengo clase de montar a caballo.

—¡No te enfades, Rocío! pero yo tampoco puedo. Voy a un concierto de rock.

—¿Y tú, Jorge?

—Sí, Rocío, pero si volvemos temprano, porque a las siete tengo clase de baile flamenco.

—Estupendo. El sábado a las diez de la mañana paso por tu cuarto.

Lucio Anneo Séneca (¿4?-65) (Córdoba)

Maimónides (1135-1204) (Córdoba)

Averroes (1126-1198) (Córdoba)

La Mezquita de Córdoba, templo musulmán construido por los árabes

Puente romano sobre el Río Guadalquivir, Córdoba

Ejercicios

1 Preguntas

1. ¿En qué ciudad están estos estudiantes americanos? ¿En qué país se encuentran?
2. ¿Qué cursos estudia Silvia? ¿Con qué tiene problemas ella?
3. Según Silvia, ¿de qué depende el mundo moderno?
4. ¿Qué le recomendó el consejero de su escuela americana?
5. ¿Qué receta va a mandar Silvia a sus amigos en Wisconsin?
6. ¿De qué es un enamorado Ramón? ¿Qué otra comida española le gusta a él?
7. ¿Por qué quiere Jorge estudiar en Andalucía? ¿Qué quiere ver allí? ¿En qué está gastando una fortuna?
8. ¿Qué es Córdoba para Laura? ¿Qué personas famosas vivieron en Córdoba? ¿Qué religiones convivieron allí?
9. ¿Por qué varios de los chicos no pueden pasear con Rocío el sábado? ¿Qué tienen que hacer?
10. ¿Quién la puede acompañar? ¿Por qué Jorge tiene que volver temprano?

2 ¿Qué crees?

1. ¿Es buena o mala idea estudiar algún tiempo en otro país? ¿Por qué?
2. ¿Preferirías vivir con una familia española o tener un apartamento con estudiantes españoles de tu edad? ¿Por qué?
3. Después de la escuela secundaria, ¿piensas ir a la universidad, aprender un oficio o trabajar para ganar dinero? ¿Por qué?
4. ¿Prefieres estudiar para astronauta, ingeniero, experto en computadoras, arquitecto, médico, profesor, músico, piloto, reportero . . . ? ¿Por qué?

THE PRESENT INDICATIVE

REGULAR -ar, -er, AND -ir VERBS

All Spanish verbs end in **-ar, -er,** or **-ir** in the infinitive form. Those that end in **-ar** make up the largest group.

The present indicative forms of regular **-ar, -er,** and **-ir** verbs are illustrated in the following charts.

Present Indicative of Regular -ar Verbs: **estudiar**	
(yo) **estudio**	(nosotros, -as) **estudiamos**
(tú) **estudias**	(vosotros, -as) **estudiáis**
(Ud., él/ella) **estudia**	(Uds., ellos/ellas) **estudian**

Present Indicative of Regular -er Verbs: **comer**	
(yo) **como**	(nosotros, -as) **comemos**
(tú) **comes**	(vosotros, -as) **coméis**
(Ud., él/ella) **come**	(Uds., ellos/ellas) **comen**

Present Indicative of Regular -ir Verbs: **vivir**	
(yo) **vivo**	(nosotros, -as) **vivimos**
(tú) **vives**	(vosotros, -as) **vivís**
(Ud., él/ella) **vive**	(Uds., ellos/ellas) **viven**

USING vosotros AND vosotras

Vosotros and **vosotras** are the plural forms of **tú** used in Spain. In Spanish America the plural of **tú** is **ustedes.**

2nd Person Singular (Familiar)	*2nd Person Plural*	
	Spanish America	*Spain*
tú **viajas**	ustedes **viajan**	vosotros, -as **viajáis**
tú **aprendes**	ustedes **aprenden**	vosotros, -as **aprendéis**
tú **escribes**	ustedes **escriben**	vosotros, -as **escribís**

1. The **vosotros, -as** ending for regular **-ar** verbs in the present tense of the indicative is **-áis: estudiáis, viajáis, habláis.**

2. The **vosotros, -as** ending for regular **-er** verbs in the present tense of the indicative is **-éis: coméis, aprendéis, vendéis.**

3. The **vosotros, -as** ending for regular **-ir** verbs in the present tense of the indicative is **-ís: vivís, escribís, abrís.**

4. Notice that *all* forms have a written accent in the last syllable.

SPELLING (ORTHOGRAPHIC)-CHANGING -er AND -ir VERBS

Certain **-er** and **-ir** verbs undergo a *spelling change* in the stem before the ending **-o** of the **yo** form. This spelling change preserves the sound of the stem as pronounced in the infinitive.

1. Verbs ending in **-cer** or **-cir** change **c** to **z**.
   a. **-cer.** EX.: **vencer** *(to conquer, overcome),* **(yo) venzo; convencer** *(to convince),* **(yo) convenzo; ejercer** *(to exert),* **(yo) ejerzo.**
   b. **-cir.** EX.: **zurcir** *(to mend),* **(yo) zurzo; esparcir** *(to scatter, spread),* **(yo) esparzo.**

2. Verbs ending in **-ger** or **-gir** change **g** to **j**.
   a. **-ger.** EX.: **escoger** *(to choose),* **(yo) escojo; proteger** *(to protect),* **(yo) protejo; recoger** *(to gather),* **(yo) recojo.**
   b. **-gir.** EX.: **dirigir** *(to direct),* **(yo) dirijo; afligir** *(to afflict),* **(yo) aflijo; fingir** *(to pretend),* **(yo) finjo; exigir** *(to demand),* **(yo) exijo.**

3. Verbs ending in **-guir** change **gu** to **g**. EX.: **distinguir** *(to distinguish),* **(yo) distingo; extinguir** *(to extinguish),* **(yo) extingo.**

3 ¡Yo también! ⊗

Change the following sentences, using the **yo** form of the corresponding verb.

MODELO   Nosotros **escogemos** los discos para la fiesta.
           Yo escojo los discos para la fiesta.

1. Ramón **dirige** un grupo musical.
2. Jorge y Laura **exigen** silencio para estudiar.
3. Nosotros **convencemos** a Silvia para que prepare un gazpacho.
4. Laura **vence** todas las dificultades.
5. Ellos se **distinguen** en sus estudios.
6. No **recogen** flores en los jardines del Generalife.

4 ¿Y vosotros? ⊗

Change the following statements into questions using the **vosotros** form of the verb.

MODELO   Nosotros **comemos** en la cafetería.
           ¿Coméis vosotros en la cafetería?

1. Nosotros **estudiamos** español hace tres años.
2. Los atletas **vencen** los obstáculos sin problemas.
3. Silvia **escribe** una carta a toda la clase.
4. Ustedes **escogen** las tarjetas que mandan.
5. Laura **visita** la Mezquita.
6. Yo **creo** que todo es muy bonito en Andalucía.
7. Los chicos **gastan** mucho dinero en rollos de película.
8. Silvia se **distingue** mucho en los exámenes.
9. Nosotros **recogemos** la información necesaria.
10. Tú **estás** cansado de bailar tanto.

USES OF THE PRESENT TENSE

In both Spanish and English, the present tense is used in very similar ways. The following are the cases in which Spanish uses the simple present indicative, but English uses something else.

	Spanish	English
1. TO EXPRESS EVENTS IN PROGRESS	SIMPLE PRESENT TENSE Silvia **toma** varios cursos. ¿Qué **estudia** Laura ahora? ¿Con quién **hablo?**	PRESENT PROGRESSIVE ("be . . .ing") Silvia is taking several classes. What is Laura studying now? With whom am I speaking?
2. TO REFER TO EVENTS PLANNED OR INTENDED FOR THE NEAR FUTURE	SIMPLE PRESENT TENSE Esta noche **como** temprano. Les **mando** la receta más tarde. ¿**Pasean** con nosotros el sábado?	FUTURE TENSE Tonight I will eat early. I will send them the recipe later. Will you take a stroll with us on Saturday?
3. IN QUESTIONS ASKING FOR PERMISSION OR INSTRUCTIONS	SIMPLE PRESENT TENSE ¿**Bailamos?** ¿Dónde **dejo** estos papeles? ¿**Contesto** que sí o que no?	"SHALL . . ." Shall we dance? Where shall I leave these papers? Shall I answer yes or no?
4. IN INFORMAL SITUATIONS, IN PLACE OF A COMMAND FORM	SIMPLE PRESENT TENSE Primero **estudias** y luego **miras** televisión.	IMPERATIVE Study first and then watch television.
5. EVENT OR STATE THAT BEGAN IN THE PAST AND CONTINUES IN THE PRESENT	SIMPLE PRESENT TENSE WITH hace AND desde *(since)* **Hace** dos horas que **espero** a Laura. **Espero** a Laura desde **hace** dos horas. **Estudia** en Córdoba desde septiembre. ¿Desde cuándo **están** en España? ¿Cuánto **hace** que no lo **ves?**	PRESENT PERFECT TENSE I have been waiting for Laura for two hours. He has been studying in Córdoba since September. How long have they been in Spain? How long has it been since you've seen him?

5 ¿Cuánto hace?/¿Desde cuándo?

Work in pairs. Ask your partner the following questions, which he or she will answer using **hace que, hace, desde hace,** or **desde;** then switch roles. You have four different possibilities, so don't repeat your partner's answers.

MODELO ¿Cuánto hace que estudias español?
Hace tres años que estudio español. / Estudio español hace cuatro meses. / Estudio español desde hace diez días. / Estudio español desde 1982.

1. ¿Cuánto hace que tú hablas español?
2. ¿Desde cuándo estás en esta escuela?
3. ¿Cuánto hace que asistes a esta clase?
4. ¿Desde cuándo vives en la misma casa?

5. ¿Cuánto hace que no les escribes a tus amigos españoles?
6. ¿Desde cuándo conduces un coche?

Refrán

". . . Que no hay refrán que no sea verdadero, porque todos son sentencias sacadas de la misma experiencia, madre de las ciencias todas . . ."

Don Quijote a Sancho Panza
Don Quijote de la Mancha, Cap. XXI

---

el **refrán** *proverb, popular saying*   la **sentencia** *aphorism, maxim*

ser AND estar

Both **ser** and **estar** correspond to the English verb *to be*.[1] They cannot be interchanged without producing a change in meaning or a grammatically incorrect sentence.

Ser is the basic verb *be* in Spanish; **estar** is used only in special cases. It is therefore easier to list the special cases where **estar** is required—everything else is **ser.** The following chart illustrates the uses of **estar.**

estar
1. Location
Estar is used to express where something or someone is.
Córdoba **está** en España.   *Cordoba is in Spain.*
Silvia **está** en la universidad.   *Silvia is at the university.*
2. **estar** + . . . **-ndo**
Estar is used as the auxiliary verb in progressive constructions.[2]
Estoy gastando una fortuna.   *I am spending a fortune.*
Ellos **estaban estudiando** mucho.   *They were studying a lot.*
Ella **estuvo viajando** por un año.   *She was traveling for a year.*
3. Incidental condition
Estar is used to express how something or someone is at a particular time.
El gazpacho **está** muy rico.   *The gazpacho is very good.*
Jorge **está** cansado.   *Jorge is tired.*

SPECIAL CONTRASTS WITH ser AND estar

1. Some adjectives have one meaning when they are used with **ser** and a different meaning when they are used with **estar.** The following list illustrates some common examples. Notice that in every case **estar** + *adjective* refers to the state or condition someone or something happens to be in, while **ser** + *adjective* never does.

La bruja **es mala.**
The witch is wicked.

La bruja **está mala.**
The witch is sick.

La lección **es aburrida.**
The lesson is boring.

El estudiante está **aburrido.**
The student is bored.

Los aguacates **son verdes.**
Avocados are green.

Ese aguacate **está verde.**
That avocado is not ripe.

Lola **es lista.**
Lola is clever.

Tato **está listo.**
Tato is ready.

El camino **es seguro.**
The road is safe.

El chófer **está seguro.**
The driver is sure.

---

[1] **Ser** is irregular in the present tense of the indicative (p. 51), present subjunctive (p. 249), imperfect (p. 152), preterit (p. 102), and past subjunctive (p. 250). **Estar** is irregular in the same tenses except for the imperfect. Remember that sometimes the equivalent of "be" is neither **ser** nor **estar.** For example, **hacer frío,** *to be cold (the weather);* **tener frío,** *to be cold (a person or an animal);* **tener sueño,** *to be sleepy;* and so on.
[2] Other verbs can be used for different meanings in progressive constructions. See p. 197 ff.

2. To express where an event happens, **ser** is used. **Estar** is used to express location.

El banquete **es** en el Hotel Imperial.   La comida **está** en la mesa.
The banquet is at the Imperial Hotel.   *Dinner is on the table.*

El concierto **va a ser** aquí.   ¿Dónde **está** la orquesta?
The concert is going to be here.   *Where is the orchestra?*

3. Both **ser** and **estar** can be used with adjectives that modify the subject, but the meaning is different depending on which verb is chosen. **Ser** is used to talk about characteristic qualities of the subject; **estar** is used to talk about incidental states or conditions.

El gazpacho **es bueno.**   Este gazpacho **está horrible.**
Gazpacho is good.   *This gazpacho is horrible.*

Las fiestas **son divertidas.**   Esta fiesta **está muy aburrida.**
Parties are fun.   *This party is very boring.*

Ejercicios

6 **La carta de Allan** ⊗ ▢

Provide the appropriate present-tense forms of **ser** or **estar** to complete the following letter.

Córdoba, 13 de agosto

Querida mamá:

¡España _____ un país maravilloso! Yo _____ gastando una fortuna en rollos de película. Los pueblos _____ tan bonitos que la tentación de sacar fotos _____ irresistible.

Esta noche _____ mi primera fiesta con los demás estudiantes americanos del grupo. Nosotros no _____ juntos; vivimos en diferentes partes de la ciudad. Yo _____ con una familia muy simpática. Mi ''madre'' española _____ muy simpática; se parece a ti. Ella _____ maestra de español y por las noches _____ estudiando inglés.

Mi ''hermano'' español _____ mi mejor amigo aquí. Él _____ muy alto y le gustan los deportes. Corremos una hora o dos todos los días. Él se _____ preparando para un maratón y _____ importante que siga practicando hasta el día de la carrera. Él _____ muy popular entre las chicas; creo que esto _____ muy bueno para mí.

Mi ''padre'' español _____ de Córdoba. Él _____ médico y _____ muy interesado en la música. Toca en una orquesta. Su primer concierto _____ mañana.

Bueno, esto _____ todo por ahora. Te mando unas fotos con esta carta.

Con mi cariño de siempre,

Allan

P.D. Estoy muy contento pues ya sé usar la máquina de escribir.

7 ¿Qué pasa aquí?

Refer to the drawing to describe what is happening in the city. Use the present indicative. Then pretend you are the people themselves and use the first person singular.

Verbos útiles

beber	cantar	correr	gritar	llamar	montar	reparar	tocar
comer	conversar	escuchar	hablar	mirar	pasear	sentarse	

8 Elena y Eduardo: "Un favor muy especial"

Complete the following conversation by supplying an appropriate present-tense or infinitive verb form for each blank. In some cases, more than one choice of verb is possible.

abrir	creer	desear	estudiar	invitar	pasar
acompañar	deber	estar	gustar	llamar	ser

ELENA —Eduardo, hace mucho tiempo que tú y yo _____ amigos, ¿verdad? Quiero pedirte un favor muy especial. ¿Recuerdas a mi prima Carmen? La conociste el año pasado. Ella _____ alta, bonita y muy simpática. ¿Por qué no la _____ por teléfono para saludarla? Me imagino que _____ en casa ahora; todavía _____ temprano.

EDUARDO —Está bien, pero ¿qué favor _____ ése?

ELENA —Como Carmen _____ de Madrid, no conoce a nadie aquí, en Córdoba. ¿Por qué no la _____ y vais juntos a la fiesta de Raúl?

EDUARDO —Tú _____ una chica estupenda, siempre piensas en los demás. Pero, no sé... yo _____ muy ocupado. Dices que la fiesta _____ esta noche, ¿no? Pero si yo no _____ para el examen de mañana, ¡me cuelgan!
¡Hace un poco de calor! ¿Te importa si _____ una ventana?

ELENA —Si quieres; pero Eduardo, tú _____ cambiando de tema. Mira, tú te _____ la vida estudiando. Si no vas a la fiesta esta noche, vas a _____ pensando en ella todo el tiempo y no vas a _____ nada. Recuerda que en las fiestas de Raúl la comida siempre _____ fabulosa.

EDUARDO —Oye, tengo hambre... ¿_____ comer algo? ¿Unos bocadillos?

ELENA —No, gracias. Eduardo, escúchame. Piensa en el problema de Carmen, por favor. Ella _____ muy aburrida en casa. ¿Por qué tú no la _____?

EDUARDO —Tu prima _____ muy simpática, pero yo _____ que no le _____ bailar. Ella no _____ como tú. Elena, ¿por qué tú no me _____ a la fiesta?

ELENA —¿Yo? Gracias, pero...esta noche...no sé... yo _____ estudiar para el examen de química. Oye, ya _____ tarde, _____ irme. Adiós.

9 Eso no es nada

All the following sentences express complaints or boasting. Work in groups. A student from one of the groups reads the sentence aloud. Then, the students from one team will change it and the students from the opposing side will try to outdo them by making the statement more outrageous. (Change the underlined elements as well as any other words that are necessary.)

MODELO   Estoy muy solo. <u>Mis amigos</u> están en <u>otro estado</u>.

GRUPO A   *Eso no es nada. Mis padres están en Argentina y mis amigos viven en España.*

GRUPO B   *Eso no es nada. Yo vivo en Andalucía y mi familia vive en la Luna.*

1. Tengo muchísima hambre. Hace <u>dos días</u> que sólo como <u>pan</u>.
2. Va a ser <u>una noche</u> fabulosa. Vamos a ir a <u>un concierto de rock</u> y después a <u>una discoteca nueva</u>.
3. Mi nuevo <u>coche</u> es estupendo. Lo hicieron en <u>Madrid</u> especialmente para mí.
4. <u>Mi familia</u> tiene mucho dinero. <u>La boda de mi hermana mayor</u> va a ser <u>en el Hotel Alfonso XIII</u> y uno de los invitados es el <u>rey de España</u>.
5. Tengo <u>un perro</u> que es <u>muy grande</u> y <u>muy inteligente</u>. <u>Habla tres idiomas</u>.

10 ¡A otro perro con ese hueso! *(Go tell it to somebody else!)*

Work in pairs. One student acts as don Celestino, who tends to confuse the facts. After listening to what don Celestino has to say, the other student has to react accordingly. (You may have to do some research before you reply, if you are not certain of your facts.) Depending on what don Celestino says, you may choose from the following lists of expressions, or come up with your own.

POSSIBLY TRUE	RIDICULOUS
¿De veras?	¡A otro perro con ese hueso!
¡Qué interesante!	¡Qué tonto!
¡Qué pena!	¡Absurdo!
¡Estupendo!	¡Qué ridículo!

MODELOS   1. DON CELESTINO   —El mundo moderno depende de las gambas.
          TÚ   —*¡Qué tonto! Depende de las computadoras.*
          2. DON CELESTINO   —El hijo de mi vecino estudia sin parar.
          TÚ   —*¡Estupendo! Así lo aceptan en la Universidad de Córdoba el año que viene.*

1. La semana próxima viajo a Texas para ver la Alhambra.
2. Esa señora española es la tía de Maimónides.
3. Me gusta el flan pero, según mi doctor, no debo comerlo.
4. Este año mi hermano se matricula en arquitectura para estudiar arte moro.
5. Todos los turistas que regresan de España hablan de la Mezquita de Córdoba, un pequeño insecto sin importancia.
6. Por las tardes monto a caballo con algunos amigos.
7. El Generalife es el nuevo presidente de la provincia de Granada.
8. Mi prima está en Andalucía estudiando baile flamenco y el folklore de esa región.
9. Mi entrevista de hoy es con un gazpacho de Sevilla.
10. A la hora del almuerzo veo más de mil estrellas en el cielo.

Silvia le escribe a su clase en Wisconsin. ⊗

Córdoba, 11 de julio

Queridos amigos:

Os escribo muy de prisa. Tengo mucho que hacer. Estoy muy ocupada. Ahora estoy esperando a unos amigos. Les[1] espero para ir a montar a caballo. Después tenemos una clase de baile flamenco...¡con una gitana!

Espero que estéis bien. Yo estoy muy bien también. Los chicos españoles son muy guapos y dicen "piropos." ¡Me encanta!

Os mando aquí una receta de "gazpacho." Es muy fácil y rápida de hacer. Pienso que la podéis hacer para toda la clase. También os mando una tarjeta del interior de la "mezquita," un templo musulmán. La mezquita de Córdoba fue construida entre los siglos VIII y X cuando los moros estaban en España. En su interior hay una catedral hecha después por los cristianos.

Me parece que va a ser fantástico vivir aquí. Esta ciudad era llamada en un tiempo el "Corazón del mundo."

Extraño la comida nuestra, pero aquí los mariscos son estupendos. Estoy muy contenta de estar aquí. Os extraño y os mando un gran abrazo para todos.

Como veis, os escribo usando "vosotros." Es para practicar, porque aquí nadie habla usando "ustedes."

Cariños para todos vosotros,

Silvia

Gazpacho andaluz

3 tomates, picaditos
1 diente de ajo
1 pimiento verde, picadito
1/2 cebolla, picadita
1/4 de pepino, picadito
4 cucharadas de aceite de oliva
2 cucharaditas de vinagre
1 rebanada de pan
1 1/2 tazas de agua fría
Sal y pimienta a gusto

Se pone todo en una mezcladora y se mezcla unos pocos segundos. Si resulta muy espeso, se le puede agregar un poco de agua o jugo de tomate. Se sirve muy frío, con pedacitos de pepino y tomate, y cubitos de pan frito en aceite y ajo.

---

el **abrazo** *hug*
el **aceite de oliva** *olive oil*
la **cebolla** *onion*
el **cubito** *cube*
la **cucharada** *tablespoon*
la **cucharadita** *teaspoon*

de prisa *in a hurry*
el **diente de ajo** *garlic clove*
espeso, –a *thick*
extrañar *to miss*
el **gitano, –a** *gypsy*
la **mezcladora** *blender*

mezclar *to mix*
el **pepino** *cucumber*
picadito, –a *minced*
el **pimiento verde** *green pepper*
el **piropo** *flattery, compliment*

---

[1] See footnote, p. 220, for the use of **le/les** as direct object pronouns in Spain.

Ejercicios

11 Preguntas

1. ¿De dónde escribe Silvia?
2. ¿A quién escribe?
3. ¿Qué les envía en la carta?
4. ¿Qué es una mezquita?
5. ¿Cuándo fue construida la Mezquita de Córdoba?
6. ¿Quiénes la construyeron?
7. ¿Qué edificio se encuentra dentro de la mezquita?

12 Actividades

1. Siguiendo el modelo de la carta informal de Silvia, escribe una carta a un amigo, amiga o pariente, describiendo tu ciudad o tu pueblo. Ten en cuenta la ciudad, la fecha, el saludo y la despedida como se indica en el modelo.

   a. La ciudad y la fecha:
   Córdoba, 11 de julio
   Madrid, 16 de diciembre

   b. Saludo:
   Queridos amigos:
   Estimada tía:
   Apreciado Ramón:

   c. Despedida:
   Cariños para todos vosotros,
   Afectuosamente,
   Recuerdos,

   Incluye en la carta las actividades que has tenido durante la semana o los planes que tienes para el fin de semana.

2. Vas a pasar un semestre estudiando en España. Tu "familia" española tiene un hijo o una hija de tu edad. Escribe una carta, presentándote a tu nuevo "hermano" o "hermana." Cuéntale de tu vida en los EE.UU., tu familia, tus intereses. Cuéntale tus planes y pregúntale qué piensa de ellos. Menciona también la fecha y hora de tu llegada y el número de vuelo. Pregúntale sobre los miembros de su familia, su colegio, sus maestros, sus amigos, etc., para tener una idea mejor de la vida en España.

13 ¿Eres tú?

Work in pairs. Ask your partner the following sets of questions, and then reverse roles. If you want, assume the identity and personality of someone completely different from yourself and give unusual answers.

Identificación

1. ¿Quién eres?
2. ¿De dónde eres?
3. ¿Cómo eres?
4. ¿Cuántos años tienes?
5. ¿Cómo estás hoy?
6. ¿Dónde vives?
7. ¿Eres hijo/a único/a? ¿Tienes hermanos/as? ¿Cuántos años tienen?
8. ¿Eres tú el/la mayor o el/la menor de tus hermanos?

Tu vida

1. ¿Consideras tú que eres buen o mal estudiante? ¿Por qué?
2. ¿Tienes algún deporte favorito? ¿Cuál es?
3. ¿Qué es lo que te gusta hacer durante tu tiempo libre?
4. ¿Qué haces generalmente los fines de semana?
5. ¿Qué te gustaría hacer este fin de semana?
6. ¿Y en tus próximas vacaciones?
7. ¿Te gusta la música? ¿Qué tipo de música te gusta más? ¿Por qué?
8. ¿Tocas algún instrumento musical? ¿Cuál es?
8. ¿Tocas algún instrumento musical? ¿Cuál es?

14 ¿Quién es?

Write, in Spanish, about one of your classmates. Read the description aloud to the class, and have them guess who the classmate is.

Séneca (¿4?-65) ⊗

Lucio Anneo Séneca. Filósofo hispanolatino, nació en Córdoba, entonces una ciudad romana de Hispania (nombre latino de la Península Ibérica). Fue maestro del emperador Nerón y cónsul del Imperio Romano. Dramaturgo y ensayista, se distingue principalmente por su filosofía moral, inspirada en la doctrina estoica.

A continuación se dan unos párrafos de Séneca y unos proverbios suyos.

Ira

Es necesario evitar la ira, sea contra el igual, sea contra el superior, sea contra el inferior. El resultado de la lucha contra el igual es problemático; luchar contra el superior es insensato; y vil contra el inferior.

¿Se enoja alguno? Atráele con beneficios. La lucha termina en cuanto uno de los dos abandona su puesto. Para combatir se necesitan dos. ¿Te ha golpeado? Retírate. Al devolverle los golpes, le darás ocasión de darte más.

Proverbios

Nunca es tarde para aprender.

El que callar no puede, hablar no sabe.

El árbol que muchas veces se transplanta no crece.

---

a continuación *following*
atraer *to attract*
callar *to be silent*
combatir *to fight*
el dramaturgo, –a *playwright*
el ensayista, la e. *essayist*
estoico, –a *stoical*

golpear *to hit*
hispanolatino, –a *of or from Spain in Roman times*
el igual, la i. *one's equal*
insensato, –a *senseless*
la ira *anger, wrath*
la lucha *struggle*

luchar *to fight*
nacer *to be born*
Nerón *Nero, Roman emperor (37–68 A.D.)*
el párrafo *paragraph*
vil *vile, despicable*

Maimónides (1135-1204) ⊗

Moisés Ben Maimón. Nace en la Córdoba musulmana, en una distinguida familia judía. Fue médico, escritor y pensador español, tal vez, intelectualmente, el hombre más brillante de España. Su fama principal es como filósofo religioso, quien ayudó a establecer las normas del judaísmo.

Aún joven, huye de Córdoba con su familia a causa de persecuciones religiosas por parte de los musulmanes. En el norte de África se dedica a la práctica de la medicina y llega a ser el médico del famoso sultán Saladino, en El Cairo. Mientras tanto continúa sus estudios, escribe y actúa como consejero. En una carta a un amigo, dice:

"Yo vivo en El Cairo, corte de Egipto, y tengo la mayor confianza del gran sultán a quien, debido a mi empleo, visito diariamente mañana y tarde; y cuando él o alguno de su familia está indispuesto, no salgo del palacio en todo el día... Si no ocurre nada, vuelvo a mi casa al mediodía, muerto de hambre y de cansancio. Encuentro la casa llena de gentiles y judíos, de nobles y plebeyos, de jueces y mercaderes, de amigos y aún de los que no lo son, que me están esperando. Muchos tienen que esperar hasta la noche, porque son tantos los que me visitan, que me ocupan toda la tarde; de modo que, algunas veces, me vence el sueño de tal modo, que me quedo dormido en la misma conversación sin poder decir palabra."

actuar *to act*
la **confianza** *trust*
la **corte** *court*
de modo que *so that*
de tal modo *in such a way*
el **escritor, -a** *writer*
huir *to flee, run away*

indispuesto, -a *indisposed, sick*
judío, -a *Jewish*
el **juez**, la **j. (pl. jueces)** *judge*
llegar a ser *to become*
el **mercader, -a** *merchant*
la **palabra** *word*

el **pensador, -a** *thinker*
el **plebeyo, -a** *plebeian, common*
por parte de *by, on the part of*
quedarse dormido *to fall asleep*
el **sueño** *sleep*

Ejercicios

15 Preguntas

1. ¿Dónde nace Séneca y qué es esa ciudad cuando nace él?
2. ¿Por qué se distingue principalmente Séneca y en qué doctrina se inspira?
3. ¿Contra quién considera Séneca que es necesario evitar la ira?
4. ¿Cuántos se necesitan para combatir, según Séneca?
5. ¿Cuándo termina la lucha?
6. ¿Dónde nace Maimónides y qué es esa ciudad entonces?
7. ¿En qué tipo de familia nace él?
8. ¿Cuál es su fama principal y qué ayudó a establecer él?
9. ¿Por qué huye de Córdoba y a qué se dedica en el norte de Africa?
10. ¿De quién es médico y dónde?

16 ¿Qué crees?

1. ¿Qué piensas de los párrafos de Séneca sobre la ira?
2. ¿Por qué?
3. ¿Qué piensas del proverbio de Séneca sobre el árbol? ¿Por qué?
4. ¿Qué crees que le da más satisfacción a Maimónides, ser médico de palacio o aconsejar a los que visitan su casa?
5. ¿Por qué?

17 Debate

¿Es una buena idea estudiar en un país hispánico por un tiempo?

The class should be divided into two groups: one in favor and one against. The following points should be taken into account:

A favor

- Es mejor practicar el idioma en un país donde éste se habla.
- Al vivir en un país cuyo idioma se estudia, podemos conocer mejor sus costumbres y cultura.
- El vivir con chicos de la misma edad nos ayuda a entender sus puntos de vista sobre el mundo actual.
- Viajar por España o por países hispanoamericanos es una magnifica oportunidad.
- Se pueden apreciar personalmente las formas de arte: pintura, escultura *(sculpture)*, arquitectura.
- Podemos ser representantes de buena voluntad *(good will)* de nuestro país al vivir en el extranjero.

En contra

- Se puede aprender el español en los EE.UU. sin tener que salir del país.
- No es necesario viajar al extranjero. La cultura de otro país puede ser apreciada por igual en museos y bibliotecas, viendo películas en el cine y mirando programas de televisión.
- El estudiar en otro país—aunque se aprenda muy bien el español—puede afectar nuestros estudios en los EE.UU.
- Es mejor viajar y conocer los EE.UU. antes que viajar por el extranjero.
- Es mejor usar el dinero del viaje para otra cosa—comprar un auto o una computadora, por ejemplo—o para los estudios en la universidad.
- Es mejor seguir con los amigos que ya se tienen en vez de hacer amigos nuevos en otro país.

18 Ejercicio de composición

Using the points of the previous debate as a guide, write a short composition about your own ideas on this subject.

19 Refrán   "No hay regla sin excepción."

¿Crees que este refrán es cierto o no? ¿Por qué? ¿Piensas que su significado ha sido verdadero alguna vez en tu experiencia personal? ¿Cuándo? ¿Por qué? ¿En qué caso o casos podrías usar este refrán?

VOCABULARIO

el **baile**   *dance*
la **computadora**   *computer*
la **contabilidad**   *accounting*
el **emparedado**   *sandwich*
la **empresa**   *business, company*
el **enamorado, –a**   *lover*
el **espíritu**   *spirit*
la **fuente**   *fountain*

la **gamba**   *shrimp*
el **principio**   *principle, fundamentals*
el **rollo de película**   *roll of film*

disciplinado, –a   *disciplined*
rico, –a   *good*
siguiente   *next*

convivir   *to coexist, live together*
enfadar(se)   *to get annoyed or angry*
engordar   *to get fat*
tomar   *to take*

delante   *in front*
vale   *okay*

Palabras similares

la **administración**   *administration, management*
la **arquitectura**   *architecture*
la **ciencia**   *science*
el **concierto**   *concert*
la **dificultad**   *difficulty*

el **filósofo, –a**   *philosopher*
la **fortuna**   *fortune*
la **introducción**   *introduction*
la **programación**   *programming*
el **rock**   *rock music*
la **tecnología**   *technology*

ambicioso, –a   *ambitious*

especializarse   *to specialize*
recomendar (ie)   *to recommend*

Notas culturales

la **Alhambra**   *palace and gardens of the Moorish kings in Granada*
Andalucía   *Andalusia, southern region of Spain*
Córdoba   *Córdoba (or Cordova), city on the Guadalquivir River in southern Spain*
el **cristianismo**   *Christianity*
el **flamenco**   *a style of Spanish gypsy music, dancing and singing originally from Andalusia*
el **gazpacho**   *a cold vegetable soup*
el **Generalife**   *Moorish palace in Granada*
la **Giralda**   *tower of the cathedral in Seville*
el **Islam**   *the Moslem religion*
el **judaísmo**   *Judaism, religion of the Jews*

la **mezquita**   *mosque (Moslem temple)*
el **Río Guadalquivir**   *Guadalquivir River*

moro, –a   *Moorish*
musulmán, –a   *Moslem*
romano, –a   *Roman*

Una función teatral 2

Un teatro para todos

El Teatro Fiesta Abre Sus Puertas A Toda La Comunidad De Los Ángeles Dedicado Al Entretenimiento Sano Y Cultural El Teatro Es Un Hogar Para El Artista Universal Carmelo Álvarez

"Nuestras producciones resultan del esfuerzo común del grupo. Todos sabemos la función—mejor dicho, las funciones de cada cual—y cumplimos con nuestra obligación. Cada uno hace lo que puede hacer mejor, y las cosas que aún no sabemos, las hacemos lo mejor posible. ¡Y cómo aprendemos!"

Victoria Vega,
Directora artística de la Cía. Teatral "Los Aguilar"

"Hay muchos aspectos que considerar... el teatro, la capacidad que tiene, el presupuesto para la producción, el precio de las entradas, la publicidad. ¡Mil cosas, todas importantes! A mí lo que más me interesa, claro está, es que la pieza tenga gran éxito y que todas las butacas estén llenas."

Carmelo Álvarez,
Director de operaciones

"Cuando presentamos una obra de teatro, logramos la creación de un mundo que no existía antes—un mundo que sólo existe en la imaginación del escritor. La acción puede tener lugar en el presente, el pasado o el futuro. En un lugar cercano, lejano o imaginario. Ya puesta la pieza, el éxito depende de la actitud y la labor del elenco para que tanto los actores como el público vivan en ese mundo creado por el autor."

Victoria Vega

Dentro del viejo edificio, que a veces se usa como cine y a veces como teatro, Victoria, Carmelo y los otros miembros del grupo teatral—todos jóvenes chicanos de Los Angeles, California—ensayan la nueva obra que se estrenará en pocos días. Actores y actrices, en pequeños grupos de dos o tres, repasan las diferentes escenas.

Carmelo y varios ayudantes cargan los maderos con que van a construir la escenografía. ¡Saber trabajar con la madera es muy importante para los muchachos! Ahora los pintores pintan, los carpinteros serruchan y martillan. Victoria discute varios problemas técnicos: las luces, los micrófonos, las proyecciones, los cambios de escena, el telón.

El vestuario ya está listo gracias a la ayuda de todos: los mejores trajes y vestidos los compraron en tiendas de segunda mano, y llevaron muchas horas de costura para que les sirvieran a los actores.

"¡La verdad es que esta grabadora no funciona con el equipo!" dice una de las técnicas.

"No, el problema no es la grabadora, es el cable de la conexión. Ayer Lupita le dio con el martillo, sin querer, y tiene un cortocircuito. Hay que usar otro cable," dice Irma, quien estudia electrónica y lleva varios años trabajando con el grupo. Luis, que es muy amable, enseguida se ofrece para buscar otro cable.

"Vamos a tener que enfocar la luz verde aquí. Esa grandota, porque si no, no se ve la escena."

"Aquí, quita un poco de luz roja, por

favor. Pon un poco más de azul o verde."

"Proyecta la voz. Quiero que te oigan en las últimas filas. Si hablas tan bajito, nadie te va a oír."

"Quiero poner un gran anuncio en todas las ediciones del periódico, a partir del día quince de este mes. Y que aparezca hasta el día treinta. ¿Qué costará media página? ¡Cuánto! ¡Ni loco! ¡No somos el Ballet Folklórico de México! Ellos sí pueden pagarlo, nosotros no. Bueno, bueno, hagamos el anuncio de sólo un cuarto de página. Está bien...y muchas gracias."

Ejercicios

1 Preguntas

1. ¿Qué es lo que hace cada uno de los miembros del grupo de teatro?
2. Según Victoria Vega, ¿qué logran cuando presentan una obra?
3. ¿Cuáles son los aspectos que hay que considerar, según Carmelo Álvarez?
4. ¿Qué es lo que más le interesa a él?
5. ¿Cómo es el edificio en el que el grupo trabaja? ¿Para qué se usa ese edificio?
6. ¿Por quiénes está formado este grupo teatral? ¿De dónde son los miembros del grupo?
7. ¿Qué tipo de problemas discute Victoria? ¿Cuáles son esos problemas?
8. ¿Dónde compraron los trajes y vestidos para la producción?
9. ¿Por qué no funciona la grabadora?
10. ¿Por qué deciden poner un anuncio de sólo un cuarto de página en el periódico?

2 ¿Qué crees?

1. ¿De qué depende el éxito de una obra teatral?
2. ¿Hay un grupo de teatro en tu escuela? ¿Participas en él? ¿Qué haces?
3. ¿Te interesaría trabajar en un grupo teatral? ¿Por qué?
4. ¿Qué te gustaría hacer en un grupo teatral: dirigir, actuar, ocuparte de los aspectos técnicos, de la escenografía, del vestuario, de la publicidad?
5. ¿Qué es lo que menos te gustaría hacer? ¿Por qué?
6. Formas parte de un grupo teatral y deseas publicar un anuncio en un periódico o poner un anuncio a la entrada del teatro. ¿Qué dirías en el anuncio? ¿Cómo anunciarías la función para atraer a mucho público?

NOUNS

Grammatical Gender: Feminine and Masculine

All Spanish nouns belong to one of two grammatical classes called "genders," masculine and feminine. The grammatical importance of gender is that the articles, adjectives, etc., that modify a particular noun must have the same gender as the noun.[1]

1. Nouns that refer to humans and animals. Among nouns that refer to humans and animals, those that designate males are usually masculine and those that designate females are usually feminine.

Grammatically Masculine	Grammatically Feminine
el hombre, *the man* el actor, *the actor* el toro, *the bull* el gato, *the (male) cat*	la mujer, *the woman* la actriz, *the actress* la vaca, *the cow* la gata, *the (female) cat*

Masculine plural nouns are often used to designate a group of males and females, as well as more than one male.

> los hermanos, *the brothers* or *the brother(s) and sister(s)*
>
> los padres, *the fathers* or *the parents*
>
> los reyes, *the kings* or *the king(s) and queen(s)*

Some nouns—in particular those that end in **-ista** and **-ante**—can be either gender. They are grammatically masculine when referring to males and feminine when referring to females.

> el/la periodista, *the (male/female) journalist*
>
> el/la estudiante, *the (male/female) student*
>
> el/la testigo, *the (male/female) witness*
>
> el/la modelo, *the (male/female) model*

Some nouns have fixed masculine or feminine gender, regardless of whether they refer to males or females.

Always Masculine	Always Feminine
el ángel, *the angel* el genio, *the genius* el sapo, *the toad*	la persona, *the person* la víctima, *the victim* la rana, *the frog*

One must say, for example, **Mi tía** [fem.] **es un genio** [masc.] **y un ángel** [masc.]: *My aunt is a genius and an angel.*

2. Other nouns. Spanish nouns that do not refer to humans and animals also have gender. In this case gender is a purely grammatical classification—it obviously can't be related to male or female—and must simply be memorized as such.

---

[1] The examples in this section will usually include the definite article **el** (masculine) or **la** (feminine), *the*, as a reminder of their gender.

Grammatically Masculine	Grammatically Feminine
el ensayo, *the essay* el sol, *the sun* el pensamiento, *the thought*	la novela, *the novel* la luna, *the moon* la idea, *the idea*

Pairs of nouns happen to exist that are identical in form but different in gender and meaning. The following are some common ones.

Masculine	Feminine
el capital, *the capital (money)* el corte, *the cut* el orden, *the order (alphabetical, numerical)*	la capital, *the capital (city)* la corte, *the court* la orden, *the order (command)*

There are a few rules of thumb which can help you remember the gender of certain groups of nouns:

a. Names of the days of the week are masculine: **el lunes, el miércoles.**
b. Names of the months are masculine: **el pasado enero, el abril más frío, el próximo octubre.**[1]
c. Names of most (but not all) rivers, oceans, seas, lakes, and mountains are masculine: **el Misisipí, el Atlántico, el Caribe, el Titicaca, los Andes.**
d. Names of letters of the alphabet are feminine: **la ce, la ele, la eme.**

Form and Gender

The following can help you learn and remember the gender of a very large number of nouns.

1. In the vast majority of cases, nouns that end in **-o** are masculine and those that end in **-a** are feminine.

Masculine, **-o**	Feminine, **-a**
el caso, *the case* el palo, *the pole, stick*	la casa, *the house* la pala, *the shovel*

There are a few exceptional feminine nouns that end in **-o.**

Feminine, **-o** *(exceptional)*
la soprano, *the soprano*   la radio, *the radio* [*broadcast*] (*from* la radiodifusión)   la moto, *the motorcycle* (*from* la motocicleta)   la foto, *the photo* (*from* la fotografía)   la mano, *the hand*

---

[1] Spanish does not use articles with the names of months unless they are modified.

There are many exceptional masculine nouns that end in **-a.** The following are common ones.

Masculine, **-a** (exceptional)	
el día, *the day*	el problema, *the problem*
el idioma, *the language*	el poeta, *the poet*
el clima, *the climate*	el dilema, *the dilemma*
el cura, *the priest*	el planeta, *the planet*
el mapa, *the map*	el pirata, *the pirate*
el cometa, *the comet*	el sistema, *the system*
el drama, *the drama*	el telegrama, *the telegram*
el programa, *the program*	el tema, *the theme, topic*

2. The gender of nouns that end in a vowel other than **-o** and **-a** is, in general, unpredictable and must simply be memorized.

Masculine	Feminine
el espíritu, *the spirit*	la tribu, *the tribe*
el pase, *the pass*	la clase, *the class*
el peine, *the comb*	la carne, *the meat*

The gender of nouns that end in a consonant is also, in general, unpredictable and must be memorized.

Masculine	Feminine
el sol, *the sun*	la sal, *the salt*
el examen, *the exam*	la orden, *the order*
el caracol, *the snail*	la col, *the cabbage*
el hospital, *the hospital*	la catedral, *the cathedral*
el lápiz, *the pencil*	la nariz, *the nose*

However, nouns formed with a particular suffix nearly always have the same gender. Thus if you learn the gender of the suffix you will know the gender of all the nouns formed with that suffix.

a. Nouns with **-dad** are feminine: **la ciudad,** *the city,* **la verdad,** *the truth.*

b. Nouns with **-tad** are feminine: **la voluntad,** *the will,* **la libertad,** *the liberty.*

c. Nouns with **-tud** are feminine: **la actitud,** *the attitude,* **la virtud,** *the virtue.*

d. Nouns with **-ción** and **-sión** are feminine: **la nación,** *the nation,* **la ocasión,** *the occasion.*

e. Nouns with **-or** that refer to abstractions are nearly always masculine: **el calor,** *the heat,* **el dolor,** *the pain.* However, **la labor,** *the labor,* is an isolated exception.

f. Nouns with **-dor** and **-tor** that refer to the performer of an action are always masculine, and are nearly always paired with feminine nouns in **-dora** and **-tora: el nadador/la nadadora,** *the swimmer,* **el escritor/la escritora,** *the writer.*

Ejercicio

3 ¿El o la? ⊗

Provide the appropriate definite article for the following list of nouns, and make three lists: one for masculine nouns, one for feminine nouns, and one for nouns that can be either masculine or feminine.

actitud	clima	foto	luz	sol
actriz	dentista	función	mano	solución
ángel	día	hombre	modelo	testigo
calor	dilema	jueves	mujer	Titicaca
capital	espíritu	labor	orden	tribu
Caribe	febrero ✓	libertad	persona	vestuario

ADJECTIVES

The Gender of Adjectives

Every Spanish noun has a gender — masculine or feminine. Spanish adjectives must "agree with" the nouns they modify, that is, match their gender. Therefore every adjective has a masculine and a feminine form. The way gender and form are related in adjectives parallels almost exactly the way they are related in nouns.

1. In the vast majority of cases, masculine adjectives ending in **-o** are paired with a feminine in **-a.**

Masculine, **-o**	Feminine, **-a**	
enfermo	enferma	*sick*
ancho	ancha	*wide*
suizo	suiza	*Swiss*

2. Most other adjectives — that is, those that do not follow the pattern *masculine* **-o**/*feminine* **-a** — have identical masculine and feminine forms.

Masculine and Feminine, **-a**	Masculine and Feminine, **-e**
alerta, *alert*	siguiente, *following, next*
azteca, *Aztec*	verde, *green*

Masculine and Feminine, **-i**	Masculine and Feminine, **-consonant**
cursi, *tacky, in bad taste*	cortés, *courteous, polite*
	mayor, *bigger, older*
	joven, *young*
	útil, *useful*

There are a few sets of exceptional adjectives whose masculine does not end in **-o** but whose feminine ends in **-a.**

a. Adjectives of nationality whose masculine ends in a consonant have feminines ending in **-a: español/española,** *Spanish;* **alemán/alemana,** *German;* **irlandés/irlandesa,** *Irish.*[1]

b. Most adjectives with the suffixes **-dor, -án, -ón,** and **-ín** in the masculine, add **-a** for the feminine: **trabajador/trabajadora,** *hard working;* **holgazán/holgazana,** *lazy;* **mandón/ mandona,** *bossy;* **hablador/habladora,** *talkative.*[2]

c. Adjectives with the "augmentative" suffix **-ote** in the masculine have **-ota** in the feminine: **grandote/grandota,** *big;* **altote/altota,** *tall, high.*

Forming the Plurals of Nouns and Adjectives

The plurals of nouns and adjectives are formed in exactly the same ways. The following are the basic rules.

1. If the singular ends in a vowel, add **-s** to form the plural:[3]

Singular	Plural	
problema	problema**s**	*problem(s)*
mamá	mamá**s**	*mom(s)*
café	café**s**	*café(s)*
duro	duro**s**	*hard*

2. If the singular ends in a consonant, add **-es** to form the plural:

Singular	Plural	
árbol	árbol**es**	*tree(s)*
mes	mes**es**	*month(s)*
mejor	mejor**es**	*better*

3. If the singular ends in **s** or **x** and the last syllable is not stressed, the plural is identical to the singular:

Singular	Plural	
tocadiscos	tocadiscos	*record player(s)*
atlas	atlas	*atlas(es)*
tórax	tórax	*thorax(es)*

Most family names also have the same form for the plural as for the singular: **los Espinosa, los Bravo, los Fernández.**

[1-2] The written accent mark is used on **-án, -ón, -ín,** and **-és** as it is on all stressed final syllables ending in **n** or **s.** The corresponding feminine forms **-ana, -ona, -ina,** and **-esa** do not have a written accent since they are stressed next-to-last syllables of words that end in a vowel.

[3] Words that end in **-ú** and **-í** add either **-s** or **-es.** For example, the plural of **hindú,** *Hindu,* is either **hindús** or **hindúes;** that of **ají,** *(green or red) pepper* is either **ajís** or **ajíes;** that of **rubí,** *ruby* is either **rubís** or **rubíes.** For most words of this type, most speakers prefer the plural with **-s.**

The Spelling of Plural Forms

Two spelling rules must be observed in forming the plural of nouns and adjectives.

1. The letter **z** is not normally used before the letter **e** in the same word. Therefore the final **z** in singulars is changed to **c** before the plural ending **-es:**

Singular	Plural	
lápiz	lápi**ce**s	*pencil(s)*
vez	ve**ce**s	*time(s)*
atroz	atro**ce**s	*atrocious*

2. Plurals with **-es** have one syllable more than the corresponding singulars. Therefore a written accent mark may have to be added or removed in order to indicate that the same syllable is stressed in singular-plural pairs. (The stressed syllable is in darker type in the following examples.)

Singular	Plural	
fran**cés**	fran**ce**ses	*French*
can**ción**	can**cio**nes	*song(s)*
joven	**jó**venes	*young*
orden	**ór**denes	*order(s)*

Noun-Adjective Agreement

Adjectives must agree with—that is, match—the nouns they modify in both gender (masculine/feminine) and number (singular/plural).

	Singular	Plural
Masculine	teatro nuevo	teatros nuevos
Feminine	pieza nueva	piezas nuevas

This is true of "predicate adjectives" (adjectives in the predicate that modify the subject) as well.

Mi **madre** está **enferma** *(fem. sing.).*   *My mother is sick.*

Mis **primos** son **ricos** *(masc. pl.).*   *My cousins are rich.*

Special rules apply to adjectives that modify "conjoined nouns," that is, nouns joined by the conjunction *and.*

1. Adjectives modifying conjoined nouns are plural even if each noun is singular.

La madre y la hija son artístic**as**.   *The mother and the daughter are artistic.*

2. Adjectives modifying conjoined nouns are feminine only if every one of the nouns is feminine.

La abuela, la madre y la hija son alt**as**.   *The grandmother, the mother and the daughter are tall.*

If at least one of the nouns is masculine, then the adjective is masculine.

La abuela, el padre y la hija son alt**os**.   *The grandmother, the father and the daughter are tall.*

The Position of Adjectives

In English, adjectives always precede the nouns they modify; in Spanish they may either precede or follow.[1] In order to understand their position in Spanish, we must distinguish two kinds of adjectives, traditionally called "limiting" and "descriptive."

Limiting adjectives include the demonstratives *(this, that)*, possessives *(my, your),* quantifiers *(many, few,* numbers), and so on. Limiting adjectives nearly always precede the nouns they modify.

Descriptive adjectives refer to some property of the noun they modify—for example, its size, shape, color, condition, nationality. Descriptive adjectives may precede or follow the nouns they modify.

1. In everyday Spanish, *after* the noun is by far the most common position for descriptive adjectives.[2] In this position, they typically distinguish one noun from others of its kind.

unos actores chicanos	*some Chicano actors*
la luz verde	*the green light*
un teatro grande	*a big theater*

When two or more adjectives referring to the same object follow a noun, the conjunction **y** *(and)* is used before the last one.

un teatro grande y nuevo	*a big, new theater*
un teatro grande, nuevo y moderno	*a big, new, modern theater*

2. When adjectives come *before* their nouns in everyday Spanish, they do not distinguish among different sets of nouns. Rather, they simply mention a characteristic quality of the noun or express a judgment by the speaker.

un famoso actor	*a famous actor*
el mejor teatro de la ciudad	*the best theater in the city*

Note the position of the adjective in these exclamations.

¡Qué buena directora!	*What a good director!*
¡Qué lindo teatro!	*What a beautiful theater!*

3. Spanish has a few adjectives whose meaning varies depending on whether they appear before or after the noun they modify.

un actor pobre	*a poor actor (who doesn't have any money)*
un pobre actor	*a poor actor (worthy of sympathy)*
teatros grandes	*large, big theaters*
grandes teatros	*great theaters*

---

[1] This section is not concerned with "predicate adjectives" (adjectives in the predicate that modify the subject), whose position poses no problem.

[2] In special kinds of usage, such as poetry and rhetorical prose, descriptive adjectives may precede their nouns for subtle stylistic effects.

una amiga vieja	*an old friend (aged, elderly)*
una vieja amiga	*an old friend (whom I've known a long time)*
un carro nuevo	*a new car (right off the assembly line)*
un nuevo carro	*a new car (which I just bought, maybe very old)*
la chica misma	*the girl herself*
la misma chica	*the same girl*
rara vez	*seldom*
una cosa rara	*a strange thing*
mentiras puras	*innocent, harmless lies*
puras mentiras	*nothing but lies*
cosas ciertas	*true things*
ciertas cosas	*certain things (a particular few)*
un empleado simple	*a simple-minded employee*
un simple empleado	*a mere employee*
mi vida triste	*my sad life*
mi triste sueldo	*my meager, paltry salary*

Note that in all these cases, the adjectives that *follow* are more like those in paragraph **1**, while those that *precede* are more like those in paragraph **2**.

Ejercicios

4 ¿Qué quieres decir? ⊗ ▭

Combine the adjectives and noun phrases in the following phrases. The position of the adjective is determined by the hint given in parentheses. (The adjective is used as descriptive in the first example, and as limiting in the second.)

MODELOS   Buenos. Los discos que se venden aquí. (No los malos.)
    Los _discos buenos_ que se venden aquí.

    Buena. La labor de este grupo. (Toda la labor es buena.)
    La _buena labor_ de este grupo.

1. Caros. Los anuncios de este periódico. (Algunos son caros.)
2. Inmensos. Los ríos de este continente. (Todos son inmensos.)
3. Bellos. Los parques de esta ciudad. (Todos son bellos.)
4. Largas. Las canciones de la nueva producción. (Algunas son largas.)
5. Interesantes. Las escenas de la obra. (Algunas son aburridas.)
6. Pequeños. Los grupos teatrales de la universidad. (Todos son pequeños.)
7. Grandote. El martillo que tiene Lupita. (Tiene otro pequeño.)
8. Importante. La madera para la escenografía. (No toda es importante.)

5 Ejercicio de traducción

Translate the following dialog. Pay close attention to the position of adjectives.

PACO Do you know my old friend, Roberto Villa? He's an actor now. He used to be a great athlete, but, poor man, now he's too tired and sick.

RITA Everybody has problems. There are certain things worse than that. For example, my new car—the truth is, it's not really new, it's a 1964 model—is terrible. All four doors are different colors.

PACO That's the same car that Roberto used to have! You know, there's a strange thing about that car—it brings bad luck.

RITA Come on! Those are nothing but lies!

6 Ejercicio escrito ⊗ 📖

Write a new sentence by replacing the underlined words with the words in parentheses. Make other changes as needed.

MODELO   Estos cables van a ser útiles después.   (grabadoras)
         Estas grabadoras van a ser útiles después.

1. Los estudiantes venezolanos quieren participar en el programa.   (mexicanas)
2. Yo quiero hablar de las otras canciones.   (problemas)
3. Ese actor se llama Héctor.   (Marta)
4. Ricardo sabe la contestación; es un genio.   (Marta)
5. Creo que el café puede ser malo para la digestión.   (sal)
6. Dicen que Gloria es una nadadora excelente.   (Adalberto)
7. ¿Quién sabe algo de la filosofía azteca?   (deportes)
8. Víctor es un modelo muy conocido.   (Ana María)
9. Lupita discute varios problemas técnicos.   (cosas)
10. El anuncio es muy caro.   (producción)

7 Así soy yo.

Write on a slip of paper as many adjectives as you can think of, accurately describing yourself. Then write on the other side adjectives that describe the person you would like to be—an ideal you. Hand in the slips. Your teacher (or other classmates) will read the descriptions, and the rest of the class will try to guess the writer's identity.

Palabras útiles

alto   artístico   atlético   estudioso   franco (frank)   generoso

gracioso   independiente   paciente   perezoso (lazy)

reservado   simpático   trabajador   vivo (clever)

8 **Cómo meter la pata.** *(How to put your foot in your mouth.)* ⊗ ▭

Make up the following dialog by choosing the appropriate adjectives and nouns. Take both meaning and grammatical agreement into account.

En frente del Teatro Arcoiris, donde se ve, en letras grandes, el $^{anuncio}_{traje}$ siguiente:

"El otro ángel" de Valentina Ramos, hay un encuentro inesperado de dos $^{viejos\ amigos,}_{amigos\ viejos,}$

Mireya y Fabio.

MIREYA — ¡Fabio! ¡Fabio Chacón, hace años que no nos vemos!

FABIO — ¡Mireya! ¡Qué alegría! ¡Cómo pasa el $^{tiempo}_{testigo}$! ¿Qué haces por aquí?

MIREYA — Acabo de ver "El otro ángel."

FABIO — ¡Qué bien! Yo también, por quinta $^{luz.}_{vez.}$

MIREYA — ¿De veras? ¿La $^{virtud}_{pieza}$ te pareció tan buena?

FABIO — Los actores son extraordinarios, sobre todo en $^{ciertos\ momentos}_{momentos\ ciertos}$ cuando Rosales,

el joven $^{cura}_{moto}$...

MIREYA — ¿Rosales? A mí me parece que el $^{muchacho\ pobre}_{pobre\ muchacho}$ grita demasiado. Tiene una

$^{espíritu}_{voz}$ horrible, como un $^{gato}_{telón}$...

FABIO — Oye, tal vez debo explicarte que...

MIREYA — Francamente, para mí la $^{producción}_{guía}$ fue una $^{grande}_{gran}$ desilusión. ¡Había tanta

$^{butaca,}_{publicidad,}$ y las $^{entradas}_{hogares}$ tan caras!... ¡Y la $^{escenografía}_{comunidad}$ tan mala, tan primitiva!

FABIO — Pero ¿no crees que el concepto de la $^{obra,}_{conexión,}$ es que...?

MIREYA — Además, había $^{ancha}_{demasiada}$ luz azul, todos parecían fantasmas. Y ese diálogo tan

$^{tonto}_{suizo}$... La autora... ¿cómo es que se llama? ¿Valentina?... ella tiene serios

$^{obligaciones}_{problemas}$ artísticos.

FABIO — Bueno, cuando la vea esta noche se lo digo.

MIREYA — ¿Cómo? No comprendo.

FABIO — Valentina Ramos es el seudónimo de Patricia Chacón, mi hija. Y otra cosa, se va

a casar con Pedro Rosales, el de la voz $^{fuerte.}_{costura.}$

MIREYA — ¡No me digas! Pues... ¡qué interesante que haya tanto talento en una sola familia!

Tu hija debe ser un $^{genio.}_{madero.}$

9 ¡Qué memoria! ⊗

Form teams of two to four members. Each team will try to determine, within a time limit set by your teacher, if the following words are nouns *(sustantivos)* or adjectives *(adjetivos)*.

acera	cambio	fiebre	lento	pesado	sueldo
aduana	cera	hoja	mediano	premio	susto
anillo	deportivo	isla	moto	receta	torta
bello	encantado	junto	nieto	reporte	uña
bosque	espejo	lente	olla	suave	vacuna

10 Selecciones artísticas

OSVALDO   BENITO   JAIME

IRMA   ÁNGELA   CLAUDIA

Choose four of the actors pictured above for the roles listed below. Make your selections and be prepared to defend them (using as many adjectives and nouns as possible). Then form a group of three and try to convince the other two to go along with your decision, criticizing their selections if necessary.

Papeles
1. Don Luis Benavides—pintor muy distinguido; es arrogante.
2. Felicia—la hija de don Luis; sabe muy poco del mundo.
3. Fernando Sotomayor—joven de aspiraciones políticas.
4. Margarita—hermana de Fernando; es muy rica, y está secretamente enamorada de don Luis.

MODELO   ___X___ *es perfecto para don Luis. ¿Ustedes prefieren a* ___Y___ *? Creo que* ___Y___ *tiene la cara muy redonda y la nariz demasiado pequeña.*

11 ¡Ahora ustedes son los autores!

Work in groups of four. Create a scene from an imaginary play involving the four characters above. Write down a short dialogue. Stage it for your class.

Los chicanos: Un poco de historia ⊗

Debido a la guerra entre los Estados Unidos y México (1846-1848), México perdió sus tierras al norte del Río Bravo del Norte (Río Grande), que pasaron a ser parte del territorio de los EE.UU. Miles de mexicanos residentes en lo que hoy son los estados—o parte de los estados—de Arizona, California, Colorado, Nevada, Nuevo México, Texas y Utah permanecieron en el país, incorporándose al sistema legal y a las costumbres de los Estados Unidos. El inglés pasó a ser el idioma oficial, desplazando al español que lo había sido hasta entonces.

Hoy día esa población constituye la minoría más numerosa de habla española en los Estados Unidos. Esa minoría está formada por más de seis millones de personas que viven principalmente en los estados del suroeste: los mexicano americanos. (Muchos prefieren escribir "mexicano americano" sin guión, indicando así sus dos culturas.)

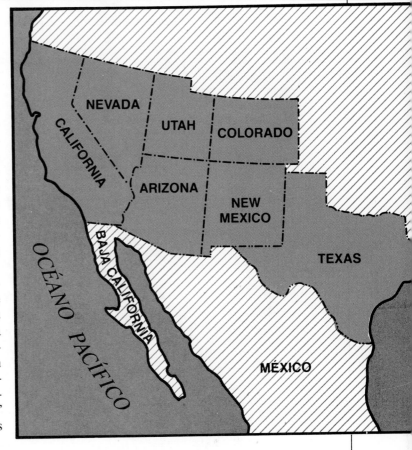

Como los Estados Unidos y México comparten una frontera de 1,800 millas, el constante movimiento de un país al otro contribuye a que la cultura mexicana se mantenga presente y que, aún cuando el mexicano-americano se mueva dentro de la sociedad americana, no pierda su identidad y raíces mexicanas.

Según la leyenda, los aztecas (o mexicanos) llegaron al Valle de México desde lo que es hoy el suroeste de los Estados Unidos. En 1969, el "Plan Espiritual de Aztlán" proclamó un nacionalismo de tipo cultural como base unificadora para todos los habitantes de procedencia hispánica del suroeste del país.

En la década del 30, y bajo la influencia de organizadores sindicales, se produjeron varias huelgas de obreros agrícolas en California. Éstas fueron las primeras tentativas de protesta por parte de los trabajadores mexicano-americanos. Los activistas prefieren ser llamados *chicanos*. Éste es un término de origen oscuro. Se cree que proviene de la forma en que los indios de México acostumbraban pronunciar las palabra mexicano ("me - chi - ca - no").

---

acostumbrar *to use to*
compartir *to share*
desplazar *to displace, supplant*
la guerra *war*
el guión *hyphen, dash*
la huelga *strike*

el **obrero, –a** *worker*
permanecer *to stay, remain*
la **procedencia** *origin*
proclamar *to proclaim, declare*
provenir (ie) *to come from, to originate*

la **raíz (pl. las raíces)** *root*
la **tentative** *attempt*
el **término** *term*
sindical *syndical, pertaining to trade unions*
unificador, –a *unifying, uniting*

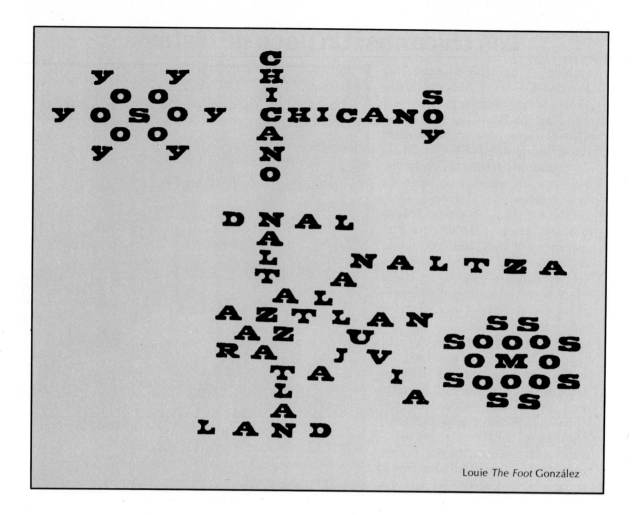

Louie *The Foot* González

Ejercicios

12 Preguntas

En este poema gráfico escrito por un poeta chicano, Louie *The Foot* González, se encuentran varias palabras del texto anterior. Además hay otras que tú puedes identificar. ¿Cuáles son?

1. Work with a partner. Make a list of all the words of the poem that you can identify. You can find them in the poem reading from left to right and right to left, top to bottom and bottom to top. Use the following order: a. horizontal, b. vertical, c. diagonal.
2. Do you know why the poet uses those words? Can you explain their meaning?
3. He uses one word in English. Which one is it? Why does he use an English word?

13 Actividades

1. Write a similar poem in Spanish. Make your own diagram. Talk about who you are, where you come from, what are your interests. You can refer to yourself as a student, friend, musician, member of your family or a special group.
2. Class project: After everybody has written his or her poem, make a big poster with all of them. Read them aloud and have a try at literary (and artistic) criticism.

Romance Chicano

LUCHA CORPI

Vengo de allá
Mas soy de aquí
Sembrando mis sueños
voy hasta el fin
Arroyo de polvo fino
Llanto que corrió a la mar
por tus aguas navega
mi historia de coral

Mi cuento de concha nácar
a la orilla de un lucero
se queda mirando a acá
Los versos de mi madre
me enseñan que soy de allá
Soy del mar
Vengo del sol
De avena y caña
jengibre y trigo
tengo el corazón

Por eso soy de aquí
vengo de allá
Y entre agua y sal
siembro mis sueños
de tierra y cristal.

Octubre 1975

14 Para pensar y hablar

1. Cuando Lucha Corpi habla de "allá," "aquí" y "acá," ¿a qué lugares se refiere?
2. ¿Has vivido tú en otro lugar? ¿En dónde? ¿A qué otros lugares puedes referirte?
3. ¿De dónde viene tu familia, tus padres, tus abuelos? ¿Cómo podrían usar ellos "allá," "aquí" y "acá"?
4. ¿Dejaste tú alguna vez tu lugar de origen? ¿Por qué? ¿Adónde fuiste? ¿Qué fue lo que más te gustó?
5. ¿Qué es lo que más te gusta del lugar donde vives ahora? ¿Por qué?

la **avena** oats	el **jengibre** ginger	el **lucero** bright star
la **concha nácar** mother-of-pearl	el **llanto** weeping	**mas** but
fino, –a thin, fine		

El Ballet Folklórico de México ⊗

París, Nueva York, Moscú, Bogotá...
todas estas ciudades han visto y aclamado
al famoso Ballet Folklórico de México.
Amalia Hernández, la dinámica fundadora, directora y coreógrafa de la compañía, comenzó a tomar clases de baile
a los ocho años de edad. Estudió con los
profesores más famosos de Europa y
América.

Pero aún cuando se dedicó con empeño
al ballet clásico y moderno, la atraían más
los bailes que veía en el rancho de su
padre, en el campo, en el interior y en las
pequeñas ciudades de su país. Así nació en
ella la convicción de que en las montañas
y valles de su patria, en las regiones
alejadas, entre la gente humilde, en el rico
pasado histórico y en el colorido presente
de México, había un tesoro inmenso que
debía ser explorado.

---

aclamar to acclaim
alejado, –a distant, faraway
atraer to attract
el baile dance

el empeño persistence, perseverance
el fundador, –a founder
humilde humble

nacer to be born
la patria homeland
el tesoro treasure

Siendo profesora y coreógrafa de baile moderno en el Instituto Nacional de Bellas Artes, decidió renunciar a su trabajo, formar su propia compañía y presentar programas de bailes folklóricos mexicanos. Hoy se puede apreciar en su *Ballet Folklórico* una gran variedad de danzas que nos presentan desde los antiguos rituales aztecas hasta los cantos y bailes de charros y mariachis de Jalisco.

El Ballet tiene actualmente dos compañías con más de 200 bailarines, músicos y cantantes. Una es la "compañía viajera" y la otra es la "compañía residente." Su directora es Norma López Hernández, hija de Amalia.

---

el **bailarín, –a** *dancer*
el **cantante,** la **c.** *singer*

Jalisco *a state in Mexico*

viajero, –a *traveling*

15 Preguntas

1. ¿Por quién fue fundado el Ballet Folklórico de México?
2. ¿Qué tipos de ballet había estudiado la fundadora de la compañía?
3. ¿A qué edad comenzó ella a tomar clases de baile? ¿Con quién estudió?
4. ¿Por qué tipos de baile sentía ella atracción? ¿Dónde veía esos bailes?
5. ¿Qué tesoro decidió explorar ella?
6. ¿A qué trabajo renunció para fundar la compañía?
7. ¿Por qué ciudades y países ha viajado el Ballet Folklórico?
8. ¿Quién es la directora actual del Ballet? ¿De quién es ella hija?
9. ¿Cuántas compañías tiene actualmente el Ballet? ¿Cuáles son?
10. ¿Qué se puede apreciar actualmente en un espectáculo del Ballet Folklórico?

16 Ejercicio de traducción

— ¿Quién? ¿Quieeeeeeeén? ¿Quién? —

17 Conversación

Choose a partner and alternate asking and answering the following sets of questions.

1. ¿Conoces tú bailes folklóricos de algún país? ¿De cuál? ¿Qué tipos de bailes son? ¿Has visto alguna vez esos bailes? ¿Dónde? ¿Te gustaron? ¿Por qué?
2. ¿Tienes algún amigo o hay alguna persona de tu familia que trabaje en un teatro, que cante, que baile? ¿Qué hace esa persona? ¿Qué piensas tú de la vida de la gente de teatro? ¿Cómo crees que es? ¿Puedes describirla?
3. ¿Hay un grupo de teatro o de baile en tu escuela? ¿Qué hace ese grupo? ¿Cómo es? ¿Cuándo se reúne? ¿Participas en él? ¿Te interesaría participar? ¿Por qué?
4. Cuenta la última pieza de teatro, la última película o el último programa de televisión que viste. ¿Cómo fue? ¿Te gusto? ¿Por qué?

18 Ejercicio escrito

Escribe una critica de la última representación teatral, película o programa de televisión que viste. Piensa que estás escribiendo para un periódico.

a. Título de la obra
b. Autor
c. Fecha de la representación
d. Elenco
e. Actuación de los actores
f. Escenografía
g. Vestuario
h. Dirección
i. Argumento de la pieza (cuenta la historia si es posible)
j. Tiempo en que ocurre la acción (actual o del pasado)
k. Características de los personajes
l. Resumen y opinión personal

19 ¿Has enriquecido tu vocabulario?

Escribe la letra de la definición correcta. Confirma tus respuestas al final del ejercicio — 12 respuestas correctas: sobresaliente; 9 a 11 correctas: notable; 6 a 8 correctas: bueno; 3 a 5 correctas: regular; menos de 3 correctas: ¡un desastre!

1. costumbres: a. classes b. costumes c. customs d. camps
2. tener lugar: a. to take place b. to have luxury c. to be thirsty d. to take care
3. las butacas: a. babies b. seats c. theaters d. lights
4. ensayan: a. they rehearse b. they act c. they change d. they worry
5. serruchan: a. they run b. they act c. they change d. they saw wood
6. el telón: a. the tire b. the curtain c. the theater d. the talent
7. costura a. cost b. custom c. cast d. sewing
8. martillo: a. hammer b. mat c. knife d. martyr
9. filas: a. girls b. rows c. flies d. casts
10. anuncio: a. answer b. year c. fame d. ad
11. éxito: a. success b. exit c. exist d. need
12. sueño: a. sadness b. dream c. sound d. sun

Respuestas: 1.c, 2.a, 3.b, 4.a, 5.d, 6.b, 7.d, 8.a, 9.b, 10.d, 11.a, 12.b.

20 Refrán "No sabe mandar quien no ha sido mandado."

¿Crees que este refrán es cierto o no? ¿Por qué? ¿Piensas que su significado ha sido verdadero alguna vez en tu experiencia personal? ¿Cuándo? ¿Por qué? ¿En qué caso o casos podrías usar este refrán?

la **actriz** (pl las **actrices**) *actress*
el **autor, –a** *author*
el **carpintero, –a** *carpenter*
la **Cía.** *Co. (abbreviation of company)*
el **cortocircuito** *short circuit*
la **costura** *sewing*
el **elenco** *cast*
la **escenografía** *scenography, sets*
el **escritor, –a** *writer*
el **éxito** *success*
la **fila** *row*
la **función** *performance, function*
la **grabadora** *tape recorder*
el **hogar** *home*

la **madera** *wood*
el **madero** *log, board*
el **martillo** *hammer*
la **obra** *production (artistic)*
la **pieza** *play*
el **presupuesto** *budget*
el **técnico** *technician*
el **telón** *curtain (in theater)*
el **vestuario** *wardrobe*

amable *kind*
sano, –a *healthy*
teatral *theatrical*

cumplir *to carry out, to perform, fulfill*
estrenar *to perform for the first time*
ensayar *to rehearse*
martillar *to hammer*
proyectar *to project, to cast*
serruchar *to saw*

claro está *of course*

Palabras similares

la **capacidad** *capacity*
la **comunidad** *community*
el **entretenimiento** *entertainment*

la **publicidad** *publicity*
artístico, –a *artistic*
común *common*

creado, –a *created*

resultar *to result, turn out to be*

¡FIESTA DE LA VENDIMIA!
Programa
2ª semana de septiembre

Gran cabalgata.
Caballos y carrozas.
"Cómo bailan los caballos
andaluces."
Corridas de toros.
Parque de diversiones.

Misa, bendición y pisa
de la uva. Nacimiento
del vino de Jerez.
Gala con el Ballet Español.
Flamenco en las casetas.
Visita a las bodegas.

Mensajera
de Jerez.
Nace
el vino.
Cielo
andaluz
repetido.
Buen
camino…

Quiero escribir
un poema al vino,
pero, ¿qué decir?
Escribo…Jerez,
y mi pluma, seca,
se convierte en aromas,
se convierte paloma,
y nace el poema
como copa llena.

¡GRAN FINAL—CONCURSO DE ROCK!
Parque González Hontoria
Caseta de la juventud
JEREZ DE LA FRONTERA
ESPAŃA

¡Las fiestas!

Carroza de la reina y sus damas
de honor

Carroza de estudiantes americanos
(Banda de música: los Boston Blues)

Algunos chicos llevan banderas americanas

Coches tirados por adornados caballos

¡Tardes de toros!

Bailando en las casetas

¡Todos bailan flamenco! ▶

Carruseles de luces ▼

Es una maravillosa fiesta en que la ciudad de Jerez, en la región de Andalucía, dedica el primer jugo de la uva a una ciudad extranjera, este año a Boston. La cabalgata empieza con la carroza de la reina y sus damas de honor. Le sigue la carroza de los *Boston Blues*, invitados de honor. Luego vienen carrozas, bandas, gigantes y cabezudos. Y por la tarde vemos bailar a los famosos caballos andaluces.

Otras tardes hay corridas de toros y concursos de ganado. Por las noches, la población entera y cientos de turistas van a la feria en el Parque González Hontoria. Allí se divierten en múltiples casetas, donde todos bailan flamenco, y la juventud también baila rock. Por todo el parque hay carruseles bellamente adornados, y muchos van a los puestos para comprar dulces, tapas y refrescos.

La reina y sus damas de honor en la puerta de la catedral

Bendición de las uvas

El concurso de rock en la Alcazaba

El domingo hay misa en la catedral. La reina viste el típico traje andaluz y lleva un cesto con las primeras uvas para ser bendecidas. Luego ella y sus damas llevan los cestos al lugar donde los expertos pisan la uva para que corra el primer jugo del vino nuevo. En ese momento vuelan cientos de palomas blancas, a la vez que suenan las campanas. Todo es alegría y el público ríe y aplaude. Por la noche, el

La reina y sus damas en el teatro, antes de empezar el Ballet Español

Ballet Español ofrece una gran gala con selecciones de toda España, entre ellas: *Danza X,* de Enrique Granados,[1] y *La vida breve,* de Manuel de Falla.[2] Para la juventud, la feria cierra con el gran final del concurso de rock "Alcazaba." Ya lo dijo Antonio Machado:[3] "Quien dice cantares, dice Andalucía."

Ejercicios

1 Preguntas

1. ¿Cuándo es la fiesta de la Vendimia?
2. ¿Cuáles son algunas de las actividades?
3. ¿A qué ciudad dedica Jerez la fiesta este año?
4. ¿Adónde va mucha gente por las noches?
5. ¿Qué bailan en las casetas?
6. ¿Qué se puede comprar en los puestos de la feria?
7. ¿Qué viste la reina?
8. ¿Adónde llevan la reina y sus damas las primeras uvas?
9. ¿Qué pasa el domingo por la noche?
10. ¿Qué dijo Antonio Machado de Andalucía?

2 ¿Qué crees?

1. ¿Te gustaría asistir a una fiesta de varios días, como la de Jerez? ¿Por qué?
2. En tu ciudad o pueblo, ¿existe alguna fiesta de tipo popular? ¿Cuál? ¿Con qué motivo se celebra?
3. ¿Crees que las fiestas populares contribuyen a unir a los vecinos de una ciudad o pueblo? ¿Por qué?
4. ¿Qué opinas de las fiestas nacionales como el 4 de julio?
5. ¿Cómo celebras el 4 de julio?

3 Para escribir y discutir

1. Tú eres reportero del Canal 41. Describe en español para tus televidentes el desfile de la Vendimia. Cuéntales lo que está pasando frente a ti. Diles lo que pueden ver durante la fiesta de la Vendimia y por qué deben quedarse mirando el Canal 41.
2. ¿Por qué se puede decir que hay algo para todos los gustos en el programa de la Vendimia?
3. Busca en el mapa de España en la página 3 la localización de Jerez de la Frontera. Describe dónde está.

---

[1] Enrique Granados (1867-1916). Pianista y compositor español.
[2] Manuel de Falla (1876-1946). Compositor español. Uno de los grandes maestros de la música contemporánea.
[3] Antonio Machado (1875-1939). Escritor español.

STEM-CHANGING VERBS IN THE PRESENT INDICATIVE TENSE

The **e - ie** and **o - ue** changes in **-ar, -er** and **-ir** stem-changing verbs[1]

pensar		perder		preferir	
pienso piensas	pensamos pensáis	pierdo pierdes	perdemos perdéis	prefiero prefieres	preferimos preferís
piensa	piensan	pierde	pierden	prefiere	prefieren

encontrar		volver		dormir	
encuentro encuentras	encontramos encontráis	vuelvo vuelves	volvemos volvéis	duermo duermes	dormimos dormís
encuentra	encuentran	vuelve	vuelven	duerme	duermen

a. If the last vowel of the stem is an **e (prefer-)**, it will change to **ie** in all forms of the present tense except the **nosotros, -as** and **vosotros, -as** forms.

b. If the last vowel of the stem is an **o (encontr-)**, it will change to **ue** in all forms of the present tense except the **nosotros, -as** and **vosotros, -as** forms.

c. Other verbs of this group include **acordarse (ue), acostarse (ue), almorzar (ue), atravesar (ie), colgar (ue), comenzar (ie), contar (ue), costar (ue), despertarse (ie), empezar (ie), sonar (ue), atender (ie), doler (ue), encender (ie), encontrarse (ue), llover (ue), querer (ie), volver (ue), divertirse (ie), morir (ue), sentir (ie),** and **sentirse (ie).**

d. The verb **jugar (ue),** to play, has the change **u** to **ue: juego, juegas, juega, jugamos, jugáis, juegan.**

e. Note. The verb **oler,** to smell, has the same **o - ue** change as **volver** and other verbs. However, Spanish spelling rules require that **h** be written before the diphthong **ue** at the beginning of a word. Thus **olemos, oléis** but **huelo, hueles, huele, huelen.**

Special vowel changes in **-ir** verbs

repetir	
repito repites	repetimos repetís
repite	repiten

Verbs in the **-ir** group have a peculiarity found only in this group. Every **-ir** verb with the vowel **e** in its stem has one of two vowel changes in the present indicative: either (a) the **e - ie** change described in the previous section, or (b) the **e - i** change illustrated in the chart above. Other common **-ir** verbs with the **e - i** change are **corregir,** to correct, **freír,** to fry, **medir,** to measure, **pedir,** to ask for, **reír,** to laugh, **seguir,** to follow, and **sonreír,** to smile.

Remember: every **-ir** verb with **e** has some change.

---

[1] The stem change is indicated in the vocabulary list after the infinitive of a stem-changing verb.

IRREGULAR VERBS IN THE PRESENT INDICATIVE

Many verbs have irregular forms in the present indicative. Only the **yo** form is irregular in most. The following illustrates their irregularities.

1. Irregular only in the **yo** form
   a. **caber,** *to fit:* **quepo,** cabes, cabe, cabemos, cabéis, caben
   caer, *to fall:* **caigo,** caes, cae, caemos, caéis, caen
   dar, *to give:* **doy,** das, da, damos, dais, dan
   hacer, *to make, do:* **hago,** haces, hace, hacemos, hacéis, hacen
   poner, *to put, to set:* **pongo,** pones, pone, ponemos, ponéis, ponen
   saber, *to know:* **sé,** sabes, sabe, sabemos, sabéis, saben
   salir, *to go out:* **salgo,** sales, sale salimos, salís, salen
   traer, *to bring:* **traigo,** traes, trae, traemos, traéis, traen
   valer, *to be worth:* **valgo,** vales, vale, valemos, valéis, valen
   ver, *to see:* **veo,** ves, ve, vemos, veis, ven

   b. Most verbs ending in **-cer** or **-cir** preceded by a vowel change **c** to **zc.**
   conocer, *to know, be acquainted with:* **conozco,** conoces, conoce, conocemos, conocéis, conocen
   conducir, *to drive:* **conduzco,** conduces, conduce, conducimos, conducís, conducen

   c. Verbs ending in **-uir,** except those ending in **-guir** or **-quir,** insert a **y** after the stem in all but the **nosotros, -as** and **vosotros, -as** forms.
   construir, *to construct:* construyo, construyes, construye, construimos, construís, construyen

2. Other irregular verbs in the present indicative
   decir, *to say, tell:* digo, dices, dice, decimos, decís, dicen
   estar, *to be:* estoy, estás, está, estamos, estáis, están
   ir, *to go:* voy, vas, va, vamos, vais, van
   oír, *to hear:* oigo, oyes, oye, oímos, oís, oyen
   ser, *to be:* soy, eres, es, somos, sois, son
   tener, *to have:* tengo, tienes, tiene, tenemos, tenéis, tienen
   venir, *to come:* vengo, vienes, viene, venimos, venís, vienen

VERBS WITH PREFIXES

The verb **contener,** *to contain,* is formed by adding the prefix **con-** to the verb **tener.** Now compare the present tense forms of **tener** and **contener:**

tener	
tengo	tenemos
tienes	tenéis
tiene	tienen

contener	
contengo	contenemos
contienes	contenéis
contiene	contienen

The two sets of forms have exactly the same peculiarities. This is generally true: verbs with the *same stem*—with or without prefixes—have the *same irregularities.* Additional examples follow.

1. like **tener:**

    entretener, to entertain: entretengo, entretienes, etc.
    mantener, to maintain: mantengo, mantienes, etc.

2. like **poner:**

    componer, to fix, compose: compongo, compones, etc.
    suponer, to suppose: supongo, supones, etc.

3. like **venir:**

    convenir, to agree, be suitable: convengo, convienes, etc.
    prevenir, to prevent, warn: prevengo, previenes, etc.

Ejercicios

4 ¿Qué dicen? ⊗ ▭

Complete the following sentences, using the appropriate present-tense form of the verbs in parentheses.

1. (hacer) Yo no _____ el almuerzo, pero mamá lo _____.
2. (ver) ¿_____ tú lo que yo _____?
3. (conocer) Vosotros no _____ al chico nuevo, pero yo lo _____.
4. (pedir) Nosotros _____ permiso, pero tú no lo _____.
5. (jugar) ¿_____ usted fútbol con nosotros? Nosotros _____ a las ocho.
6. (oír) Yo no _____ el ruido pero Carlos lo _____.
7. (saber) Ellos no _____ la respuesta, pero yo la _____.
8. (decir) ¿Qué _____ ustedes? —Nosotros no _____ nada.
9. (seguir) Yo _____ cantando mientras él _____ tocando la guitarra.
10. (poner) Ellos _____ sus libros en la mesa, pero yo _____ los míos sobre el escritorio.

5 Diálogos cortos ⊗ ▭

As you read your assigned role in the following short dialogs, conjugate the verb given in parentheses in the present tense.

1. Luz   —Algo (oler) _____ muy bien en esta cocina.
   José   —¿De veras? Yo no (saber) _____ qué puede ser.
   Luz   —Pues (ver) _____ que hay algo en el horno. Mira, ¿no es arroz con pollo?
   José   —¡Sí! ¡Tienes razón! Pero hoy es martes. Yo no (hacer) _____ la comida los martes. ¡Esto es increíble! ¿Quién cocinó hoy?

2.   Policía   —Señor Pérez, ¿por qué no (sentarse) _____ aquí? Gracias. Le voy a enseñar unas fotos, a ver si (reconocer) _____ a los que lo atacaron.
   Sr. Pérez   —Con mucho gusto, pero le (pedir) _____ un favor; tenga paciencia conmigo. Hoy no (sentirse) _____ bien.
   Policía   —Lo (sentir) _____ mucho, pero su declaración es muy importante. Ahora, mire estas fotos.
   Sr. Pérez   —No... no (reconocer) _____ a nadie. Excepto... Ah... sí, ¡al hombre de esta fotografía!
   Policía   —¡Cómo! ¿Qué (decir) _____ Ud.? ¡Yo soy la persona en esa foto! ¡Ud. está loco!
   Sr. Pérez   —Es verdad, señor policía...pero, ¿cómo lo (saber) _____ Ud.?

3. ADRIANA Bueno, yo (irse) _____. Hasta luego.
   PABLO —Pero tú (volver) _____ por la noche, ¿verdad?
   ¿No (venir) _____ a mi fiesta?
   ADRIANA —No sé. Hoy es viernes, y los viernes siempre (jugar) _____ tenis con Enrique hasta las diez de la noche.
   PABLO —¿Qué (poder) _____ hacer yo?
   Parece que tú (preferir) _____ estar con otro muchacho.
   ADRIANA —¡Otro muchacho! Enrique es campeón de tenis, pero sólo (tener) _____ diez años.

6 ¿Qué pasa aquí? ⊗ 📖

Refer to the drawings and complete the corresponding sentences with an appropriate verb (stem-changing or irregular, in the present tense). Then imagine that you are the person(s) depicted and repeat the sentence, first using the **yo** and then the **nosotros, -as** forms.

a. El detective _____ al señor Caicedo.
b. Yo…
c. Nosotros…

a. Dorotea no es como los otros; ella _____ el coche muy bien.
b. Yo…
c. Nosotros…

a. Cuando vuelve de su escuela, Joaquín siempre _____ con sus hermanitos.
b. Cuando yo…
c. Cuando nosotros…

a. Cuando ellas están cansadas, _____ toda la mañana.
b. Cuando yo…
c. Cuando nosotros…

a. Carmen, Elena y su hermano siempre _____ la mesa.
b. Yo…
c. Nosotros…

a. ¡Qué tonto es Francisco! No _____ la respuesta.
b. ¡Qué tonto soy yo! No…
c. ¡Qué tontos somos nosotros! No…

7.

a. ¡Qué lástima! Él no _____ en el ascensor.
b. ¡Qué lástima! Yo no…
c. ¡Qué lástima! Nosotros no…

8.

a. El mesero les _____ unas tapas a los clientes.
b. Yo…
c. Nosotros…

9.

a. Está muy contento; por eso _____ todo el tiempo.
b. Yo estoy muy contento; por eso…
c. Nosotros estamos muy contentos; por eso…

7 La reina de la fiesta

Gloria and her older brother Raimundo are in the Parque González Hontoria one evening during the festival of the **Vendimia.** Each has a different idea about what is the best part of the festival. Complete their dialog with the appropriate form (conjugated or infinitive) of a verb that fits. Consult the list below. Verbs may be used more than once.

conocer	dormir	pedir	recordar	sonar	ver
dar	hacer	perder	saber	tener	volver
decir	ir	poder	seguir	traer	
divertirse	oír	querer	sentir	venir	

GLORIA —Raimundo, ¿_____ comiendo tapas? ¿Vamos a quedarnos aquí frente al puesto toda la noche? ¿No _____ ir a una de las casetas?

RAIMUNDO —_____ comer un poco más. ¡Están tan ricas las tapas!

GLORIA —Por favor, _____ conmigo un rato y si no te _____, puedes _____ solo a comer más tapas.

RAIMUNDO —No debemos separarnos. ¿Adónde _____ ir?

GLORIA —No _____, realmente no importa, a cualquiera de las casetas. Aquí con tanta gente comiendo, yo no _____ hacer nada divertido.

RAIMUNDO —Gloria, todavía tengo hambre. Sabes que si no como, después me _____ mal. Y por la noche no _____ nada y al otro día estoy cansado... ¿Cómo _____, señora? ¿No hay más refrescos? Gloria, la señora _____ que no _____ más refrescos. Si te _____ 80 pesetas, ¿vas a otro puesto y me _____ algo de beber?

GLORIA —Bueno, ¡pero mira las cosas que yo _____ por ti! Espera... Raimundo, ¿_____ la música? ¡_____ de allá, de aquella caseta grande! Debe ser el nuevo grupo de rock. ¡Sí, _____ a tocar toda la noche! Son fabulosos.

RAIMUNDO —¿Música? ¿O ruido? _____ horrible.

GLORIA —Raimundo, ¡creo que _____ a uno de los músicos! Lo puedo _____, está cerca de la entrada. El que toca la guitarra roja. Y él me _____ también. Siempre me saluda; es muy simpático.

RAIMUNDO	—Yo no _____ a nadie. ¿Quieres un dulce?	
GLORIA	—¿Cómo es que se llama? ¡Qué mala memoria tengo, no _____ su nombre! Ah, sí, Héctor. Se llama Héctor y es primo de Victoria Olaya.	
RAIMUNDO	—¿Cómo? ¿Qué me _____? Primo de Victoria Olaya, la muchacha más linda de Andalucía, ¿la reina de la fiesta? ...Gloria, te voy a _____ un favor: quiero que me lo presentes. Quiero _____ a tu amigo Héctor.	
GLORIA	—Nunca _____ una oportunidad; yo te _____ muy bien, Raimundo. Es para _____ a su prima, la reina, ¿no? Bueno, pero antes... ¡Vamos a _____ un poco de rock!	

8 Actividades

1. Pair up with a classmate and prepare a conversation similar to the one Gloria and Raimundo have in the above exercise, for presentation in class.
2. Following this presentation, the entire class can have a critique session. (This is a good activity to videotape if you have the facilities.)

USES OF haber

1. Haber is used as a helping (auxiliary) verb to form the compound (or perfect) tenses.[1]

2. Haber is used in the third person singular of all tenses to express the *existence* of something: **hay,** *there is, there are;* **había, hubo,** *there was, there were;* **habrá,** *there will be;* **habría,** *there would be.* The simple indicative forms of **haber** are illustrated in the following sentences—notice that **haber** is regular in the imperfect, but irregular in all other tenses.

Present[1]	**Hay** una mosca en mi sopa.	*There is a fly in my soup.*
Imperfect[1]	No **había** muchas carrozas.	*There weren't many floats.*
Preterit[1]	**Hubo** una gran corrida de toros.	*There was a great bullfight.*
Future[1]	¿**Habrá** flan para mí?	*Will there be flan for me?*
Conditional[1]	Sin las motocicletas no **habría** nada que hacer.	*Without the motorcycles there would be nothing to do.*

3. The past participle of **haber** is regular, **habido:**
Nunca ha **habido** una fiesta mejor.　　*There never has been a better party.*

4. The following sentences illustrate how the infinitive of **haber** is used after another verb.[2]

Parece haber una fiesta allí.	*There seems to be a party there.*[3]
¿No **puede haber** otra mañana?	*Can't there be another one tomorrow?*
No, pero **va a haber** otra el lunes.	*No, but there is going to be another one Monday.*

---

[1] The present, imperfect, preterit, future, and conditional forms of **haber** will be drilled on p. 199 ff., where these tenses are reviewed.

[2] Notice that when **haber** is used in the infinitive after another verb, the main verb is always in the third person singular.

[3] *There* in this sentence is an adverb—in Spanish—**allí** or **allá.** Notice the two occurrences of *there* in the following sentence:

Out *there* in the garden *there are* many fountains. (**Allá** en el jardín **hay** muchas fuentes.)

The first "there" is an adverb—in Spanish, **allí** or **allá.** The second "there (are)" expresses the existence of something (in this case, fountains)—in Spanish, **hay.**

9 ¿De qué hablamos?

Converse with a partner about one of the following topics. Use these forms as much as possible:
hay, hubo, había, ha habido, habrá, habría, va a haber.

MODELO   Películas de cine buenas o malas.
A: —*Hay una película muy buena ahora en el Cine Rex.*
B: —*Hubo una mejor la semana pasada en la televisión.*
A: —*Había muchas buenas antes.*
B: —*Habrá…*

1. Problemas en tu escuela, pueblo, ciudad o estado
2. Una gran fiesta
3. Un concierto, función, partido, o presentación artística
4. Cosas interesantes que hacer este mes, o durante las próximas vacaciones, en tu pueblo o ciudad, etc.
5. Una catástrofe natural (posible o real, futura o pasada) en el lugar donde vives, tal como: huracán, terremoto *(earthquake)*, inundación *(flood)*, sequía *(drought)*.

10 Formando frases

How many sentences or questions can you make using the verb in dark type and at least one of the other words that follow? Write out each complete sentence.

1. **construir**…compañía, edificios, casas, grandes
2. **oír**…ruido, música, concierto, calle
3. **dar**…cincuenta dólares, televisor, radio
4. **perder**…equipo, nunca, partido, fútbol
5. **dormir**…demasiado, poco, tener sueño
6. **decir**…la verdad, amigos, padres
7. **poder**…ayudar, hermanos, tarea
8. **volver**…restaurante, comida, excelente
9. **hacer**…¿qué?, lugar, feo, caro

11 ¿Qué hacéis?

Complete the following statements, first referring to yourself and then to Alfonso or Isabel, who are very different from you and would answer differently. (Use the third person singular.)

1. Después de volver de un concierto o una fiesta muy tarde por la noche, me siento…
2. Río, o por lo menos sonrío, cuando…
3. Cuando vengo a clase, nunca traigo…
4. Conozco a muchas personas que…
5. Mis hermanos son… y no duermo cuando ellos…

En la zona de Jerez de la Frontera ⊗

Jerez, en la provincia de Cádiz, es una ciudad con más de tres mil años de historia. Por aquí pasaron fenicios, griegos y cartaginenses, romanos, vándalos, godos, y también los musulmanes (moros), quienes contribuyeron a la historia de la ciudad con sus diferentes culturas.

El jerez *("sherry")* producido en esta zona se ha convertido en un símbolo español en todo el mundo.

El proceso del vino comienza con el cultivo de la uva. Cuando las uvas maduran, son recogidas a mano en los campos y llevadas a las plantas. Allí modernas máquinas separan las uvas de los racimos y las rompen, pasando entonces a las prensas. De allí el jugo pasa a las bodegas para su crianza en barriles de madera. La última etapa de la crianza es la solera, de donde se saca a su debido tiempo para su venta.

Recogiendo la uva trabajan chicos y chicas, hombres y mujeres.

Muchos estudiantes usan sus vacaciones para recoger la uva y van a los campos en sus motocicletas.

---

el **campo** *field*
el **cartaginense**, la **c.** *Carthagenian (from an ancient Phoenician colony in North Africa)*
la **crianza** *nursing, nurturing*
debido, **–a** *due*
la **etapa** *step*

el **fenicio**, **–a** *Phoenician (from an ancient region in the East Mediterranean)*
el **godo**, **–a** *Goth (from an old Scandinavian people who founded kingdoms in Spain)*
la **madera** *wood*

madurar *to ripen*
el **moro**, **–a** *Moor*
el **musulmán**, **–a** *Moslem*
la **prensa** *press*
la **solera** *wine aging process*
el **vándalo**, **–a** *vandal*

Campos de uva

Ponen las uvas en cestos que llevan hasta el camino. Allí las depositan en cajas, que los camiones vienen a recoger.

Los camiones llevan las cajas a la planta. Allí los empleados las ponen en correas transportadoras.

Las uvas caen de las cajas en grandes prensas donde son trituradas.

Finalmente el jugo de la uva pasa a las bodegas, donde fermenta en barriles de madera. Al pasar los años necesarios, siguiendo el proceso de solera, se convierte en el vino de Jerez.

---

la **correa transportadora** *con-*   **triturar** *to crush, triturate*
veyor belt

"Cómo bailan los caballos andaluces."

Si el vino es importante para Jerez, sus caballos de pura raza hispanoárabe son también conocidos en el mundo entero. Sobre ellos escribió Santos Chocano[1] un poema: "Los caballos andaluces / cuyos nervios tienen chispas / de la raza voladora de los árabes... Sus pescuezos eran finos y sus ancas relucientes y sus cascos musicales." En septiembre se celebra la Fiesta de la Vendimia, con cabalgatas y festivales de flamenco.

Festival de baile y canto en la Fiesta de la Vendimia.

el **anca**   *croup, hind quarters of a horse*
el **casco**   *hoof*
la **chispa**   *spark*

fino, –a   *slender*
hispanoárabe   *Hispano-Arabic*
el **nervio**   *nerve*
el **pescuezo**   *neck*

la **raza**   *race*
reluciente   *shining, gleaming*
volador, –a   *fleeting, swift*

[1] **José Santos Chocano,** poeta peruano (1875–1934)

12 Preguntas

1. ¿En qué provincia de España está la ciudad de Jerez?
2. ¿Quiénes contribuyeron a la historia de esta ciudad?
3. Además del vino, ¿hay algo más por lo que la ciudad de Jerez es conocida en el mundo?
4. ¿Quién escribió un poema sobre eso?
5. ¿Cuándo y cómo se celebra la fiesta de la Vendimia?

La romería de El Rocío ⊗

"Sólo tres cosas
tenía para su viaje
el romero: los ojos
abiertos a la distancia,
presto el oído y
el paso rápido."
Enrique González
Martínez (mexicano,
1871-1952)

La romería de El Rocío, entre Sevilla y Huelva, es una de las máximas expresiones del folklore andaluz. En ella se reúnen cientos de miles de personas que interpretan o contemplan cantos, música y bailes populares.

Las carrozas pasan frente a la basílica.

---

el **baile** *dance*   **presto, -a** *ready*   la **romería** *festival or celebration held near a shrine*

Todas las primaveras, por Pentecostés, largas caravanas de romeros recorren durante el mes de mayo el suroeste andaluz. Van a El Rocío para venerar la imagen de la Virgen María, Nuestra Señora del Rocío, llamada popularmente "la Blanca Paloma."

Durante el día las carretas avanzan con gran ruido por las marismas. Por la noche, a la luz de hogueras, los ritmos de las guitarras flamencas se unen a los gritos de garzas y patos salvajes. En carreta, a pie o a caballo, los romeros vienen de mil lugares: de aldeas andaluzas; de Madrid, Barcelona, Sevilla; de ciudades tan lejanas como México. Cientos de miles de personas se encuentran en la aldea de El Rocío.

El Rocío existe casi exclusivamente para esta romería, y su basílica, sus edificios y todas sus cercanías se convierten durante una semana en un campamento para los romeros. Sus casas, construidas por las hermandades para que allí paren los peregrinos, quedan abandonadas durante la mayor parte del año.

Cada una de las hermandades hace su propio "sin pecado," una reproducción de la imagen de Nuestra Señora del Rocío. Ésta, montada en una carreta tirada por bueyes o mulas, va al frente de la procesión del grupo hasta el santuario. La carreta del "sin pecado" es causa de gran orgullo para la hermandad, pues todas compiten en presentar la más espléndida imagen de la Virgen; y la competencia se extiende a cuál de las hermandades tiene más romeros, los mejores jinetes — hombres y mujeres — y los mejores caballos.

Así se exhiben caballos, carretas con alegres cascabeles, "sin pecados" de brillantes colores. En cada rincón hay un grupo cantando y bailando flamenco.

Muchos hombres montan caballos árabes y llevan sombrero de ala ancha con cintas de color. Algunos llevan a su pareja sentada atrás de ellos, montando a la amazona.

En contraste con esta espectacular exhibición fuera del santuario, dentro hay una intensa devoción.

Al amanecer del lunes de Pentecostés, se baja la imagen de la Virgen de su trono. Una vez fuera del santuario, se lleva su imagen a cada una de las hermandades. La multitud olvida toda la formalidad. Los hombres se empujan para poder tocar la imagen y transportarla. Nada puede contener a los fieles.

Por último, la imagen es devuelta a su santuario. Desde allí, protegerá a sus fieles hasta que vuelvan a reunirse el año próximo, y el siguiente, y todos los años futuros.

Cruce de los romeros, o rocieros, por terrenos del Coto Doñana, una de las principales reservas ecológicas de Europa. Para muchos peregrinos, este viaje es un evento anual que han vivido desde que eran niños.

First printed in GEO Magazine. Copyright 1984 Knapp Communications Corporation. Adapted and reprinted with permission from Iberian *Reader's Digest*, May 1983.

a la amazona *side-saddle style of horseback riding*
el ala *brim (of a hat)*
la aldea *village*
avanzar *to advance*
Barcelona *city in Spain*
el buey *ox*
la carreta *cart, wagon*

el cascabel *bell (jingle)*
la cinta *ribbon*
los fieles *faithful ones*
la hermandad *brotherhood*
la hoguera *bonfire*
la marisma *salt marsh*
la mula *mule*
la pareja *partner*

Pentecostés *Pentecost*
el peregrino *pilgrim*
salvaje *wild*
Sevilla *Seville, city in southern Spain*
siguiente *next*

Ejercicios

13 Preguntas

1. ¿En qué estación del año recorren los romeros el suroeste andaluz?
2. ¿Hacia dónde van? ¿Qué van a venerar?
3. ¿De dónde vienen los romeros? ¿Cuántas personas llegan a la aldea?
4. ¿Con qué fin se construyen las casas en ese pueblo? ¿Cómo quedan las casas la mayor parte del año?
5. ¿Qué hace cada una de las hermandades?
6. ¿En qué compiten las hermandades?
7. ¿Qué se exhibe en la romería? ¿Qué hay en cada rincón?
8. ¿Qué montan los hombres? ¿Qué tipo de sombrero llevan?
9. ¿Cuándo se baja a la Virgen de su trono?
10. ¿Qué se hace por último?

14 Conversación

1. ¿Te gustaría participar en la romería de El Rocío? ¿Por qué?
2. Imagina que estás en la romería. ¿Qué te gustaría hacer allí? ¿Cantar, bailar, montar a caballo, adornar una carreta? ¿Por qué?
3. ¿Has participado alguna vez en una actividad similar a la que se describe en el texto? ¿En cuál? Descríbela a tus compañeros.
4. ¿Se hacen ferias en tu escuela? ¿Cuándo? ¿Para qué? Compara a una de las ferias de tu escuela con la romería de El Rocío, según se describe en el texto.

...y más fiestas... ⊗

En España, y también en otros países del mundo hispánico, cada pueblo o ciudad tiene un santo patrón. Para celebrar su día, se organizan tradicionalmente grandes fiestas religiosas y populares que no se celebran sólo el día del santo,... ¡pueden durar hasta más de una semana! Gracias a estas fiestas, llamadas fiestas patronales, se mantienen presentes las tradiciones populares de cada región: los bailes, las canciones y la música, casi siempre de origen muy antiguo.

En esos días banderas y flores adornan las calles. Hay un permanente ir y venir de gente que con su música y canciones produce una atmósfera llena de vida y color. Las oficinas y muchas tiendas cierran sus puertas, aunque los restaurantes y cafés siguen abiertos.

La gente sale a la calle para gozar de todas las diversiones que se ofrecen: corridas de toros, conciertos, bailes, concursos deportivos y artísticos, además de ceremonias religiosas que incluyen misas y procesiones. Hay bailes en todos los clubs y centros públicos. También se organizan "salas de fiestas" —lugares especiales para celebrar la ocasión— en sitios como garajes o almacenes.

Las corridas de toros son una parte muy importante de las celebraciones, y en el caso de muchos pueblos y ciudades, éste es el único momento del año en que tienen lugar. La importancia de las corridas está de acuerdo con la importancia del lugar donde se desarrollan. En una ciudad como Pamplona, por ejemplo, se celebran cinco o seis corridas durante las fiestas de San Fermín (la semana del 7 de julio), y son famosas en todo el mundo por sus

---

el almacén *warehouse*
deportivo, -a *sportive*

desarrollarse *to take place*
durar *to last*

patronal *related to a patron saint*
tener lugar *to take place*

"encierros" en los que los participantes corren delante y junto a los toros por las calles de la ciudad antes de las corridas. En los pueblos pequeños, en cambio, sólo se organiza alguna novillada en la que no aparece ningún torero famoso.

Otro ejemplo de estas fiestas son las fiestas patronales de muchos pueblos españoles y las de grandes ciudades como Madrid, Bilbao, San Sebastián, Valencia y Barcelona; también la famosa Semana Santa en Sevilla.

Las Fallas de Valencia se celebran en la semana de la fiesta de San José (el 19 de marzo). Durante las Fallas se queman figuras de madera o de cartón que representan muchas veces a personajes conocidos de la política o de la vida social, no solamente española, sino también del mundo entero.

Durante las dos últimas semanas del mes de mayo, Madrid celebra sus tradicionales fiestas de San Isidro, brillantes y de gran colorido. El pueblo de Madrid baila, canta y se divierte en la pradera de San Isidro donde hay atracciones y verbenas. Al mismo tiempo, se ofrecen en la ciudad representaciones de ópera, ballet, conciertos, grandes corridas de toros, competencias deportivas de carácter internacional y exposiciones artísticas y culturales.

Después de las fiestas patronales, el pueblo vuelve a su vida habitual, y los dueños de restaurantes y cafés, que han trabajado más de lo que se han divertido, pueden por fin descansar. Todo vuelve a su actividad normal hasta el año siguiente, cuando se volverá a celebrar la fiesta.

en cambio *on the other hand*	la **pradera** *meadowland*	la **verbena** *festival on the eve of*
el **encierro** *penning of bulls*	**quemar** *to burn*	*a saint's day*
la **novillada** *bullfight with young bulls*	la **representación** *performance*	
	el **torero, -a** *bullfighter*	

Ejercicios

15 Preguntas

1. ¿Cuándo se organizan grandes fiestas religiosas y populares?
2. ¿Para qué sale la gente a la calle?
3. ¿Qué diversiones se ofrecen?
4. ¿Cuál es una parte importante de estas celebraciones? ¿Por qué?
5. ¿De qué fiestas famosas se habla?

La Tarara

Tiene la Tarara
un vestido blanco
con lunares rojos
para el Jueves Santo.
La Tarara, sí,
la Tarara, no,
la Tarara, madre,
que la bailo yo.

Tiene la Tarara
un cesto de frutas,
y me da, si quiero,
siempre las maduras.
La Tarara, sí,
la Tarara, no,
la Tarara, madre,
que la bailo yo.

Tiene la Tarara
un jardín con flores,
y me da, si quiero,
siempre las mejores.
La Tarara, sí,
la Tarara, no,
la Tarara, madre,
que la bailo yo.

Ejercicios

16 ¡Algo está mal!

Study the picture below of a festival which is far from typical. Describe orally, in Spanish, as many wrong or impossible things that are happening as you can.

17 Actividad

Make up your own poster for an "impossible" festival. Then explain it to the class, in Spanish. The most outrageous explanation wins.

el **lunar** *moon shaped print in fabric*

maduro, –a *ripe*

santo, –a *holy*

18 Ejercicio de composición

Describe, in Spanish, a festival different from that dedicated to **el jerez.** Think of another product; you might choose a product that really is related to a **fiesta** in some part of the Hispanic world, where there are **reinas, bailes, diversiones, comidas, conciertos, carrozas, bandas, concursos.** Suggestions: **el arroz, el maíz, el café, el algodón.** Or instead, think of a "product" that would be ridiculous as the cause for a festival. Suggestions: **el aserrín** *(sawdust)*, **los bigotes** *(moustaches)*, **los cordones de zapato** *(shoelaces).* Use as many nouns and adjectives as possible in your description.

19 ¿Has enriquecido tu vocabulario?

Escribe la letra de la definición correcta. Todas la palabras han aparecido en el capítulo 3. Confirma tus respuestas al final del ejercicio. 11 respuestas correctas: sobresaliente; 7 a 10 correctas: notable; 4 a 6 correctas: bueno; 2 ó 3 correctas: regular; 1 correcta: te cuelgan; ninguna correcta: ¡un desastre!

1. bendición: a. breath   b. blessing   c. care   d. concert
2. extranjera: a. foreign   b. strange   c. strict   d. range
3. concurso: a. curse   b. debate   c. contest   d. course
4. hoguera: a. ant   b. building   c. war   d. bonfire
5. los fieles: a. the faithful   b. the friends   c. the fires   d. the films
6. tirada: a. tired   b. true   c. pulled   d. raised
7. rincón: a. room   b. corner   c. ring   d. rink
8. el rocío: a. the dew   b. the weather   c. the rocks   d. the race
9. llenas: a. rains   b. plains   c. full   d. calls
10. oler: a. to rain   b. to wave   c. to smell   d. to oil
11. empujar: a. to raise   b. to push   c. to follow   d. to pull

Respuestas: 1.b, 2.a, 3.c, 4.d, 5.a, 6.a, 7.c, 8.b, 9.c, 10.c, 11.b.

20 Refrán   "Ojos que no ven, corazón que no siente."

¿Crees que este refrán es cierto o no? ¿Por qué? ¿Piensas que su significado ha sido verdadero alguna vez en tu experiencia personal? ¿Conoces algún refrán en inglés que, aunque con palabras diferentes, tenga un significado similar? ¿Cuál es? ¿Cómo lo traducirías al español?

VOCABULARIO

la **bendición**   blessing
la **bodega**   wine cellar
la **cabalgata**   procession of riders, cavalcade
el **cesto**   basket
el **compositor, –a**   composer
la **copa**   wineglass

la **dama de honor**   maid of honor
el **escritor, –a**   writer
la **feria**   fair
la **fiesta**   holiday, feast
el **mensajero, -a**   messenger
la **paloma**   pigeon, dove
la **pisa**   pressing

la **uva**   grape
la **vendimia**   vintage, grape harvest
el **vino**   wine

bendecir   to bless
nacer   to be born

Palabras similares

el **poema**   poem

Notas culturales

Andalucía   Andalusia, southern region of Spain
andaluz (pl **andaluces**)   Andalusian, from Andalusia
el **cabezudo**   effigy with outsized head used in carnival parades
el **cantar**   folk-song

la **carroza**   float, decorated vehicle for parades
la **corrida**   bullfight
el **flamenco**   a style of Spanish gypsy music, dancing, and singing originally from Andalusia

el **gigante**   giant figure for carnival parades, together with the **cabezudos (gigantes y cabezudos),** they form a very popular pair in Spanish popular festivities, and carnivals

La ciudad perdida   4

...¡la ciudad perdida!

¿Cómo es posible desconocer la existencia de una gran ciudad durante casi cuatro siglos? A pesar de la inmensidad de los gigantescos picos de los Andes peruanos entre los cuales se encuentra, esta pregunta no tiene fácil respuesta. Ninguna de las crónicas coloniales la menciona. Ningún español oyó a los incas hablar de ella.

En 1911 el norteamericano Hiram Bingham, un entusiasta arqueólogo, descubrió estas ruinas espectaculares. Aún no se sabe cuándo ni por qué los incas abandonaron Machu Picchu, pero seguramente fue después de la muerte del Inca Atahualpa, último emperador del Imperio del Sol, en 1533.

En realidad, ¿qué era Machu Picchu en aquellos tiempos del esplendor de la gran civilización inca? Unos creen que era una fortaleza, parte de una cadena de fortalezas que protegían al imperio contra enemigos que a veces atacaban desde la selva. Algunos creen que era un gran santuario religioso gobernado por "mujeres escogidas."[1] Otros creen que era una ciudad — escuela para los hijos e hijas de los nobles del imperio.

---

[1] Un funcionario del gobierno visitaba los pueblos con regularidad para escoger entre las niñas que habían llegado a los diez años de edad a aquéllas que se consideraban especiales por su inteligencia o belleza. Éstas iban a conventos llamados *accla huasi* o "casas de las mujeres escogidas." Algunas de estas muchachas eran sacrificadas — lo que se pensaba que les aseguraría felicidad en la otra vida — otras se daban en matrimonio a nobles, guerreros o al emperador, o eran dedicadas al servicio de los templos durante toda su vida.

Hoy Machu Picchu, a poco más de cien kilómetros de Cuzco, la antigua capital inca, es uno de los principales tesoros arqueológicos del mundo. Las ruinas de piedra de sus casas, templos, altares, plazas, murallas, fuertes, acueductos y terrazas para sembrar maíz, preservadas a través de los siglos, nos presentan su monumental enigma.

En la cima de una montaña, a unos seis mil setecientos cincuenta pies de altura, envuelta algunas veces por nubes —¡qué vista más dramática ofrece la ciudad legendaria rodeada por los picos más altos de los Andes!

¡Qué tiempos aquellos en que la única conexión de la ciudad con el imperio era un camino estrecho, tortuoso y peligroso! En cambio, hoy día, un pequeño tren sale a las siete de la mañana de Cuzco para Machu Picchu todos los días, incluso los domingos y días de fiesta.

En medio del silencio andino, la ciudad perdida nos permite hoy descubrirla y visitarla, aunque no nos conteste la gran pregunta sobre su enigmática existencia... ¿cómo se pierde una ciudad por más de cuatro siglos?

Ejercicios

1 Preguntas

1. ¿Dónde se encuentra Machu Picchu? ¿En qué país de Sudamérica está?
2. ¿Por cuánto tiempo estuvo perdida la ciudad?
3. ¿Quién descubrió las ruinas? ¿Cuándo fueron descubiertas?
4. ¿Habían oído los españoles hablar de Machu Picchu?
5. ¿Cuándo se cree que abandonaron los incas la ciudad?
6. ¿Qué se piensa que era Machu Picchu?
7. ¿Por qué se considera esta ciudad uno de los principales tesoros arqueológicos del mundo?
8. ¿A qué altura se encuentra la ciudad?
9. ¿Por qué era difícil llegar a Machu Picchu en el tiempo de los incas?
10. ¿Cómo se puede llegar a Machu Picchu hoy día?

2 ¿Qué crees?

1. Según las ruinas que se conservan, ¿cuáles eran las actividades de los habitantes de Machu Picchu?
2. ¿Por qué piensas que nadie oyó hablar de la ciudad hasta 1911? ¿Tienes alguna teoría? ¿Cuál es?
3. ¿Cuáles pueden haber sido las razones que tuvieron los incas para abandonar la ciudad? ¿Enfermedad, invasión, guerra (war), sequía (drought), hambre...? ¿Por qué?
4. ¿Conoces alguna otra ciudad misteriosa que haya desaparecido o que haya sido abandonada? ¿Cuál es? ¿Dónde está? ¿Se conservan ruinas?
5. ¿Te gustaría visitar las ruinas de alguna civilización o ciudad antigua? ¿Cuáles y por qué?

THE DEFINITE ARTICLE

Forms of the Definite Article

	Masculine	Feminine
Singular	**el** toro	**la** vaca
Plural	**los** toros	**las** vacas

1. The usual forms of the definite article in Spanish are shown in the chart above.

2. The form **el** is used instead of **la** immediately before a feminine singular noun that begins with a stressed [**a**] sound (spelled **a** or **ha**).[1]

el agua	*the water*	**el** hambre	*the hunger*
el arma	*the weapon*	**el** hacha	*the ax*
el ala	*the wing*	**el** habla	*the speech, language*

These nouns are indeed feminine, and the feminine form of adjectives agrees with them: **el agua fría,** the cold water, **el ala rota,** the broken wing, and so on. The plurals take **las** as expected: **las armas,** the weapons, **las hachas,** the axes.

3. The prepositions **a** and **de** contract with **el** to give **al** and **del: al mercado,** to the market, **del mercado,** from the market.[2] There is no contraction, however, when **el** is part of a proper name: **a El Paso,** to El Paso, **de El Paso,** from El Paso.

Uses of the Definite Article

In general, the definite article is used in Spanish essentially the same way it is in English. Spanish uses it in some cases, however, where English doesn't. The following are the most important differences.

1. In a sentence like "The dinosaur is extinct" we do not understand "the dinosaur" to refer to a particular dinosaur, but rather to the class of dinosaurs as a whole. In English we can express the same meaning with "Dinosaurs are extinct," with a plural noun and no definite article. In Spanish, on the other hand, the definite article is used with *both singular and plural nouns* that refer to a class of things as a whole rather than to specific members of the class.

Las vitaminas son necesarias para **la** salud.   *Vitamins are necessary for health.*
  El perro es el mejor amigo **del** hombre.   *Dogs are man's best friend.*

Examine the following contrast:
Me gusta **el pan;** como **pan** todos los días.   *I like bread; I eat bread every day.*
  The article is used before **pan** in the first clause because one can like bread *in general* (though perhaps disliking some particular kind); but it is not used in the second clause because one can eat only *some* bread at any given time.

---

[1] The letter names **la a,** the a, and **la hache,** the h, are exceptions.
[2] The **el** used with feminine nouns beginning with stressed **a** also contracts: **al agua fría,** to the cold water; **del agua fría,** from the cold water.

2. When people are referred to by name and an accompanying title, the definite article precedes the title in Spanish.[3]

La señorita Abreu acaba de llegar.	*Miss Abreu just arrived.*
Los doctores Elías y Pérez lo vieron.	*Dr. Elías and Dr. Pérez saw him.*

On the other hand, when people are *directly addressed* by title and name, the article is not used.

Buenos días, profesora Núñez.	*Good morning, Professor Núñez.*

Nouns referring to streets, avenues, and other "landmarks" work just like personal and professional titles in that they require the definite article when followed by a proper name.

la calle Atocha	*Atocha Street*
el túnel Lincoln	*Lincoln Tunnel*
la estación Buenavista	*Buenavista Station*
el estadio Azteca	*Azteca Stadium*
el parque Güell	*Güell Park*

3. The definite article is used with various time expressions in Spanish.

   a. The hours of the day:

Era **la** una de la tarde.	*It was one o'clock in the afternoon.*
El tren sale a **las** siete.	*The train leaves at seven.*

Singular **la** is used only with **una;** all other hours require plural **las.**

   b. The days of the week:

El lunes es un día malo para mí.	*Monday is a bad day for me.*
El tren va **los** domingos.	*The train goes on Sundays.*

The article is not used, however, when the days are listed, as in a calendar, and when they are simply equated with time words like **hoy, mañana, ayer, ya, ahora.**

Los días de la semana son lunes, martes, miércoles,...	*The days of the week are Monday, Tuesday, Wednesday,...*
Ayer fue domingo.	*Yesterday was Sunday.*
¿Es viernes ya?	*Is it Friday already?*

   c. The seasons of the year:

La primavera es preciosa aquí.	*Spring is lovely here.*
Detesto **el** invierno.	*I detest winter.*

   d. Time phrases with the equivalents of *next* and *last:*

Llegarán **la** semana que viene.	*They will arrive next week.*
Don Luis llegó **el** mes pasado.	*Don Luis arrived last month.*

   e. At (age):

Murió a **los** noventa años.	*He died at age 90.*
Pepita aprendió a leer a **los** dos años.	*Pepita learned to read when she was two (years old).*

4. Spanish requires the definite article in prepositional phrases containing nouns that refer to common social institutions like school, jail, church, and so on.

Ya salen **para la escuela.**	*They're leaving for school already.*
¿Cuántos años estuvo **en la cárcel**?	*How long was he in jail?*
Van **a la iglesia** todos los domingos.	*They go to church every Sunday.*

---

[3] The titles **Don, Doña, San, Santo, Santa** are exceptions.

The definite article may or may not be used with *casa* and *clase.*

> Vamos **a casa / a la casa.**   *Let's go home / to the house.*
> Estamos **en clase / en la clase.**   *We're in class / in the class.*

5. The definite article is an inseparable part of the name of the country **El Salvador** and of the cities **El Cairo, La Habana, El Havre, La Haya, La Paz.** Usage varies with other geographic names. The article is frequently, but not always, used with the following: **la Argentina, el Brasil, el Canadá, el Ecuador, los Estados Unidos, la Gran Bretaña, el Japón, el Perú.**

6. The definite article is used with the names of all meals.

> A Pepe le encanta el aguacate; lo come   *Pepe loves avocado; he eats it for break-*
> en **el** desayuno, en **el** almuerzo, en **la**   *fast, lunch, dinner, and supper.*
> comida y en **la** cena.

THE INDEFINITE ARTICLE

Forms of the Indefinite Article

	Masculine	Feminine
Singular	**un** hombre	**una** mujer
Plural	**unos** hombres	**unas** mujeres

The usual English equivalente of **unos, unas** is *some, several, a few.*

1. The usual forms of the indefinite article in Spanish are shown in the chart above.

2. The masculine article **un** is usually used with singular feminine nouns beginning with a stressed **a** or **ha,** for example **un ancla,** *an anchor,* **un hacha,** *an ax.*[1]

Uses of the Indefinite Article

In general, the indefinite article is used in Spanish essentially the same way it is in English. However, it is *not* used in some cases in Spanish where it *is* in English. (This is unlike the *definite* article, which is used more in Spanish than in English, as we saw in p. 72 ff.) The following are some of the most important differences.

1. The singular indefinite article is never used in exclamations with **qué.**

> ¡Qué película más aburrida!   *What a boring movie!*
> ¡Qué lindo día!   *What a nice day!*

2. The singular indefinite article is never used before **cien, mil,** or **otro.**

> Me regalaron cien dólares.   *They gave me a hundred dollars.*
> Tengo mil cosas que hacer.   *I have a thousand things to do.*
> Otro vaso de agua, por favor.   *Another glass of water, please.*

---

[1] The names of the letters **a** and **h** are exceptiions: **una a, una hache** (see footnote p. 72).

Cierto, *a certain,* may occur with or without the indefinite article.

Buscaba $\begin{cases} \text{cierto libro.} \\ \text{un cierto libro.} \end{cases}$ *He was looking for a certain book.*

3. The following sentences illustrate the use of **tener, con,** and **sin** with and without singular indefinite **un(a).**

a. with **un(a)**
No tengo **una** (sola) corbata.
I don't have a (single) tie.

Encontramos una casa con **un** baño.
We found a house with one bathroom.

Salió sin **un** sombrero.
He left without a (single) hat.

b. without **un(a)**
No tengo corbata.
I don't have a tie.

Encontramos una habitación con baño.
We found a room with a bath.

Salió sin sombrero.
He left hatless.

In the (a) sentences, **un(a)** emphasizes the number *one,* a *single* tie, bathroom, hat, or whatever. In the (b) sentences, without **un(a),** the emphasis is on the mere presence or absence — not the number — of the objects in question.

4. The indefinite article is normally omitted after **ser, parecer, considerar,** and other "linking" verbs before an unmodified noun indicating nationality, profession, rank, and other kinds of groups or categories.

Juan es peruano.   *Juan is (a) Peruvian.*
María es arqueóloga.   *María is an archeologist.*
Pablo se considera católico.   *Pablo considers himself (a) Catholic.*
¿Es perro o gato?   *Is it a dog or a cat?*

In these sentences the predicate nouns (**peruano, arqueóloga,** etc.) simply place the subject in one category or another. On the other hand, the indefinite article is included if the predicate noun is *modified* so that the subject is described in some particular way, rather than merely categorized.

Juan es **un** peruano que conocí en Lima el año pasado.
Juan is a Peruvian that I met in Lima last year.
María parece ser **una** arqueóloga excelente.
María seems to be an excellent archeologist.

Ejercicios

3   **¿El o la?** ☉

The following words are all feminine. For reasons of pronunciation, however, five of them require **el** instead of **la** as the definite article. Which are these five words?

álgebra   hamaca *(hammock)*
águila *(eagle)*   hacha
hambre   alegría
acera   área
aleta   altura

4 Frases

Make up original sentences in Spanish using the following words: **hamacas; aceras; álgebra; hacha; agua.**

MODELO **área** *El área donde viven tiene importancia arqueológica.*

5 Ejercicio escrito ⊗ ▭

Form complete sentences with the following words, adding definite or indefinite articles when necessary. In some cases, add prepositions.

MODELO nosotros / ir / iglesia / 8:30
Vamos a la iglesia a las ocho y media.

1. Usted / estar / equivocado / hoy / no / ser / miércoles
2. A mí / me / gustar / tortillas mexicanas / para / almuerzo / y / comida
3. Yo / deber / comprar / naranjas / para / desayuno
4. Gerardo / pasar / seis horas / en / escuela / todos / lunes
5. ¿Querer / usted / otra / taza / cafe?
6. Ayer / Tomás / leer / mil / páginas / más
7. Valentín / ser / peruano / pero / sus padres / nacer / en / Europa

6 Situaciones

I. Think of as many nouns as you can that would fit the following sentences.

MODELOS A. _____ es bueno para la salud.
 (El jugo de naranja . . ., El ejercicio . . ., El aire fresco . . .)
 B. _____ García nos espera.
 (La señora . . ., El capitán . . ., La doctora . . .)
 C. Hay que cruzar _____ Bolívar.
 (la calle, el paseo, la avenida)

A. 1. _____ es buena para la salud.
 2. _____ son buenos para la salud.
 3. _____ son muy caros.
 4. _____ son difíciles de recordar.
 5. _____ es un buen color para los coches.
B. 1. _____ Villa acaba de llegar.
 2. _____ Camacho y Vázquez ya salieron.
C. 1. Están prohibidos los autobuses en _____ Corrientes.
 2. Hay menos tráfico hoy porque _____ está cerrado.
 3. ¿Por qué no vamos a(l) _____ Libertad? Hay un buen partido de fútbol hoy.

II. Make a list of the activities you typically engage in on the various days of the week.

MODELO *Los domingos juego fútbol con mis amigos. Los lunes voy a mi clase de baile . . ., a mi lección de piano . . .*

III. List some activities you and your friends engage in in the various seasons of the year.

MODELO *En la primavera nos gusta jugar béisbol . . .*

DEMONSTRATIVE ADJECTIVES

	Masculine		Feminine	
Singular Plural	**este** muchacho **estos** muchachos	*this boy* *these boys*	**esta** muchacha **estas** muchachas	*this girl* *these girls*
Singular Plural	**ese** muchacho **esos** muchachos	*that boy* *those boys*	**esa** muchacha **esas** muchachas	*that girl* *those girls*
Singular Plural	**aquel** muchacho **aquellos** muchachos	*that boy* *those boys*	**aquella** muchacha **aquellas** muchachas	*that girl* *those girls*

1. The Spanish equivalents of the English demonstrative adjectives *this* (plural *these*) and *that* (plural *those*) are shown in the preceding chart. Notice that English *that/those* corresponds to two adjectives in Spanish: **ese, esa** and **aquel, aquella.** The difference between these two is that **aquel** suggests greater remoteness from both speaker and hearer than does **ese.** For example:

aquel día   *that day (long ago)*

aquellas montañas   *those mountains (way over there)*

2. As illustrated in all the preceding examples, demonstrative adjectives normally precede the nouns they modify. They may also be placed after the noun (with a definite article or **qué** before it) in casual speech. This position adds a tone of contempt or consternation.

El hombre ese no me gusta.   *I don't like that guy.*

¡Ay, **qué niñas estas**!   *Oh, these girls (what are we going to do about them?)!*

Ejercicios

7 **Una conversación fascinante** ⊗ ▭

During their visit to Machu Picchu, Evelina tries to engage Ramón in various conversations, but he finds everything boring. One student will take per part, supplying the appropriate demonstrative adjectives; a second student answers as Ramón would, supplying the appropriate definite articles.

MODELO   EVELINA   —Yo tenía mucha sed. ¡Cómo refresca ___*esta*___ agua!

           RAMÓN   —___*El*___ agua no me interesa.

1. EVELINA   —¿Quieres ir allí? _____ artesanías parecen interesantes.
   RAMÓN   —_____ artesanías son aburridas.
2. EVELINA   —Mira _____ perro allí, detrás de la piedra. Es lindo, ¿no?
   RAMÓN   —No sé; para mí, _____ perros son aburridos.
3. EVELINA   —Tengo hambre. Voy a comer un poco; me encanta _____ pan.
   RAMÓN   —_____ pan nunca me ha gustado.
4. EVELINA   —_____ estadio que pasamos en el tren debe ser muy viejo.
   RAMÓN   —Posiblemente. Pero _____ estadios no me interesan.
5. EVELINA   —Estoy cansada. Hemos subido mucho. _____ montañas son altísimas.
   RAMÓN   —Es verdad. Pero no quiero hablar de _____ montañas.
6. EVELINA   —¡Mira! Yo sabía que _____ ciudad era tan grande.
   RAMÓN   —_____ ciudad es grande, pero parece aburrida.

7. EVELINA — _____ nubes allí son inmensas, son gigantescas.
   RAMÓN — _____ nubes son todas iguales.
8. EVELINA — Ramón, _____ silencio es misterioso, ¿no?
   RAMÓN — ¿Tú crees? _____ silencio es aburrido.
   EVELINA — No sé qué prefiero: el silencio o _____ conversación fascinante. Vámonos.

8 Los impacientes ⊗ 📖

Complete the following dialog with the appropriate demonstrative adjectives.

En el tren que va para Machu Picchu viajan tres jóvenes centroamericanos.

YOLANDA — ¡Hay tantos pasajeros! No sé cómo pueden caber en _____ pequeño tren. Miren Uds. a _____ turistas japoneses, cada uno con su cámara.

BEATRIZ — Quisiera ver para fuera, pero no puedo abrir _____ ventana.

JULIÁN — Permíteme… No, tampoco puedo abrirla. ¿Por qué no tratamos de ver por _____ otras dos ventanas?

YOLANDA — Es imposible. _____ señora con un sombrero enorme está enfrente; no nos deja ver nada.

BEATRIZ — ¡No vamos a poder ver nada en el viaje a Machu Picchu, y todo por la mujer _____!

JULIÁN — ¡No hablen tan alto! Nos va a oír.

BEATRIZ — Tengo una idea. Julián, pregúntale a _____ señor de pelo rubio si quiere cambiar de asiento contigo.

JULIÁN — Pero, mira, se está levantando. Creo que va a hablar con _____ hombres de allá atrás.

YOLANDA — ¡Qué buena suerte! Voy a sentarme en _____ asiento. Después cambiamos.

(Yolanda se va; regresa después de pocos minutos.)

BEATRIZ — ¿Pudiste ver algo? ¿Viste los templos?

YOLANDA — No. Y _____ viaje me parece eterno.

JULIÁN — ¿Qué pasó?

YOLANDA — No vi ningún templo, ni nada. Hay una nube que lo cubre todo.

BEATRIZ — ¡No hemos podido ver nada, y todo por la nube _____!

JULIÁN — Podemos mirar el folleto que nos dieron en el hotel de Cuzco. Miren, ¡qué hermoso se ve Machu Picchu en _____ foto!

POSSESSIVE ADJECTIVES

	Weak Form		Strong Form
Singular Possessor	mi(s) tu(s)	my your	mío(-a,-os,-as) tuyo(-a,-os,-as)
	su(s)	{ his, her, its, your	suyo(-a,-os,-as)
Plural Possessor	nuestro(s) vuestro(s)	our your	nuestro(-a,-os,-as) vuestro(-a,-os,-as)
	su(s)	{ his, her, its, your, their	suyo(-a,-os,-as)

1. The "weak" (or "short") possessive adjectives are called this because they cannot be stressed. They appear only *before* the noun they modify (sometimes with an adjective in between). The emphasis — like the stress — is on the noun, not on the possessive.

mi (otro) tío	*my (other) uncle*
tu (nuevo) carro	*your (new) car*

The "strong" (or "long") possessive adjectives are stressed, and they emphasize the possessor. They appear *after* the noun they modify, which is preceded by an article or a demonstrative adjective.[1]

el tío mío	*my uncle*
un libro tuyo	*a book of yours*
ese tío suyo	*that uncle of his*

Strong possessive adjectives are also used as predicate adjectives.

El perro negro es nuestro.	*The black dog is ours.*

2. **Mi, tu,** and **su** change to agree in number (but not gender) with the noun they modify.

Singular	Plural
mi ⎱	mis ⎱
tu ⎰ abuelo abuela	tus ⎰ abuelos abuelas
su	sus

Nuestro, vuestro, mío, tuyo, and **suyo** change to agree in both number and gender with the noun they modify.

Singular	Plural
nuestro tío	nuestros tíos
nuestra tía	nuestras tías
el tío tuyo	los tíos tuyos
la tía tuya	las tías tuyas

The fact that **su** agrees in number and gender with the *thing possessed,* not with the *possessor,* creates a special problem for English speakers. Study the following examples carefully.

ONE THING POSSESSED	MORE THAN ONE THING POSSESSED
Ésa es **su** casa.	Ésas son **sus** casas.
That's his/her/your/their house.	*Those are his/her/your/their houses.*

3. The phrases **su** + *noun* and **el** + *noun* + **suyo** (and the corresponding feminines and plurals) may mean **el** + *noun* + **de él, de ellos, de ella, de ellas, de usted,** or **de ustedes.** When the intended meaning of **su** or **suyo** is not clear from the context, or when the speaker wishes to emphasize one possessor rather than another, the appropriate phrase with **de** is used. **Suyo** is more common when the possessor is **usted;** and **de él, de ella,** etc., are more common in the other cases.

---

[1] In direct address no preceding article or demonstrative is used, for example: Ven acá, **hijo mío.** (*Come here, my son.*)

4. Spanish, like English, uses a possessive adjective with body parts, articles of clothing, and other personal effects when the identity of the possessor would not otherwise be clear.

Tus pies son grandísimos. *Your feet are huge.*

In this sentence we wouldn't know whose feet are referred to if **los pies** had been used instead of **tus pies**. On the other hand, Spanish, unlike English, uses the *definite article* rather than a possessive adjective if the possessor is the most likely one.

Me duele **la** garganta.	*My throat hurts (me).*
Rafael levantó **las** cejas.	*Rafael raised his eyebrows.*
Elena perdió **los** lentes de contacto.	*Elena lost her contact lenses.*
Se puso **el** sombrero.	*He put on his hat.*
Ella abrió **los** ojos.	*She opened her eyes.*

Ejercicios

9 **Ana María y un joven demonio** ⊗ 📖

Provide the correct form of the possessive adjective or the definite article in the blank space.

ANA MARÍA —¡Mamá! ¡Herminio está leyendo ____*(my)*____ diario! Dile que no es ____*(his)*____, ¡es ____*(mine)*____!

MAMÁ —¡Herminio! Ese diario no es ____*(yours)*____, es de ____*(your)*____ hermana. Ponlo en ____*(her)*____ cuarto ahora mismo.

HERMINIO —Yo no tengo la culpa, mamá. Ana María dejó ____*(her)*____ diario aquí en la cocina. Yo creía que era ____*(our)*____ pequeña guía de teléfonos, que es del mismo color.

ANA MARÍA —¡Qué idea! Herminio, si sigues diciendo mentiras, así, te va a crecer ____*(your)*____ nariz como a Pinocho.

MAMÁ —Ana María, no le hables así a ____*(your)*____ hermanito. Él te ha dado ____*(his)*____ explicación.

ANA MARÍA —¡Explicación! Mamá, ____*(my)*____ diario contiene cosas de ____*(my)*____ vida privada. Herminio se las va a contar a todos ____*(his)*____ amiguitos, y ellos se las van a repetir a todos los ____*(theirs).*____ ¡Quiero morir!

HERMINIO —¡Pobrecita! No te preocupes. ____*(Your)*____ secretos están en buenas manos. Yo no se los cuento a nadie. Pero tienes que darme algo—¿ ____*(your)*____ colección de discos, por ejemplo?

ANA MARÍA —¡____*(My)*____ discos! ¡Eres un monstruo! ¡Dame ____*(my)*____ diario! ¡No es ____*(yours)*____, es ____*(mine)*____!

MAMÁ —¡Ay! Me duele ____*(my)*____ cabeza. Uds. me tienen loca. Salgan de ____*(my)*____ cocina y hagan ____*(your)*____ tarea para mañana.

HERMINIO —Sí, mamá, enseguida.

10 **La venganza de Ana María** *(Ana María's revenge)*

Ana María tries to get even with her little brother by playing a trick on him. Write a dialogue in which Herminio protests to Mamá about Ana María's behavior. Use as many possessive adjectives and pronouns as possible.

SHORTENED MODIFIERS

Masculine Singular	Feminine Singular
un hombre	**una** mujer
buen hombre	**buena** mujer
mal hombre	**mala** mujer
algún hombre	**alguna** mujer
ningún hombre	**ninguna** mujer
primer hombre	**primera** mujer
tercer hombre	**tercera** mujer

The adjectives shown drop their final **-o** before a masculine singular noun. The expected forms occur in all other cases; for example, **hombre bueno** (adjective following the noun), **buenos hombres** (adjective before plural noun). These modifiers are still shortened, however, when two occur together and when they are separated from the masculine singular noun by some other modifier.

ningún mal hombre	*no bad man*
ningún otro hombre	*no other man*

There are two adjectives that are shortened before any singular noun, either masculine or feminine.

Masculine Singular	Feminine Singular
cualquier hombre	**cualquier** mujer
gran hombre	**gran** mujer

Cualquiera[1] retains its final **-a** when it does not precede a noun.

Cualquier persona puede hacer eso; **¡cualquiera!**	*Any person can do that; anyone!*

Gran usually means *great* rather than *big*. The plural **grandes** is never shortened: **grandes mujeres, grandes hombres.**

Yo soy inca ⊗

Eran las seis de la mañana cuando salí del hotel. Había pasado la noche anterior sin dormir, seguramente porque estaba pensando todo el tiempo en mi visita a Cuzco y mi futura llegada a Machu Picchu. Caminaba al centro para esperar el tren de las siete, el tren que llevaba a los turistas, turistas sudamericanos, japoneses, europeos o norteamericanos como yo, a la misteriosa ciudad legendaria. Pero a esa hora no había ningún otro ser humano en las calles—yo estaba muy sorprendido.

---

el **ser humano**   *human being*

[1] The plural form **cualesquiera** exists but is seldom used.

De repente, en medio del silencio absoluto, oí una voz. Dejé de respirar por un segundo. La voz dijo, "Señor, ¿no tiene Ud. la garganta seca?" Por fin vi a la persona que me hablaba y me calmé. Era un hombre inofensivo, viejísimo; parecía tan pobre que debía ser un triste limosnero. Yo no iba a responder, pero como tengo un gran corazón, le contesté: "Sí, tengo sed, pero ¿qué se puede tomar a estas horas?" "Agua," me dijo, "un poco de agua fría. El agua es buena para el alma." Yo no sabía qué pensar del misterioso anciano; tal vez estaba senil, loco por los años. Era viejísimo – su cara tenía mil arrugas. "Mire Ud.," le dije, "lo acompañaría a tomar agua o cualquier otra cosa, pero necesito quedarme aquí a esperar el tren."

"No se preocupe Ud., no hay ningún problema," respondió. "Hay otro modo de ir, yo lo llevo." Con esto yo ya estaba seguro que el pobre estaba mal de la cabeza. Pero noté algo raro en su forma de hablar. "¿Es Ud. peruano?" le pregunté. Me miró por unos segundos; tenía una expresión fuerte en los ojos que nunca olvidaré. "¿Peruano? Yo soy inca." De repente vi el hacha que llevaba en la mano derecha. Me quedé inmóvil, paralizado de miedo. No soy religioso, pero en ese momento recordé los nombres de todos los santos.

El viejo seguía hablándome tranquilamente. "¿No es bella esta hacha?" dijo. "Me ha servido bien, y por mucho tiempo. Con ella tallé la primera piedra de Machu Picchu. Si sube conmigo, señor, se la muestro."

---

el **alma** soul
el **anciano, –a** old man, woman
la **arruga** wrinkle
inmóvil immobile, motionless

inofensivo, –a inoffensive, harmless
el **limosnero, –a** beggar
pobre poor

respirar to breathe
el **santo, –a** saint
seguro, –a sure
tallar to carve

Ejercicios

11 ¿Qué elegimos? ⊗ ▭

The following phrases appear in the passage you read. Complete them with the more appropriate of the choices given. (Note: Ø = no word needed.)

1. Caminaba $\frac{al}{el}$ centro para esperar el tren de $\frac{Ø}{las}$ siete.

2. No había $\frac{ninguno}{ningún}$ otro ser humano en las calles.

3. Parecía $\frac{un}{Ø}$ pobre limosnero.

4. ¿No tiene Ud. $\frac{su}{la}$ garganta seca?

5. Debía ser $\frac{un}{Ø}$ triste limosnero.

6. $\frac{El}{Ø}$ agua es buena para el alma.

7. No hay $\frac{ningún}{ninguna}$ problema.

8. ¿Es Ud. $\frac{un}{Ø}$ peruano?

9. Me miró por $\frac{los}{unos}$ segundos.

10. Tenía una expresión fuerte en $\frac{los}{sus}$ ojos.

11. Llevaba un hacha en $\frac{su}{la}$ mano.

12. No soy $\frac{un}{Ø}$ religioso.

13. Su cara tenía $\frac{un}{Ø}$ arrugas.

14. Tallé la $\frac{primer}{primera}$ piedra.

12 Ejercicio de composición

How would you end the above narrative? Give a short summary of your own ending, either orally or in written form (one paragraph).

13 Cómo sobrevivir

The class should be divided in groups of two. One student of the pair chooses a place from the following list and mentions an item needed for survival there. (An *indefinite* article must be used.) The other student makes a general statement about the usefulness of that item and suggests another. (The *definite* article must be used.)

Lugares

1. Una selva sudamericana cerca del río Amazonas. Hay animales peligrosos, insectos, enfermedades.
2. Un lugar donde hace mucho calor, de Sonora en México. La temperatura llega a 51.6° C(125°F).
3. Un lugar lejano y frío de los Andes. Casi no hay vegetación.
4. Un sitio en el sur de Chile o Argentina, muy cerca del Círculo Polar Antártico. Un barco pasa por allí sólo una vez al año.

Palabras útiles

agua mineral, aspirina, brújula, cuchillo, comida en lata, curitas, esquíes, estufa de kerosene, fósforos, frazada *(blanket)*, libro de español, machete, mapa, matamoscas *(fly swatter)*, paraguas, penicilina, pistola, quinina, radio trasmisor, raquetas *(snowshoes)*, saco para dormir, termómetro

MODELO   A: *—Yo llevaría un mapa.*
              B: *—Los mapas son útiles y también las brújulas.*

El Imperio del Sol ⊗

"Todo el mundo debía trabajar y nadie debía sufrir hambre . . ."

A la nación de los pueblos de la lengua quechua, gobernada por los incas, se le puede dar el nombre de "imperio." Desde su capital, Cuzco, fundada en el siglo XII, los incas[1] gobernaban un vastísimo territorio, desde Quito hasta el norte de Chile y la Argentina. La sociedad no estaba organizada como democracia, sino dividida en clases, cada una con emblemas y trajes distintivos.

---

distintivo, –a *distinctive, characteristic*
el **emblema** *emblem*
el **quechua** *Quechuan, language of the Incas*

---

[1] En español la palabra *inca* se escribe con mayúscula *(capital letter)* sólo cuando se refiere al emperador.

A las clases superiores pertenecían el Inca con sus descendientes y los gobernantes y sus familias. Estas clases recibían instrucción especial y nadie pertenecía a ellas sin pasar estrictos exámenes y pruebas de iniciación.

El pueblo debía trabajar en la agricultura o en otras cosas útiles. Las tierras y el agua para regarlas se distribuían entre los padres de familia. Todo el mundo debía trabajar y nadie debía sufrir hambre o pobreza. Todos tenían obligación de cultivar, por rotación, las tierras del Sol y del Inca, y las dedicadas a ayudar a los necesitados: ancianos, viudas, niños, inválidos en general.

Para gobernar este enorme imperio con este sistema económico era necesario llevar cuenta precisa de la población y de sus necesidades. Los incas llevaron la ciencia de la estadística a un alto grado de precisión.

El tesorero mayor, encargado de las cuentas, con un *quipu*.

Para llevar las cuentas los incas usaban una invención muy ingeniosa llamada el *quipu*. El *quipu* era una combinación de hilos de diferentes colores. Con nudos de distintos tamaños que se hacían en los hilos, era posible indicar una gran variedad de relaciones numéricas.

Los administradores del Inca usaban *quipus* como nosotros usamos computadoras: para mantener las estadísticas del imperio—censos de los pueblos e inventarios muy exactos de productos, animales, recursos, armas, tropas y muchas otras cosas.

En todos sus aspectos el imperio de los incas era notable por su alto grado de orden y de organización.

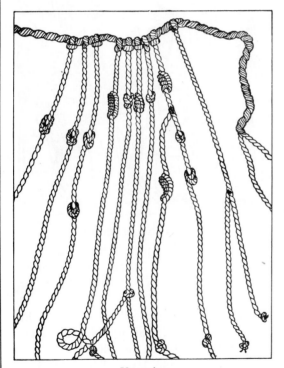

Un *quipu*

el **censo** *census*	la **necesidad** *need*	el **recurso** *resource*
el **gobernante, la g.** *ruler*	el **necesitado, –a** *needy*	**regar (ie)** *to water, irrigate*
ingenioso, –a *ingenious, clever*	el **nudo** *knot*	la **tierra** *land*
llevar la cuenta *to keep account of, to keep the records*	**pertenecer** *to belong*	la **tropa** *soldiers, troops*
	la **pobreza** *poverty*	la **viuda** *widow*
	la **prueba** *test*	

Comunicaciones:
secreto del éxito ⊗

Los incas imponían su lengua a cada pueblo que conquistaban. Con el tiempo el quechua se hablaba en todas partes de su vasto imperio. El triunfo de esta civilización es debido en gran parte a esta unidad lingüística y a un sistema de comunicaciones magnífico.

El mensajero del Inca (Hatun Chasqui)

Un inspector de puentes

¿Cómo era posible mantener el orden en un territorio tan extenso? ¿Cómo era posible mandar mensajes de un extremo a otro del imperio? Un excelente sistema de carreteras unía todas las partes del imperio. Los *chasquis*, corredores especiales estaban situados a lo largo de las carreteras. Utilizando un sistema de relevo, los *chasquis* podían llevar un mensaje recorriendo 140 millas en un solo día.

En poco tiempo las órdenes del Inca llegaban a las partes más lejanas de su gran imperio.

---

el **corredor, –a** *runner*   el **éxito** *success*   el **mensaje** *message*
el **relevo** *relay*

Ejercicios

14 Preguntas

After reading **El Imperio del Sol,** two students should alternate in asking the following questions to the rest of the class:

1. ¿Se puede dar a la nación de los incas el nombre de imperio? ¿Por qué?
2. ¿Cuál era la extensión del imperio de los incas? ¿Cuál era la capital del imperio?
3. ¿Qué idioma hablaban los incas?
4. ¿Cómo estaba dividida la sociedad de los incas?
5. ¿Quiénes pertenecían a las clases superiores? ¿Qué tipo de instrucción recibían ellos?
6. ¿En qué trabajaba el pueblo? ¿Qué se cultivaba por rotación?
7. ¿Por qué era necesario llevar cuenta precisa de la población?
8. ¿Qué usaban los incas para llevar las cuentas?
9. ¿A qué se debe el triunfo de la civilización de los incas?
10. ¿Cómo mandaban mensajes los incas a través de un territorio tan extenso?

15 Debates

Below are three topics for debate. The students might have to do some research (go to the library and consult reference and history books) to be able to participate in the discussion.

1. El sistema social de los incas. ¿Era o no democrático? ¿Por qué?
2. Los "quipus" y las computadoras. ¿Por qué se pueden comparar? ¿Qué diferencias hay entre los dos sistemas? ¿Qué se puede decir en favor y en contra de ellos?
3. Los "chasquis." Quieres mandar un mensaje de un lugar a otro, a 140 millas de distancia. No existe ninguno de los medios de comunicación o de transporte actuales. Debes usar mensajeros ("chasquis"). ¿Cuántos mensajeros piensas que habría que usar? ¿Cuánto podría correr cada uno sin parar? ¿Cuánto tardaría cada uno? ¿Cuántas personas se necesitarían para completar el recorrido en un día?

La Ñustita ⊗

¡Qué procesión tan magnífica! ¡Rojo, amarillo, verde, azul! Los rayos del sol hacen más brillantes los colores de las plumas con que se adornan los soldados del Inca.

¿Adónde va el Hijo del Sol con tanto esplendor?

Tupac-Yupanqui, emperador de los incas, celebra una gran victoria. Recorre su vasto imperio en marcha triunfal. En todas partes el pueblo lo recibe con alegría. Con música y bailes todos celebran la victoria más reciente: los ejércitos del Inca han conquistado a los pachis. Desde ahora en adelante las tierras de los pachis formarán parte del imperio de los incas.

En la procesión hay un grupo de indios que no cantan el himno de victoria. Caminan lentamente, los ojos fijos en el suelo. Son pachis capturados por los soldados del Inca. Van a la gran ciudad de Cuzco, donde van a ser esclavos del emperador.

---

el **ejército** *army*
el **esclavo, –a** *slave*
la **ñusta** *ancient Inca princess*

el **pachi, la p.** *member of an ancient Indian tribe*

la **pluma** *feather*
el **rayo** *ray, beam*

Entre los prisioneros hay una joven muy bella, de labios de rosa. Sus hermosos ojos están tristes. Camina aún más lentamente que los otros. Está pensando en su enamorado, un joven guerrero pachi, ahora tan lejos de ella. Alrededor del cuello lleva un lindo collar, un regalo que él le había dado para mostrarle su amor.

—Ahora, —piensa ella, —la guerra nos ha separado para siempre.

La noche empieza a caer sobre las montañas. La procesión real hace una parada en Izcuchaca, y la joven, por fin, puede descansar. Cierra los ojos y se duerme pensando en el guerrero lejano.

Pasada la medianoche, la luna desaparece detrás de una nube. El silencio de la noche es total; todos – soldados, cautivos, el mismo emperador – duermen en la fría oscuridad de las noche andina. De repente la joven oye una voz muy suave que dice:

—¡Ñustita! ¡Despiértate! ¡Soy yo!

La joven abre los ojos y sonríe. Es la voz de su amado.

—¡Tú aquí!

—Sí, Ñustita. Te he seguido desde el día que te capturaron. Ayer los soldados me vieron; ahora yo soy prisionero también. Pero oye; todos los soldados están dormidos. Con un poco de suerte, podemos escaparnos. Ven, mi reina, ¡escapemos!

Juntos, los dos jóvenes empiezan a correr por el oscuro campamento. Ya están casi en el bosque cuando uno de los soldados se despierta y empieza a gritar. En un instante todos los soldados se levantan y corren hacia ellos. Manos crueles matan al joven valiente y hacen prisionera a la joven de los labios de rosa que ahora llora inconsolablemente.

Tupac-Yupanqui ordena la muerte de la bella esclava.

Y ella escucha alegre la sentencia, porque quiere reunirse con el espíritu de su amado.

Desde entonces, a los viajeros que quieren conocer el sitio donde sacrificaron a la joven, se les muestra una roca que tiene la forma de una india con un collar en el cuello y plumas en la cabeza. Es la imagen de la hermosa joven pachi que murió con una sonrisa triste en sus labios.

Adaptación de la leyenda "Palla-Huarcuna" de Ricardo Palma, escritor peruano (1833-1919) que recoge en su libro *Tradiciones peruanas*, historias del pasado incaico y de la época colonial del Perú.

---

el **amado, –a** *beloved*
el **amor** *love*
el **collar** *necklace*
el **enamorado, –a** *sweetheart*

la **época** *time, age*
inconsolablemente *unconsolably*
el **labio** *lip*
matar *to kill*

la **oscuridad** *darkness*
la **sonrisa** *smile*
el **viajero, –a** *traveler*

Ejercicios

16 Preguntas

1. ¿Cómo se llama el emperador? ¿Cómo lo recibe el pueblo?
2. ¿A quiénes han conquistado los ejércitos del Inca?
3. ¿Adónde van los prisioneros?
4. ¿Por qué está triste la joven? ¿Qué regalo le había dado su enamorado?
5. ¿Dónde hace una parada la procesión real?
6. ¿Qué oye la joven de repente?
7. ¿Por qué no pueden escaparse Ñustita y su novio?
8. ¿Qué ordena Tupac-Yupanqui?
9. ¿Cómo recibe la sentencia la joven prisionera?
10. ¿Qué se ve hoy en el lugar donde sacrificaron a la joven?

17 Ejercicio de composición

1. Cuenta la misma historia en unas diez líneas. Comienza desde: *En la procesión* . . .
2. Si conoces una historia similar puedes contarla por escrito. Si no, inventa una historia triste, parecida a ésta.

El rocío

Las gotas de agua
que en las flores amanecen
son lágrimas de la luna
que de noche llora.

Poema quechua

amanecer *to dawn*
la **gota** *drop*

la **lágrima** *tear*

el **rocío** *dew*

Las misteriosas líneas de Nazca, ¿qué significan? ⊗

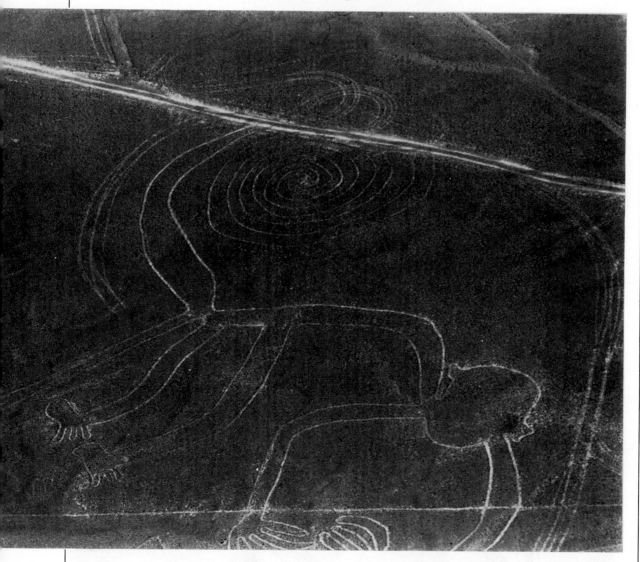

Hasta ahora, nadie ha podido explicar el misterio de las líneas de Nazca, una zona de 250 millas cuadradas al sur de Lima. Las líneas son muy largas—hasta de 16 millas de largo—y son casi perfectamente rectas. ¿Quiénes las hicieron? ¿Qué significan? No son visibles al nivel de la tierra; sólo se ven desde el aire.

En algunos lugares las líneas forman figuras geométricas como rectángulos y espirales. En otros lugares se ven figuras de aves, animales o insectos—hay un mono, una araña y un colibrí, por ejemplo, perfectamente formados y hechos con gran exactitud.

la **araña**   *spider*
el **ave**   *bird*
el **colibrí**   *hummingbird*

cuadrado, –a   *square*
la **exactitud**   *accuracy, exactness*

el **nivel**   *level*
recto, –a   *straight*

Ejercicios

18 Actividades

Divide the class into groups of three or four. Study the aerial photographs of the Nazca lines, and using your imagination, work with the members of your group to devise a theory to explain the meaning of the lines. Together, write a paragraph in Spanish explaining how the lines were made and what their purpose may have been. Read your paragraphs aloud to the rest of the class. Ask someone from each group to do some research in the library and report back to the class about recent investigations on the subject.

19 Actividades: Misterios de los incas

¿Con qué propósito se construyó la fabulosa ciudad de Machu Picchu . . . y cómo se perdió?

¿Qué significan las misteriosas líneas de Nazca?

¿Cómo hicieron los incas sus monumentales edificios de piedra?

¿A qué se debió el triunfo de la civilización incaica?

20 Ejercicio de conversación

The class should be divided into groups of three or four. Each group works out an answer to the previous questions. All members of the group should agree on the answer. Debate: A representative of each group reads their answers to the class. After all the answers are read, a discussion should follow in which each group justifies their validity.

21 Ejercicio de composición

Choose one of the following topics and write a report. You might have to go to the library and consult reference and history books. If you use any information, give your sources in a bibliography at the end of your report. Present your report in an attractive way. Include any drawings, pictures, brochures, or other illustrations that will enhance your efforts.

1. Imagina que vives en los Andes a principios del siglo dieciséis. Eres inca. Tienes la misma edad que tienes ahora. Describe cómo es tu vida, qué esperas del futuro, cuáles son tus actividades diarias, con qué problemas te encuentras. Da detalles específicos de tu cultura.
2. Has llegado a Machu Picchu por casualidad. Eres el primero en llegar allí. Nadie ha visto ese lugar antes que tú. Cuenta los problemas que has tenido para llegar, la impresión que has recibido al encontrarte con esa "ciudad perdida" y tus ideas en cuanto al tipo de civilización y la forma de vida que había aquí.

22 ¿Qué crees?

Here are a few facts about the civilization of the Incas which was flourishing in Peru when the territory was conquered in 1533 by Francisco Pizarro. What do you think?

1. Los incas tenían profundos conocimientos de la geometría, la astronomía y las matemáticas, y eran excelentes ingenieros.
2. Los incas no conocían la rueda.
3. Cuando Pizarro capturó al emperador Atahualpa, pidió por él un precio fabuloso—un cuarto entero lleno de oro.
4. Los incas adoraban al sol y creían que sus emperadores eran sus descendientes.
5. Los incas sabían embalsamar (to embalm) a los muertos.
6. Para los incas el oro tenía un significado religioso, no monetario.
7. Al decir "lágrimas del Sol" los incas se referían al oro.
8. El gobierno de los incas se ocupaba del bienestar (well-being) de cada miembro de la sociedad.
9. Los incas no tenían un sistema para escribir.
10. Las bebidas eran enfriadas con nieve de las montañas.

23 Refrán   "Mal de muchos, consuelo de tontos."

¿Cómo interpretas este refrán? ¿Puedes decirlo con otras palabras? ¿Conoces algún refrán en inglés que, aunque con palabras diferentes, tenga un significado similar? ¿Cuál es? ¿Cómo lo traducirías al español? ¿En qué ocasión este refrán ha sido, o es para ti, verdadero? ¿Por qué?

VOCABULARIO

el **arqueólogo** *archaeologist*
la **crónica** *chronicle*
la **cadena** *chain*
la **cima** *top, summit*
el **enemigo, -a** *enemy*
la **fortaleza** *fortress*
la **fiesta** *holiday, celebration*
el **funcionario** *official, functionary*
la **felicidad** *happiness*
la **guerra** *war*
la **muerte** *death*

la **muralla** *wall*
la **respuesta** *answer*
la **sequía** *drought*
el **tesoro** *treasure*
la **terraza** *terrace (for farming)*

entusiasta *enthusiastic*
envuelto, -a *wrapped*
gigantesco, -a *gigantic, huge*
perdido, -a *lost*

tortuoso, -a *winding, tortuous*

asegurar *to insure, guarantee*
desconocer *not to know, to ignore*
rodear *to surround*

a pesar de *in spite of*
en realidad *really, truly*
incluso *including*

Palabras similares

el **santuario** *sanctuary*
legendario, -a *legendary*

atacar *to attack*

mencionar *to mention*

Notas culturales

andino, -a *Andean; from the Andes, the mountain system that extends along the west coast of South America from Panama to Tierra del Fuego*

peruano, -a *Peruvian; from Peru, a republic on the Pacific coast of South America. The Andes Mountains cover almost a third of its land area. Forty-five percent of the population is of Indian origin. Spanish and Quechua are both official languages*

MUNICIPALIDAD
CONCHALI

COMUNAS:
CONCHALI
RENCA
QUILICURA

PLAZA
CHACABUCO

PLAZA
EGAÑA

TERMINAL
METRO
SAN PABLO

CIRCUITO
SANTIAGO

AVDA. L. BERNARDO O'HIGGINS

BLANCO

LLEGADA
PARQUE
O'HIGGINS

AVENIDA MATTA

AVDA. GRECIA

ROTONDA
GRECIA

COMUNAS:
PUDAHUEL
QTA. NORMAL
MAIPU

COMUNAS:
LAS CONDES
LA REINA
ÑUÑOA
PROVIDENCIA
LA FLORIDA

COMUNAS:
SAN BERNARDO
LA GRANJA
LA CISTERNA
SAN MIGUEL

MUNICIPALIDAD
LA CISTERNA

**INTÉGRATE
EN CUALQUIER
PUNTO DEL
CIRCUITO**

GRAN CICLETADA

Deportes para todos

Fotos: Marcus Antonio Muga

¡Montar en bicicleta es bueno!

- Es un ejercicio sano.
- No consume petróleo.
- No aumenta la polución.
- Es barato.
- Te da movilidad para pasear
  y visitar a tus amigos.

En Chile se corrió...

Santiago de Chile.[1]
En 200 lugares geográficos del territorio nacional, las familias chilenas se unieron para participar en la Gran Cicletada Familiar organizada por la Dirección de Deportes y Recreación.

En la capital, Santiago, el número de personas inscritas pasó los cálculos más optimistas. Ya en la prueba se sumaron otros cientos de miles de adultos y niños, quienes a pesar de no haber registrado sus nombres ante la Comisión Organizadora, no quisieron quedar fuera del evento deportivo-recreativo.

La prueba se inició a las 11.00 horas en punto en todo el país y como pista se usaron las avenidas principales de las distintas ciudades donde se realizó.

En Plaza Egaña, lugar donde se instaló uno de los cuatro puntos de partida en Santiago, dieron la despedida a los corredores representantes del mundo deportivo, cultural y artístico. Igual situación se pudo observar en los otros tres puntos de partida.

En la capital, la competencia terminó en el Parque O'Higgins, donde los participantes—cientos de miles de hombres, mujeres, niños y hasta ancianos—fueron recibidos por familiares, amigos y vecinos.

Ejercicios

1 Preguntas

1. ¿En qué país se celebró la Gran Cicletada Familiar?
2. ¿Cuál es la capital de este país?
3. ¿Cuántas personas participaron en todo el país?
4. ¿A qué hora se inició la prueba?
5. En la capital, ¿dónde terminó la competencia?
6. ¿Quiénes participaron en la Gran Cicletada?
7. ¿Quienes recibieron a los participantes en la capital?

2 ¿Qué crees?

1. ¿Te gustan los deportes? ¿Por qué?
2. ¿En qué deporte prefieres participar?
3. ¿Prefieres los deportes individuales o jugar como miembro de un equipo? ¿Por qué?
4. ¿Qué deportes te gusta observar? ¿Por qué?
5. ¿Qué deportes se practican en tu escuela? ¿Cómo y dónde se practican?
6. Según tu opinion, ¿cómo se practican los deportes en las escuelas de los EE.UU.?
7. ¿Crees que es bueno para la unión de una ciudad o pueblo participar en un evento deportivo-familiar como éste? ¿Por qué?

---

[1]"Chile ganó la Gran Cicletada" by Pito París, from *La Nación*, November 1982.

Tona Anaya, campeona intercolegial de carrera de obstáculos ⊙

Entrevista exclusiva de nuestro periódico con Tona Anaya

—¿El deporte es importante para ti?

—Sí, muy importante. Es un ejercicio sano, que ayuda al cuerpo y a la mente. El entrenamiento es una gran disciplina para la vida.

—Para tus estudios, ¿es un problema el tiempo que dedicas al deporte?

—No. Yo practico tres horas al día, pero asisto a todas mis clases y hago mis tareas diarias. Creo que el ejercicio me ayuda pues estoy más alerta cuando estudio.

—¿Has ganado muchos trofeos?

—Este años dos medallas de oro individuales y una como parte del equipo de relevo de la escuela. Me gusta mucho participar en el equipo de relevo, pues todos somos grandes amigos.

—¿Es importante el trabajo del entrenador?

—Sí. Nos señala los defectos, nos corrige, nos anima, nos da consejos, cuida de nuestra alimentación y nos ayuda a ser disciplinados.

—¿El público es importante para los atletas?

—Sí, pues el entusiasmo de los compañeros de escuela, nuestros padres y amigos y los demás espectadores nos anima a competir. Ahora, cuando llega el momento y suena el silbato del juez, ni veo ni oigo al público. Estoy completamente concentrada en cómo voy a correr y saltar.

—¿Te gustaría ser una atleta profesional?

—No. Sólo quiero llegar a los Juegos Panamericanos, representando a México. Después quiero estudiar ingeniería petrolera para trabajar en la gran industria petrolera mexicana, y dedicarme por completo a mi profesión.

—Bien, Tona. Mañana seguiremos la entrevista pues sé que ahora tienes que practicar. Muchas gracias.

Ejercicios

3 Preguntas

1. ¿En qué es campeona la atleta de la entrevista?
2. ¿Cómo se llama ella?
3. ¿Qué cree ella del deporte?
4. ¿Cuántas horas practica al día?
5. ¿Ha ganado algún trofeo este año?
6. ¿Por qué le gusta participar en el relevo?
7. ¿En qué ayuda el entrenador a los atletas?
8. ¿Qué piensa Tona del público?
9. ¿En qué competencia quiere participar?
10. ¿Qué quiere estudiar? ¿Para qué?

NEGATION

The Position of no

Tona **no está** en la pista.	Tona is <u>not</u> at the track.
No había niños en la piscina.	There were <u>no</u> kids at the pool.
Gonzalo **no** te las **va** a dar.	Gonzalo is<u>n't</u> going to give them to you.

The simplest way to make a sentence negative in Spanish is to place **no,** *not, no, -n't,* immediately before the main verb. Spanish **no** cannot have the position after the verb of English *not* and *no,* as in the first and second examples above. The only words that can come between **no** and the main verb in Spanish are object pronouns, as shown in the third example.

Affirmative-Negative Pairs of Words

Affirmative		Negative	
también	*also, too*	**tampoco**	*neither, not either*
alguno(s), -a(s)		**ninguno, -a**	
(algún)	*some, any, someone*	**(ningún)**	*no, none, not any, no one, not, anyone*
alguien	*someone, anyone*	**nadie**	*no one, nobody, not anyone*
algo	*something*	**nada**	*nothing*
a veces	*sometimes*	**nunca**	*never*
o . . . o	*either . . . or*	**ni . . . ni**	*neither . . . nor*

1. The affirmative words in the chart above, like their negative counterparts, can be used *before* the main verb in a sentence.

   También bailo.   **Tampoco** bailo.
   I also dance.   *I don't dance either.*

   Alguien viene.   **Nadie** viene.
   Somebody is coming.   *Nobody is coming.*

   O como pronto **o** me muero.   **Ni** comí **ni** bebí.
   Either I eat soon or I'll die.   *I neither ate nor drank.*

2. Negative words can also be used *after* the main verb. In this case, either **no** or another negative word must precede the verb.
   a. **No** before the verb:
No bailo **tampoco.** = **Tampoco** bailo.	*I don't dance either.*
No viene **nadie.** = **Nadie** viene.	*Nobody's coming.*
No me gusta **nada.** = **Nada** me gusta.	*I don't like anything.*
   b. Another negative word before the verb:
Nunca hago **nada.**	*I never do anything.*
Ni vi a **ninguno** de mis amigos.	*I didn't see any of my friends either.*
Tampoco nadie hizo **nada.**	*Nobody did anything either.*

   As the last example shows, more than one negative word may precede the verb.

3. **Ninguno, -a** may refer to either people or things. When it refers to people and it is the object of a verb, it must be preceded by the "personal **a.**" The same is true of **nadie.**

Alfonso no quiere ver **a nadie.**	*Alfonso doesn't want to see anybody.*
No conozco **a ninguna** de esas chicas.	*I don't know any of those girls.*

Ejercicios

4 Algo verdadero y algo falso

Complete the following sentences in your own words. Give one version which represents the truth and another which is false.

MODELO   Ninguno de mis amigos…
Ninguno de mis amigos practica deportes.
Ninguno de mis amigos puede correr.

1. Tengo algunas amigas que…
2. Alguien de esta clase va a…
3. Cuando yo era pequeño(a), nadie de mi familia…
4. Ayer no comí mucho, y tampoco…

5. En este mundo, nada es…
6. Cuando veo a mis profesores, yo nunca…
7. Mis padres siempre dicen que yo…
8. Los viernes por la noche o voy al cine o…

5 Nadie hizo nada. ⊗

Change each of the following positive statements to the negative.

MODELO   Yo veo algo.
Yo no veo nada.

1. Voy al cine a veces.
2. Me gusta el helado también.
3. Vamos o al baile o al concierto.
4. Algunos de los chicos llegaron tarde.
5. Alguien usó mi raqueta.
6. Practico deportes a veces.
7. Me gusta la natación también.

8. Vamos o a la piscina o al mar.
9. Algunos de los chicos participaron en la carrerra.
10. Sonia va al partido también.
11. Vimos algo extraordinario.
12. Alguien te llamó por teléfono.

THE FORMS OF THE PRETERIT

Spanish has two simple past tenses in the indicative, the preterit and the imperfect.[1] In this section we will concentrate just on the forms of the preterit. While you are practicing the preterit forms, you may think of them as corresponding to the simple past tense in English.[2] For example:

Yo **hablé** con Felipe.   *I spoke with Felipe.*
La prueba **terminó** en el Parque O'Higgins.   *The competition ended at O'Higgins Park.*

Verbs That Are Regular in the Preterit

Regular preterit forms are illustrated in the following charts with **hablar,** *to speak,* **vender,** *to sell,* and **salir,** *to go out.* Note that regular **-er** and **-ir** verbs have the same endings in the preterit.

---

[1] The forms of the imperfect are given on p. 152.
[2] The differences in meaning between the preterit and the imperfect are explained on p. 176ff.

hablar		vender		salir	
hablé	hablamos	vendí	vendimos	salí	salimos
hablaste	hablasteis	vendiste	vendisteis	saliste	salisteis
habló	hablaron	vendió	vendieron	salió	salieron

1. Stress never falls on the stem in regular preterit forms. Also, the place of stress is the only difference between certain forms; for example, preterit **habló** (he spoke), versus present **hablo** (I'm speaking).

2. In regular -**ar** verbs, the **nosotros, -as** form is the same in the preterit and the present.

> **Nadamos** ayer.   *We swam yesterday.*
> **Nadamos** hoy.   *We're swimming today.*

The same is true of -**ir** verbs.

> **Salimos** ayer.   *We went out yesterday.*
> **Salimos** hoy.   *We're going out today.*

It is not true of -**er** verbs, however: preterit **vendimos** (we sold) versus present **vendemos** (we are selling).

3. All -**ir** verbs with **e** in the stem change this vowel to **i** in the **él** and **ellos** forms. Similarly, -**ir** verbs with **o** in the stem change it to **u** in the same forms. These changes are found only in -**ir** verbs, and they hardly count as an irregularity since they occur in all verbs of their type.[1]

pedir		dormir	
pedí	pedimos	dormí	dormimos
pediste	pedisteis	dormiste	dormisteis
pidió	pidieron	durmió	durmieron

The preterit forms of **reír,** to *laugh* and **sonreír,** to *smile* are slightly odd: **(son)reí, (son)reíste, (son)rió, (son)reímos, (son)reísteis, (son)rieron.** The **él** and **ellos** forms have the expected change of **e** to **i,** but the endings are -**ó** and -**eron** rather than the expected -**ió** and -**ieron.**

4. The following spelling rules must be observed in order to write regular preterit forms correctly.
    a. No written accent mark is required on preterit forms that have only one syllable:
    (yo) vi, (él) vio (forms of **ver,** to *see*).
    b. The **él** and **ellos** endings of -**er** and -**ir** verbs, usually spelled -**ió** and -**ieron,** are spelled -**yó** and -**yeron** in verbs whose stem ends in a vowel.[2]
    creer, to *believe*: **creyó, creyeron**
    leer, to *read*: **leyó, leyeron**
    c. In the **yo** form of regular -**ar** verbs, the following spelling changes must be observed in the last consonant of the stem:
    z → c; for example, **empezar,** to *begin*: **empecé**
    c → qu; for example, **buscar,** to *look for*: **busqué**
                           tocar, to *touch*: **toqué**
    g → gu: for example, **llegar,** to *arrive*: **llegué**
                           pagar, to *pay*: **pagué**

---

[1] **Oír** is exceptional in that it does not change **o** to **u** in the **él** and **ellos** forms. Its preterit is **oí, oíste, oyó, oímos, oísteis, oyeron.**

[2] By Spanish spelling rules, **y** must replace unstressed **i** between vowels.

Verbs That Are Irregular in the Preterit

Verbs that are irregular in the preterit have both irregular stems and irregular endings. They fall into groups that have shared irregularities.

Infinitive	Stem	Endings
andar estar	anduv- estuv-	
caber saber poder poner tener	cup- sup- pud- pus- tuv-	-e -iste -o -imos -isteis -ieron
hacer querer venir	hic- quis- vin-	

1. The largest group of irregular preterits is shown in the chart above. Note that all of these irregular preterit stems have either the vowel **u** or the vowel **i**. All take the same set of irregular endings, shown on the right of the chart.

2. The preterit forms of **hacer** are **hice, hiciste, hizo, hicimos, hicisteis, hicieron.** Note the **z** in **hizo,** which is necessary to represent the sound of the stem.

3. The preterit form of **haber** corresponding to present indicative **hay,** *there is, there are,* is **hubo,** *there was, there were.*

4. A small group of irregular preterits have stems that unexpectedly end in **j.** The endings have one peculiarity in addition to those of the first group: the **ellos** endings is **-eron (condujeron, dijeron, trajeron)** rather than **-ieron.**

conducir decir traer	conduj- dij- traj-	-e -iste -o	-imos -isteis -<u>eron</u>

5. **Ser** and **ir** have the same irregular preterit forms, with the stem **fu-.** Their endings are slightly different from those of the other groups.

ser, ir	
fui	fuimos
fuiste	fuisteis
fue	fueron

6. **Dar** has a unique irregularity in the preterit: its forms are those of a regular **-er** or **-ir** verb.

dar	
di	dimos
diste	disteis
dio	dieron

7. Several of the verbs listed in these charts have derivatives formed by the addition of a prefix. Derivatives almost always have the same irregularities as the corresponding simple verbs. For example, **componer,** *to compose,* has the same type of irregular preterit as **poner: compuse, compusiste, compuso,** and so on. The following are other similar cases.

tener: **contener,** *to contain, hold:* **contuve, contuviste, contuvo,** etc.
         entretener, *to entertain:* **entretuve, entretuviste, entretuvo,** etc.
         mantener, *to maintain:* **mantuve, mantuviste, mantuvo,** etc.

venir: **convenir,** *to suit:* **convine, conviniste, convino,** etc.

conducir: **producir,** *to produce:* **produje, produjiste, produjo,** etc.
         traducir, *to translate:* **traduje, tradujiste, tradujo,** etc.

Ejercicios

6 ¿Cuál no es? ⊗

Find the verb form in the series that does not belong to the same group as the others.

MODELO   siento sentí sentó sintió
             sentó

1. pudo poner pusieron ponen
2. dar dio di dije
3. pedí perder pierdo perdí
4. dicen dieron dijo diciendo
5. sentí sentir sentamos sintieron
6. pudieron pueden poder puso
7. fui son van ir
8. vino vieron vienen venir
9. vine voy fueron vamos
10. está estuvimos somos estar

7 Un periodista distraído ⊗

Imagine that you are the editor of a sports magazine that is about to publish an interview with Tona Anaya, and that you already know a lot about her from reading other interviews, such as the **entrevista** on p. 98. Unfortunately, the reporter who interviewed her did such a terrible job that many of the statements attributed to Tona are just the opposite of what was intended. Correct the mistaken quotes, supplying the appropriate negative or affirmative words, and making any other necessary changes.

MODELO   Para mí, los deportes **nunca** han sido importantes.
         Para mí, los deportes <u>*siempre*</u> *han sido importantes.*

1. El tiempo que dedico al deporte **es** un problema para mis estudios.
2. El ejercicio **no** ayuda **ni** al cuerpo **ni** a la mente.
3. Los mejores deportistas **siempre** llegan tarde. Yo llego tarde **también.**
4. Participar en las carreras **no** me ha enseñado **nada.**
5. Falto a **algunas** de mis clases cuando participo en deportes.
6. Si **alguien** participa con entusiasmo, me **siento** animada.
7. **A veces** el entrenador me corrige, y esto **es** bueno.
8. **Ninguno** de los otros atletas quiere representar a Chile en los Juegos Panamericanos.
9. **Tampoco** estoy orgullosa de mis medallas de oro.

8 La Gran Cicletada Familiar ⊗

Each of the following statements is derived from the newspaper article on **la Gran Cicletada Familiar.** Repeat them, changing the verbs to the preterit.

MODELO   Chile gana la Gran Cicletada.
Chile ganó la Gran Cicletada.

1. Muchas familias se unen para participar en la cicletada.
2. El número de participantes deja atrás los cálculos más optimistas.
3. Cientos de miles de personas se agregan a la prueba.
4. Nadie quiere quedar fuera del evento.
5. La prueba se inicia a las 11.00 horas.
6. Las avenidas principales se usan como pista.
7. Todos los espectadores de Plaza Egaña dan la despedida a los corredores.
8. La misma situación se puede observar en los otros puntos de partida.
9. La prueba termina en el Parque O'Higgins, donde todos son recibidos por familiares y amigos.

9 El sueño de Raúl ⊗

The following sequence of sentences forms a story. Repeat each sentence, changing all present tense verbs to the preterit.

1. El martes voy al parque.   2. Veo a mi amigo Raúl.   3. Pero Raúl no me ve a mí.   4. Tampoco me oye cuando grito su nombre.   5. Corro hacia él.   6. Le digo, "¿Qué pasa?"   7. Pero Raúl no dice nada.   8. Le toco en el hombro.   9. No hace nada.   10. Me pongo enojado.   11. Pero no me mira.   12. No puedo hacer nada.   13. Salgo del parque.   14. Vuelvo a mi casa.   15. Subo a mi cuarto.   16. Me acuesto y cierro los ojos.   17. Cuando me despierto, recuerdo mi nombre: Raúl.

10 ¿Cuál es la respuesta?

Each statement or question is followed by two replies. Choose the more likely reply, or if you wish, make up your own reply instead.

MODELO   El partido de ayer estuvo magnífico.
a. *Yo sé. Estuve allí y no me viste.*
b. Nuestra industria petrolera produjo mucho.
Or: *Sí, lo vi por televisión.*

1. Ese nuevo sistema de entrenamiento me ayudó mucho.
   a. Sí, te convino mucho.
   b. Yo sonreí también.
2. No estoy de acuerdo con la decisión oficial. García nunca tocó la pelota.
   a. Pasó algo que el público no pudo ver.
   b. Cupe en el taxi, pero tú no.
3. Hubo una fiesta buenísima en casa de Pepe para celebrar nuestro triunfo.
   a. ¿De veras? Nadie me lo dijo. ¿Cuándo fue?
   b. Yo no lo sabía. ¿Cuándo va a ser?
4. Invitaron a Adriana a jugar en el equipo de vólibol.
   a. Gracias. Ya me los diste.
   b. Ya me lo dijiste.

5. Voy a ir a un partido de tenis pasado mañana.
    a. Fui una vez. Me gustó muchísimo.
    b. Fueron a la carrera de obstáculos.
6. Los padres de Hernán creen que dedica demasiado tiempo a los deportes.
    a. Pero estudia mucho también. El semestre pasado recibió notas muy buenas.
    b. Ellos también vieron al equipo de relevo.

11 Eso no es verdad ⊗ 📖

Each of the following statements is a claim made by members of teams that play against your school. Deny what is said by completing the reply provided. Use the principal verb employed by your rivals, putting it in the preterit tense.

MODELO   Ustedes no saben jugar bien.
　　　　　—No es verdad; _jugamos muy bien_ ayer.

1. Si tú juegas mañana, todos los espectadores van a dormirse.
    —Eso es ridículo. Yo _____ ayer y nadie _____.
2. Tu equipo nunca llega a tiempo.
    —No es verdad. Ayer y anteayer _____.
3. Tu entrenador siempre pide favores especiales. No está bien.
    —No, la semana pasada no _____ nada.
4. Cuando ustedes vienen a nuestra escuela, siempre tienen miedo.
    —¡Qué absurdo! El año pasado cuando _____ aquí, no _____ nada de miedo.
5. ¿Por qué siempre traes a tu papá al partido? Siempre pierdes.
    —No es cierto. La semana pasado lo _____ aquí, y gané, no _____.
6. Bueno, seamos amigos. Después del partido, ¿me prestas tu carro? Conduzco muy bien. Voy a la fiesta de Luis. ¿Te parece bien, amigo?
    —Tengo muy buena memoria. El año pasado mi amigo Pedro te _____ el carro de su papá. Tú _____ muy mal cuando _____ a la fiesta de María Luisa. Ese carro ya no existe. Bueno, adiós, amigo.

12 Cómo practicar deportes ⊗ 📖

Read the following dialog and supply the appropriate preterit form of the verb infinitives in parentheses. Also choose the negative or affirmative word that best fits from the pair given.

MODELO   Creo que no había (alguien/nadie) más en la piscina contigo. ¿Cuánto tiempo (nadar)?
　　　　　nadie... nadaste

YOLANDA —Jorge, te ves muy cansado. ¿Estás enfermo? ¿Te pasa (algo/alguno)? ¿Qué (hacer) ayer?

JORGE —Son los deportes. (A veces/Nunca) creo que me van a matar, que voy a morir joven e inocente. Yo (querer) parar, pero no (poder).

YOLANDA —Pero, ¿qué (pasar)? ¿(Ser) por el partido de fútbol de ayer por la mañana? ... No, es imposible, todos me (decir) que tú no (jugar) casi nada.

JORGE —¿Quién te (decir) eso? Son sólo mentiras. (Nada/Ninguno) jugó tan bien como yo. Y (tampoco/ningún) fue tan breve mi participación, pues yo (jugar) por muchas horas... mmm ...muchos minutos. No, estoy cansado por el béisbol y otras muchas cosas, como el básquetbol y el boxeo...

YOLANDA —¿De veras? ¿(También/Tampoco) jugaste béisbol ayer? ¿Y cuándo (aprender) a boxear? Y... esto es increíble, porque el año pasado cuando yo te (pedir) información sobre básquetbol, me (decir) que no sabías absolutamente (nadie/nada).

JORGE —Mira, te voy a explicar. Cuando yo (empezar) ayer por la tarde, me sentía bien. No me (dar) (ninguna/ningún) dificultad la equitación, ni el esquí, ni el esquí acuático… pero (tener) que hacer un esfuerzo con la pesca submarina y después el polo acuático a las tres de la mañana.

YOLANDA —¿Cómo? (Ni/O) estás loco, o me estás tomando el pelo [kidding]…Yo estoy segura de que no sabes nadar.

JORGE —Eso no es cierto. No sabía nadar, pero ahora soy un experto en natación. (Terminar) con todos los deportes esta mañana a las ocho. Creo que (llegar) a "natación" —los deportes de la letra "n" —muy temprano.

YOLANDA —Esperas que yo crea que… que tú (jugar) tantas cosas en 24 horas, ¿verdad? Y que por eso estás tan cansado.

JORGE —No, (nada/nadie)(decir) nada de "jugar." Yo (leer) *La enciclopedia mundial de deportes,* de la "a" a la "z," y (aprender) todas las reglas de memoria. Tengo un examen esta tarde en mi clase de atletismo teórico.

13 Noticiario deportivo ⊗

Read these short passages in which the speakers refer to or describe a particular sport without naming it. Do not try to understand everything that is written, but rather identify the sport from the selections given below the passage.

MODELO   Ahora llega Gómez, le quita el balón al alemán…sí, el alemán se ha caído. Gómez le da al balón…ahora lo tiene Vargas. Corre…no hay nadie cerca…¡gol! Los alemanes no interceptaron, no les quitaron el balón a los españoles, ahora está ganando España 3 a 2…

     X fútbol   ____ tenis   ____ vólibol

1. Vilas mira al otro con suprema confianza, se ve más cansado que Hawkins, Hawkins necesita esperar un poco más para servir…ahora sirve. La pelota toca la red; otro servicio. Sirve la segunda vez, ahora con menos fuerza. Vilas le devuelve la pelota muy rápido. Hawkins tiene que correr a la izquierda; su raqueta no alcanza… 15 a 40, es evidente que Vilas está dominando.

     ____ tenis   ____ natación   ____ polo

2. A: —Pérez-Villa tiene el mejor caballo.

    B: —Sí, pero no es el mejor jugador. El caballo es importante, pero no es lo único. Pérez-Villa quiere ser el campeón, el mejor. No quiere dejar que participen los otros miembros de su propio equipo.

    A: —Pero es que nadie tiene un brazo como él.

    B: —A lo mejor, pero no sabe cooperar, y así no consigue nada; no hay gol ni nada. Se convierte en una carrera de caballos.

     ____ pista   ____ hockey sobre hielo   ____ polo

3. Oye, eso sí fue una experiencia bellísima. Me sentí sola. Yo y el mar, con infinitas especies de todos los colores que te puedas imaginar a mi alrededor. Y lo curioso es que no me tenían miedo. Yo me les acercaba y no se escapaban. No estoy exagerando, eso fue una cosa casi…mística, como un sueño, y el silencio… mira, yo subí porque ya no podía cargar más oxígeno. A esas profundidades el agua ya no recibía el calor del sol y me empezaba a dar frío; porque si no, si no pasa nada con mi tanque de aire, me quedo allí toda la tarde.

     ____ polo acuático   ____ pesca submarina   ____ equitación

4. López se ve muy mal, tiene un ojo cerrado y el peruano sigue dándole golpes durísimos en la cabeza. Ahora López… parece que se va a caer. ¡Se cae pero se levanta!

     ____ gimnasia   ____ boxeo   ____ corrida de toros

Continuación de la entrevista ⊗

—Tona, ¿puedes decirme algo sobre el programa deportivo al cual perteneces?

—Sí, claro. Yo formo parte de "Estrellas del mañana," que es un programa para entrenar a los estudiantes de secundaria, de distintas escuelas, que sobresalen en los deportes. Los mejores atletas representarán a México en los Juegos Panamericanos y hasta tal vez, en las Olimpiadas Internacionales.

—¿Dónde practican?

—Practicamos en un complejo deportivo que queda en la Avenida de las Águilas, en

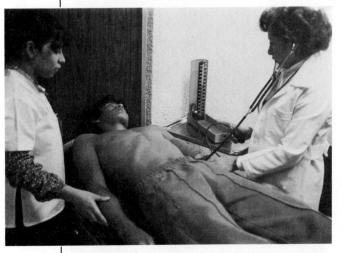

las Alturas de la Ciudad de México. En este complejo tenemos toda clase de facilidades para los deportes: gimnasios, pistas, hasta médicos y dentistas que nos atienden para mantenernos en forma. Sólo nos dejan competir si tenemos excelente salud.

—¿Celebran competencias entre ustedes?

—Sí. Todos los sábados celebramos competencias entre nuestros distintos equipos y las competencias son televisadas.

—Bien, Tona. Muchas gracias por esta entrevista. Te deseo que sigas triunfando en los deportes y, más adelante, en tu carrera profesional.

---

el complejo *compound*
entrenar *to train*

la facilidad *facility, convenience*

más adelante *later*
sobresalir *to stand out, to excel*

A continuación, y como ilustración a nuestra entrevista, ofrecemos varias fotografías de los atletas de "Estrellas del mañana" practicando sus deportes favoritos.

Los estudiantes recomendados para el programa "Estrellas del mañana" pasan primero una rigurosa entrevista antes de ser aceptados en el programa. Luego tienen que pasar un examen médico completo y otro dental. Después de ser aceptados, siguen un plan de ejercicios para fortalecer y tonificar sus músculos, supervisado por los entrenadores.

Aquí vemos a los atletas corriendo a las pistas, donde hacen más ejercicios al aire libre. Finalmente — en el caso de Tona y sus compañeros de equipo — los vemos entrenándose en su deporte favorito, las carreras de obstáculos.

fortalecer *to fortify, strengthen*　　**riguroso, –a** *rigorous, severe*　　**tonificar** *to strengthen, tone up*
el **músculo** *muscle*

Ejercicios

14 Preguntas

1. ¿A qué programa deportivo pertenece Tona?
2. ¿Para qué es ese programa?
3. ¿A qué país representarán los mejores atletas? ¿Dónde lo representarán?
4. ¿Dónde practican los participantes en el programa? ¿Qué facilidades hay allí?
5. ¿Celebran los participantes competencias entre ellos? ¿Cuándo las celebran? ¿Dónde aparecen?
6. ¿Qué deben pasar los participantes para ser aceptados en el programa?
7. ¿Qué siguen después de ser aceptados? ¿Quiénes los supervisan?
8. ¿Cuál es el deporte favorito de Tona y sus compañeros de equipo?

15 Para hablar y discutir

Three or four students should alternate in asking these questions to the rest of the class.

1. ¿Perteneces tú a algún programa deportivo? ¿A cuál? ¿Por qué?
2. ¿Qué deporte te gustaría practicar? ¿Por qué?
3. ¿Cómo y dónde practicarías ese deporte?
4. ¿Conoces a alguien que sea deportista profesional? ¿Quién es? ¿Qué deporte practica?
5. ¿Qué piensas tú de la vida de un deportista profesional? ¿Es agradable o no? ¿Por qué?
6. ¿Te gustaría a ti ser deportista profesional?
7. ¿Qué clase de vida piensas tú que tienen los deportistas? ¿Qué deben hacer todos los días? ¿Por qué?
8. Un día en la vida de un deportista. ¿Piensas que debe seguir algún horario especial? ¿Por qué?

Fotos de deportes

Béisbol   Fútbol

Tenis

Polo

Pista

Equitación

Básquetbol

Vólibol

Capítulo 5   ¡El mundo de los deportes!   111

Otros deportes más

SURFEAR

SURFEAR EN TABLA CON VELA

VELA

ESQUÍ ACUÁTICO

PESCA SUBMARINA

NATACIÓN

HOCKEY SOBRE HIELO

ESQUÍ

TOBOGÁN

16 Ejercicios

Ejercicio de conversación

The class should be divided in groups of three students each. Each group studies the criteria below for classifying sporting activities and then chooses three sports for each criterion. (Refer to the pictures on pp.110–113, and also include: **ciclismo, golf, carreras de automóviles.**) One sport should fit the criterion with a statement using **siempre,** another using **a veces,** and the last using **nunca** or **casi nunca.** Present your findings to the class and be prepared to justify your choices.

Criteria

- Peligro (¿Es peligroso? ¿Hay mucha violencia física? ¿Se puede morir?)
- Limitaciones físicas (¿Hay que ser grande? ¿Fuerte? ¿Joven?)
- Cooperación (¿Hay equipos? ¿Es importante cooperar con los otros miembros?)
- Suerte (¿La buena suerte puede contribuir a la victoria? ¿O solamente es una cuestión de habilidad?)
- Costo (¿Cuesta mucho lo que se necesita para jugar o participar?)

MODELO Peligro
El boxeo siempre es peligroso.
A veces el hockey es peligroso.
El tenis no es peligroso casi nunca.

17 ¿Cuál es tu deporte favorito?

The class should be divided in groups. Each group chooses the picture that represents their favorite sport and describes it to the class, in Spanish, without saying which is the picture they are describing. The rest of the class should guess which is the picture they are talking about.

El boxeo   Los toros

18 Debate

En algunos deportes es imposible evitar la violencia.

Do you think of boxing and ice hockey as violent sports? Why? Do you know anything about bullfighting? What do you know about it? In Spain and in some of the Latin American countries, bullfighting is considered an art as well as a sport. Many people oppose bullfighting because of its violence and cruelty. They think it should be stopped. Compare bullfighting with boxing, ice hockey, and other sports also considered violent. Which one is more violent? Why do you think so? Do you think some sports should not be played on account of their violence? Do you know of anybody who has been badly hurt practicing a sport?

El deporte número uno ⊗

Veinticinco mil globos fueron soltados como preludio del comienzo del Campeonato Mundial de Fútbol.

El fútbol es el deporte más popular de Latinoamérica y de España. Es el número uno. Hay equipos de fútbol en muchos pueblos y ciudades. También las grandes compañías tienen sus propios equipos que están formados por los empleados que trabajan en ellas. Hay torneos locales entre los equipos, a los cuales van muchos aficionados. Los partidos locales y nacionales son muy importantes, pero el evento más importante en el mundo del fútbol es la Copa Mundial. Se celebra cada cuatro años. En 1978 el país ganador fue Argentina. En 1982 los partidos tuvieron lugar en España y ganó Italia. En 1986 será en México.

La inauguración del campeonato mundial de fútbol de 1982 fue en el Nou Camp[1] de Barcelona. La presidieron los reyes de España, don Juan Carlos y doña Sofía. Comenzó con una salva de cohetes y se lanzaron al aire miles de globos azules y amarillos. Después los participantes desfilaron y los veinticuatro países finalistas del campeonato hicieron una ofrenda floral.

		firecrackers, etc.)
el **aficionado, –a** *fan*	**ganador, –a** *winner*	
la **copa** *cup*	la **ofrenda** *offering, gift*	**tener lugar** *to take place*
desfilar *to parade by*	la **salva** *round (of applause,*	el **torneo** *tournament*

---

[1] El nombre Nou Camp es catalán *(Catalan)*, no español. Significa en español "Campo *(field)* nuevo."

Un niño, vestido con el uniforme del equipo español, cerró la ceremonia. Llevaba en sus manos un balón. A paso lento, fue hasta el punto central del Nou Camp, levantó el balón sobre su cabeza, sus manos oprimieron un resorte y del balón salió volando una paloma blanca. Entonces, todos los atletas agitando pañuelos rojos y amarillos formaron la bandera nacional de España.

Tres mil atletas, vestidos todos de blanco, saltaron al campo de juego y formaron con sus cuerpos una inmensa paloma. Esto, según los españoles, fue un símbolo y una llamada internacional a la concordia, al cese de la violencia y a la fraternidad entre las personas de todos los países, de todas las latitudes, de todas las razas y credos.

Participaron también grupos folklóricos que presentaron bailes representativos de distintas regiones españolas.

agitar *to wave*	el **credo** *creed*	la **raza** *race*
el **cese** *cease, stop*	**oprimir** *to press*	el **resorte** *spring*
la **concordia** *harmony*	la **paloma** *dove, pigeon*	

Grupos folklóricos presentaron bailes representativos de distintas regiones españoles.

Ejercicios

19 Preguntas

1. ¿Cuál es el deporte más popular de Latinoamérica y de España?
2. ¿Cuál es el evento más importante de este deporte?
3. ¿Qué país ganó la copa en 1978? ¿Y en 1982?
4. ¿En qué año fue el campeonato en España?
5. ¿Cuándo será el próximo campeonato mundial de fútbol? ¿Dónde será?
6. ¿Quiénes presidieron la inauguración de los juegos?
7. ¿Cuántos países participaron en este campeonato?
8. ¿Qué símbolo formaron con sus cuerpos tres mil atletas?
9. ¿Qué significado tenía este símbolo, según los españoles?
10. ¿Qué actividades cerraron la inauguración de los juegos en España?

20 Ejercicio de conversación

Work with a partner.

1. Compare in Spanish the Rose Parade and the Rose Bowl in California with the activities in Spain for the Copa Mundial de Fútbol. You could also compare the last sports events that you have watched—in person or on television—with the activities in Spain described in the preceding text.
2. Consider the similarities and the differences: the status of the teams (local, national, international; amateur or professional), the frequency of the event, the type of activities that precede the game or games.
3. Describe, in Spanish, other major sports events you know about. Name and describe as many events as you can; local, national, and international; in the world of sports.

Un antiguo juego de pelota ⊗

Estamos en el sur de México. Es una tarde bonita. El sol brilla. De lejos se oyen los gritos de los espectadores y el ruido de una pelota que rebota contra las paredes de piedra.

Todos miran a los jugadores. Protegidos por ropas especiales, ellos le pegan a la pelota con la cadera y la tiran contra la pared con mucha fuerza. También se empujan unos a otros y chocan entre sí con mucho ruido.

¿Dónde tiene lugar esta escena? ¿En un estadio moderno de México? No. La descripción corresponde a un juego antiguo, ya popular entre los mayas en el siglo VI antes de Cristo.

---

brillar *to shine*
la **cadera** *hip*

la **fuerza** *strength, force*
los **mayas** *Mayan Indians*

rebotar *to bounce*

Parece que en Yucatán la obsesión actual por el béisbol es continuación del antiguo entusiasmo de los mayas por los deportes. En casi todas las ruinas históricas de América Central hay por lo menos un campo donde los antiguos equipos competían en partidos bastante complicados. Aunque todavía no se sabe con exactitud cuáles eran las reglas del juego, se cree que los puntos se lograban al meter una pelota de goma dura dentro de una rueda de piedra. No se podían usar las manos, ni tampoco dejar caer la pelota al suelo.

El juego era violento y también serio. Según lo indican antiguas pinturas, los jugadores solamente podían usar las caderas para tocar la pelota y perdían puntos si la tocaban con otra parte del cuerpo.

Los espectadores de las clases altas, los nobles, miraban el partido desde lo alto. Los plebeyos, la clase baja, se quedaban en la parte baja.

Era un juego que tenía significado religioso. A menudo los que perdían el partido perdían también la vida; eran sacrificados en un rito religioso.

Antes del partido los jugadores practicaban con rigor y se purificaban por medio de baños. Se bendecía también el equipo y la cancha. Los espectadores apostaban en favor de uno u otro equipo. Ofrecían como apuestas joyas, sus casas, sus hijos y aún se ofrecían a sí mismos como esclavos.

Ejercicios

21 Preguntas

1. ¿Entre quiénes era popular el juego que se describe? ¿En qué siglo se conocía ya ese juego?
2. ¿Qué hay en casi todas las ruinas históricas de América Central?
3. ¿Cómo se cree que se lograban los puntos?
4. ¿Con qué parte del cuerpo se podía tocar la pelota? ¿Cuándo se perdían puntos?
5. ¿Desde dónde miraban el partido los espectadores de las clases altas? ¿Y los plebeyos?
6. ¿Qué significado tenía el juego?
7. ¿Qué hacían los jugadores antes del partido?
8. ¿En favor de qué apostaban los espectadores? ¿Qué ofrecían como apuestas?

22 Ejercicio escrito

Compare, in Spanish, the ancient Mayan ball game described in the text to our modern game of soccer. You can compare stadiums, spectators, players, preparations, and rules. (Write at least ten sentences.)

23 Actividad

A student will play the role of a reporter, and interview, in Spanish, an athlete in the Spanish class. All other students will take notes. At the end of the interview the reporter will ask the other students, individually, questions from the notes taken, which they will answer in Spanish. The reporter can make up original questions or choose from the following suggestions:
- ¿Qué deporte o deportes practicas?

---

apostar (ue) to bet
la apuesta bet
el baño bath
bendecir to bless

la cancha court
el esclavo, –a slave
la goma rubber

la joya jewel
el plebeyo, -a plebeian, commoner
el rigor severity, rigor

- ¿Cuándo y por qué comenzaste a practicar ese deporte?
- ¿Durante qué meses o qué estación del año se practica ese deporte?
- ¿Se juega en una cancha, pista o estadio?
- ¿Cuáles son las reglas generales del deporte?
- ¿Se necesita ropa o equipo deportivo especial? Descríbelo.
- En tu deporte, ¿qué es más importante: ser fuerte, ser rápido, ser ágil...?
- ¿Prefieres participar en un deporte individual o ser parte de un equipo deportivo? ¿Por qué?
- Si es un deporte de equipo, ¿cuántos jugadores participan?
- ¿Hay algún premio o trofeo para los ganadores? ¿Qué es?
- ¿Son importantes los trofeos y premios para ti? ¿Por qué?
- Este deporte, ¿te quita tiempo de tus estudios?
- ¿Cuántas horas al día haces ejercicios? ¿Todos los días?
- El tiempo que dedicas al entrenamiento, ¿sería mejor usarlo en estudiar o leer? ¿Por qué?
- ¿Crees que un deportista puede ser o no ser un buen estudiante? ¿Por qué?
- ¿Es importante el entrenador del equipo? ¿Por qué?
- ¿Deseas ser un atleta profesional o sólo amateur? ¿Por qué?
- En tu escuela, ¿hay algún equipo ganador en las competencias interescolares?
- ¿Crees que los jueces o árbitros son justos o injustos?
- ¿Qué es lo que hace a un equipo ganar?
- ¿Cómo te afecta ganar? ¿Y perder?
- ¿Cómo te afecta el público que asiste a las competencias?
- ¿Te gustaría ser famoso? ¿Que te pidan autógrafos? ¿Por qué?

24 Ejercicio escrito

Describe tu deporte favorito. Ten en cuenta los siguientes puntos y cuenta la historia del deporte. Puedes buscar datos en diccionarios, enciclopedias y revistas deportivas.
- ¿Cómo y cuándo empezó a practicarse ese deporte?
- ¿Quiénes lo practicaron por primera vez?
- ¿Es un deporte individual o de equipo?
- ¿Qué tipo de condiciones físicas se necesitan para practicarlo?
- ¿Cuál es el equipo que se necesita?
- ¿Cómo y dónde se practica?
- ¿Es muy popular en algún país en especial?
- ¿Lo practicas tú? ¿Cómo y cuándo? ¿Cuándo y por qué comenzaste a practicarlo?
- ¿Participas sólo como observador? ¿Por qué?
- Describe la última vez que participaste u observaste ese deporte. ¿Dónde y cómo fue? ¿Qué paso? ¿Hubo algún incidente en especial? ¿Cuál? ¿Por qué te impresionó ese incidente?

25 Proyecto

Busca datos sobre un atleta famoso:
- ¿Quién es?
- ¿De dónde es?
- ¿Qué deporte o deportes practica?
- ¿Es miembro de algún equipo famoso? ¿De cuál?
- ¿Por qué se distingue?
- ¿Por qué te interesa a ti ese atleta?

Describe ese atleta a la clase sin decir quién es. Tus compañeros deberán adivinar de quién estás hablando.

26 ¿Has enriquecido tu vocabulario?

Escribe la letra de la definición correcta. Todas las palabras han aparecido en el capítulo 5. Confirma tus repuestas al pie de la página—12 respuestas correctas: sobresaliente; 8 a 11 correctas: notable; 7 a 10 correctas: bueno; 3 a 6 correctas: regular; 1 a 2 correctas: te cuelgan; ninguna correcta: ¡un desastre!

1. cadera: a. notebook b. hip c. group d. each
2. meter: a. to put in b. to beat c. to place d. to mix
3. apostar: a. to post b. to record c. to measure d. to bet
4. cohete: a. peanut b. catch c. firecracker d. noise
5. paloma: a. friend b. dove c. back d. sport
6. ruido: a. noise b. son c. nest d. race
7. rueda: a. roar b. riot c. wheel d. noise
8. resorte: a. resort b. result c. spring d. space
9. volando: a. flying b. returning c. running d. jumping
10. alerta: a. angry b. settled c. real d. alert
11. silbato: a. whistle b. ball c. skate d. sliver
12. natación: a. horseback riding b. skating c. swimming d. dancing

27 Refrán   "A buen entendedor pocas palabras bastan."

¿Crees que este refrán es cierto o no? ¿Por qué? ¿Piensas que su significado ha sido verdadero alguna vez en tu experiencia personal? ¿Cuándo? ¿Por qué? ¿En qué caso o casos podrías usar este refrán? ¿Conoces algún refrán en inglés que, aunque con palabras distintas, tenga un significado parecido? ¿Cuál es? ¿Cómo se traduce al español?

Respuestas: 1.b, 2.a, 3.d, 4.c, 5.b, 6.a, 7.c, 8.c, 9.a, 10.d, 11.a, 12.c.

---

bastar   *to suffice, to be enough*

el entendedor   *one who understands*

la palabra   *word*

VOCABULARIO

la **alimentación**   food, nutrition
el **anciano, -a**   old man, woman
el **cálculo**   calculation
la **cicletada**   bicycle race
la **comuna**   municipal district
el **consejo**   advice
el **corredor, -a**   runner
el **entrenador, -a**   trainer
el **entrenamiento**   training
la **ingeniería**   engineering
la **mente**   mind

la **municipalidad**   municipal district
la **partida**   start of a race
la **prueba**   competition
el **relevo**   relay
el **trofeo**   trophy

chileno, -a   Chilean
igual   same
inscrito, -a   inscribed, registered
intercolegial   intercollegiate, between
   different schools

recreativo, -a   entertaining, recreational
sano, -a   healthy

animar   to encourage
aumentar   to increase
iniciar   to start
integrar(se)   to join
realizar   to carry out, to perform
registrar(se)   to register

a pesar de   in spite of

Palabras similares

el **evento**   event
el **familiar**   member of the family
la **medalla**   medal
la **movilidad**   mobility
la **recreación**   recreation, entertainment
la **rotonda**   rotunda

disciplinado, -a   disciplined
geográfico, -a   geographic
optimista   optimistic
organizado, -a   organized

concentrar   to concentrate
consumir   to consume, to use up
instalar   to install

Hacia el Sur 6

"A mí se me hace cuento que empezó Buenos
Aires: la juzgo tan eterna como el agua y el aire."

Jorge Luis Borges

Carta de Buenos Aires

Buenos Aires, Argentina, 15 de enero

Querido Andresito:

Te había prometido escribir mis impresiones al llegar a Buenos Aires pero no pude. Desde que llegamos aquí no hemos tenido un momento de descanso. Los "porteños"—como se llaman los habitantes de la capital—y las atracciones de esta ciudad nos hacen estar constantemente en movimiento para conocerlo todo.

Además de paseos, museos, cines y teatros—ya hemos visitado el famoso teatro *Colón*, que es conocidísimo internacionalmente—también vamos a un restaurante distinto cada noche. No sólo se pueden comer aquí los riquísimos bistecs (los llaman "bifes") sino también toda clase de comida: italiana, francesa... hasta china.

¿Sabes que en Buenos Aires viven más de nueve millones de personas? Hay un poco menos de veintiocho millones de habitantes en todo el país, así que casi un tercio de la población vive en esta ciudad. La mayor parte es de origen italiano,[1] por eso es que hay tanta comida italiana, como te decía antes.

---

[1] A fines del siglo pasado la población de Argentina era de menos de dos millones de habitantes. En 1914 esa cantidad era cuatro veces mayor debido a la gran inmigración europea, principalmente italiana que llegó al país. Hoy día, los italianos, y no los españoles, constituyen el mayor grupo étnico de Argentina. Sin embargo, el idioma oficial es el español.

Donde hemos comido buenísima comida italiana es en "la Boca." Es un barrio muy pintoresco, situado cerca del puerto. Fue formado originalmente por los trabajadores del puerto que se establecieron allí. Las casas, que son bajas y de madera, están pintadas de colores brillantes. El rojo vivo, el amarillo y el azul le dan a las callecitas del lugar un aspecto muy característico.

El hotel donde estamos está en la calle Lavalle. Esta calle también se llama "la calle de los cines." A una cuadra está Corrientes, "la calle que nunca duerme." Pero te estoy hablando sólo de la ciudad y no te he dicho aún nada de los gauchos ni del campo.

Bueno, las vacas no andan sueltas ni por Lavalle ni por Corrientes. Ellas están muy tranquilitas a pocas horas de la ciudad. Esta imagen de las vacas no es tan romántica como la imagen del gaucho que cruza las pampas en su caballo. Pero el gaucho se ha convertido en un simple trabajador del campo. Eso lo vi en una excursión que hicimos al sur de la provincia de Buenos Aires.

Al ratito de salir de la ciudad se ven menos y menos casas y se puede observar el verde del paisaje y la inmensa extensión de la llanura. Las casas parecen pequeñísimas, nada comparable a los edificios altísimos que se ven en Buenos Aires. Se pierden en una inmensidad plana, cortada por cercas de alambre y por los altos postes de los cables de teléfonos y de electricidad. Es un paisaje sin sorpresas; la única sorpresa la presentan los ombúes, grandes árboles que crecen solitarios, como guardianes de la pampa.

Yendo a la estancia ya me imaginaba debajo de cada ombú a un gaucho tomando mate o tocando su guitarra.

Lo que sí pude ver fue a algunos hombres en sus caballos, a otros arreglando las cercas, a otros ocupados con el ganado. Tenían en común, además de un aire serio y melancólico, su manera de vestir: camisa blanca, anchos pantalones negros, ancho cinturón, pañuelo al cuello y alpargatas.

Estos hombres se parecían muy poco al cantor de tangos a quien habíamos oído unos días antes en la calle Corrientes, que entonaba canciones melodiosamente al compás de un bandoneón. Tampoco se parecían a los elegantes hombres de negocios que se pueden ver caminando rápidamente por la zona de los bancos.

Andresito, acabo de mirar el reloj y veo que es tardísimo. No te puedo contar nada más ahora. Me están esperando para salir y no quiero perderme una buena "parrillada."

Adiosito,

María Teresa

Ejercicios

1 Preguntas

1. ¿Desde dónde escribe María Teresa?
2. ¿Cuántos habitantes tiene esta ciudad? ¿En qué país está?
3. ¿Cómo se llaman los habitantes de la ciudad?
4. ¿Qué tipo de diversiones hay allí?
5. ¿De qué barrio habla ella en especial? ¿Quiénes lo formaron? ¿Cómo lo describe María Teresa?
6. ¿En qué calle está el hotel y por qué otro nombre se conoce a esa calle?
7. ¿Qué características tiene el paisaje del campo?
8. ¿Qué árboles vio María Teresa, y a quiénes imaginaba debajo de ellos?
9. ¿Qué hacían los hombres a los que ella vio por el campo?
10. ¿Por qué no puede terminar su carta María Teresa? ¿Qué no quiere perderse ella?

2 ¿Qué crees?

1. Si te encuentras con un gaucho o un *cowboy* americano, ¿que le preguntarías?
2. ¿Te gustaría trabajar en el campo? ¿Por qué?
3. ¿Cuáles son las actividades que se pueden hacer en el campo que te interesan más? ¿Por qué son diferentes de las actividades de la ciudad?
4. ¿Puedes hacer una comparación entre la vida de la ciudad y la del campo?
5. ¿Crees que para los habitantes de la ciudad son importantes los trabajos que se hacen en el campo? ¿Por qué?

THREE IMPORTANT SUFFIXES
SUPERLATIVE -ísimo

Spanish	English
adjective stem + $\begin{cases} \textbf{-ísimo(s)} \\ \textbf{-ísima(s)} \end{cases}$ =	extraordinarily extremely absolutely terribly highly very $\Big\}$ adjective

The Spanish suffix **-ísimo, -ísima,**[1] is added to adjective stems and means *extraordinarily, extremely,* and so on. Thus **facilísimo** means *very easy, extremely easy.* The following explains what is meant by "adjective stem":

a. **-ísimo** is added directly to adjectives that end in a consonant: **fácil, facilísimo; difícil, dificilísimo.**

b. Adjectives that end in **-o, -a,** and **-e** drop these vowels: **pequeño, pequeñísimo; buena, buenísima; dulce, dulcísimo.**

c. Adjectives that end in **-io, -ia** drop both vowels: **limpia, limpísima; sucio, sucísimo.**

d. Adjectives that end in **-ble** drop the **-e** and insert **i** between the **b** and the **l**: **amable, amabilísimo; noble, nobilísimo; notable, notabilísimo.**

The following spelling rules must be observed with **-ísimo:**

a. **c → qu: simpático, simpatiquísimo; rico, riquísimo.**

b. **g → gu: largo, larguísimo.**

c. **z → c: feliz, felicísimo.**

d. Written accents on stems are dropped: **fácil, facilísimo; difícil, dificilísimo.**

Ejercicio

3 **¿Fácil? No, ¡facilísimo!** ⊗ 📖

Each of the following statements contains a key adjective. Complete the reply with the superlative form of the same adjective.

MODELO —El examen no estuvo difícil.
　　　　　—¿De veras? A mí me pareció ___dificilísimo___

1. —El desayuno que nos prepararon no estuvo tan malo.
　　—¿Tú crees? Creo que estuvo _____.
2. —Los muebles de doña Emilia son viejos.
　　—Claro, tienen más de ochenta años, son _____.
3. —El auto me costó solamente diez mil pesos. Barato, ¿no?
　　—¿De veras? ¡Qué suerte! ¡Es _____!
4. —Hernán nos invitará el martes. ¡Qué amable!
　　—¡Fabuloso! Hernán es _____.
5. —Paula Flores acaba de ganar mucho dinero en la lotería. Va a ser rica.
　　—¡La lotería! No puedo creerlo. Entonces, será _____.

---

[1] This suffix, or ending, is sometimes called "absolute superlative." "Superlative" is also used as the label for the *-est* form of adjectives, as in *tallest, biggest.* However, the **-ísimo** suffix has a very different meaning from the *-est* superlative.

ADVERB-FORMING -mente

público, -a	públicamente
triste	tristemente
internacional	internacionalmente

The Spanish suffix **-mente** corresponds to *-ly* in English: both are attached to adjectives to form adverbs. Thus **públicamente** means *publicly,* **tristemente** means *sadly,* and so on.

1. If the adjective has separate masculine and feminine forms, **-mente** is added to the FEMININE form: **público -a, públicamente; perfecto -a, perfectamente.** If there is only one form for both masculine and feminine, **-mente** is added directly to this form: **triste, tristemente; principal, principalmente.**

2. When **-mente** is added to an adjective, the adjective keeps its original stress, and the first syllable of **-mente** is also stressed: **FRANca, FRANcaMENte; feLIZ, feLIZMENte.** If the adjective has a written accent mark, it is retained in the adverb: **fácil, fácilmente; rítmica, rítmicamente.**

3. It is customary—especially in writing—to omit **-mente** from all but the last of two or more consecutive adverbs. However, the FEMININE form (if different from the masculine) of the adjective is always used, with or without **-mente.**

melodios**a** y rítmica**mente**	*melodiously and rhythmically*
históric**a**, polític**a** y social**mente**	*historically, politically and socially*

4. The suffix **-mente** can be attached to adjectives that already have the suffix **-ísimo, -a: malísimamente,** *extremely badly;* **simpatiquísimamente,** *very nicely.*

Ejercicio

4 **Hablando francamente** ⊗ ▭

Complete each sentence with an adverb ending in **-mente.** You may form the adverb from one of the adjectives listed below. In some cases more than one answer is possible.

MODELO   Cuando llegamos, ___*tristemente*___ el restaurante ya estaba cerrado. ¡Qué lástima!

franco	público	feliz	necesario
triste	fácil	evidente	general

1. El general anunció _____ que pronto habría elecciones.
2. Encontré el hotel _____, cerca de la calle Corrientes.
3. No quiero ofenderte, hijo, pero _____ yo prefiero el tango a la música rock.
4. Todos los habitantes del sur de Argentina no son _____ gauchos.
5. Las casas del barrio italiano _____ son bajas y están pintadas de colores brillantes.
6. Pude llegar a tiempo y _____ no tuve que perder la parrillada.
7. Leticia tendrá que quedarse en el hospital dos meses más; _____ tiene algo serio, pero nadie está seguro.

DIMINUTIVE -ito, -(e)cito

The suffixes **-ito, -(e)cito**[1] are very commonly added to nouns, adjectives, and adverbs. These suffixes do not change the part of speech of the word they are added to. A noun with the ending **-ito** is still a noun, and so on. The word "diminutive" suggests *smallness,* and this is indeed the idea added by these suffixes in many cases. However, diminutives may also convey cuteness or affection on the part of the speaker. Further, diminutives are often used just because one is speaking to a child, just as in English we might call a rabbit a "bunny," or even a very large dog a "puppy," when talking to a child. Diminutives like **adiosito** (from **adiós**), **chaocito** (from **chao**), and **hasta lueguito** have a tone similar to that of "bye-bye," "see ya," or "toodle-oo" in English.

The Gender of Diminutives

Adding a diminutive suffix never changes the gender of a noun or adjective.

Masculine	
libro	libr**ito**
bajo	baj**ito**
padre	padre**cito**
Pepe	Pep**ito**

Feminine	
mesa	mes**ita**
clara	clar**ita**
madre	madre**cita**
Carmen	Carmen**cita**

Masculine nouns that end in **-a** have diminutives that also end in **-a** and are also masculine.

Masculine	
poema	poem**ita**
problema	problem**ita**
mapa	map**ita**

The small number of feminine nouns that end in **-o** usually have diminutives that also end in **-o** and are also feminine; for example, **foto, fotito.**[2]

The Form of Diminutives

Strict rules govern the choice of the variants **-ito, -cito, -ecito** (and the corresponding forms with **-a**) to be added to a particular noun, adjective, or adverb. The following rules are valid for the majority of Spanish speakers.[3] We should add:

---

[1] There are other diminutive endings, such as **-(z)uelo, -(c)illo, -ico,** which are used in various parts of the Spanish-speaking world. The **-ito, -(e)cito** variants are the most common.

[2] However, the diminutive of feminine **mano** is **manito** for some speakers but **manita** for others.

[3] Unfortunately, not all speakers follow the same rules; therefore, you should not be surprised to see or hear an occasional diminutive formed in a slightly different way. No confusion is likely to result.

-ecito, -a	-cito, -a	-ito, -a
a. to words of one syllable ending in a consonant: pan pan**ecito** luz luc**ecita**	c. to words of more than one syllable ending in a consonant, except **l, s,** or **z**: camión camion**cito** mejor mejor**cito**	f. to words of more than one syllable ending in **l, s,** or **z**: adiós adios**ito** árbol arbol**ito** arroz arroc**ito**
b. to words of two syllables ending in **-io** or **-ia**: lluvia lluvi**ecita** rubio rubi**ecito** (The final **-o** or **-a** is removed before adding **-ecito, -ecita**.)	d. to words of two syllables ending in **-e**: pobre pobr**ecito** calle call**ecita**	g. to words of more than two syllables ending in **-io, -ia** or **-e**: escritorio escritor**ito** sandalia sandal**ita** chocolate chocolat**ito**
	e. to words ending in a stressed vowel: pie pie**cito** café cafe**cito**	h. to words ending in an unstressed **a** or **o**: casa cas**ita** libro libr**ito**

Proper names often violate these rules. For example: **Lupe, Lupita; Pepe, Pepito; Julio, Julito; Julia, Julita; Juan, Juanito** or **Juancito.** The diminutives **Carlitos, Marquitos, Luquitas** keep the final **s** of **Carlos, Marcos, Lucas.**

The following spelling rules must be observed with the diminutive suffixes:

a. **c → qu:** lo<u>c</u>o, lo<u>qu</u>ito; Mar<u>c</u>os, Mar<u>qu</u>itos.

b. **g → gu:** lue<u>g</u>o, lue<u>gu</u>ito; so<u>g</u>a, so<u>gu</u>ita.

c. **z → c:** lu<u>z</u>, lu<u>c</u>ecita; arro<u>z</u>, arro<u>c</u>ito.

d. Written accents on stems are dropped: **á<u>r</u>bol, a<u>r</u>bolito; caf<u>é</u>, caf<u>e</u>cito.**

Ejercicios

5   ¿Me haces un favorcito? ⊗

Change all nouns to the diminutive form in the following dialog. Change adjectives also, where appropriate.

EFRAÍN   —Pásame el arroz, Julio. Y el pan también, por favor.

JULIO   —No veo nada. ¿Están en la mesa?

EFRAÍN   —Sí, debajo de esos libros. Al lado del mapa.

JULIO   —Mira, hermano, hay que tener esto un poco más limpio, así no habrá tantos problemas. Me voy. Chao.

EFRAÍN   —No, espera un momento. Toma una taza de té o un vaso de jugo antes de salir.

JULIO   —Bueno, pero ¿dónde están las tazas y los vasos?

EFRAÍN   —Me parece que pueden estar en esa caja, al lado de la silla.

JULIO   —¡Ya no puedo perder un segundo más en esta casa! ¡Adiós!

EFRAÍN   —Hasta luego. Oye, una cosa más, cuando vuelvas, ¿me traes un chocolate y un batido?

6 Frasecitas facilísimas

Use the following words to form a negative sentence with the diminutive form of the under-lined noun, and a contrasting affirmative sentence with the superlative form of the adjective.

MODELO   Esta / guitarra para niños / cara
              Esta no es una guitarrita para niños; es carísima.

1. El Colón / teatro insignificante / grande
2. El Miramar / hotel de segunda clase / elegante
3. 9 de julio / calle estrecha / ancha
4. Tu casa / casa pequeña / grande
5. "El Tallarín Dorado" / restaurante común y corriente / bueno
6. Borges / autor desconocido / famoso
7. Ésa / torre común y corriente / alta

PREPOSITIONS
Simple Prepositions

a	to, at	entre	between, among
ante	before	**hacia**	toward
bajo	under, below	**hasta**	up to, until, as far as
con	with	**para**	for, in order to, to
contra	against	**por**	for, by, through, because of
de	of, from, about	**según**	according to
desde	since, from	**sin**	without
durante	during	**sobre**	on, on top of, about
en	in, on, at	**tras**	after, behind

The chart above shows the most common prepositions in Spanish and their usual English equivalents.[1]

1. In Spanish, prepositions must always precede their objects; they can never be left "dangling," as they often are in English. For example, in English we may say either "the person I was talking *about*" or "the person *about* whom I was talking." In Spanish, however, there is just one possibility: **la persona de quien hablaba.**
2. The following are special cases of preposition plus pronoun:
   a. *With me* has the special form **conmigo** and *with you* (**tú**) is **contigo.**
   b. **Entre** and **según** take subject pronouns as their objects rather than prepositional forms: **entre tú y yo,** *between you and me;* **según yo / tú,** *according to me / you.*
3. Spanish uses **en** in a number of cases where English uses *at*. For example:

Estaban **en** la playa.	They were <u>at</u> the beach.
Rosita no estuvo **en** la fiesta.	Rosita wasn't <u>at</u> the party.
Siempre estudio **en** casa.	I always study <u>at</u> home.
Estaba **en** la iglesia.	He was <u>at</u> church.
Trabaja **en** una estancia.	He works <u>at</u> a cattle ranch.

These examples show that Spanish uses **en** in reference to location in two- or three-dimensional space, that is, something large enough to support, contain, or include what is found in or on it.

---

[1] See p. 269 for the contrast between **para** and **por,** and p. 306ff for verbs that require prepositions.

Compound Prepositions

a causa de	because of	**encima de**	on top of
acerca de	concerning, about	**enfrente de**	facing, opposite
además de	besides, in addition to	**en vez de**	instead of
al lado de	beside, at the side of	**frente a**	opposite
a pesar de	in spite of	**fuera de**	outside (of)
cerca de	near	**junto a**	next to
debajo de	under, underneath	**lejos de**	far from
en cuanto a	as for	**respecto a**	with respect to

Like English, Spanish also has compound prepositions, most of which consist of an adverb followed by the preposition **de:**

ADVERB

Está **cerca.** *It's near(by).*

COMPOUND PREPOSITION

Está **cerca de** aquí. *It's near here.*

Ejercicios

7 ¿Cuál es la preposición?

Complete each sentence with a preposition chosen from the list of simple prepositions on p. 130. If more than one choice is possible, include it also.

MODELO   Mis primos van en tren _____ *a / hacia / hasta / para* _____ Buenos Aires.

1. Gonzalo estudia música _____ su tía.
2. _____ el doctor Rosaldo, la situación está muy seria.
3. Alguien camina _____ nosotros, pero no puedo verlo bien.
4. ¿Qué hizo usted _____ el resto del viaje?
5. Esa iglesia es viejísima, ha estado allí _____ tiempos remotos.
6. La profesora Gómez-Arce piensa hablar _____ unas teorías muy interesantes.
7. El ejército, _____ la dirección del general Lavalle, ganó la primera batalla.
8. Yo no sabía que mi hermana estudiaba _____ -tigo.
9. Apareció _____ el juez y dijo que era inocente.
10. Juanita debe estar _____ el hospital; está visitando a su abuela enferma.
11. Aunque no me creas, lo hago _____ tí, querida amiga.
12. Necesito salir de Buenos Aires por un tiempo; vámonos _____ la pampa.

8 La mejor película del año ⊗ ▢

Complete the following dialog by selecting the most appropriate prepositions.

CLARA   —No sé qué pasa. (Según, Bajo) este mapa, vamos (para, tras) el norte, pero…

GERARDO   —Mira, (contra, desde) esta mañana has insistido en que andamos perdidos. Nunca crees (en, con) mí. Yo puedo encontrar cualquier lugar (para, sin) mapas.

ÁNGEL   —Permítanme presentarme, soy Ángel Ripaldi, (a, de) sus órdenes. Veo que ustedes son turistas y que necesitan un poquito (de, en) orientación.

GERARDO   —Mucho gusto, soy Gerardo Cepeda y ésta es mi esposa Clara. Gracias por pensar (en, de) nosotros.

CLARA —Por favor, ¿podría decirnos qué debemos hacer (para, de) llegar a la calle Lavalle? ¿Seguir adelante (según, hacia) ese edificio?

ÁNGEL —¿Por qué quieren ir (entre, a) Lavalle? ¿Van al cine?

GERARDO —Sí, nos han dicho que "Noche (ante, tras) noche" es la mejor película del año. Bueno, señor, mucho gusto, gracias por su ayuda, adiós.

ÁNGEL —Miren, no quiero decir nada (contra, desde) ninguna película, pero (entre, hasta) ústedes y yo, "Memorias de un gaucho" es muchísimo mejor. Siempre lloro como un niñito (para, durante) los minutos finales.

CLARA —(a Gerardo) ¡Yo no quiero llorar! ¡Para eso, prefiero quedarme (en, a) casa!

9 ¿De acuerdo?

Work with a partner to complete each of the following statements. Both of you must agree on each answer.

1. Es mejor vivir cerca de _____ y lejos de _____.
2. Enfrente de esta escuela hay _____, pero tristemente no hay _____.
3. Con respecto a _____, creemos que es una malísima idea.
4. A pesar de _____, (no) queremos dejar este barrio.
5. Además de _____, la mejor / peor parte de aprender español es _____.
6. Creemos que el gobierno debe _____ ahora, en vez de _____.

10 Un hombre famoso ⊗ ▭

Choose the compound preposition that best completes each sentence in the following narrative.

MODELO Me gustaría decir algo (en vez de, acerca de) lo que pasó.   *acerca de*

1. Amigo mío, (debajo de, a pesar de) lo que tú crees, yo no pude evitar llegar tarde anoche.
2. (A causa de, Respecto a) la lluvia, mi avión tardó veinte minutos en llegar al aeropuerto.
3. Cuando tocamos tierra, vi que había muchísima gente (al lado de, en cuanto a) la terminal.
4. Había grupos de jóvenes sentados (acerca de, encima de) veinte o treinta automóviles y camiones.
5. Oí que (fuera de, encima de) nuestro avión todo el mundo gritaba una sola palabra: "¡Falcón!"
6. El muchacho que estaba sentado (además de, junto a) mí también empezó a gritar.
7. "¡Yo tenía razón!" exclamó el muchacho, y sacó una revista deportiva que guardaba (lejos de, debajo de) su asiento.
8. Una joven, sentada (enfrente de, acerca de) nosotros, mostraba una revista de cine a los demás pasajeros.
9. "¡Está aquí, en este avión!" gritó alguien. Incómodo, sentí que estaba (lejos de, a causa de) mi propio país, pues no sabía qué pasaba.
10. (En cuanto al, Al lado del) famoso señor Falcón, por fin supe que era el mejor jugador de fútbol de la Argentina.
11. Pero (además de, frente a) jugador, era actor de cine y estrella de una película titulada "Memorias de un gaucho."
12. Como yo no sabía mucho (a causa de, acerca de) los equipos de fútbol argentinos y menos de las películas de gauchos, pensaba que todo el mundo se había vuelto loco.
13. Por fin apareció Falcón—se quitó el sombrero y los lentes negros—y tanto los pasajeros como la gente que esperaba afuera organizaron una fiesta increíble; por eso, (en vez de, además de) llegar a las siete, llegué a las diez y media.

COMPARISONS

tan(to) como	as much as, as many as, as (adjective) as
1. Andrés (no) compró **tanta** carne **como** Raúl.	Andrés bought (didn't buy) as much meat as Raúl (did).
2. En mi familia (no) hay **tantos** genios **como** en la tuya.	In my family there are(n't) as many geniuses as (there are) in yours.
3. Allá (no) llueve **tanto como** aquí.	It rains (doesn't rain) as much there as (it does) here.
4. Sara (no) es **tan** inteligente **como** Isabel.	Sara is(n't) as smart as Isabel (is).
5. Jacobo (no) canta **tan** bien **como** Pilar.	Jacobo sings (doesn't sing) as well as Pilar (does).

a. **Tanto** modifies — and agrees with — a noun (examples 1 and 2) or is used alone (example 3).

b. **Tan** modifies an adjective (example 4) or an adverb (example 5).

c. The Spanish sentences expressing comparisons lack an equivalent for the English tags *is, does, would,* etc.

más / menos…que / de	more / less . . . than
1. Yo (no) soy **más** loco **que** él.	I am (not) crazier than he (is).
2. Él (no) es **menos** alto **que** yo.	He is(n't) shorter than I (am).
3. Me gustaría ser **más** inteligente.	I would like to be more intelligent.
4. Quiero casarme con alguien **menos** extravagante.	I want to marry someone less extravagant.
5. Yo (no) tengo **más de** 75 centavos.	I (don't) have more than 75 cents.
6. Él (no) tiene **menos de** 50 pesos.	He has (doesn't have) less than 50 pesos.

a. Spanish **más / menos… que** is the usual equivalent of English. . . -*er than* (examples 1 and 2) or *more / less (fewer) . . . than* (examples 3 and 4).

b. **De** rather than **que** is used for *than* before numbers (examples 5 and 6).

Irregular Comparatives

Adjective	Regular Comparative	Irregular Comparative	
bueno	más bueno	**mejor**	better
malo	más malo	**peor**	worse
grande	más grande	**mayor**	bigger, older
viejo	más viejo		
pequeño	más pequeño	**menor**	smaller, younger
joven	más joven		

1. For the most part, the regular comparatives and the irregular comparatives are interchangeable, but there are some restrictions:

   a. When referring to people, **mayor** and **menor** refer to age, not size:

Mi hermano **mayor** tiene 20 años.	My older brother is 20 years old.
Tú eres **menor** que yo.	You are younger than I am.

   The regular comparatives refer to size:

Mi hermano es **más grande.**	My brother is bigger.
Tú eres **más pequeño.**	You are smaller.

   b. **Más viejo** and **más joven** are used only to compare *very* old and *very* young individuals.

Mi abuela tiene 99 años; es **más vieja** que mi abuelo.	My grandmother is 99 years old; she's older than my grandfather.
Pepito es **más joven** que Laura; tiene menos de 14 años.	Pepito is younger than Laura; he's less than 14 years old.

2. **Mejor** and **peor** are also the comparatives of the adverbs **bien** and **mal,** respectively.

Tú cantas **bien;** yo canto **mejor.**	You sing well; I sing better.
Tú bailas **mal;** yo bailo **peor.**	You dance badly; I dance worse.

The Most / Least, ...(-est)

Es **el** hombre más guapo **de**l mundo.	He's the handsomest man in the world.
Esa fue **la** parte **menos** interesante **de**l libro.	That was the least interesting part of the book.
Es **la peor** película que he visto en mi vida.	It's the worst movie I've seen in my life.

1. To express the idea the *most / least...* or *...-est,* Spanish uses the definite article with the noun before **más, menos,** or an irregular comparative.

2. **De** is used to indicate the thing(s) or person(s) with respect to which the comparison is made.

Ejercicios

11 ¿Para quién será?

A. The chart below shows the qualifications and records of four employees of an international corporation, **Industrias Fabiola,** who are being considered for promotion. Complete the statements that follow with comparison or contrast words.

Nombre	Edad	Años en I.F.	Experiencia administrativa	Habilidad: otros idiomas	Sueldo actual	Días ausentes año pasado
Alicia Martínez	28	6 años	6 meses	francés—muy bien; alemán e italiano—bien	$11.000	13 días
Sara Durán	32	3 años	2 años	inglés—excelente; alemán y francés—muy bien	$11.000	1 día
Francisco Torres	28	6 años	2 años	inglés—excelente; alemán—muy bien; francés e italiano—bien	$10.300	1 día
Camilo Medina	37	1 año	5 años	francés—excelente; ruso—muy bien	$13.500	21 días

MODELO   Alicia Martínez tiene __*tantos*__ años en la compañía __*como*__ Francisco Torres.

1. Sara Durán tiene _____ experiencia administrativa _____ Francisco Torres.
2. Francisco Torres tiene _____ experiencia administrativa _____ Alicia Martínez.
3. Camilo Medina estuvo ausente _____ días _____ los otros empleados; es probable que tenga la _____ salud de todos.
4. En este momento Alicia Martínez gana _____ _____ Sara Durán, pero el sueldo de Camilo Medina es el _____ de todos.
5. Alicia Martínez habla alemán _____ bien _____ habla italiano.
6. Francisco Torres tiene 28 años, es _____ _____ Sara Durán, pero tiene _____ experiencia administrativa _____ ella.
7. Si incluimos su idioma nativo (español), cada uno de los cuatro empleados habla _____ _____ dos idiomas.
8. La persona que habla francés mejor no habla _____ lenguas _____ los otros empleados.

B. Form groups of three students and choose the best candidate from the chart for each of the following assignments. Give your reasons based on the data supplied. Note: you must choose a different person for each assignment.

   ASSIGNMENTS
   1. Subdirector(a) del programa en Alemania. Sueldo máximo: 12.500 pesos mensuales.
   2. Subdirector(a) del programa en Estados Unidos (área: noreste). Sueldo máximo: 11.200 pesos mensuales.
   3. Subdirector(a) del programa en Francia. Sueldo máximo: 13.500 pesos mensuales.
   4. Director(a) del programa en Europa. Sueldo máximo: 19.000 pesos mensuales.

12 Ejercicio de traducción

1. My friend Gustavo, who is very rich, always says that money is not as important as health or happiness.
2. I think that he is right. It's better to be poor and healthy than rich and sick.
3. But family is more important than money. Nobody sees my mother-in-law as much as I do.
4. My wife's family is huge, much bigger than mine. According to my wife Pilar, her parents and sisters can live with us very easily.
5. The worst thing about all of this is that my own mother, who lives in France with her little dog, never visits us.
6. My mother says that our town is not as interesting as Paris, and besides, it costs her more than ten thousand pesos to travel here.
7. My older brother Ernesto, who is the craziest man in the world, is right: it's better to be rich, healthy and live very far away from everybody.

13 Ejercicio de comprensión

Read each passage and determine if the statements that follow are true or false.

A. Hoy es el tres de noviembre. Estaré aquí con ustedes hasta el once. El once saldré para Lima. Creo que el viaje a Lima me llevará dos días. Pienso quedarme en Lima por mucho tiempo.
   1. Va a estar aquí por quince días.
   2. Ya estará en Lima el catorce de noviembre.

B. La casa de Julia estaba al lado del restaurante italiano. Mi tía Alicia estaba enfrente del restaurante, pero en vez de llamar a Julia directamente o ir a tocar a su puerta, decidió entrar al restaurante y llamarla desde allí por teléfono.
1. Julia vivía cerca del restaurante italiano.
2. La tía Alicia decidió esperar a Julia debajo de la casa.

C. Esteban vive en una casita muy bonita en el barrio italiano. Su primo Ricardo, quien es cinco años menor que Esteban, pero mucho más rico, vive en una casa inmensa que queda al lado.
1. Esteban vive lejos de Ricardo.
2. La casa de Ricardo es más grande que la de Esteban.

D. Según Luisa, la parrillada en casa de Héctor anoche estuvo buenísima, mucho mejor que lo que pasó la semana pasada. Y dijo que la carne estuvo magnífica. Creo que Héctor sabe cocinar, Enrique no sabe cocinar tan bien como él.
1. Es probable que anoche todos hayan comido mucho.
2. Enrique preparó los bistecs anoche.

El Sur   Jorge Luis Borges ⊙

Jorge Luis Borges: Escritor argentino nacido en 1899. Sus cuentos nos llevan a un mundo fantástico imaginario, independiente de un tiempo o un lugar geográfico determinado. Este fragmento de *El Sur* está adaptado de su colección *Ficciones*.

Dahlmann había llegado al hospital en un taxi y ahora un taxi lo llevaba a Constitución. El primer fresco del otoño después del calor del verano, era como un símbolo natural de su destino rescatado de la muerte y la fiebre. La ciudad, a las siete de la mañana, no había perdido ese aire de casa vieja que le da la noche; las calles eran como largos pasillos, las plazas como patios. Dahlmann

---

el **escritor, –a** *writer*
la **muerte** *death*

nacido, –a *born*

rescatado, –a *rescued*

la reconocía con alegría; unos segundos antes de que las vieran sus ojos recordaba las esquinas, las carteleras; las modestas diferencias de Buenos Aires. En la luz amarilla del nuevo día todas las cosas regresaban a él.

Nadie ignora que el Sur empieza al otro lado de la calle Rivadavia. Dahlmann siempre decía que esto no es una convención y que quien atraviesa esa calle entra en un mundo más antiguo y más firme. Desde el coche buscaba entre los nuevos edificios la ventana de rejas, el arco de la puerta, el pasillo, el íntimo patio.

En la estación el tren esperaba. Dahlmann recorrió los vagones hasta llegar a uno casi vacío. Cuando los coches arrancaron, abrió la maleta y sacó, después de dudar un poco, un libro.

A los lados del tren, la ciudad se convertía en suburbios; esta visión y luego la de los jardines y quintas demoraron el principio de la lectura. La verdad es que Dahlmann leyó poco. La alegría lo distraía; Dahlmann cerraba el libro y se dejaba simplemente vivir.

Mañana me despertaré en la estancia, pensaba, y era como si a un tiempo fuera dos hombres: el que se movía en un día del otoño por la geografía de su país, y el otro, metido en

el **arco** *arch*
arrancar *to start (a motor)*
la **cartelera** *billboard*

la **convención** *pact, treaty*
distraer *to distract*

la **lectura** *reading*
la **quinta** *country house*

un hospital y prisionero de una monótona rutina. Vio casas de ladrillos largas, eternamente mirando pasar los trenes; vio jinetes en caminos de tierra; vio zanjas y lagunas y haciendas, vio largas nubes brillantes que parecían de mármol, y todas estas cosas eran casuales, como sueños de la llanura.

Alguna vez durmió y en sus sueños estaba el movimiento del tren. Ya el blanco sol insoportable de las doce del día era el sol amarillo que precede al anochecer y pronto sería rojo.

Afuera la sombra del vagón se extendía hacia el horizonte. No alteraban la tierra elemental ni pueblos ni otros signos humanos. Todo era vasto, pero al mismo tiempo era íntimo, y de alguna manera, secreto. En la inmensidad, a veces no había otra cosa que un toro. La soledad era perfecta y tal vez hostil, y Dahlmann pudo sospechar que viajaba al pasado y no sólo al Sur.

Ya se había hundido el sol, pero un esplendor final exaltaba la silenciosa llanura, antes de la caída de la noche.

---

alterar *to alter, change*	el **ladrillo** *brick*	la **soledad** *solitude*
la **hacienda** *livestock, cattle*	el **mármol** *marble*	**sospechar** *to suspect*
(*used in Argentina in sing. only*)	la **rutina** *routine*	el **vagón** *wagon*
íntimo, –a *intimate*	**silencioso, –a** *quiet*	la **zanja** *ditch*

Ejercicios

14 Preguntas

1. ¿Adónde había llegado Dahlmann? ¿En qué había llegado?
2. ¿Adónde iba él ahora?
3. ¿En qué estación del año tiene lugar la historia?
4. ¿De qué estaba rescatado el destino de Dahlmann?
5. ¿Qué recordaba él de Buenos Aires?
6. ¿Dónde empieza el Sur?
7. ¿Qué buscaba él entre los nuevos edificios?
8. ¿Cómo estaba el vagón en que entró Dahlmann y qué hizo él?
9. ¿Qué demoró el principio de la lectura?
10. ¿Qué distraía a Dahlmann?
11. ¿Qué pensaba él?
12. ¿Cuáles son algunas de las cosas que vio desde el tren?
13. ¿Qué cosas no alteraban la tierra elemental?
14. ¿Cómo era todo?
15. ¿Qué sospechaba Dahlmann?

15 Para hablar y discutir

1. ¿Hay sitios, parques, edificios que identifican el lugar donde vives? ¿Cuáles son? ¿Por qué son característicos del lugar?
2. ¿Cómo prefieres viajar? ¿En auto, avión, tren, bicicleta? ¿Por qué?
3. Imagina que estás viajando en auto o en tren. ¿Adónde viajas? ¿Qué puedes ver por la ventana? Describe lo que ves.

16 Conversación

The class should be divided in groups of four or five students each. Each group plans a trip to a different place (could be in the United States, Spain or a Latin-American country). They should take notes about the trip and make an itinerary. Then, after ten or fifteen minutes of the planning stage, students from each group take turns in questioning the students in the other groups about their trip. The following points should be taken into account:

- Lugar adonde se viaja
- Miembros del grupo que viaja
- Fecha y hora de salida
- Medio de transporte
- Inconvenientes del viaje
- Cosas que encuentran en el camino, aventuras
- Momentos interesantes
- Placeres del viaje
- Hora de llegada
- Forma en que fueron recibidos a la llegada

17 Ejercicio de composición

Siguiendo los puntos anteriores usados para la conversación, escribe una composición contando un viaje que has hecho o que planeas hacer. Puedes escribir también sobre un viaje ideal a un lugar que nunca has visitado pero que te interesaría mucho visitar.

Evita

Patti LuPone (Nueva York)   **Paloma San Basilio (Madrid)**

Las dos actrices, Patti LuPone en los EE.UU. y Paloma San Basilio en España, actuaron como protagonistas de la obra musical *Evita*. Esta obra, que tuvo éxito mundialmente, se puso en Londres en 1978 y en Los Ángeles y Nueva York un año después. La obra trata de la vida de la segunda esposa del presidente argentino Juan Perón (1895–1974).

No llores por mí, Argentina
(De la obra musicial "Evita")

Letra de Tim Rice; adaptación española de Artime y Azpilicueta

Será difícil de comprender
Que a pesar de estar hoy aquí
Soy del pueblo, nunca lo podré olvidar

Debéis creerme
Mis lujos son solamente un disfraz
Un juego burgués nada más
Las reglas del ceremonial

Tenía que aceptar, debí cambiar
Y dejar de vivir en lo gris
Siempre detrás de la ventana, sin lugar bajo el
    sol
Busqué ser libre
Pero nunca dejaré de soñar
Y sólo podré conseguir
La fe que queráis compartir

It won't be easy, you'll think it strange
When I try to explain how I feel
That I still need your love after all that
    I've done
You won't believe me
All you will see is a girl you once knew
Although she's dressed up to the nines
At sixes and sevens with you

I had to let it happen, I had to change
Couldn't stay all my life down at heel
Looking out of the window, staying out of
    the sun
So I chose freedom
Running around trying everything new
But nothing impressed me at all
I never expected it to

a pesar de *in spite of*
la actriz *actress*
alejar(se) *to move away, to remove*
el alma *soul*

burgués *bourgeois*
compartir *to share*
comprender *to understand*
conseguir (i, i) *to obtain*
el éxito *success*

la fe *faith*
gris *gray*
el lujo *luxury*
nacer *to be born*
la obra *play*

No llores por mí, Argentina
Mi alma está contigo
Mi vida entera
Te la dedico
Mas no te alejes
Te necesito

Nunca poderes ambicioné
Mentiras dijeron de mí
Mi lugar vuestro es, por vosotros luché

Yo sólo quiero sentiros muy cerca
Poder intentar abrir mi ventana y saber

Que nunca me vais a olvidar

No llores por mí, Argentina...
(Eva no puede continuar de emoción. La
    multitud tararea la música.)
No llores por mí, Argentina...
Mi alma está contigo
Mi vida entera
Te la dedico
Mas no te alejes
Te necesito

¿Qué más podré decir para convenceros de
    mi verdad?
Si aún queréis dudar, mirad mis ojos, ved
    cómo lloran de amor

Don't cry for me Argentina
The truth is I never left you
All through my wild days
My mad existence
I kept my promise
Don't keep your distance

And as for fortune, and as for fame
I never invited them in
Though it seemed to the world they were all
    I desired
They are illusions
They are not the solutions they promised
    to be
The answer was here all the time
I love you and I hope you love me

Don't cry for me Argentina...
(Eva breaks down; the crowd takes up her
    tune.)
Don't cry for me Argentina
The truth is I never left you
All through my wild days
My mad existence
I kept my promise
Don't keep your distance

Have I said too much? There's nothing
    more I can think of to say to you
But all you have to do is look at me to know
    that every word is true

Ejercicios

18 Preguntas

Lee la versión española. Contesta las siguientes preguntas:

1. ¿De quién dice Evita que es?
2. ¿Qué son sus lujos, según ella?
3. ¿Cómo vivía antes?
4. ¿Qué buscó ella?
5. ¿Qué es lo que ella no dejará de hacer nunca?

6. ¿Con quién está su alma?
7. ¿Qué dedica al país?
8. ¿Qué dice Evita que dijeron de ella?
9. ¿Cómo quiere sentir al pueblo?
10. ¿De qué lloran sus ojos?

19 Ejercicio de traducción

1. Traduce del inglés al español desde "So I chose freedom" hasta "Don't keep your distance."
2. ¿Cuál te gusta más, la traducción tuya o la adaptación española de Artime y Azpilicueta? ¿Por qué?
3. ¿Crees que se puede hacer una traducción exacta al original? ¿Por qué?
4. ¿Te gustaría ser traductor / traductora? ¿Por qué?

---

ambicionar   *to desire, yearn or long for*   **intentar**   *to attempt, try*   **tararear**   *to hum (a tune)*

Martín Fierro ⊗

El escritor argentino José Hernández (1834-1886) es famoso principalmente por su libro *El gaucho Martín Fierro* (1872). Es un largo poema que representa la voz verdadera del gaucho. Inseparable de su caballo y de su guitarra, el gaucho improvisaba canciones mientras galopaba a través de las largas extensiones de la pampa. Su habilidad era tan natural para la música y el verso como para las tareas del campo.

En la segunda parte del libro, *La Vuelta de Martín Fierro* (1879), Hernández presenta al protagonista ya viejo. Es entonces cuando Fierro da varios consejos a sus hijos. Entre ellos está éste:

"Las faltas no tienen límites
como tienen los terrenos,
se encuentran en los más buenos,
y es justo que les prevenga:
aquél que defectos tenga
disimule los ajenos."

---

ajeno, – *belonging to another, of another*
el **consejo** *advice*

disimular *to cover up, to overlook*
la **falta** *fault*

justo, –a *fair*
prevenir *to warn, to caution*

Ejercicios

20 Preguntas

Work with a partner. Ask him or her the following questions.

1. ¿Quién escribió *Martín Fierro?* ¿Cuándo fue publicado ese libro?
2. ¿Qué voz representa el poema?
3. ¿De qué era inseparable el gaucho?
4. ¿Para qué tenía él habilidad natural?
5. ¿Cómo se llama la segunda parte del libro?
6. ¿Qué no tienen las faltas?
7. ¿Con qué compara el autor las faltas?
8. ¿En quién se encuentran, según él, las faltas?
9. ¿Quién debe disimular los defectos ajenos?

21 Ejercicio de composición

En una composición, comenta sobre "Aquél que defectos tenga, disimule los ajenos." Puedes tener en cuenta los siguientes puntos: ¿Piensas que existe alguien que no tenga defectos? ¿Por qué? ¿Quién es afectado al criticar los defectos de los demás? ¿Por qué es necesario disimular los defectos de los otros? ¿Hasta qué punto debemos ignorar los defectos de los demás? ¿Tiene razón el autor al decir que hay que disimular los defectos ajenos?

22 Refrán

"Más vale maña que fuerza"

¿Crees que este refrán es cierto o no? ¿Por qué? ¿Piensas que su significado ha sido verdadero alguna vez en tu experiencia personal? ¿Cuándo? ¿Por qué? ¿En qué caso o casos podrías usar este refrán?

---

la **fuerza**   *strength*   la **maña**   *skill, dexterity*

VOCABULARIO

el **alambre**   wire
la **alpargata**   espadrille, hemp sandal
la **cantidad**   quantity
la **cerca**   fence
la **madera**   wood

el **trabajador, –a**   worker

pintoresco, –a   picturesque
plano, –a   flat
vivo, –a   bright, vivid

arreglar   to fix
hacerse   to seem
juzgar   to judge

melodiosamente   melodiously

Palabras similares

el **poste**   post, pole

eterno, –a   eternal

étnico, –a   ethnic

Nota culturales

el **bandoneón**   large concertina, similar to an accordeon, used especially in Argentina
la **estancia**   name given to a large cattle ranch in Argentina, Uruguay, and Chile

el **gaucho**   cowboy of the pampas (plains) of South America
el **mate**   kind of tea made from the dried leaves and shoots of a South American holly

el **ombú**   umbra tree, common in the pampas of South America
la **parrillada**   barbecue, from the word parrilla (grill)

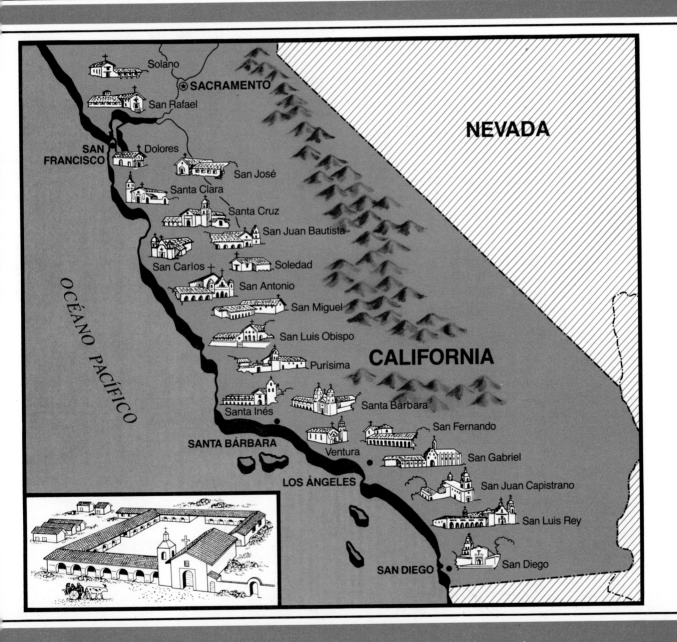

El diario de Luis

Amigo diario:

¡Qué interesante viaje! Hoy terminé mi recorrido de las 21 misiones del Camino Real de California. Aunque algunas están en ruinas, otras conservan su belleza original. Han sido restauradas por varios programas de conservación. ¡La historia de estas misiones es increíble!

Cuando los misioneros llegaron, los indios estaban aún en la Edad de Piedra; no cultivaban granos ni conocían animales domésticos. Pero ya en 1824 los indios estaban a cargo de 390.000 cabezas de ganado, 60.000 caballos, más de 320.000 puercos, ovejas, carneros, y cosechaban más de 120.000 barriles de trigo.

De 1776 a 1823 esto fue logrado por uno o dos frailes españoles en cada misión (con sólo unos 300 soldados distribuidos en más de 600 millas), a cargo de enseñar, cristianizar y supervisar a más de 100.000 indios.

Ahora, ¡a dormir! Estoy cansado del viaje. ¡Mañana seguiré la investigación!

La colonización de California

Los domingos, al terminar la misa, los indios se reunían para bailar.

Casi al final del siglo XVIII España decidió colonizar California por varias razones. Principalmente quería evitar el establecimiento en la región de dos grupos: los rusos, que tenían un negocio de pieles en Alaska, y los franceses, que podían invadir desde Luisiana. También quería establecer puertos en el Pacífico para los galeones españoles, cargados de tesoros, que viajaban desde Manila, en las Filipinas, hasta las costas de México. Hay que recordar que en 1531 España era dueña de las Filipinas, y de lo que hoy es México, América Central y las islas del Caribe, la Florida, la mitad de Sudamérica y gran parte de lo que hoy es el suroeste de los EE.UU., incluyendo Texas.

La influencia española se mantiene presente en el suroeste de los EE.UU., donde millones de mexicano americanos aún siguen hablando español. Los nombres de varios estados (Nevada, California, Colorado, Nuevo México) son de origen español así como los nombres de grandes ciudades (San Francisco, Los Ángeles, San Diego). Hay muchas palabras en inglés que vienen del español (rancho, corral, rodeo, barbecue) y edificios y muebles de estilo español o estilo "misión."

Las veintiuna misiones establecidas en California por los padres franciscanos servían para enseñar, divulgar la fe cristiana y para reforzar la presencia española en el área. Combinando las funciones de iglesia, escuela, granja, hospital, centro industrial y, a veces, guarnición militar, las misiones eran el punto de contacto entre la cultura de Europa y la de los miles de indios que vivían en la región.

20 de septiembre

Amigo diario:

En estos días no he escrito porque regresé a Los Ángeles y empezaron las clases. Pero volviendo a las misiones, yo mismo revelé las fotos en el laboratorio de la escuela. Ahora, con los datos que he buscado, voy a hacer un magnífico reporte para la clase. Espero que sea muy interesante para todos... ¡Ah! El sábado voy a una fiesta mexicana con Gabriela. Es aquí mismo en Los Ángeles, en un parque muy bonito. ¡No se puede estudiar todo el tiempo! ¿No crees?

Ejercicios

1 Preguntas

1. ¿Cómo se llama el camino que unía a las misiones de California? ¿Cuántas misiones eran?
2. ¿Cómo están las misiones hoy?
3. ¿En que Edad estaban los indios cuando llegaron los misioneros españoles?
4. En 1824, ¿qué animales cuidaban los indios en las misiones y qué cosechaban?
5. ¿Quiénes enseñaban a los indios en las misiones?
6. ¿Por qué no escribió Luis en su diario hasta septiembre?
7. ¿Qué hizo Luis con las fotos que tomó?
8. ¿Qué más va a hacer con las fotos y con los datos que tiene?
9. ¿A qué fiesta va a ir Luis el sábado? ¿Con quién irá?
10. ¿Dónde se celebrará esa fiesta y en qué ciudad?

2 ¿Qué crees?

1. ¿Crees que los indios que aceptaron vivir en las misiones lograron una forma de vida mejor? ¿Por qué?
2. Con dos frailes en cada misión y sólo 300 soldados en más de 600 millas, los misioneros pudieron controlar y dar educación a más de 100.000 indios. ¿Crees que fue fácil hacerlo? ¿Por qué?
3. Donde vives, ¿hay algún edificio o monumento que ha sido restaurado? ¿Cuál? ¿Dónde? ¿Cómo? ¿Por qué?
4. ¿Piensas que es importante restaurar edificios o monumentos antiguos? ¿Por qué?
5. ¿Piensas que es útil escribir un diario? ¿Por qué?

3 Project

Write, in Spanish, in the form of a diary, your daily activities for a whole week. Then bring it to class and read to your classmates what you consider the most interesting parts.

THE FORMS OF THE IMPERFECT

Spanish has two simple past tenses in the indicative, the imperfect and the preterit.[1] In this section we will concentrate just on the forms of the imperfect. While you are practicing the imperfect forms, you should think of them as reporting an event, action, or state in the past that was either (a) habitual or customary, or (b) in progress or in existence when something else happened.[2] For example:

(a) Yo **jugaba** [*imperfect*] con Felipe cuando **éramos** [*imperfect*] niños.

I used to play (habitually) with Felipe when we were (state of affairs in existence) kids.

(b) Yo **jugaba** [*imperfect*] con Felipe cuando **llegó** [*preterit*] Jorge.

I was playing (action in progress) with Felipe when Jorge arrived (another event occurred).

VERBS THAT ARE REGULAR IN THE IMPERFECT

Regular **-ar, -er** and **-ir** verb forms are shown in the following charts.

(Note that regular **-er** and **-ir** verbs have the same endings in the imperfect.)

visitar		traer		decir	
visitaba	visitábamos	traía	traíamos	decía	decíamos
visitabas	visitabais	traías	traíais	decías	decíais
visitaba	visitaban	traía	traían	decía	decían

1. The forms that agree with **yo** and **él / ella / Ud.** are always identical in the imperfect.

2. Stress always falls on the *first vowel of the ending* in regular imperfects. Pay particular attention to the **nosotros, -as** forms: they have stress *three* syllables from the end.

3. Note the written accent on the **nosotros, -as** form of **-ar** verbs, and on *all* forms of **-er** and **-ir** verbs.

VERBS THAT ARE IRREGULAR IN THE IMPERFECT

Only three verbs are irregular in the imperfect tense: **ir, ver,** and **ser.** The following charts show the imperfect-tense forms of these three verbs.

ir		ser		ver	
iba	íbamos	era	éramos	veía	veíamos
ibas	ibais	eras	erais	veías	veíais
iba	iban	era	eran	veía	veían

---

[1] The forms of the preterit are given on p. 100ff.
[2] A more detailed explanation of the differences in meaning between the imperfect and preterit is given on p. 176ff.

1. The imperfect-tense forms of **ir** and **ser** have a written accent in the **nosotros, -as** forms only.

2. Prever, *to foresee,* is conjugated just like **ver: preveía, preveías,** etc.

Ejercicios

4 ¿Lo hacías antes? ⊗

Respond to each statement by noting that the same thing did not use to occur in the past, changing the verb to the imperfect.

MODELO   Pienso mucho en los indios de nuestro país.
        —¿De veras? Antes no pensabas en los indios.

1. Ahora juego fútbol los sábados por la mañana.
2. Carlos y Tomás pueden quedarse despiertos hasta muy tarde.
3. Las campanas de la misión suenan a las seis y media.
4. Mi hermana menor duerme muy bien.
5. Nuestros hijos pierden mucho tiempo mirando televisión.
6. Luisa y yo nos sentamos en los primeros asientos.
7. Ahora me acuesto tempranísimo, antes de las diez.
8. Esta vez tú y yo nos encontramos frente al teatro, ¿no?
9. Aquí empieza a llover a principios de septiembre.

5 ¿Qué pasaba? ⊗ 📖

Complete each sentence by choosing one of the phrases in parentheses (any choice is possible) and supplying the appropriate imperfect form of the verb. If you prefer, invent your own verb phrase.

MODELO   Los frailes (enseñar a los indios) (construir la misión) (explorar el desierto) cuando llegaron los barcos.
        Los frailes construían la misión cuando llegaron los barcos.
        Los frailes enseñaban a los indios cuando llegaron los barcos.
        Los frailes exploraban el desierto cuando llegaron los barcos.

1. El peatón (atravesar la calle) (cruzar la avenida) (caminar lentamente) cuando vio el autobús.
2. Recuerdo que (hacer mucho frío) (nevar fuertemente) (llover muchísimo) cuando recibimos la mala noticia.
3. Catalina (vestirse) (bañarse) (lavarse los dientes) cuando sonó el teléfono.
4. Nosotros (bailar la salsa) (hacer ejercicios) (brincar como locos) cuando el vecino llamó enojado.
5. Los chicos (decir chistes) (explicar la lección) (hacer muchas preguntas) en el momento que volvió el profesor.
6. Los misioneros (cerrar las puertas centrales) (buscar más agua) (ya estar escondidos) cuando aparecieron los barcos ingleses.
7. Me dijeron que tú (revelar unas fotos) (leer sobre California) (jugar ajedrez con una amiga) cuando empezó el fuego.

THE FUTURE TENSE

The future tense has only one set of endings for all verbs, regular and irregular. As shown in the following chart, verbs that are regular in the future attach the endings to the whole infinitive rather than to the stem alone.

REGULAR -ar, -er, and -ir VERBS	
Infinitive	Endings
llamar aprender subir	-é -ás -á -emos -éis -án

Only a few verbs are irregular in the future in Spanish. For these, the future endings attach to a special stem rather than to the infinitive, as shown in the following chart:

IRREGULAR VERBS		
Infinitive	Future Stem	Endings
caber haber poder querer saber	cabr- habr- podr- querr- sabr-	-é -ás -á -emos -éis -án
poner salir tener valer venir	pondr- saldr- tendr- valdr- vendr-	
decir hacer	dir- har-	

1. In the first group of irregular future forms, the last vowel of the infinitive is dropped to form the future stem: **caber** → **cabr-.** In the second group, the last vowel of the infinitive is replaced by **d: poner** → **pondr-.** The irregular future stems of **decir** and **hacer** follow no obvious pattern.

2. Complex verbs may be formed by adding a prefix to some of the verbs in the preceding chart. Complex verbs formed in this way usually have the same irregularities as the simple verb.
   a. like **tener: contener,** *to contain* → **contendr-**
              mantener, *to maintain* → **mantendr-**

b. like **poner: componer,** to fix, compose → **compondr-**

c. like **venir: convenir,** to agree, be suitable → **convendr-**

3. The Spanish future tense corresponds to the English future tense, which is formed with the auxiliary (helping) verb *will* (including the contracted forms *'ll* and negative *won't*).

¿A qué hora **llegarán?**	What time <u>will</u> they <u>arrive</u>?
No **volverán** hasta mañana.	They <u>won't</u> <u>return</u> until tomorrow.

However, in Spanish as in English, the present tense of **ir a** + infinitive, *to be going to* (verb), is used to refer to the future probably more often than the future forms themselves.

¿A qué hora **van a llegar?**	What time <u>are</u> they <u>going to arrive</u>?
No **van a volver** hasta mañana.	They're <u>not</u> <u>going to return</u> until tomorrow.

The simple present tense is also used to refer to events scheduled or intended for the near future.

Salimos para San Diego mañana en la tarde.	We <u>leave</u> for San Diego tomorrow afternoon.
Berta se **casa** la semana próxima.	<u>Berta's</u> <u>getting</u> <u>married</u> next week.

Ejercicios

6 ¿Qué pasará? ⊗ 📖

Complete the second part of each sentence with the future tense of the verb that appears in the first part.

MODELO   Fuimos a San Miguel; después ___*iremos*___ A San Luis Obispo.

1. Hicieron muchas cosas útiles en Santa Cruz; _____ más en las demás misiones.
2. Salió un libro sobre San Juan Capistrano; algún día _____ otro estudio sobre San Juan Bautista.
3. Esta mañana vinieron cuarenta personas a visitar la misión de Santa Clara; mañana _____ menos.
4. Puse la fotos en el sobre; luego las _____ en el álbum.
5. No sé dónde puse las fotos de San Gabriel; si las encuentro, las _____ aquí.
6. Este diario de un fraile franciscano vale mucho ahora, y dentro de unos años, _____ mucho más.

7 ¿Cómo contestarás?

Answer the following questions, using the future tense of the verbs used.

MODELO   ¿Cuándo van a volver ustedes?
    —*Volveremos dentro de tres meses.*

1. ¿Quién va a componer la canción para el próximo festival?
2. ¿Qué van a contener los nuevos documentos?
3. ¿A qué hora pones la mesa esta noche?
4. ¿Por qué no les dices lo que pasó?
5. ¿Cuándo voy a poder ir con ustedes?
6. ¿Qué clase de comida va a haber en la fiesta?
7. ¿Quién va a saber el secreto de las misiones?
8. ¿A quién le vamos a vender este coche viejísimo?

THE CONDITIONAL TENSE

The conditional tense is very much like the future: it has only one set of endings for all verbs, regular and irregular. As shown in the following chart, verbs that are regular in the conditional attach the endings to the infinitive rather than to the stem alone. It may be helpful to notice that the conditional endings are the same as those of the imperfect of regular -er and -ir verbs.

REGULAR VERBS	
Infinitive	Endings
llamar aprender subir	-ía -ías -ía -íamos -íais -ían

Verbs that are irregular in the conditional are exactly the same ones that are irregular in the future, and they have exactly the same irregular stems in the conditional as in the future.

IRREGULAR VERBS		
Infinitive	Conditional Stem	Endings
caber haber poder querer saber	cabr- habr- podr- querr- sabr-	-ía -ías -ía -íamos -íais -ían
poner salir tener valer venir	pondr- saldr- tendr- valdr- vendr-	
decir hacer	dir- har-	

[handwritten margin note: Future é ás á emos án]

1. The conditional is like the future also in the following way: verbs with prefixes are conjugated like the simple verb (see Paragraph 2, p. 152). Thus the conditional of **contener,** to contain, is **contendría,** etc.; that of **componer,** to fix, compose, is **compondría,** etc.; and that of **convenir,** to agree, be suitable, is **convendría.**

2. The Spanish conditional tense corresponds to *would + verb* in English.

   ¿Harías tú eso? ⟶ *Would you do that?*

   Yo **podría** hacerlo, pero no quiero. ⟶ *I could = (would be able to) do it, but I don't want to.*

However, there are two meanings of *would* that do not correspond to the conditional:

a. would = used to.
   Cuando teníamos tiempo **íbamos** [*imperfect*] a la playa.

   When we had time we <u>would</u> (used to) go to the beach.

b. would not = not be willing to.
   Julio no **quiso** [*preterit*] acompañarnos.

   Julio <u>wouldn't</u> (refused to) come with us.

Ejercicios

8 Eso podría pasar. ⊗ 📖

Complete the second part of each statement with the conditional form of the verb used in the first part.

MODELO   Mi hermana visitó a tía Paula; yo la ___*visitaría*___ también, pero no tengo tiempo.

1. Carlos viene antes de las ocho; yo sé que tú _____ temprano también, pero no puedes.

2. Yo no conduzco muy bien, pero en este tráfico, cualquier persona _____ igual.

3. Ellos se equivocan casi todo el tiempo; yo no me _____ tanto en ese trabajo.

4. Beatriz se divierte mucho con sus primas en la playa. Con ellas yo _____ mucho también.

5. Esta fotografía vale trescientos dólares, pero en una gran tienda _____ el doble.

6. Tenemos poco ganado ahora en nuestro rancho, pero sin lluvia _____ aún menos.

7. El padre Romero nunca pierde la paciencia, pero con mi hermanita la _____ con mucha frecuencia.

8. Mis cosas personales caben en mi bolsa, pero las de Julia nunca _____.

9. Ellas nunca salieron con esos chicos. Yo tampoco _____ con ellos.

10. Aunque mis amigos acampan todo el año, en invierno yo no _____.

9 ¿Cuáles serán? ⊗

Pick out the future and conditional forms in each series and give the infinitive of each verb chosen.

MODELO   asistía asistiría pondrás salíamos
         asistiría (asistir)
         pondrás (poner)

1. contendrá quería querríamos veía
2. podrían podían estén seremos
3. veía venían traerían valdrá
4. pagarás pagué hacíamos haríamos
5. convendría convenía íbamos lavaré
6. encontraré crucé llovía llovería
7. leíamos caeremos mantendré estarías
8. cabía subirá tuve cabría
9. diríamos leía deseaba desearemos
10. supiste sabrían saldré sabía

THE FUTURE AND CONDITIONAL OF PROBABILITY

1. The "future of probability" refers to a use of future tense forms in Spanish that have no future meaning. Instead, these forms express a supposition or guess about something going on in the present. Equivalent English sentences often have words like *probably, must be, I wonder,* and so on.

Gloria **estará** en Portugal ahora.

> *Gloria is probably in Portugal now.*
> *Gloria must be in Portugal now.*

¿De quién **será** este lápiz?

> *I wonder whose pencil this is.*
> *Who could this pencil belong to?*

Particular sentences with future forms may not contain any specific clue as to whether they actually refer to future time or express a guess about the present. However, no real confusion is likely to result, since context usually clarifies the speaker's intentions.

2. Just as future forms can be used in Spanish to express probability about the present, so can conditional forms be used to express a supposition or guess about an action or state in the past.

¿**Estaría** trabajando?

> *I wonder if he was working.*
> *Could he have been working?*

Tendría como 80 años entonces.

> *He must have been about 80 years old then.*
> *He was probably around 80 then.*

As with the future of probability, the appropriate interpretation of conditional forms in a given sentence is usually clear from the context.

Ejercicios

10 Misión Dolores ⊗ 📖

Complete the following narrative by supplying the appropriate imperfect forms of the infinitives in parentheses.

Nosotros (ser) pobres, pero cuando (vivir) en San Francisco, en el barrio llamado la Misión, eso no (importar). Los domingos por la tarde yo siempre (ir) con mi familia al parque de la Misión Dolores. Allí se (ver) muchas cosas hermosas, alegres y tristes. Primero todos (comer) algo preparado por mi mamá—nunca (ser) mucho, pero (estar) sabroso—y después cada uno de nosotros (hacer) lo que (querer). Generalmente mi papá, que (trabajar) más de cuarenta horas por semana, (acostarse) en la hierba y (mirar) el cielo azul y las nubes altísimas, tan lejos de nosotros. Después mi papá (dormirse). Mi mamá (hablar) con mi abuela y mi tía, (conversar) las tres sobre cómo (cambiar) el barrio y cómo (perderse) las ilusiones. Mi hermana Carmen, que en esa época siempre (andar) triste porque (pensar) que (ser) fea y que ningún muchacho jamás (ir) a mirarla, (leer) novelas imposiblemente románticas. Mis hermanos y yo (divertirse), especialmente cuando (escuchar) la música de los grupos de *latin rock* y (mirar) a la gente que (bailar). Gabriel Valdez, uno de los jóvenes que (tocar) guitarra eléctrica e (imitar) a Santana, (estar) secretamente enamorado de mi hermana Carmen; por ella, Gabriel (hacer) sonar las notas de su guitarra de una forma especial, como cuando un bebé llora. Años después Carmen nos dijo que (ir) a casarse con alguien, pero nunca lo hizo. Gabriel todavía vive en la Misión; es sacerdote.

11 El pesimista ⊗ 🕮

Fernando, the eternal pessimist, is at the home of his optimistic friend Rafael. Complete their dialog by supplying the appropriate future tense forms of the verbs in parentheses.

RAFAEL —Un día el mundo (ser) mejor para todos.

FERNANDO —Tal vez, en un futuro muy lejano, pero tú y yo no (estar) vivos.

RAFAEL —No, ese día (venir) muy pronto. (Haber) comida para todo el mundo. (Acabarse) el hambre y nadie (tener) que pelear por nada. Nosotros (tener) paz.

FERNANDO —¿Pero qué (comer) todos nosotros? La población (crecer) y la gente no (caber) en las ciudades. El agua (faltar) y nadie (saber) cómo resolver los problemas serios. ¿Quién (querer) vivir en un mundo así?

RAFAEL —Sé que nunca te (convencer), siempre (creer) que los habitantes del mundo (hacer) cosas malas o estúpidas y que todo (perderse). Tú (ver), Fernando, que yo tengo razón. Mientras tanto, ¿quieres quedarte y cenar conmigo esta noche?

FERNANDO —Posiblemente, pero depende... ¿(Hacer) la carne como me gusta? ¿(Haber) suficiente arroz? ¿Y quién más (venir)?

RAFAEL —Cálmate, todo (salir) perfecto.

FERNANDO —No sé, creo que no (poder) quedarme. No traje mi paraguas y seguramente (llover).

12 ¡A imaginar!

Read each description of an imaginary situation and answer the questions that follow in your own words. Use the conditional tense as much as possible.

A. Es el año 1800. Tú eres un colonizador español y estás en el desierto de California, no muy lejos de la costa. Estás completamente solo, excepto por tu caballo.
   1. ¿En qué dirección irías tú?
   2. ¿Cuándo viajarías, por la noche o durante el día? ¿Por qué?
   3. ¿Qué encontrarías en la costa? ¿A quién(es) encontrarías?

B. Es el año 1780. Tú eres un indio y resides en la costa de California, muy cerca de donde unos frailes españoles han establecido una misión. Varios de tus amigos han ido a vivir a la misión.
   1. ¿Qué pensarías tú de los frailes? ¿De tus amigos?
   2. Imaginando que tú tienes contacto con los frailes, ¿cómo cambiaría tu vida?

C. Es el presente. Tú estás explorando las ruinas de una misión abandonada en California. De repente, encuentras algo debajo de una piedra. Es un artefacto hecho de oro.
   1. ¿Qué harías tú?
   2. ¿Cuánto valdría el "tesoro"?
   3. ¿Qué harías con el oro? ¿Por qué?

D. Es el futuro; es el año 2030. Has decidido visitar el satélite espacial permanente y luego nuestra colonia en la Luna.
   1. ¿Por qué irías al espacio?
   2. ¿Qué cosas llevarías contigo?
   3. ¿Qué verías allí?

13 Minisituaciones

After reading each "minisituation," form a statement or question expressing probability, using the future or conditional tense forms, as appropriate. You may base your statement on one of the choices given, or invent your own supposition.

MODELOS   No sé dónde vive Alicia ahora. He recibido una tarjeta suya desde México.
- vivir/México

Vivirá en México.
- estar/vacaciones

¿Estará de vacaciones?

Roberto estaba siempre de mal humor. No saludaba a nadie.
- ser/poco cortés

Sería poco cortés.
- ver/nadie

¿No vería a nadie?

1. Jorge siempre ha sido un estudiante muy bueno, muy dedicado. Además, estaba contento porque su amiga Dolores está en la misma clase. Pero hace ocho días que Jorge no viene a clase.
   - estar/enfermo
   - tener problemas/en casa

2. Estás esperando a Carlos y a su hermana Rosa en un restaurante; ustedes van a cenar juntos. Pero es muy tarde y no han llegado.
   - problema/carro
   - estar/en otro restaurante

3. En tu casa esperan que llegues a las diez. Por alguna razón, no vas a llegar hasta las doce de la noche. ¿Cómo se sentirán en tu casa? ¿Qué harán?
   - estar/preocupado
   - llamar/policía

4. Cada vez que tú pasabas por la casa de doña Graciela, oías la misma música. Alguien tocaba el violín. Un día, al pasar por la casa a la hora acostumbrada, solamente había silencio.
   - violín/roto
   - doña Graciela/enferma

5. Siempre que Miguel salía temprano de su casa, se encontraba con José.
   - salir/misma hora
   - ir/misma dirección

6. Cuando Susana veía a esa señora siempre, le sonreía amablemente. ¿Por qué? No la conocía.
   - tener/simpatía
   - ver/frecuentemente

7. Lourdes nunca come en casa de sus amigos.
   - no gustar/la comida
   - hacer/mala comida

14 Diálogos cortos ⊗

Read each dialog and determine if the statements that follow are true or false.

A. MARTA —Pero Juan, ¿por qué tenemos que ir a vivir a Montana? ¿Qué cosas habrá para nosotros allá?

JUAN —Montana es mejor que aquí. Y había muchos problemas cuando vivíamos en Sacramento y antes en Los Ángeles.

MARTA —Pero en Sacramento estábamos cerca de mi mamá; nos podía visitar todos los días. Y mis vecinas hablaban español; venían por la tarde y conversábamos.

JUAN —Me acuerdo. Pero yo dormía muy mal.

MARTA —Y en Los Ángeles había muchísimos programas en español en la televisión. ¿Cómo será nuestra vida en Montana?

JUAN —Tranquila. Habrá veinticuatro horas diarias de silencio.

¿Verdadero o falso?
1. Juan y Marta irán a vivir a Sacramento, cerca de las montañas.
2. En Sacramento Marta recibía muchas visitas de su mamá.
3. Cuando vivían en Los Ángeles, Marta miraba televisión en inglés todo el día.
4. Juan estará más contento que Marta en Montana.

B. GUILLERMO —Alberto, acabo de encontrar esta cartera. ¿De quién será?

ALBERTO —¡Qué bueno! ¿Contendrá mucho dinero? ¡Seremos ricos! Ábrela, Guillermo, y veremos. ¿Qué esperas?

GUILLERMO —Mmm…tarjetas de crédito, licencia. Y…cien…quinientos…¡hay más de dos mil dólares aquí! Debemos llamar a la policía…

ALBERTO —¿Por qué? El dueño de esta cartera será un hombre riquísimo.

GUILLERMO —Pero no somos criminales. Alberto, ¿qué diría tu familia?

ALBERTO —Es cierto; tienes razón. Vamos a devolverla. Seguro nos darán una recompensa.

¿Verdadero o falso?
1. Guillermo conoce al dueño de la cartera.
2. Sería muy fácil saber quién es el dueño de la cartera, o al menos su nombre.
3. Es probable que el hombre que perdió la cartera sea más rico que Alberto.
4. Los amigos deciden quedarse con la cartera.

Andresito ⊙

Historia de un joven indio que vive, estudia y trabaja en una misión de California hacia fines del siglo XVIII.

Din-don, din-don.

El joven indio abrió los ojos y miró su habitación. Era un pequeño cuarto de adobe muy limpio. Desde allí podía ver un patio lleno de color—rojo, amarillo, morado—los colores de las flores sembradas por los padres franciscanos. En el centro del patio, en el agua de una hermosa fuente jugaban los brillantes rayos del sol.

Din-don, din-don.

Las campanas de la misión anunciaban que se acababa la hora de la siesta; era necesario volver a trabajar. El joven sonrió y buscó las sandalias que los padres le había dado. ¡Qué zapatos más raros! Todavía prefería los mocasines de piel de venado, tan suaves por dentro, que había usado cuando vivía con la tribu. Pero aquello era otra vida, otro mundo, muy lejano ahora. Se iba acostumbrando poco a poco a la sencilla ropa de algodón y a las sandalias de cuero que los padres de la misión le habían dado. Hasta la comida le empezaba a gustar; nunca tenía hambre ahora. En el bosque había que comer lo que se podía encontrar—y a veces sólo había pequeñas frutas, insectos y reptiles. Aquí los fértiles campos y huertos de la misión producían muchas cosas sabrosas

para comer: naranjas, uvas, higos, y trigo para hacer pan. ¡Cuánto le gustaba a Andresito comer calientes panecitos con miel, al amanecer, antes de ir a trabajar en los campos! Y había carne también, de los inmensos rebaños de los padres, y leche y quesos y crema... Sí, se comía bien en la misión.

El joven se lavó las manos con cuidado; a los padres les importaban mucho estos detalles—¡hasta lavaban la ropa, con agua y una substancia rara que se llamaba jabón! Tenían muchas ideas extrañas, los padres, pero eran humildes y amables y le enseñaban a uno a hacer cosas. Eso era lo que más le gustaba a Andresito.

Su nombre cristiano todavía le sonaba raro. Le parecía que era el nombre de otra persona; en su interior seguía creyendo que su verdadero nombre era Venado Rápido, y a veces soñaba con una lejana cascada rodeada de pinos donde en una noche llena de estrellas, había soñado con el misterio de su destino.

---

acostumbrarse (a) *to get used to*
el **adobe** *sun-dried clay brick*
amable *kind*
extraño, –a *strange*
la **fuente** *fountain*

el **higo** *fig*
humilde *humble*
la **miel** *honey*
el **rayo** *ray, beam*

el **rebaño** *herd, flock*
rodeado, –a *surrounded*
sencillo, –a *simple*
la **uva** *grape*

Cuando entró en la capilla había muchos otros indios de diferentes tribus, vestidos todos exactamente como él, sentados en largos bancos de madera. —¡Nuestra capilla es hermosísima! —pensó Andresito y miró con orgullo las cosas que él había ayudado a decorar. Primero, entre todos habían pintado de blanco las paredes de adobe. Entonces Andresito con un pincel muy fino había trazado un bonito dibujo de hojas verdes alrededor de los nichos de los santos. Andresito miró con satisfacción el pequeño altar; su ojo de artista encontró mucho placer en la sencilla armonía de esas curvas y líneas rectas.

El padre hablaba, como siempre, de un lugar lejano llamado "el Cielo," donde estaba Dios. De repente Andresito notó algo: ya no tenía que traducir las palabras del padre para entender lo que decía; las entendía *directamente* ahora, ya el español era como su propio idioma.

la **capilla**	chapel	el **nicho**	niche, recess in a wall	**recto, –a**	honest, upright
el **cielo**	heaven	**notar**	to note, notice	el **santo, –a**	saint
la **madera**	wood	el **pincel**	artist's brush	**traducir**	to translate

Ahora todos iban para sus talleres a trabajar unas horas más antes del anochecer. Cada grupo tenía una tarea especial: algunos hacían velas y jabón; otros curtían pieles o tejían; otros hacían ladrillos de adobe o muebles de madera. A Andresito le gustaba mucho el trabajo que le habían dado: le estaban enseñando a tallar la madera, algo que le encantaba. Los padres, maravillados ante el talento de los hábiles dedos del joven indio, lo habían escogido junto con tres muchachos más para entrenarlo como maestro. Según el plan de Fray Junípero Serra, fundador de la cadena de veintiuna misiones de California, se debía escoger en cada misión a los cuatro jóvenes más destacados. A ellos se

les enseñaba a hacer todo lo que se hacía en la misión. Con el tiempo, los jóvenes volverían a sus tribus para instruir a sus familiares a cultivar la tierra, a construir casas, a tejer — y tal vez a hablar español y creer en Dios.

En los talleres los indios y los padres ponían todo en orden, dejando todo limpio para la tarea del día siguiente. Terminado su trabajo, Andresito se paseó un rato por el jardín, disfrutando del olor a flores que daban los naranjos y limoneros. En alguna parte de la misión había un ensayo musical: tres músicos usando flauta, violín y tambor tocaban una melodía española del siglo pasado. Andresito se sentó junto a la fuente y notó con placer un delicioso aroma — era el caldo de gallina con cebollas, ajo y orégano que los cocineros preparaban para la cena. Todo era expresión de paz, orden y serenidad.

---

el **ajo** garlic
la **cadena** chain
el **caldo** broth
la **cebolla** onion
curtir to tan (hides)
destacado, -a outstanding, distinguished

entrenar to train
el **fundador, -a** founder
hábil clever, skillful
junto a next to
el **ladrillo** brick
el **limonero** lemon tree
maravillado, -a amazed

el **naranjo** orange tree
la **paz** peace
tallar to carve
la **tarea** task
tejer to knit, weave
la **vela** candle

Andresito miró la cara transparente de la luna y de repente pensó en sus hermanos mirando la misma luna entre las hojas de los árboles del bosque oscuro; se estremeció. ¿Qué iba a decirles al salir de la misión dentro de cinco años y volver a vivir entre ellos?

Din-don, din-don. Pensativo, Andresito se levantó, obedeciendo a las campanas que ahora ordenaban su vida y, hasta cierto punto, sus pensamientos.

Ejercicios

15 Preguntas

1. ¿Cómo se llama el personaje de la historia? ¿Qué es él?
2. ¿Cómo era su cuarto en la misión?
3. ¿Qué tipo de zapatos usaba él en la misión? ¿Qué zapatos prefería?
4. ¿Con quién vivía él antes de vivir en la misión?
5. ¿Qué podía comer en el bosque? ¿Qué comía en la misión?
6. ¿Qué le gustaba comer?
7. ¿Con qué lavaban la ropa los padres?
8. ¿Por qué le parecía raro el nombre Andresito?
9. ¿Quiénes habían decorado la capilla? ¿Cómo ayudó Andresito a decorarla?
10. ¿De qué hablaba el padre en la capilla?
11. ¿Qué tareas debía hacer cada grupo de indios en la misión?
12. ¿Para qué habían escogido a Andresito los padres?
13. ¿Qué les podrían enseñar a sus familiares los cuatro muchachos al regresar a la tribu?
14. ¿Por dónde paseó Andresito cuando terminó de trabajar?
15. ¿En qué pensó Andresito cuando vio la luna?

16 Ejercicio de conversación

Work in pairs. One student plays the role of Andresito and the other one plays his brother or sister. Andresito has just returned to his people and talks about aspects of his life in the mission. He explains the new things he had learned about in the mission and also mentions what he has missed from his former life in the tribe while he was there.

Algunas ideas

1. Los padres. Lo que enseñaban. Sus características según Andresito.
2. La organización del trabajo en la misión.
3. Las industrias en la misión.
4. La comida. Diferencia entre la comida de la tribu y la de la misión.
5. El horario de trabajo en la misión.

Palabras útiles

adobe, arte, capilla, iglesia, jabón, jardín, libros, mapas, música, naranjas, padres, pan, sandalias, tallar, velas, violines, uvas.

17 Ejercicio de composición

Siguiendo las ideas de la conversación anterior, escribe un diálogo entre Andresito y uno de sus hermanos, al regresar Andresito a la tribu después de haber estado en la misión.

---

estremecer(se) *to shake, tremble*   el **pensamiento** *thought*   **pensativo, –a** *pensive thoughtful*

Los ratones de Fray Martín ⊗

Ricardo Palma

Ricardo Palma: Escritor peruano (1833-1919). Este cuento, adaptado de *Tradiciones peruanas*, tiene lugar en un monasterio de Perú en el siglo XVI. El autor cuenta, con mucho sentido del humor, un incidente de la vida de San Martín de Porres, un fraile dominico venerado por su humildad y por su amor a los animales.

Nuestro paisano Martín de Porres, en vida y después de muerto, se dedicaba a hacer milagros. Hacía milagros con la misma facilidad con que otros hacen versos. Se dice que su superior tuvo que prohibirle que siguiera haciendo milagros. Fray Martín era un hombre muy obediente. Un día, al pasar frente a una construcción vio que se caía un albañil desde ocho o diez varas de altura. Fray Martín lo detuvo a medio camino gritando: —¡Espere un rato, hermanito! Y el albañil se mantuvo en el aire hasta que regresó Fray Martín con el permiso del prior para salvarlo.

Fray Martín de Porres santía especial afecto por los pericotes (ratones), incómodos visitantes que llegaron junto con los conquistadores, pues hasta el año 1552 no fueron esos animales conocidos en el Perú. Llegaron de España en uno de los barcos que llevaban bacalao.

---

el **afecto** affection
el **albañil** mason, bricklayer
el **amor** love
el **bacalao** codfish
el **conquistador, –a** conqueror
detener to stop, halt
el **escritor, –a** writer

el **milagro** miracle
el **paisano, –** fellow countryman,
   –woman
el **pericote** rat
el **prior, –a** prior, head priest,
   mother superior

prohibir to forbid, prohibit
salvar to save
el **sentido** sense
tener lugar to take place
la **vara** Spanish measure (.84
   meters)

Al principio un pericote era algo curioso, pero con el tiempo la familia de los ratones empezó a multiplicarse. Fray Martín se encariñó con los pericotes, viendo en ellos una obra del Señor.

Cuando Fray Martín empezó a hacer en el convento las funciones de enfermero, los ratones acampaban en celdas, cocina y comedor. Los gatos, que no llegaron al Perú hasta 1537, no eran todavía muchos.

Aburridos los frailes con la invasión de ratones, inventaron diversas trampas para atraparlos. Un día Fray Martín logró atrapar un ratonzuelo. Lo puso sobre la palma de su mano y le dijo:

—Váyase, hermanito, y diga a sus compañeros que no se paseen por las celdas; que se vayan a vivir en el huerto y yo les llevaré alimento cada día.

Desde ese momento los ratones abandonaron el convento y vivieron en el huerto. Por supuesto, Fray Martín los visitaba todas las mañanas, llevando un cesto de víveres que los ratones comían con satisfacción.

Fray Martín mantenía en su celda a un perro y a un gato, y allí estos animales vivían en fraternal armonía. Tanto, que comían juntos en el mismo plato.

Una tarde Fray Martín los miraba comer en gran paz cuando de pronto el perro y el gato se quedaron muy tiesos. Era que atraído por el aroma de la comida, un ratón se había asomado fuera de su cueva. Fray Martín se dirigió al perro y al gato y les dijo:

—Cálmense, criaturas del Señor, cálmense. Denle siempre un lugarcito al invitado, que Dios da para tres.

Y el ratón, sin hacerse rogar, aceptó la invitación, y desde ese día, comió en amor y compañía con perro y gato.

> Y comieron en un plato
> perro, pericote y gato.

Ejercicio

18 Preguntas

1. ¿Dónde vivía San Martín de Porres?
2. ¿A qué se dedicaba él?
3. ¿Qué vio un día el fraile al pasar frente a una construcción?
4. ¿Qué tuvo que obtener el fraile antes de poder salvar al albañil?
5. ¿Cuándo llegaron los pericotes al Perú?
6. ¿Por qué se encariñó Fray Martín con los pericotes y con todos los animales?
7. ¿Dónde acampaban los ratones en el convento?
8. ¿Había muchos gatos en el Perú entonces?
9. ¿Qué hicieron los frailes cuando los pericotes del convento empezaron a multiplicarse?
10. ¿Qué hizo Fray Martín con el pericote que atrapó? ¿Qué le dijo al animal?
11. ¿Qué animales tenía Fray Martín en su celda? ¿Se llevaban bien?
12. ¿Por qué se quedaron tiesos el perro y el gato un día?
13. ¿Qué les dijo Fray Martín a los animales?
14. ¿Cuál fue la reacción del ratón?

---

asomar   *to show, stick out*
atraído, –a   *attracted, drawn*
calmarse   *to calm down*
la celda   *cell (small room)*

el **cesto**   *basket*
dirigirse (a)   *to speak directly (to)*
encariñarse   *to become fond of*

la **obra**   *work, labor*
el **Señor**   *the Lord*
tieso, –a   *stiff, rigid*

Limonero   Pedro Juan Vignale ⊗

¡Cuántos soles se han quedado
prendidos al limonero,
cuántos soles amarillos,
jardinero!

—Para este verano
tú me exprimirás
un sol en el vaso.

Que yo quiero
sorberle,
sobre el campo azul,
jardinero,
bajo el cielo verde.

Ejercicios

19 Preguntas

1. ¿A qué se refiere el autor al decir que el limonero tiene soles?
2. ¿Dónde han quedado los soles, según el autor?
3. ¿Qué le pide el autor al limonero?
4. ¿Para cuándo quiere el autor un *sol* exprimido?
5. ¿Dónde quiere él beber el jugo de esa fruta?

20 Ejercicio de conversación

Work in groups. Alternate in asking and answering the following questions.

1. ¿Hay árboles de fruta en la región donde tú vives? ¿Cuáles son?
2. ¿Qué frutas prefieres? ¿Por qué?
3. ¿Prefieres distintas frutas según la estación del año? ¿Qué frutas te gusta comer en invierno? ¿Y en verano? ¿Por qué?
4. ¿Te gustaría tomar un jugo de frutas en este momento? ¿Qué tomarías? ¿Por qué?

21 Ejercicio escrito

Imitando la poesía *Limonero,* haz un poema en español al árbol, flor o fruta que más te gusta.

22 Activity

Pick three students. They will act as a literary jury and select the best five poems written. Once the poems are selected, they could be displayed on a bulletin board. Then, after reading them aloud, the whole class can decide on their merit and give them first, second, third place, etc.

---

exprimir *to squeeze*   **prendido, –a** *fastened*   **sorber** *to sip*
el **jardinero, –a** *gardner*

23 Projects

Choose two of the following projects related to the missions and to the Spanish influence in the United States.

1. Pick one of the following states and see how much you can learn about Spanish influence there: California, Arizona, New Mexico, Texas, Florida. Consider such things as historical events, place names, architecture, foods, holidays, music and dance.
2. Find a map of California and make a list of place names that are of Spanish origin. Why are many of these names religious in character?
3. Find a cookbook featuring dishes of the Southwest of the United States. Pick out a few recipes that show Spanish or Mexican influence and make copies for the class. If possible, prepare some foods to be sampled by the class.
4. Make a model of a typical California mission showing the various activities that were carried out there. A librarian can help you find information, photographs, and floor plans.
5. Make a list of Spanish words that have become part of the English language. A dictionary can help you with research.

24 Una canción tradicional ⊗

Fray Martín

Fray Mar - tín al cam - pa - na - rio Su - be y to - ca la cam - pa - na ¡Tan! ¡Tan! ¡Tan! ¡Tan!

25 Refrán "A buen hambre no hay pan duro."

¿Crees que este refrán es cierto o no? ¿Por qué? ¿Piensas que su significado ha sido verdadero alguna vez en tu experiencia personal? ¿Cuándo? ¿Por qué? ¿En qué caso o casos podrías usar este refrán?

VOCABULARIO

la **fe**   faith
la **granja**   farm
la **guarnición**   garrison, military post
la **piel**   fur
el **tesoro**   treasure

franciscano, –a   Franciscan, belonging to a religious order
cosechar   to harvest
cristianizar   to convert to Christianity

reforzar (ue)   to reinforce, strengthen
a cargo de   in charge of
desde   from

Palabras similares

la **colonización**   colonization
el **contacto**   contact
la **función**   function
el **origen**   origin

la **presencia**   presence
distribuido, –a   distributed
original   original
militar   military

colonizar   to colonize
combinar   to combine

Tenochtitlán 8

La Ciudad de México

—Ale, yo sabía que México era una ciudad grande, pero nunca pensé que sería tan grande. ¡Aquí yo me pierdo!

—No te asustes, Carmencita. Yo vine a vivir aquí hace poco, para estudiar, y todo me encantó enseguida.

—Sí, pero cuando tú vivías en Cuernavaca, venías a México a menudo. En cambio en Costa Rica, yo viví un tiempo en San José, que entonces me parecía muy grande, pero ahora me parece un pueblito.

—Bueno, Carmencita, la Ciudad de México es una de las ciudades con más población del mundo. Según el último censo tenía más de trece millones de habitantes, así que hoy debe tener más de catorce.

—Catorce millones. ¡Ale, no exageres! Esa es la población de un país, no de una ciudad.

—No, de veras. En el año 1900 tenía sólo alrededor de medio millón.

—¡Ay! como yo leí "México," pensé que se trataba de todo el país.

—Bueno, para los extranjeros es fácil confundirse pero para nosotros los mexicanos no; pues al decir México siempre sabemos si nos referimos al país o a la capital.

—No entiendo.

—Mira, lo que hoy es la Ciudad de México, empezó como un pequeño pueblo azteca en una islita en el Lago Texcoco. No se sabe exactamente de dónde vino ese pueblo, pero sí que era guerrero y nómada. Un día oyeron una voz que los impulsó a buscar tierras y establecerse.

—¿De quién era esa voz?

—Según los aztecas, era la voz de Huitzilopochtli.

—¿Huitziloquién?

—Huitzilopochtli, el dios principal de la religión azteca.

—¡Ah!, bueno, sigue.

—Esa voz les dijo que si construían su capital en un lugar especial iban a tener gran prosperidad y un gran imperio.

—¿En un lugar especial?

—Sí, un lugar que les iba a indicar un águila parada sobre un nopal, con una serpiente en el pico.

—¿Y todo eso fue en una islita en medio del Lago Texcoco? El nopal, ¿no es un tipo de cacto? ¿Cómo va a crecer en medio de un lago?

—Bueno, Carmencita, las profecías son así. Una revelación profética no es siempre científica. Esa ciudad, a la cual le pusieron de nombre "Tenochtitlán," creció tanto que en el siglo XVI, cuando llegaron los españoles, no podían creer lo que veían. ¡Qué impresión les hizo! Tenía más de 200.000 habitantes...a lo mejor 300.000... más de cinco veces la población de Londres en aquellos tiempos.

—Pero los españoles la destruyeron, ¿no?

—Sí, bueno. Tú sabes lo que pasó en Hispanoamérica en esa época. La cultura india y la española eran tan diferentes que...

—Los aztecas hacían muchos sacrificios humanos a sus dioses, ¿no?

—Sí, pero muchas de las religiones antiguas creían en sacrificios.

—Pero, ¿cuántos miles de sacrificios hicieron cuando dedicaron el Templo Mayor?

—¡Carmencita, a mí no me hables de sacrificios! Mañana vamos a las excavaciones del Templo Mayor y puedes hablar con los arqueólogos.

—¡Mira que esta ciudad es inmensa! Ese templo tan grande estuvo ahí todos esos siglos y nadie sabía dónde. ¡Aquí cualquiera se pierde!

—Te doy un mapa. ¡Vámonos! ¡No protestes más!

◀ El águila, la serpiente y el nopal fueron parte de la profecía. Hoy son el símbolo de la nación mexicana.

Ejercicios

1 Preguntas

1. ¿Dónde están Carmencita y Ale?
2. ¿Cuánto hace que Ale llegó allí? ¿Para qué fue ella a vivir allí?
3. ¿Dónde vivía antes? ¿Adónde iba a menudo?
4. ¿En qué ciudad había estado Carmencita antes? ¿En qué país?
5. ¿Cómo le parece esa ciudad ahora? ¿Por qué?
6. ¿Cuál es la ciudad más grande del mundo? ¿Cuántos millones de habitantes tiene?
7. ¿Cómo y dónde comenzó la actual Ciudad de México?
8. ¿De dónde vinieron los aztecas? ¿Qué clase de pueblo eran?
9. ¿Qué oyeron un día? ¿Quién les habló?
10. ¿Qué animales y qué planta mencionó el dios? ¿De qué son el símbolo hoy día?

2 ¿Qué crees?

1. ¿Por qué piensas que los españoles destruyeron una ciudad que les había causado tan gran impresión?
2. ¿Cuáles son las razones por las que una ciudad puede crecer tanto como la Ciudad de México?
3. ¿Sabes cuáles son las otras ciudades del mundo que le siguen en importancia a la Ciudad de México por su tamaño?
4. ¿Crees que la vida en una ciudad grande es fácil o difícil? ¿Por qué?
5. Según tu opinión, ¿cuáles son las ventajas y las desventajas de la vida en una gran ciudad? Menciona tres ventajas y tres desventajas.

USES OF THE PRETERIT
AND THE IMPERFECT

The preterit and the imperfect are the two simple indicative past tenses of Spanish.[1] Although both of these tenses refer to events, actions, situations, etc. in the *past,* the choice of the preterit or the imperfect makes a big difference in the meaning of the sentence.

You cannot depend on English for a foolproof way to decide whether to use the preterit or the imperfect — in isolation, almost any past tense sentence in English could be either tense in Spanish. Furthermore, almost any past tense sentence in Spanish would be *grammatically correct* with either the preterit or the imperfect — though the *meaning* would be different depending on the choice. Finally, two Spanish sentences that are identical except for the choice of preterit or imperfect might both be *true* and *appropriate to use* in exactly the same situation in the real world — but the two sentences would convey different messages.

In short, the preterit-imperfect contrast is a system with its own rules — a system that must be learned in its own right and on its own terms, *not* as a way of mechanically matching up Spanish verb forms with English verb forms. Your tasks are to learn what *messages* are sent by the preterit and imperfect in the sentences you hear or read, and to learn to send the messages you intend in the sentences you say or write.

The fundamental principles for the use of the preterit and the imperfect are actually very simple, although their application in particular sentences is sometimes subtle. In the following explanation, there is first a simplified set of rules-of-thumb. They work for an enormous range of cases, though they do not handle every detail. Use them when you need to think fast. After these rules, there is a more detailed discussion that aims at a fuller understanding of the preterit-imperfect contrast.

Preterit Versus Imperfect in a Nutshell

1. The preterit is the basic simple past tense in Spanish. Its message is simply "something went on in the past."

¿Por qué la gallina **cruzó** la carretera?	*Why did the chicken cross the road?*
Estuvimos en las excavaciones del Templo Mayor.	*We were in the excavations of the Templo Mayor.*
Nunca **fue** amigo mío.	*He was never a friend of mine.*
Los aztecas **vivieron** en Tenochtitlán muchos años.	*The Aztecs lived in Tenochtitlán (for) many years.*

Always choose the preterit *unless* you are sure that you want to send one of the special messages (listed below) that call for the imperfect.

2. The imperfect conveys more information than the preterit. Its message is "something went on in the past" *plus* one of the following:

a. "...and it went on habitually or customarily."

En aquellos días la gallina **cruzaba** la carretera en sus ratos libres.	*In those days the chicken crossed the road (habitually, customarily) in its free time.*
Antes, él **era** mi amigo.	*He used to be my friend (we were customarily friendly).*

---

[1] The forms of the preterit are given on p. 176ff, and those of the imperfect on p. 152. You should know these forms well before studying this section.

b. "…and it was going on/in progress/in existence when something else happened."

La gallina **cruzaba** la carretera cuando pasó [*pret.*] el camión.	*The chicken was crossing the road (action in progress) when the truck passed by (another event occurred).*
Hacía calor cuando salí [*pret.*].	*It was hot (situation in existence) when I left (event occurred).*
Yo **llegaba** cuando él *salía*.	*I was arriving (event in progress) as he was leaving (another event in progress).*

Time expressions with **ser** always call for the imperfect, since they are thought of as ex-, pressing the situation in existence when something else happened.

Era 1519 cuando llegó [*pret.*] Hernán Cortés.	*It was 1519 (background situation) when Hernán Cortés arrived (event occurred).*

Choose the imperfect only when you want to convey the message that something went on in the past plus one of the additional messages described in paragraphs *a* and *b*, above.

Preterit and Imperfect: Further Details

1. More about the preterit

a. The preterit conveys the information that something happened in the past and indicates that the speaker regards what happened as a *single unit:* one event. It doesn't matter how long the event lasted. Very brief happenings can, of course, be thought of as single events:

El globo se **rompió.**	*The balloon popped.*
El pícher **tiró** una bola curva.	*The pitcher threw a curve ball.*

Also, actions and situations that last years, centuries, and longer spans of time can be regarded as single units:

Moctezuma II **fue** emperador de 1502 a 1520.	*Moctezuma was emperor from 1502 to 1520.*
Don Alfonso **vivió** 105 años.	*Don Alfonso lived 105 years.*
Esas piedras se **formaron** durante millones de años.	*Those rocks were formed over millions of years.*

b. The preterit is used to report sets of *repeated events* that the speaker views as a unit; that is, a single specific package of repetitions:

Trabajó todos los fines de semana el mes pasado.	*He worked every weekend last month.*
Fuimos a su casa varias veces.	*We went to their house several times.*

In the first example, the period of time is stated explicitly (**el mes pasado**); in the second it is not. In both cases, however, the preterit conveys the message that the speaker thinks of each set of repeated events (working on the weekend, going to the house) as a single unit, a specific whole.

c. *Negative* sentences with the preterit express the meaning that something *didn't* happen in the past and indicate that the speaker thinks of what didn't happen as a *single unit:*

Nadie cruzó la carretera.	*Nobody crossed the road.*
El globo **no** se **rompió.**	*The balloon didn't pop.*
No fui tu amigo **nunca.**	*I was never your friend.*

d. In sentences like the following, the preterit conveys the message that a sequence of events occurred, each having been completed before the next began.

Lupe **nació, vivió** y **murió** en México.	*Lupe was born, lived, and died in Mexico.*
Me **levanté, comí** y **leí** el periódico.	*I got up, ate, and read the newspaper.*

e. All of the examples of the preterit given so far have involved *whole events,* that is, events that began and were carried to completion in the past. The preterit can also focus on the *beginning* of an action or situation:

Pepito **caminó** a los 8 meses.	*Pepito walked when he was eight months old.*
Yo **vine** aquí y me **encantó** todo enseguida.	*I came here and loved everything right away.*

We normally understand these sentences to mean that Pepito *began to walk* at eight months (and has presumably been walking ever since), and that the speaker of the second sentence fell in love with the place right away (and is hopefully still happy there).

By the same token, the preterit can focus on the end of an action or situation:

La gallina **cruzó** la carretera.	*The chicken crossed the road.*
Esa situación **existió** hasta el mes pasado.	*That situation existed up to last month.*

We understand these sentences to mean that the chicken actually got to the other side, that is, finished crossing (and is not still engaged in the same trip); and that the situation *ended,* that is, *stopped existing* last month.

In short, preterit verb forms can report the beginning of events, the end of events, and events as a whole. The exact way we understand particular sentences depends on our knowledge of the meaning of particular verbs and our knowledge of the world in general, as well as our knowledge of the Spanish preterit. The choice of the preterit itself encodes just the information that something which the speaker regards as a unit happened in the past.

2. More about the imperfect

a. The imperfect expresses *more* information about an action or situation in the past than simply that it happened. Such additional information may be that an action occurred repeatedly and habitually or that a situation customarily or usually existed over a period of time.

Antes **llovía** más.	*It used to rain more.*
Iba al cine los sábados cuando **vivíamos** en Cuernavaca.	*I used to go to the movies on Saturdays when we lived in Cuernavaca.*
Yo **conocía** a María entonces.	*I knew María then.*

In these sentences, **llovía** and **iba** refer to repeated events while **vivíamos** and **conocía** refer to continuous situations, not repetitions. In both cases the message is not only that these events and situations happened in the past but also that they happened customarily over some period of time. Exactly when they began, whether or not they are still happening, and how long they lasted are all irrelevant, not part of the message conveyed by the imperfect.

b. The imperfect may also indicate not only that something went on in the past but also that, having begun earlier, it was in progress at some particular time.

Yo **estaba** en casa a las nueve.	*I was at home at nine o'clock.*
Abrían y **cerraban** la puerta en ese momento.	*They were opening and closing the door at that moment.*

Llovía cuando llegué.   *It was raining when I arrived.*

In the first example the time at which something was happening is identified as a specific hour **(las nueve),** in the second example as a definite but unspecified moment **(ese momento),** and in the third example as the time another, different event occurred **(llegué).** However the time in question is identified, all of these sentences are understood to mean *not* that an action or state began or ended at that time but rather that it was already in progress or in effect.

In the following example, the time is not stated or even suggested in any way.

Mi hermano **jugaba** en el patio.   *My brother was playing in the yard.*

This type of sentence can be used *only* when both speaker and hearer (or writer and reader) already know from some context what the intended time reference point is.

c. Some sentences with imperfect verb forms may refer equally well to customary happenings or to happenings in progress at a particular time.

Ella **salía** cuando yo **entraba.**   *She used to leave just a I would come in (both habitual actions).*
She was going out when I was coming in (two actions in progress simultaneously).

Context usually clarifies the intended meaning of sentences of this kind.

3. Preterit versus imperfect in Spanish—different words in English

English sometimes uses completely different verbs to express distinctions that are made in Spanish by choosing to use the same verb in the preterit or the imperfect.

Conocí a Felipe.	*I met Felipe.*
Conocía a Felipe.	*I knew Felipe.*
Supe la noticia.	*I learned of the news.*
Sabía la noticia.	*I knew about the news.*
Estuvo allí al mediodía.	*He got there at noon.*
Estaba allí al mediodía.	*He was there at noon.*
Entendí el problema.	*I caught on to the problem.*
Entendía el problema.	*I understood the problem.*

In each of these examples the preterit **(conocí, supe, estuvo, entendí)** refers to the *beginning* of a situation (Section 1, Paragraph e) and the imperfect indicates that this situation was *already in effect* (Section 2, Paragraph b) at the time the speaker has in mind. Thus "meeting" someone is the beginning of "knowing" that person, "learning" of something is the beginning of "knowing" about it, "getting" somewhere is the beginning of "being" there, and "catching on" to something is the beginning of "understanding" it.

The following examples are similar but perhaps a little more subtle.

Ella **podía** levantarlo.	*She had the ability to lift it.*
Ella **pudo** levantarlo.	*She managed to lift it.*
Ella **no pudo** levantarlo.	*She (tried and) failed to lift it.*
Él **quería** hacerlo.	*He wanted to do it.*
Él **quiso** hacerlo.	*He attempted to do it.*
Él **no quiso** hacerlo.	*He refused to do it.*
Sabía la respuesta.	*I knew the answer.*
Supe la respuesta.	*I knew the answer (and gave it).*
No supe la respuesta.	*I didn't manage to give the answer.*

Prefería quedarme.	*I preferred to stay.*
Preferí quedarme.	*I decided to stay (acted on my preference).*

La camisa **costaba** $10.	*The shirt cost $10.*
La camisa **costó** $10.	*The shirt cost $10 (which somebody paid).*

In each of these cases, the imperfect (**podía, quería, sabía, prefería, costaba**) conveys the message that a certain *situation existed* over a period of time in the past (Section 2, Paragraph b), but it does not say whether or not any *action was carried out,* that is, whether or not any *specific event actually occurred.* On the other hand, the preterit tells us that in each case some specific event actually occurred, or in the case of the negative sentences, failed to occur (Section 1, Paragraphs a and c). For example, in the first set of sentences, imperfect **podía** gives the information that someone had the ability to do something, but it does not say whether or not that ability was put to use. Preterit **pudo,** on the other hand, states that an event occurred: the ability was actually exercised in an act of lifting. Negative **no pudo** states that this event failed to occur. The remaining sets of examples have corresponding interpretations, and we will discuss only the last one. Imperfect **costaba** indicates that a certain price was being asked, but it does not say whether or not the obviously associated event occurred, that is, whether anybody actually paid that price. Preterit **costó** tells us that this event did take place.

Ejercicios

3 Eligiendo tiempos ⊗ ◫

Choose the verb form (preterit or imperfect) that best fits each sentence.

1. (Pasé/Pasaba) quince días en México en 1981. Me (gustó/gustaba) todo excepto la contaminación atmosférica en la capital.
2. Cuando Hernán Cortés llegó a Tenochtitlán, los aztecas ya lo (esperaron/esperaban).
3. El siglo pasado México (tenía/tuvo) mucha menos gente.
4. Cuando le contesté su pregunta, el turista me (daba/dio) las gracias.
5. Doctor Ulloa, lo (llamé/llamaba) cuatro veces ayer, pero no (estuvo/estaba).
6. Antes no se (murieron/morían) tantos peces en los ríos y lagos.
7. Cuando yo (vivía/viví) en Monterrey, (iba/fui) todos los domingos a diferentes pueblos.
8. (Fueron/Eran) las tres de la mañana cuando sonó el teléfono en mi dormitorio. Por supuesto, me (desperté/despertaba).
9. Como nosotros no (teníamos/tuvimos) entradas, no (pudimos/podíamos) ir al concierto.
10. La ciudad (creció/crecía) mucho en el siglo XVII.

4 ¿Qué corresponde? ⊗ ◫

Supply the corresponding preterit or imperfect form, as appropriate, of the verbs in parentheses.

1. Carlos (trabajar) allí hasta junio del año pasado.
2. El policía (dirigir) el tráfico cuando ocurrió el accidente.
3. Le (escribir) una carta a mi hermana, pero no me la ha contestado.
4. Cuando abrí los ojos, vi que mi abuela (estar) sentada al borde de mi cama.
5. Estoy seguro que te di el mapa. ¿Dónde lo (poner), Paco?
6. No hubo tiempo; por eso nosotros nunca (ir) a las excavaciones del Templo Mayor.
7. El viaje en camión (ser) un poco largo.
8. Camilo era muy inteligente; él (poder) resolver el problema, pero no lo (hacer).
9. Dicen que ese imperio (durar) miles de años.
10. Durante su viaje ellos (visitar) las ruinas más importantes.

5 ¿Qué pasó?

Make up new sentences with the same subject, using other verbs in the preterit or imperfect, as indicated by the original sentence.

MODELOS   El señor Gavilán nunca fue amigo mío.
El señor Gavilán nunca estudió francés.
El señor Gavilán nunca vino aquí.

Antes, mis hermanos y yo hablábamos más.
Antes, mis hermanos y yo íbamos cine.
Antes, mis hermanos y yo no peleábamos tanto.

1. Esta mañana Luisa y yo salimos temprano.
2. Ellos trabajaron muchas horas.
3. Marta y Rodrigo bailaron dos o tres veces.
4. (Yo) estuve contento hasta la semana pasada.
5. Antes, la gente era más considerada.
6. Mi familia iba a las montañas todos los fines de semana.
7. (Yo) caminaba por la calle cuando vi el accidente.
8. Pedro hablaba por teléfono mientras yo miraba televisión.
9. El policía dijo que teníamos que acompañarlo.

6 ¿Cuáles son las preguntas?

The following are a list of responses. Invent a question that might have caused each response. If you like, incorporate some of the words provided in parentheses into your question.

MODELO   Yo estaba durmiendo.   (hacer; agente secreto; examinar; documentos)
—*¿Qué hacías tú cuando el agente secreto examinaba los documentos?*

1. Fui a la tienda y compré un periódico.   (¿adónde?; ir; 3:00)
2. Vine a vivir aquí porque quería tener una vida mejor.   (¿por qué?; ciudad; ganar; dinero)
3. En un baile. Era el único hombre que sonreía.   (¿dónde?; conocer; esposo)
4. Íbamos muy rápido por la calle. Creo que eran las once de la noche.   (¿qué?; pasar; inmediatamente; antes; accidente)
5. Era alta, muy delgada, de ojos negros. Siempre caminaba muy despacio, aún cuando era joven.   (¿cómo?; ser; abuela)

7 ¿Cómo termina la frase?

Complete the following sentences in your own words; include a new verb in the preterit or imperfect, as appropriate.

MODELO   Vi que Juan...
Vi que Juan estaba cansado.

1. Esta mañana oí en la radio que...
2. Mis amigos me dijeron que este restaurante...
3. Una vez leí que los aztecas...
4. Siempre pasábamos nuestras vacaciones en un lugar donde...
5. Mientras el presidente dormía...
6. Vieron que un águila y una serpiente...
7. La doctora Barrios estaba preocupada porque...
8. Yo siempre pensaba que los turistas europeos...

8 El secreto del éxito

The following sentences, which form a short narrative, are out of sequence. Work with a partner and put them back in correct order.

- Por fin recibí un paquete.
- También había unas instrucciones.
- Leía el periódico un día cuando vi un anuncio interesante.
- Yo no sabía qué pensar, pero decidí mandar el dinero.
- Las instrucciones terminaban con una lista que contenía nombres y direcciones de varios periódicos y revistas.
- Decía que por dos mil pesos uno podía obtener información de mucho valor: ¡el secreto del éxito financiero (financial success)!
- Era más pequeño de lo que esperaba; francamente, esperaba algo diferente.
- Decían: "¡Felicitaciones! Usted mostró mucha inteligencia al responder a nuestro anuncio. Si quiere ser rico, escriba usted otro anuncio ofreciendo el secreto del éxito financiero por dos mil pesos."
- No pasó nada durante varias semanas.
- Lo abrí y vi que adentro solamente había unas hojas de papel en blanco y un lápiz.

9 ¿Y qué más?

The class is divided into groups of five or six, each group seated in a semicircle. One student in each group chooses a base sentence from the list below and repeats it, immediately adding a new phrase or sentence. The student to the left repeats both sentences and adds a third, and the process continues until the circle is completed. Prompting is permitted if a group manages to go beyond one round, but nothing should be written down.

MODELO   Pepe se levantó a las siete.
    A: *Pepe se levantó a las siete y tomó el desayuno.*
    B: *Pepe se levantó a las siete, tomó el desayuno y salió de su casa.*

1. Ale vivía en Cuernavaca.
2. Los aztecas construyeron Tenochtitlán.
3. Anoche llamé a mi mejor amigo (o amiga).
4. Cuando mi abuela era joven, la vida era fácil.
5. Los arqueólogos excavaban en las ruinas.

10 Ejercicio de traducción

Translate the following passage. Use the verbs from Section 3, pp.179–180 whenever possible.

1. I knew that I could finish the work—there was plenty of time—but something happened at the last moment.
2. I'm sorry. I couldn't do it. Mrs. Moreno understood why this morning. I thought that you already understood my reasons.
3. We finally met Carmen at Gerardo's house last week. We already knew Elena, Carmen's sister.
4. The ticket cost too much, so he refused to take the trip. Later he managed to buy another ticket that cost him much less.
5. We tried to tell him last night, but he preferred to call her anyway and not listen to us.

11 Entrevistas

Work with a partner. One of you will play the role of a reporter; the other will choose one of the following five roles to portray. The reporter will ask appropriate questions about the other person's past (using the preterit and imperfect). If time permits, you can rehearse the "interview" and present it to the class.

ROLES
Hernán Cortés, conquistador de México
Moctezuma, emperador de los aztecas
Un chófer de taxi que trabaja en México, D.F.
Un(a) turista norteamericano(a) muy rico(a) que está en México
Un(a) profesor(a) de español

MODELOS   Hernán Cortés
    —Señor Cortés, cuando usted era niño, ¿qué hacía todos los días?
    —Peleaba con mis amigos. Y siempre ganaba.

    Un profesor de español
    —Profesor, ¿cuándo fue la última vez que usted comió en un restaurante mexicano elegante?
    —Un profesor de español trabaja mucho y no es muy rico. Fui a "Señor Taco Drive-In" el domingo. ¿Restaurante elegante? La última vez fue en 1983.

12 Diálogos cortos

Read each dialog and try to understand the main points, even if you do not know the meaning of every word. Then decide whether the statements that follow the dialog are true or false.

A. PRIMERA MUJER   —¡Ramón! ¡Niño, hijo mío! ¿Dónde está mi hijo? Estaba aquí, aquí no más, jugando con un perrito, cuando entré en la tienda para comprar algo. ¡Dios mío! ¡Me han llevado a mi hijo!

HOMBRE   —Cálmese, señora. Tal vez subió al camión o se fue a jugar con algún amigo.

OTRA MUJER   —Oiga, yo vi a un niño dentro de un coche negro, un coche grandísimo. Estaba con un perro.

PRIMERA MUJER   —¿Cómo era? ¿Cuántos años tenía?

OTRA MUJER   —Pues... no sé, es difícil decir, no es fácil saber cuántos años tiene un perro...

PRIMERA MUJER   —¿Cómo? Pero no me refería al perro. Lo que quiero es que me describa al niño que vio. ¡Ay, qué gente!

HOMBRE   —Señora, cuando yo era chiquito me perdía mucho, pero mi mamá siempre encontraba la forma de encontrarme...

PRIMERA MUJER   —¡Ramón! ¡Casi me matas! ¿Dónde estabas? ¡Ay, no, qué vida! Ven acá.

1. El niño estaba con su madre dentro de la tienda cuando se perdió.
2. La mamá estuvo muy calmada y tranquila durante todo el incidente.
3. Un hombre y una mujer trataron de ayudar a la mamá.
4. La otra mujer dijo que había visto a un niño dentro de un automóvil.
5. La otra mujer era muy inteligente.
6. El hombre parecía ser muy optimista y no pesimista como la mamá.
7. La mamá estaba contenta con la ayuda que le dieron.
8. Por fin el hijo volvió.

B. **HOMBRE** —¡Mi coche! ¡Mire lo que hizo usted! ¡Cómo es posible!

MUJER —¿Lo que hice yo? Yo no fui, el responsable es usted, señor, evidentemente iba conduciendo mientras leía el periódico.

HOMBRE —¿Qué periódico? Yo iba muy bien, miraba la calle, y usted se metió de lado...

MUJER —El periódico que estaba en el asiento, a su lado... lo vi allí hace un segundo. En todo caso, voy a llamar a la policía.

HOMBRE —No pierda usted su tiempo, señora.

MUJER —Señorita. Señorita Olga Méndez Castillo.

HOMBRE —¿Olga Méndez Castillo? ¿La famosa arqueóloga?

MUJER —(sorprendida) ...Sí, soy la misma. ¿Por qué? ¿Cómo sabía usted...?

HOMBRE —Porque hace un minuto leía un artículo sobre su teoría de los aztecas...(saca el periódico)

MUJER —¡Ajá! Conque no había periódico, ¿eh?

HOMBRE —Permítame presentarme. Soy Emilio Montes del Río. Fui director del Museo de Antropología durante cinco años. ¿Tomamos un café?

MUJER —Mucho gusto, señor Montes. Claro que sí, podemos dejar los coches aquí.

1. El accidente fue muy serio; alguien se murió.
2. La mujer dijo que ella no había tenido cuidado y lo sentía mucho.
3. La mujer dijo que el hombre leía un periódico mientras conducía.
4. Evidentemente el hombre escondió el periódico.
5. Fue una sorpresa para el hombre saber que la mujer era arqueóloga.
6. El hombre reconoció el nombre de la arqueóloga porque un amigo le habló de ella una vez.
7. El hombre dijo que todavía era director del Museo de Antropología.
8. Al final los dos estaban preocupados y enojados por lo que había pasado.

Las excavaciones del Templo Mayor ⊗

A fines de febrero de 1978, un obrero estaba cavando una zanja para colocar un cable eléctrico cuando sus herramientas tropezaron con una piedra tallada. Inmediatamente, llamaron a los arqueólogos del Museo Nacional de Antropología e Historia y pocos días más tarde empezaron las excavaciones en la esquina de las calles Guatemala y Argentina.

El objeto encontrado es una piedra circular que muestra el cuerpo desmembrado de Coyolxauhqui, hermana de Huitzilopochtli, el dios azteca de la guerra.

Los descubrimientos arqueológicos en México no son nada nuevo. En 1790, en 1900, en 1913 y, más recientemente, en 1967, cuando se construía el metro, se descubrieron restos del templo; pero se sospechaba que los españoles habían destruido la mayor parte del mismo.

El descubrimiento de la piedra circular con la imagen de Coyolxauhqui es de gran importancia para México porque el Templo Mayor era la sede simbólica del imperio azteca. En la parte más alta del templo se encuentran representados Tlaloc, dios del agua y de la lluvia, y Huitzilopochtli, dios de la guerra. Cada uno tiene su santuario. Esto señala la base económica del imperio: el agua para la producción agrícola, la guerra para obtener tributo de los territorios tomados y víctimas para sacrificar a los dioses.

agrícola *agricultural*	la **herramienta** *tool*	**tallado, –a** *carved*
cavar *to dig*	el **obrero, –a** *laborer*	**tropezar (ie)** *to hit, to bump*
desmembrado, –a *dismembered*	la **sede** *seat, headquarters*	*into*
la **guerra** *war*	**sospechar** *to suspect*	la **zanja** *ditch*

El templo representa también uno de los mitos aztecas más importantes: el nacimiento de Huitzilopochtli y sus luchas tribales.

El mito de una batalla entre Huitzilopochtli y su hermana Coyolxauhqui puede estar basado en un suceso real. Huitzilopochtli, dice la literatura nahuatl, incitó a su pueblo a irse de su tierra, Aztlán, con él como jefe. Pronto se formaron dos grupos: uno seguía a Huitzilopochtli y el otro a su hermana Coyolxauhqui, de quien se decía que era hechicera. Al fin Huitzilopochtli triunfó y Coyolxauhqui tuvo que morir. El rito del sacrificio humano de los aztecas, según muchos estudiosos, era una representación de esa batalla mítica.

En los dos santuarios—el de Tlaloc y el de Huitzilopochtli—se han encontrado grandes cantidades de ofrendas, entre ellas algunas de las mejores piezas de cerámica que se han visto en México.

Las excavaciones se hacen en una parte muy céntrica de la ciudad. Esto es una ventaja, porque cualquier especialista que se necesite para consultas puede ir al lugar casi enseguida. Muchos estudiantes también ofrecen sus servicios voluntariamente.

El trabajo en conjunto de todos los expertos ya ha dado importantes resultados. Se han encontrado once fachadas diferentes en el frente del templo. Por una parte, parece ser que cada gobernante quería dejar su sello en la ciudad. Por otra, como la ciudad estaba construida prácticamente sobre el agua, era necesario reforzar su estructura constantemente.

La estatua de Huitzilopochtli, que se piensa es de tamaño gigantesco, todavía no ha sido encontrada. ¿Estará enterrada por ahí cerca? La respuesta nos la dará algún arqueólogo del futuro...o algún obrero cavando una zanja.

Aztlán *legendary home of the Aztecs*
céntrico, –a *central*
el **conjunto: en conjunto** *as a whole*
enterrado, –a *buried*
la **fachada** *façade*

gigantesco, –a *gigantic, huge*
el **gobernante, la g.** *ruler*
el **hechicero, –a** *sorcerer*
incitar *to incite, to induce*
el **jefe, –a** *chief*
la **lucha** *fight, struggle*

el **mito** *myth*
el **náhuatl** *Aztec language*
la **ofrenda** *offering*
reforzar (ue) *to reinforce*
el **sello** *stamp, imprint*
el **suceso** *event, happening*

Ejercicios

13 Preguntas

1. ¿Quién descubrió la piedra circular de Coyolxauhqui? ¿Cuándo?
2. ¿Quién era Coyolxauhqui?
3. ¿Cuándo se habían descubierto restos del Templo Mayor anteriormente?
4. ¿Qué dioses se encuentran representados en la parte más alta del templo?
5. ¿Qué relación tiene cada uno de estos dioses con la base económica del imperio?
6. ¿Qué mito importante representa el templo?
7. ¿Qué dicen los estudiosos que representa el rito del sacrificio humano?
8. ¿Qué se ha encontrado en los dos santuarios?
9. ¿Dónde se realizan las excavaciones? ¿Por qué es una ventaja?
10. ¿Cuántas fachadas se han encontrado en el frente del templo? ¿Por qué?

14 Para hablar y discutir

The class should be divided into groups. Each group should choose one of the following topics for discussion. After each group discusses the chosen subject, one of the students presents the conclusions to the rest of the class.

La arqueología

¿Qué hacen los arqueólogos? ¿Cómo trabajan? ¿Sabes el nombre de algún arqueólogo famoso? ¿Qué descubrimientos hizo? ¿Cuáles fueron sus teorías? ¿Conoces a alguien que se dedique a la arqueología? ¿Quién es? ¿Te gustaría a ti ser arqueólogo?

Los descubrimientos arqueológicos

¿Cuáles han sido algunos de los famosos descubrimientos arqueológicos a lo largo de la historia? ¿En dónde se han encontrado ruinas? ¿Qué consecuencias importantes han tenido el descubrimiento de esas ruinas? ¿Por qué?

Mitologías y dioses

¿Qué dioses conoces de la mitología griega y romana? ¿Qué representaban esos dioses? ¿A qué dioses de la mitología representan los planetas de nuestro sistema solar? ¿Qué piensas de los dioses aztecas y de su mitología? ¿Por qué?

15 Ejercicio escrito

Te interesa muchísimo la arqueología. Hay una exploración o una excavación arqueológica y decides ofrecerte como voluntario. Cuenta dónde se realiza la excavación, qué es lo que se ha descubierto hasta ahora y por qué quieres participar. Describe cómo es un día de trabajo, cuáles son tus tareas, qué es lo que más te gusta hacer, qué aventuras encuentras en tu trabajo.

Un producto de la vida moderna ⊗

—Ale, no sé qué me pasa. Hace dos días tengo los ojos bastante irritados.
—Habrás leído mucho. O, ¿viste televisión hasta muy tarde?
—No, ¡qué va! He leído muy poco, no he visto televisión y me he acostado temprano todas las noches.

—Ah, Carmencita, entonces debe ser que todavía no te has acostumbrado al aire de la ciudad. La contaminación te puede irritar los ojos.

—¿La contaminación? ¿De qué hablas?

—De la contaminación atmosférica... más o menos lo que llaman "smog" en Los Ángeles y en Nueva York.

—Explícate, ¿quieres?

—Fíjate. Aquí en México estamos a 7.000 pies sobre el nivel del mar, en una depresión de un valle. Estamos rodeados de montañas por tres lados. El aire tiene un 23 por ciento menos de oxígeno que al nivel del mar.

—¿Qué tiene que ver eso con la irritación de mis ojos?

—Muchos. La gasolina que queman todos estos coches que tenemos y el petróleo que queman las fábricas—todas esas fábricas que tanto te llamaron la atención—producen más monóxido de carbono que al estar al nivel del mar. Luego, los rayos ultravioletas del sol producen un efecto fotoquímico enorme en los hidrocarburos del aire, lo cual produce contaminantes secundarios como mezclas nitrogenadas, que son las que irritan los ojos.

acostumbrarse (a) *to get used to*	la **mezcla** *mixture*	el **nivel** *level*
la **contaminación** *pollution*	**nitrogenado, –a** *nitrogenous;*	**rodeado, –a** *surrounded*
fotoquímico, –a *photochemical*	*containing nitrogen*	**tener que ver** *to have to do with*
el **hidrocarburo** *hydrocarbon*		

Capítulo 8   Tenochtitlán   187

—¡Vaya! Es como una reacción en cadena. ¿Y tú cómo sabes tanto de química?

—¡Bah!, no es nada del otro mundo. En realidad, en la prensa, en la radio y en la televisión se habla del tema a menudo.

—¿Están haciendo algo las autoridades para solucionar el problema?

—Sí, por supuesto, pero en una metrópoli que ha crecido tanto en los últimos años y que al mismo tiempo se ha industrializado, no hay solución rápida ni fácil.

—Ya veo. Es el precio que tenemos que pagar por las comodidades y conveniencias de la vida moderna, ¿no? Es una pena.

—Pues, sí. Y en cuanto a tus ojos, ¿no crees que debes ver al médico?

Ejercicios

16 Verdadero o falso

According to the text you have read, are these statements true or false? Check your answers at the bottom of the page.

1. Carmencita ha estado leyendo mucho.
2. La contaminación no irrita los ojos.
3. También hay contaminación en Los Angeles y Nueva York.
4. La gasolina y el petróleo que se queman a una gran altura producen menos monóxido de carbono que al nivel del mar.
5. Los rayos ultravioletas del sol producen un efecto fotoquímico en los hidrocarburos del aire.
6. Las mezclas nitrogenadas son contaminantes primarios.
7. Al nivel del mar hay más oxígeno que a gran altura.
8. La Ciudad de México se encuentra en una depresión de un valle.
9. La Ciudad de México está al nivel del mar.
10. El problema de la contaminación atmosférica se va a resolver fácil y rápidamente en la la Ciudad de México.

Respuestas: Falsas—1, 2, 4, 6, 9, 10; verdaderas—3, 5, 7, 8.

la **cadena** chain
la **comodidad** comfort
el **contaminante** contaminator, pollutant

la **pena** pity
la **prensa** the press, newspapers
quemar to burn

solucionar to solve
¡Vaya! Well! There!

17 Ejercicio de conversación

Work with a partner. Alternate in asking and answering the following questions:

1. ¿Piensas que el aire del lugar donde vives está contaminado? ¿Por qué?
2. ¿Te afecta a ti personalmente la contaminación atmosférica? ¿Cómo?
3. Según tu opinión, ¿cuáles son las causas principales de la contaminación en el lugar donde vives?
4. ¿Cuáles serían las soluciones a este problema? ¿Por qué?
5. ¿Se han tomado medidas para solucionar el problema? ¿Cuáles?
6. ¿Qué piensas tú de las medidas que se han tomado? ¿Son efectivas? ¿Por qué?
7. ¿Hay problemas de contaminación con el agua? ¿Cuáles?
8. ¿En qué lugares se nota especialmente la contaminación del agua? ¿Cómo se nota?
9. ¿Cuáles son las causas de este problema?
10. ¿Cuáles podrían ser las soluciones? ¿Por qué?
11. ¿Se han tomado medidas para solucionar la contaminación del agua? ¿Cuáles?
12. ¿Qué piensas de las medidas que se han tomado? ¿Son efectivas? ¿Por qué?
13. ¿Qué soluciones darías tú para evitar la contaminación?

18 Ejercicio escrito

Escribe sobre el problema de la contaminación, usando como guía las preguntas del ejercicio de conversación anterior.

19 Refrán

"No firmes carta que no leas, ni bebas agua que no veas."

¿Crees que este refrán es cierto o no? ¿Por qué? ¿Piensas que su significado ha sido verdadero alguna vez en tu experiencia personal? ¿Cuándo? ¿Por qué? En qué caso o casos podrías usar este refrán?

firmar *to sign*

VOCABULARIO

el **águila** eagle
confundirse to get confused
construir to build

crecer to grow
destruir to destroy
entender (ie) to understand

impulsar to impel, drive

Palabras similares

el **censo** census
la **época** epoch, time
el **nopal** nopal (cactus; prickly pear)
la **profecía** prophecy

la **prosperidad** prosperity
el **sacrificio** sacrifice
humano, –a human
nómada nomadic

exagerar to exaggerate
protestar to protest, object
referir (ie) to refer

¡Especial de Hispanoamérica! 9

MÉXICO
Ciudad de México
La Habana
HAITÍ REPÚBLICA DOMINICANA
CUBA
PUERTO RICO
San Juan
HONDURAS
Santo
Domingo
GUATEMALA
Ciudad de Guatemala
Tegucigalpa
EL SALVADOR
San Salvador
San José
Caracas
GUAYANAS
VENEZUELA
NICARAGUA
Managua
Bogotá
COSTA RICA
Ciudad de
Panamá
COLOMBIA
PANAMÁ
Quito
ECUADOR
PERÚ
BRASIL
Lima
La Paz
BOLIVIA
OCÉANO PACÍFICO
Sucre
Río de Janeiro
PARAGUAY
Asunción
CHILE
ARGENTINA
URUGUAY
Santiago
Buenos
Aires
Montevideo

OCÉANO ATLÁNTICO

Los periodistas viajeros

Después de tantas horas en el avión hasta llegar a Santiago de Chile, a él le parecía que su equipo fotográfico era más pesado que la maquinaria industrial que había venido a fotografiar. ¿Por qué había escogido esa profesión? ¿Por qué había aceptado ese proyecto? ¿Cómo iba a realizar su misión? Allí en la sala de espera de la aduana, llenando las planillas, haciendo listas de su equipo, cansado y confundido, el joven fotógrafo estaba sintiendo todas esas dudas que uno siente cuando está cansado y nervioso.

Mientras tanto, en otra parte del aeropuerto, una muchacha rubia escribía sus impresiones sobre los grupos de diferentes nacionalidades que iban de un lado a otro. "Un día en el aeropuerto," pensó ella, sería un buen tema para su próximo artículo, después de terminar éste sobre la industria en Sudamérica. "¿Quiénes son las personas que pasan por estos inmensos corredores?" "¿De dónde vienen?" "¿Adónde van?" No, será más que un artículo... será ¡una novela! Pero de pronto oye una voz familiar que está llamando su nombre.

—¡Lola!

—Tato, ¡por fin! Te estoy esperando desde hace horas. ¡Bienvenido a Santiago, mi querido fotógrafo y ayudante! ¿Cómo fue el viaje?

—Gracias, ¡uf, qué largo! ¡Y qué calor hace aquí! En Nueva York estaba nevando.

—Te dije que las estaciones son completamente opuestas en el norte y el sur. ¿No me creíste?

—Sí, claro que te creí. Tú sabes que yo siempre te creo. Pero, ¿qué iba a hacer? No iba a venir en el avión en ropa de playa, ¿no?

—No sé por qué no. ¿No fuiste a la ópera con tu gorra de béisbol?

—No seas graciosa. ¿Trajiste el coche?

—Pues claro. ¿Te puedo ayudar con las cámaras?

—¡No, las cámaras las seguiré llevando yo! Tú llevas las maletas.

—No hay problema con eso, mi amigo. Lola ya es una ejecutiva… ¡MALETERO! Vamos, Tato, no podemos andar perdiendo tiempo.

Ya habían viajado más de una hora en el coche. Tato había oído que la mina "Lo Aguirre," adonde iban ahora a buscar datos y a sacar fotos para el artículo, quedaba a unos pocos kilómetros al norte de Santiago. Lola, para mantenerse alerta, según ella, estaba hablando sin parar, como es su costumbre cuando está conduciendo, o caminando, o mirando televisión o una película en el cine. O aún cuando está durmiendo, según dicen sus hermanitas. Tato, aunque muy preocupado con su equipo y sus cámaras, pierde la paciencia y por fin la interrumpe.

—¿Adónde estamos viajando? Si sigues yendo por esta carretera acabaremos en la Tierra del Fuego o en las junglas del Amazonas.

—¡Qué fresco! ¿Quieres ir a pie?

—Lola, ¿crees que llegaremos algún día? Bueno, *si* llegamos, ya va a ser de noche. Hace siglos que estás conduciendo por esta carretera. ¡Y está tan desierta!

—¿Tú crees que vas a encontrar una mina de cobre en el centro de la capital?

De pronto se escucha una explosión lejana. ¿Qué será? se pregunta Tato. Y muy preocupado pensando que el tiempo va a cambiar, le pregunta a Lola.

—¿Qué fue eso, un trueno?

—¿Con ese cielo tan lindo? No, eso nos dice que estamos llegando a "Lo Aguirre."

—¿Una explosión? ¡Una explosión en la mina! ¡Lola, ve más rápido; a lo mejor puedo sacar unas fotos estupendas y ganar un gran premio de reportaje! ¡Un Premio Pulitzer! ¡Corre, Lola, a lo mejor podemos ayudar a los mineros…!

—Cálmate, niño…

—¡No me llames "niño"!

—Entonces ¿por qué sigues portándote así? En las minas de cobre como "Lo Aguirre" se usan explosivos todo el tiempo para hacer más fácil la extracción de las menas…

—¿Menas o minas?

—¡Ay, Tato! ¡Para qué te he estado mandando todos los reportes mineros? Las menas son las piedras, los minerales brutos de donde se sacan los metales por el proceso de refinamiento.

—¡Yo qué sé de minerales brutos!

—Bueno, mejor no digo nada.

—Lola, es que no he tenido tiempo para nada; estuve preparando las fotos de las pirámides hasta el último minuto.

—Bueno, no te preocupes. Para eso tienes una socia tan responsable como yo.

—Hablando de preocupaciones, ¿adónde vamos después de la mina?

—Primero iremos a Argentina, y después a Perú.

—¿En coche?

—¡Ay, Tato, con todo lo que tú podrías saber, y nunca sabes nada! ¿No viste tu boleto de avión?

—Ay, Lolita, yo soy un artista. Yo no me puedo estar preocupando de esos detalles tan insignificantes.

—¡No, ni de ésos, ni de los otros!

Después de muchos días de duro trabajo y largas jornadas, después de grandes peleas e innumerables problemas, después de muchas noches sin dormir y dolores de cabeza, los dos ases del reportaje hispanoamericano han terminando finalmente su artículo para la revista *Mundo sin horizontes*. Y aunque no creen que vayan a ganar ningún gran premio, por lo menos conservarán sus puestos. Y tal vez para su próxima misión ya habrá llegado la cámara que Tato dejó en el avión, que siguió volando sola alrededor del mundo. Lo cual le dio a Lola una gran idea para su próximo artículo.

Ejercicios

1 Preguntas

1. ¿Adónde llegó el avión en el que viajaba el fotógrafo?
2. ¿Cómo se sentía él cuando llegó?
3. ¿Quién lo estaba esperando en otra parte del aeropuerto?
4. ¿Qué estaba haciendo ella?
5. ¿En qué tema pensó ella para su próximo artículo?
6. ¿Sobre qué es el artículo en el que están trabajando ellos ahora?
7. ¿Adónde viajan ellos en coche? ¿Para qué?
8. ¿Qué se escucha de pronto? ¿Qué era ese ruido?
9. ¿Qué estuvo haciendo Tato hasta el último minuto antes de viajar?
10. ¿Qué pasó con la cámara que dejó Tato en el avión donde había viajado?

2 ¿Qué crees?

1. ¿Has viajado tú en avión alguna vez? ¿Fue un viaje largo? ¿Adónde fuiste?
2. ¿Te gusta viajar en avión o te gustaría hacerlo? ¿Por qué?
3. ¿Por qué es necesario llenar planillas de aduana cuando se llega a otro país? ¿Qué se puede y que no se puede llevar de un país a otro? ¿Por qué?
4. ¿Te interesaría escribir un artículo para un periódico? ¿Por qué? ¿Qué tema escogerías? ¿Por qué?
5. ¿Te gustaría trabajar como periodista? ¿Por qué? ¿Preferirías escribir para una revista o un periódico, o trabajar para la radio o la televisión? ¿Por qué?

PROGRESSIVES

For every tense in Spanish there is a *simple* form and a corresponding *progressive* form. For example:

	Simple	Progressive
Present	canto	estoy cantando
Imperfect	cantaba	estaba cantando
Preterit	canté	estuve cantando
Future	cantaré	estaré cantando
Conditional	cantaría	estaría cantando

1. FORMS

All of the progressive constructions consist of a form of **estar** (never **ser**) and the **-ndo** form (sometimes called *gerund* or *present participle*) of the main verb. This form consists of the verb stem plus **-ando** for **-ar** verbs and **-iendo** for **-er** and **-ir** verbs. For example:

pasar	pasando
vender	vendiendo
abrir	abriendo

The form of **estar** varies to agree with the subject, but the **-ndo** form never changes.

> Juan está comiendo.
> Nosotros estamos comiendo.

a. The only irregular **-ndo** form is **pudiendo,** from **poder;** all others are regular.

b. There is a special—but regular—change in the **-ndo** form of **-ir** verbs: if the only or last vowel of the stem is **e,** it changes to **i;** and if it is **o,** it changes to **u.**

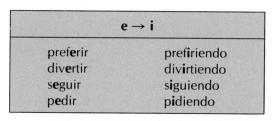

e → i	
preferir	prefiriendo
divertir	divirtiendo
seguir	siguiendo
pedir	pidiendo

o → u	
dormir	durmiendo
morir	muriendo

c. Note the spelling of the following **-ndo** forms, which are all regular (except for **oír,** whose stem is **o** but does not change to **u**—see Paragraph b.)

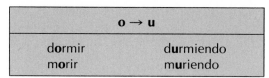

ir	yendo
traer	trayendo
creer	creyendo
oír	oyendo

Spanish spelling rules do not allow a word to begin with an unstressed **i** followed by another vowel. Thus the **-ndo** form of **ir** must be spelled **yendo.** Also, unstressed **i** cannot be written between two other vowels. Thus the **-ndo** ending of all **-er** and **-ir** verbs whose stem ends in a vowel must be spelled **-yendo.**

2. USE
In general, the use of the progressive in Spanish is similar to the use of *be ...ing* in English. The following are the most important differences.

a. The simple present in Spanish corresponds to both the simple present and the present progressive in English.[1] For example:

Lo hace. { *He does it.*
{ *He is doing it.*

Therefore the present progressive in Spanish simply adds more emphasis to the fact that the action referred to by the main verb is in progress at the moment of speaking. For example:

Lo está haciendo.   *He's doing it (and he's in the act right now).*

b. Since the Spanish present progressive can refer only to something in progress at the moment of speaking, it cannot be used — like the English present progressive — to refer to an event which will take place in the future. For example, *I'm leaving for Santiago tomorrow* cannot be **Estoy saliendo...** in Spanish; it can be only **Salgo para Santiago mañana** or **Voy a salir para Santiago mañana.**

c. One of the uses of the (simple) imperfect in Spanish is to indicate that something was going on at some particular time in the past.[2] The progressive form of the imperfect simply adds more emphasis to the fact that the action referred to by the main verb was in progress at that time. For example:

Lo estaba haciendo.   *He was doing it (and he was doing it right then).*

d. The progressive form of the preterit is used only to emphasize that the action referred to by the main verb was in progress within a specific period of time which is stated explicitly or clearly understood from context.

Estuve viajando desde enero hasta julio.   *I was traveling from January until July.*

Tato te estuvo llamando toda la mañana.   *Tato was calling you all morning.*

3. PROGRESSIVE WITH VERBS OTHER THAN ESTAR
Although **estar** is the common "auxiliary" or "helping" verb in the progressive constructions, it is not the only one.

a. **Seguir** and **continuar** mean *continue, keep on.*

Ellos van a continuar viajando tanto como antes.   *They are going to continue traveling as much as before.*

Lola siguió hablando.   *Lola kept on talking.*

b. **Ir** implies *more and more, progressively.*

Ha ido nublándose   *It's been getting (progressively) cloudier.*

La producción iba aumentando.   *The production was growing bigger and bigger.*

_____

[1] See p. 8.
[2] See p. 176.

c. **Venir** expresses persistent continuation over a period of time.

    Hace años que vengo escuchando eso.   *I've been hearing that (persistently) for years.*

d. **Andar** implies more or less random motion while doing something.

    ¿No era ésta la foto que andabas   *Isn't this the photo that you were going*
                            buscando?   *around looking for?*

Ejercicios

3 ¡A seguir pensando!

Complete each sentence with one of the choices provided. (Use a progressive form.) Note that all of the choices are possible.

MODELO   Hace años que viene _____. (preocuparse por su salud) (decir sólo mentiras) (estudiar para médico)

              Hace años que viene preocupándose por su salud. / Hace años que viene diciendo sólo mentiras. / Hace años que viene estudiando para médico.

1. Ayer lo vi. Andaba _____ por todo el pueblo. (gritar) (buscar a su perro) (correr)
2. Estoy preocupado(-a). Creo que mi amiga Ana está _____. (ponerse peor) (olvidarse de nosotros) (perder interés en sus estudios)
3. Parece que tú y yo seguimos _____. (encontrar cosas misteriosas aquí) (ser tan buenos amigos como antes) (perder tiempo en esta compañía)
4. Te estuve _____ hasta las diez de la noche. (llamar) (esperar) (seguir)
5. Después no podré hacerlo. Estaré _____. (jugar béisbol) (escribir un informe) (tomar fotos)
6. Sería magnífico que ustedes sigan _____. (viajar con nosotros) (tener tanta suerte) (hacer un buen trabajo)

4 Eligiendo palabras

The class should be divided in groups of three students each. One student gives a subject noun or pronoun (for example: **los mineros, nosotros, Tato, Lola, yo**), another one chooses a verb from the first list and an object noun from the second list. The third student forms a statement or a question with the suggested words, using the *present progressive*. Alternate in selecting words and forming sentences. Many combinations are possible.

MODELO   FIRST STUDENT   *Tato*
             SECOND STUDENT *tomar, fotografías*
             THIRD STUDENT   *Tato está tomando fotografías. / ¿Por qué está Tato tomando fotografías?*

VERBS			OBJECT NOUNS		
buscar	hacer	pedir	artículo	dinero	planillas
conducir	invertir	perder	autobús	fábrica	películas
construir	leer	preparar	barco	fotografías	preguntas
corregir	llenar	sacar	boleto	impresiones	reporte
chequear	llevar	terminar	carta	listas	ropa
discutir	mandar	tomar	coche	maletas	telegrama
escoger	mirar	usar	datos	música	tiempo
escribir	oír	visitar	detalles	noticias	televisión

THE PERFECT TENSES

For each of the simple tenses except the preterit,[1] there exists a corresponding perfect tense.

PRESENT PERFECT		
	Present of **haber**	*Past Participle*
yo	**he**	
tú	**has**	
Ud./él/ella	**ha**	hablado
nosotros, -as	**hemos**	comido
vosotros, -as	**habéis**	vivido
Uds./ellos/ellas	**han**	

PAST PERFECT		
	Imperfect of **haber**	*Past Participle*
yo	**había**	
tú	**habías**	
Ud./él/ella	**había**	hablado
nosotros, -as	**habíamos**	comido
vosotros, -as	**habíais**	vivido
Uds./ellos/ellas	**habían**	

FUTURE PERFECT		
	Future of **haber**	*Past Participle*
yo	**habré**	
tú	**habrás**	
Ud./él/ella	**habrá**	hablado
nosotros, -as	**habremos**	comido
vosotros, -as	**habréis**	vivido
Uds./ellos/ellas	**habrán**	

CONDITIONAL PERFECT		
	Conditional of **haber**	*Past Participle*
yo	**habría**	
tú	**habrías**	
Ud./él/ella	**habría**	hablado
nosotros, -as	**habríamos**	comido
vosotros, -as	**habríais**	vivido
Uds./ellos/ellas	**habrían**	

---

[1] The preterit perfect, a preterit form of **haber** followed by a past participle **(yo hube hablado, tú hubiste hablado, él hubo hablado),** is obsolete: it can be found in texts of an earlier time, but it is no longer used in normal speech or writing.

In general, the perfect tenses in Spanish are used very much like the corresponding tenses in English. For example:

Has hablado demasiado ya.	*You have talked too much already.*
¿Por qué había escogido esa profesión?	*Why had she chosen that profession?*
¿Qué habrías hecho tú?	*What would you have done?*

One minor difference is that some Spanish speakers (especially in Spain) tend to use the present perfect where the simple past would be used in English. For example:

Me he levantado temprano esta mañana.	*I got up early this morning.*

Also, Spanish uses simple tenses with **hace** and **desde** where the corresponding English sentences have perfect tenses.[1]

Forms

1. All of the perfect constructions consist of a form of the auxiliary verb **haber,** *to have,* (never **tener**) plus the past participle form of the main verb. The form of **haber** changes to agree with the subject, but the past participle in perfect constructions never changes.[2] For example:

Lola nunca ha estado allí.	*Lola has never been there.*
Los chicos han tomado fotos.	*The kids have taken photos.*

The auxiliary **haber** and the participle are not usually separated in Spanish, although they frequently are in English:

¿Ya habías comido tú?	*Had you already eaten?*

Object pronouns and **no** occur in their usual position, that is, just before the verb form that changes to agree with the subject. In the perfect constructions this form is of course **haber.**

Yo **no se lo** habría dado nunca.	*I never would have given it to him.*

2. Regular past participles are formed as follows.

-ar: -ado	
comprar	comprado
limpiar	limpiado

-er, -ir: -ido	
comer	comido
haber	habido
salir	salido
vivir	vivido

Spelling note: The **i** of **-ido** must have a written accent when the verb stem ends in a vowel other than **u.** For example:

---

[1] See p. 8.

[2] Past participles are often used (outside of perfect constructions) as adjectives. In this case, they change to agree in gender (feminine or masculine) and number (singular or plural) with the noun they modify. For example, **el viaje planeado,** *the planned trip,* but **las paradas planeadas,** *the planned stopovers.*

creer	creído
caer	caído
reír	reído
oír	oído

3. Spanish has a number of irregular past participles. The following are the most common ones.

abrir	abierto		hacer	hecho
cubrir	cubierto		morir	muerto
decir	dicho		poner	puesto
descubrir	descubierto		resolver	resuelto
devolver	devuelto		romper	roto
envolver	envuelto		ver	visto
escribir	escrito		volver	vuelto

Notice that the past participles of **volver, devolver,** and **envolver** all have the same irregularity: ...**vuelto.** The same is true of **cubrir** and **descubrir,** both of which have ...**cubierto.** In general, verb stems have the same irregularities, with or without a prefix.

componer	compuesto
descomponer	descompuesto
describir	descrito
prever	previsto
revolver	revuelto

The only exceptions among the verbs listed in the preceding chart are **bendecir,** *to bless,* and **maldecir,** *to curse,* whose past participles are **bendecido** and **maldecido.**

Ejercicios

5 ¿Qué han hecho? ⊗

Form a question based on each of the following statements, using **siempre.** Change the underlined verb to the present perfect.

MODELO   Mi hermano <u>come</u> muy poco.
   ¿Siempre ha comido muy poco?

1. <u>Hago</u> mucho por la compañía.
2. El futuro de la compañía <u>me importa</u> mucho.
3. Estas vacas <u>producen</u> poca leche.
4. David y yo <u>estamos</u> de acuerdo.
5. Ella <u>dice</u> que prefiere vivir en Bolivia.
6. La gente de aquí le <u>da</u> mucha importancia a los negocios.
7. Juanita me <u>devuelve</u> pronto lo que no necesita.
8. <u>Pienso</u> mucho en esos problemas.
9. <u>Soy</u> feliz.
10. <u>Vamos</u> al cine a menudo.

6 ¿Lo han hecho o no?

Work in pairs. One student makes a comment or question by supplying the appropriate past participle form of the verb provided. The other student completes the response with the present perfect tense, using the same verb.

MODELO   ¿La cámara está ___rota___? (romper)
Sí, la ___ha roto___ el niño.

1. El tocadiscos está _____. ¡Qué suerte!   (reparar)
   Sí, lo _____ mi hermano.
2. Los problemas que mencionaste están _____, ¿verdad?   (resolver)
   Sí, los _____ yo.
3. ¿Está _____ ese artículo?   (escribir)
   Claro, Paula y yo ya lo _____.
4. La cena ya está _____, ¿no?   (servir)
   ¡Un momento!, yo no la _____ todavía.
5. Las fábricas de textiles están _____.   (cerrar)
   Es verdad. Las _____ los dueños.
6. ¿Tu hermanita ya está _____?   (vestir)
   Sí, ella se _____ sola.
7. Oye, las luces no están _____.   (encender)
   Es que nadie las _____ todavía.
8. ¿Por qué está la ventana _____?   (abrir)
   El viento la _____.
9. Lo más importante está _____.   (decir)
   No, tú no _____ algo muy importante.
10. ¿Te parece que está todo _____ en su lugar?   (poner)
    ¡Claro! Yo _____ todo en su lugar. ¿No lo ves?

PERFECT PROGRESSIVE CONSTRUCTIONS

In each tense in Spanish, the perfect construction and the progressive construction can be combined, just as in English, to form "perfect progressive" constructions.

He estado viajando.   *I have been traveling.*
Habrían estado hablando.   *They would have been talking.*

The order of auxiliary verbs in Spanish is exactly the same as in English: **haber** plus **estado** plus the main verb (in the **-ndo** form). **No** and object pronouns occur in the expected positions, that is, just before the verb form that changes to agree with the subject. For example:

No se lo he estado contando. ⎫
No he estado contándo**selo**. ⎬   *I haven't been telling it to him.*

Ejercicios

7 ¿Qué han estado haciendo? ⊗

Change the second part of each sentence into a perfect progressive construction.

MODELO   Carlos tiene un examen hoy. Estudió toda la noche.
Él ha estado estudiando toda la noche.

1. A Pepe le encanta esa canción. La canta desde las ocho de la mañana.
2. Tenía muchas cosas para decirle. He hablado con él tres horas sin parar.
3. Los periodistas tienen muchísimo trabajo. Trabajaron durante el fin de semana.
4. Nunca entiende lo que le decimos. Se lo repetimos desde la mañana hasta la noche.
5. Mi hermanito está enfermo. Lloró todo el día.
6. Tato anda siempre con su cámara. Saca fotografías de cualquier cosa.
7. Esos chicos no saben divertirse. Hacen lo mismo todo el tiempo.
8. Nos encanta esa tienda. Compramos ahí desde el primer día.
9. No terminamos el reporte. Vamos a la biblioteca todos los días.
10. Los músicos están ensayando. Los oímos desde las siete de la mañana.

8 ¿Qué están haciendo? ⊗ ▥

Give a contrasting statement for each of the following sentences. Change the underlined verb to the present progressive and incorporate the words in parentheses.

MODELO   Jaime nunca escucha esa música.   (ahora)
          Pero la está escuchando ahora.

1. Ustedes no trabajan mucho.   (en este momento)
2. Vamos muy poco al cine.   (ahí)
3. Ese programa es malísimo; nadie lo mira.   (mis amigos)
4. Es abril. No puede nevar aquí en abril.   (ahora)
5. Creo que no lees mucho.   (una revista buenísima)
6. Tu equipo no pierde, ¿verdad?   (en este momento)
7. No veo la cámara; hay que repararla.   (yo)
8. No pasa nada en este pueblo, ¿verdad?   (algo muy interesante)
9. Tu hermanito no duerme mucho.   (ahora)
10. Nunca se ve nada aquí. Está muy oscuro.   (tú, a mí)

9 ¿Me harías un favor?

Work in pairs. Alternate in asking and answering the following questions. Answer each request with an excuse, claiming that you would gladly do what is requested but that you are presently doing something else. Use the present progressive.

MODELO   FIRST STUDENT   ¿Me ayudas a lavar las ventanas?
          SECOND STUDENT   *Lo haría con mucho gusto, pero estoy estudiando para un examen.*

1. ¿Me ayudas a preparar la comida?
2. ¿Quieres leer la carta que nos mandó Berta? Es un poco larga...
3. Oye, ¿me llevas al aeropuerto?
4. ¿Te gustaría mirar las fotos de mi familia? Tengo once hermanos y quince tíos.
5. El perro está sucio. Llevémoslo al lago para bañarlo.
6. Tengo que escribir una composición. ¿Me buscas unas palabras en el diccionario?
7. ¿Podrías ir a la biblioteca a devolver estos libros?
8. Hay un programa buenísimo en la tele. ¡Vamos a mirarlo!
9. No quiero pensar en esto. ¿Por qué no piensas tú?
10. ¿Abres la puerta por favor? Alguien llama.

10 ¿Lo están haciendo? ⊗

A. Answer or comment on each question or statement. Use the present progressive form of the same verb, as in the model.

> MODELO ¿Has escrito la carta?
>
> *No, la estoy escribiendo. (Estoy escribiéndola.)*

1. ¿Has comido todo el arroz?
2. ¿Gustavo ya ha escogido el regalo?
3. ¿Ellos han revelado las fotos?
4. No has hecho el resto del trabajo.
5. Ustedes han resuelto el problema, ¿verdad?
6. ¿No han abierto las puertas?
7. ¿Han visto ustedes las nuevas fotos?
8. Todavía nadie ha investigado las causas del accidente.

B. Work in pairs. Create a conversational exchange as in the above exercise, but reverse the order. One student asks a question or makes a statement in the present progressive. The other student replies in the present perfect (with the same verb). Use the suggested word list.

> MODELO escribir, carta
>
> FIRST STUDENT *¿Estás escribiendo la carta?*
>
> SECOND STUDENT *Ya la he escrito.*

1. hacer, comida 2. lavar, platos 3. abrir, carta 4. poner, mesa 5. componer, canción 6. decir, la verdad 7. romper, papeles 8. ver, programa 9. escoger, fotos 10. leer, artículo

11 Una mina de oro ⊗ 📖

A. Instead of turning in the final report on his science project, Gilberto sent this note to his teacher. Convert the infinitives in parentheses to appropriate progressive or perfect tense forms.

martes, 13 de febrero

Estimado Profesor Torres:

No he (poder) acabar mi proyecto. Todavía estoy (pensar) frente a la máquina de escribir. Mis padres creen que me estoy (volver) loco. Todo esto empezó hace tres días. Yo estaba (escribir) los resultados del proyecto cuando noté algo muy raro. La máquina hacía cosas raras, imposibles, aunque yo no le había (hacer) nada. Varias palabras y frases iban (aparecer)—¡cosas que yo no había (escribir), palabras que no había (poner) en el informe! Una de las frases era: "Una mina ha (ser) descubierta a X kilómetros al noreste de Santiago." Pero no decía qué mina era. Luego apareció otra frase: "Joven de 16 años ha (encontrar) oro." He (tener) otras interrupciones similares en mi informe, pero no he (encontrar) el valor de X. Desde entonces, como sabe usted, no he (ir) a clase. He (leer) libros, periódicos, revistas, he (escuchar) la radio y (mirar) la televisión, pero no se ha (decir) nada sobre ninguna mina de oro. No he (salir) de mi cuarto, no he (dejar) la máquina porque no he (descubrir) la solución de este problema. Porque es obvio: si descubro el valor de X, yo seré ese joven de 16 años y seré rico. Profesor Torres, usted me cree, ¿verdad? ¿O piensa que me he (volver) loco? En todo caso, espero que el haber (estar) ausente de clase—y no haber (entregar) el informe—no lo haya (ofender) ni (preocupar).

Con mi mayor respeto,

Gilberto Cubillas Quiroga

B. Tell your classmates, in Spanish, in your own words, how you think the teacher would react to this note. How would *you* react if you were the teacher?

12 ¿Qué está pasando aquí?

Read each passage and give a brief conclusion as to what has happened or is happening. Use one of the verbs in the list for each conclusion.

MODELO   Bueno, aquí tiene Ud. su tarjeta de crédito. Recuerde que no cobramos por la distancia manejada, pero Ud. paga la gasolina. ¡Buen viaje! Hasta el lunes.

(choose from verb list): *alquilar*
Alguien ha alquilado (está alquilando) un coche.

Verbos útiles

abrir	caminar	dormirse
alquilar	casarse	graduarse
aterrizar	descubrir	hacer

1. Este vuelo ha sido excelente. El piloto es magnífico. Oye, hijo, no olvides tu abrigo que está arriba.
2. Estoy cansadísimo y me duelen los pies. Todavía quedan ocho kilómetros más. Lástima que no haya traído mi bicicleta.
3. (Voz del párroco) —¿Lo acepta por esposo?
   (Voz de la novia) —Sí, lo acepto.
   (Voz del párroco) —...Bueno, los declaro unidos en matrimonio.
4. Por fin. No quiero pensar más en libros, clases ni tareas. ¡Tengo 18 años y soy libre!
5. Pepe, ¿qué pasa? ¿Tienes sueño? Parece que no te interesa lo que estoy contándote. ¡Pepe, abre los ojos!
6. Carlota, ¡tenías razón! Tu idea funciona. Si se pone ocho por ciento más de cobre y aluminio, el nuevo metal resulta más fuerte—y tiene menos peso.
7. Señor ministro, distinguidos miembros de San Ignacio, es un gran honor estar aquí con motivo de la inauguración de esta magnífica fábrica de textiles.
8. No fue nada. ¿Cómo voy a olvidar tu cumpleaños? Te he preparado una cena que te va a gustar, con tu postre favorito.

13 Los periodistas protestan

Complete the following sentences, using a verb from the following list in the appropriate perfect tense. (Repetitions are allowed.)

cerrar	hacer	recorrer	tomar
dejar	publicar	revelar	trabajar
descansar			volver

1. Cuando Tato y Lola entregaron el artículo al periódico la semana pasada, ya _____ de su viaje y _____ todas las fotografías que _____ .
2. Tato dijo que Lola no _____ la boca en todo el viaje.
3. Al volver a los EE. UU., Lola dijo: "Estoy cansadísima. Yo no_____ ni un minuto. Nosotros _____ tres países sin parar."
4. Ellos piensan que para el año 2000 ya se _____ famosos como periodistas. Para entonces ellos ya _____ muchísimos artículos en todos los periódicos y revistas del mundo. (¡Eso piensan!)
5. Los jóvenes periodistas _____ muchísimo. Desde que volvieron hasta ahora no _____ de protestar. ¿_____ de protestar ellos dentro de una semana?

14 Noticias breves

Read each passage and then determine if the statements that follow are true (V) or false (F). Check your answers at the bottom of the page.

A.

Se ha abierto una nueva fábrica de textiles a unos 50 kilómetros de Santiago. La maquinaria que se ha instalado es la más moderna de todo el continente. El dueño, Héctor Ríos Romero, ha dicho que la fábrica producirá entre el 8 y el 10 por ciento de las exportaciones totales de la nación.

B.

Diecisiete personas han muerto como resultado de una explosión que tuvo lugar en una refinería petrolera ayer por la noche. No se han averiguado las causas del accidente, pero las autoridades han prometido una investigación completa. Varios rumores han recorrido la región, entre ellos que la explosión se originó en un motor que estaba mal reparado.

¿Verdadero o falso?

1. La fábrica se abrirá dentro de ocho o diez días.
2. La fábrica se encuentra en México.
3. La nueva planta va a producir objetos de cobre.
4. Es probable que la maquinaria haya costado mucho.
5. La fábrica no queda muy lejos de Santiago.
6. Ha habido víctimas del accidente.
7. No se ha determinado la causa del accidente.
8. La explosión ocurrió en una mina de cobre.
9. Las autoridades han dicho que la explosión fue causada por una bomba.
10. Algunas personas tienen sus propias ideas sobre el origen del accidente.

Respuestas: 4, 5, 6, 7 y 10 son verdaderas. Las otras son falsas.

¡Especial desde Chile! ⊗

Tato y Lola, nuestros reporteros exclusivos, han estado viajando extensamente por Chile. Desde allí hemos recibido todo el material que ellos han reunido sobre la industria en ese país.

Por su geografía, Chile parece ser el país más raro del mundo.

Su territorio está formado por una faja muy estrecha de tierra entre la Cordillera de los Andes y el Océano Pacífico. El país tiene 4.270 kilómetros de largo. En Chile hay tres regiones de climas y productos diferentes.

En el valle fértil del centro reside la mayor parte de la población. Allí es donde está la capital del país: Santiago. Hacia el sur, el clima va siendo cada vez más frío. La del sur es una región húmeda y lluviosa con inmensos bosques de pinos.

El desierto del norte, al contrario, es árido y seco. ¡Hace más de quince años que no llueve en esa región! Ésta es la zona minera por excelencia: su subsuelo contiene una gran riqueza minera: cobre, nitrato de sodio, mineral de hierro, zinc, plata y oro.

Chuquicamata, a más de 3.000 metros de altura, en los Andes desérticos de Atacama, es la mina de cobre a cielo abierto más grande del mundo. En dos fundiciones, no lejos de la mina, se refina el mineral antes de exportarlo. Esta mina, que produce 49.000 toneladas de mineral por año, se viene explotando desde tiempos de los incas, antes de la llegada de los españoles.

la **altura** *altitude*	**explotar** *to exploit, work a mine*	el **nitrato de sodio** *sodium nitrate*
el **cañón** *cannon*	la **fundición** *foundry*	el **subsuelo** *subsoil*
el **clima** *climate*	el **metro** *meter (unit of measure)*	la **tonelada** *ton*
desértico, –a *desert-like*		

El cobre no fue el primer mineral que se explotó en el país, antes ya se había explotado el oro. (Gran parte de las principales ciudades chilenas se fueron estableciendo, en tiempos de la colonia, cerca de donde se lavaba el oro.) La primera noticia oficial que se tiene sobre la explotación del cobre en Chile es del año 1615, cuando el virrey del Perú pide 30 toneladas del mineral para la construcción de cañones que se usarían como defensa contra los piratas.

Durante el siglo siguiente, la explotación de este mineral fue tonando cada vez mayor importancia, pasando a ocupar el primer lugar en la producción mundial, lugar que Chile mantuvo hasta 1880.

En Chile se encuentra también la mina de cobre bajo tierra más grande del mundo. Es El Teniente. Está en el valle central y se está explotando desde 1904. Aquí el proceso de extracción del mineral se hace por medio de equipos de aproximadamente quince mineros cada uno.

¿Cómo trabajan? Primero hay un grupo que instala las cañerías de agua y los tubos de ventilación. Luego perforan la roca en los puntos donde se pondrán más tarde las cargas de dinamita.

Después de cada explosión, los supervisores de seguridad van eliminando los posibles peligros: piedras sueltas, cargas que no han estallado o cualquier otra situación similar que vaya apareciendo.

Cuando este trabajo ha terminado, van llegando los obreros que se encargan del techo y los que ponen las vías de ferrocarril por donde correrán las vagonetas con el mineral.

---

la **cañería** *pipe line*
la **carga** *charge*
el **minero, –a** *miner*

el **pirata, la p.** *pirate*
por medio de *by means of*
siguiente *next*

el **tubo** *tube, pipe*
la **vagoneta** *small wagon*

Como el trabajo del minero es tan duro, se dan cursos para mejorar la eficiencia de los obreros y disminuir el número de accidentes. Aún más peligrosa que la minería del cobre es la del carbón, pues los mineros deben trabajar arrodillados o acostados en galerías que tienen una altura máxima de 60 centímetros, a 500 metros de profundidad.

Chile tiene actualmente una cuarta parte de las reservas de cobre del mundo y es el principal exportador de cobre del mundo occidental.

Ejercicios

15 Preguntas

1. ¿Entre qué montañas y qué océano está Chile?
2. ¿Cuál es la capital?
3. ¿Cómo va siendo el clima hacia el sur?
4. ¿Cómo es el desierto del norte?
5. ¿Qué contiene el subsuelo?
6. ¿Qué es Chuquicamata?
7. ¿Desde cuándo se viene explotando?
8. ¿Cuál fue el primer mineral que se explotó en el país?
9. ¿Qué hacen los diferentes tipos de mineros?
10. ¿Cómo tienen que trabajar a veces los mineros del carbón?

16 Para hablar y discutir

The class should be divided in groups. The members of each group alternate in asking and answering the following questions.

1. ¿Existe alguna riqueza minera importante en el lugar donde vives? ¿Cuál es?
2. ¿Qué minerales se explotan en los EE.UU.? ¿Cómo? ¿Sabes algo de la historia de su explotación? ¿Cuál es?
3. ¿Cómo es la vida del minero? ¿Por qué?
4. ¿Qué otras profesiones conoces que tengan características peligrosas o donde se ponga en peligro la vida?
5. ¿Has oído hablar o has leído sobre algún desastre en una mina? ¿Dónde fue? ¿Qué pasó? ¿Hubo víctimas?

---

arrodillado, –a *kneeling*
el carbón *coal*
disminuir *to diminish*

mejorar *to improve*
el obrero, –a *worker*

la profundidad *depth, profundity*

Oda al cobre   Pablo Neruda ⊗

Pablo Neruda (1904–1973): Poeta chileno, uno de los más altos valores de la lírica hispana. Recibió el Premio Nóbel de Literatura en 1971. Este es un fragmento de una de sus *Odas elementales.*

El cobre ahí
dormido.
Son los cerros del Norte
desolado.
Desde arriba
las cumbres
del cobre,
cicatrices hurañas,
mantos verdes,
cúpulas carcomidas
por el ímpetu
abrasador del tiempo,
cerca
de nosotros
la mina:
la mina es sólo el hombre,
no sale de la tierra
el mineral,
sale del pecho humano,
allí
se toca
el bosque muerto,
las arterias
del volcán
detenido,

se averigua
la veta,
se perfora
y
estalla
la dinamita,
la roca se derrama,
se purifica:
va naciendo
el cobre.
Antes nadie sabía
diferenciarlo
de la piedra materna.
Ahora
es hombre,
parte del hombre,
pétalo pesado
de su gloria.
Ahora
ya no es verde,
es rojo,
se ha convertido en sangre,
en sangre dura,
en corazón terrible.

abrasador, –a *burning, consuming*
averiguar *to find out, ascertain*
el cerro *hill*
carcomido, –a *consumed, eroded*

la **cicatriz** *scar*
la **cumbre** *summit*
la **cúpula** *dome*
derramar *to spill*
desolado, -a *desolate*
detenido, –a *halted, detained*

huraño, –a *reticent, taciturn*
el **manto** *mantle, cloak*
nacer *to be born*
purificar *to purify*
tocar *to touch*
la **veta** *vein, streak*

Ejercicios

17 Preguntas

1. Según el autor, ¿cómo y en dónde está el cobre?
2. ¿Cómo describe el autor a las cumbres?
3. ¿Por qué dice él que están carcomidas?
4. ¿Qué es la mina para él?
5. ¿Qué se toca allí?
6. ¿De dónde sale el mineral?
7. ¿Cómo va naciendo el cobre?
8. ¿Según el poeta, ¿de quién es parte el cobre?
9. ¿De qué color es ahora el cobre?
10. ¿En qué se ha convertido?

18 Proyecto

Choose a mineral or a gem. Go to the library and do some research about its history, uses, areas where it is found, exploitation, and commercialization. Write a report in Spanish, using the information you gather.

19 Ejercicio de conversación

The class should be divided in groups according to the minerals or gems that the students have chosen. The students alternate asking and answering questions, in Spanish, about the research they have done.

20 Refrán "Saber es poder."

¿Crees que este refrán es cierto o no? ¿Por qué? ¿Piensas que su significado ha sido verdadero alguna vez en tu experiencia personal? ¿Cuándo? ¿Por qué? ¿Conoces algún refrán similar en inglés? ¿Cuál es? ¿Cómo lo traducirías al español? ¿En qué caso o casos podrías usar este refrán?

VOCABULARIO

el **as**   ace, wizard
el **cobre**   copper
la **duda**   doubt
el **ejecutivo, –a**   executive
la **jornada**   day's work (number of hours)
el **maletero, –a**   porter
la **mena**   ore
la **mina**   mine
el **periodista, la p.**   journalist

el **refinamiento**   refinement
el **reportaje**   article, report
el **socio, –a**   partner
el **trueno**   thunder

bienvenido, –a   welcome
bruto, –a   rough, uncut
confundido, –a   confused
minero, –a   mining

nervioso, –a   nervous
opuesto, –a   opposite
viajero, –a   traveling

calmarse   to calm down
fotografiar   to photograph
portarse   to behave
realizar   to carry out, perform

Palabras similares

el **corredor**   corridor
la **explosión**   explosion
el **explosivo**   explosive
la **extracción**   extraction
la **impaciencia**   impatience
la **jungla**   jungle

la **ópera**   opera
la **paciencia**   patience
la **preocupación**   preoccupation, concern
el **proceso**   process
la **profesión**   profession

alerta   alert
desierto, –a   desert
insignificante   insignificant
responsable   responsible

El ritmo afroantillano 10

(Nuestra periodista uruguaya, Analía, habla con Pedro, un músico dominicano.)

ANALÍA —¿Te puedo hablar de *tú*, no?

PEDRO —Sí, vamos a hablarnos de *tú*. Es mucho más fácil para mí. Casi nunca le hablo a nadie de *usted*. Yo sé que a ti te interesa la música del Caribe y la salsa. Pero, ¿sabes una cosa? En esa música se oyen los ritmos africanos. Los instrumentos que se usan también son de origen africano: las claves, los güiros, las maracas, el bongó.

ANALÍA —¿Me decías antes que los instrumentos están relacionados con los cultos religiosos?

PEDRO —Sí, los instrumentos siempre han tenido mucha importancia en las ceremonias religiosas. Para cada *orisha* hay un canto y un instrumento especial.

ANALÍA —¿Para cada qué...? ¿Qué has dicho? Mira, yo sé algo de música, pero no te entiendo.

PEDRO —Chica, eso no tiene nada que ver con la música. Los dioses en los cultos africanos se llaman

orishas. Cuando vinieron a América, los africanos identificaron a sus dioses con los santos católicos de los españoles. Pensaron que los santos tenían los mismos poderes que sus *orishas.*

ANALÍA —Entonces, ¿los africanos se convirtieron al catolicismo?

PEDRO —A su manera. Es difícil explicarlo. Como los traía el gobierno español, los bautizaban en la religión católica. Pero ellos siguieron practicando sus propios cultos. Les gustaba tener sus *ochés,* que eran figuras de madera de sus dioses. Las guardaban en los barracones donde vivían.

ANALÍA —Me has dicho que a los africanos los traía el gobierno español. ¿Para qué los traían?

PEDRO —Para hacer el trabajo duro; principalmente en los cultivos de caña de azúcar y de tabaco.

ANALÍA —¿Cuándo fue eso?

PEDRO —Empezaron a traerlos a principios del siglo dieciséis, y los africanos siguieron llegando a la zona del Caribe por más de trescientos años. La mayor parte se quedó allí. Nunca volvieron a África.

ANALÍA —¿Y vinieron muchos?

PEDRO —Se cree que más de diez millones. Por eso su influencia se ve por dondequiera. Y no sólo en la música, sino también en la poesía, la danza y, en fin, en casi

ANALÍA   todas las costumbres de las Antillas y del área del Caribe.

ANALÍA   —Volviendo a la música, ¿cuáles consideras tú que son los instrumentos más importantes para este tipo de música?

PEDRO   —¡Eso ya tú lo sabes! La conga, los bongós, los instrumentos de percusión. Y claro, uno no puede olvidarse de las claves. Mira, las tengo aquí y te las enseño.

ANALÍA   —¿Esas dos maderas?

PEDRO   Sí, las claves le dan el ritmo a los otros instrumentos del conjunto. Aunque nadie del grupo las toque, los músicos siempre las oyen cuando tocan, y siguen su ritmo.

ANALÍA   —Cuando tú hablas de ritmo, yo pienso en los bailes tan populares del Caribe que ahora se conocen en todo el mundo: la rumba, la conga, el mambo, el cha-cha-chá...

PEDRO   —¿Y se te olvida el merengue?

ANALÍA   —¿El merengue? Me parece que eso es un postre, no un baile.

PEDRO   —Es un baile muy sabroso. Se deriva del *balsie* dominicano. Esa música se usaba en los ritos dedicados a Guedé, la divinidad de los cementerios. Se usaban congas, tambores y chachás como acompañamiento.

> "Zumba, maxa, la rumba y tambó..."

ANALÍA   —Me parece que oigo el ritmo...

PEDRO   "Zumba, maxa, la rumba y tambó
marimba, mabomba, bomba y bombó
chaqui, chaqui, chaqui charaqui
chaqui, chaqui, chaqui, charaqui.
Paca, paca, paca, paca, pam, pam, pam."[1]
¿Entiendes?

ANALÍA   —El ritmo lo oigo y me encanta, pero las palabras no las entiendo. Dime, ¿este poema está en español o en algún dialecto africano?

PEDRO   —No es ni africano ni español, es un idioma inventado por el poeta que lo escribió, un poeta cubano. Las palabras se forman con grupos de sonidos que se repiten: "chaqui, chaqui, chaqui..." ¿No oyes el ritmo de las maracas? ¿Y el de los güiros?

ANALÍA   —Sí, y oigo los tambores también, pero...

PEDRO   —No te preocupes si no lo entiendes. No hay que entenderlo. ¡Nada más que hay que sentirlo!

---

[1] Fragmento de "La Rumba," poema de José Zacarías Tallet, poeta cubano nacido en 1893.

Ejercicios

1 Preguntas

1. ¿Qué tipo de música le interesa a la periodista?
2. ¿De qué origen son los instrumentos que se usan en esa música? ¿Cuáles son?
3. ¿Con quiénes identificaron a sus dioses los africanos? ¿Qué poderes les dieron?
4. ¿Para qué traían a los africanos a América? ¿En qué cultivos trabajaban?
5. ¿Cuándo empezaron a llegar los africanos a la zona del Caribe? ¿Dónde se nota su influencia?
6. ¿Qué instrumentos le dan ritmo al conjunto, según el músico?
7. ¿Cuáles son los bailes populares del Caribe que se conocen en todo el mundo?
8. ¿Qué es el merengue? ¿De dónde viene?
9. ¿En qué idioma está el poema que recita el músico? ¿Cómo se forman las palabras del poema?
10. ¿Qué instrumentos se pueden escuchar en esas palabras?

2 ¿Qué crees?

1. ¿Te interesa la música? ¿Por qué?
2. ¿Qué tipo de música te interesa? ¿Por qué?
3. ¿Tocas algún instrumento musical? ¿Cuál?
4. ¿Sabes cuál es el origen de ese instrumento? ¿Cuál es?
5. ¿En qué tipo de música se usa más ese instrumento? ¿Para qué se usa?
6. ¿Cuál fue la última vez que lo escuchaste o lo practicaste?
7. ¿Te gustaría dedicarte a la música profesionalmente? ¿Por qué?
8. ¿Te dedicarías a la música clásica o a la moderna? ¿Por qué?
9. ¿Admiras a algún músico o a algún grupo musical en especial? ¿Quién o cuál es? ¿A qué tipo de música se dedica?
10. ¿Se organizan conciertos en tu escuela? ¿Cuándo y cómo se organizan? ¿Por qué?

SUBJECT PRONOUNS

SUBJECT PRONOUNS		
Person	Singular	Plural
1	yo — I	nosotros / nosotras } we
2 / 2/3	tú / usted } you	vosotros / vosotras / ustedes } you
3	él — he / ella — she	ellos / ellas } they

1. The feminine plural pronouns **nosotras, vosotras,** and **ellas** are used only to refer to a group composed exclusively of females. In all other cases—that is, when the group referred to is all male or has both males and females in it—the masculine forms are used.

2. **Tú versus usted.** Spanish has two words for *you* (singular), **tú** and **usted**. (**Tú** is often called the "familiar" form and **usted** the "formal" form of address.) The use of **tú** places speakers on a relatively friendly, intimate social basis, while **usted** indicates greater social distance. Usage with **tú** and **usted** varies from place to place. In general, the Caribbean region and metropolitan areas in Spain use **tú** more liberally than large inland cities in Latin America and rural areas everywhere. The following rules of thumb hold for most speakers, though not universally.

   a. **Tú** is used among close friends, relatives, and others on a first-name basis. Students almost invariably address one another as **tú,** even if they have never met before.

   b. **Usted** is typically used with someone addressed as **señora, señorita, señor, doctor, profesor,** or some other title rather than by first name. Students normally use **usted** with teachers and professors.

   c. When in doubt, you should simply ask the person you are speaking with whether **tú** or **usted** is appropriate. Native Spanish speakers do exactly this when they are uncertain or uncomfortable. Some commonly used phrases are:

¿Debemos hablarnos de "tú" o de "usted"?	*Should we use* tú *or* usted?
Por favor, háblame de "tú."	*Please, use* tú *with me.*
¿Está bien el "tú"?	*Is* tú *OK?*

3. **Vosotros, -as versus ustedes. Vosotros** and **vosotras,** though indispensable in Spain, are not used in everyday conversation or writing in Spanish America, where **ustedes** is the plural of both **tú** and **usted.**

4. In traditional terminology, **usted** and **ustedes**[1] are "second person," since they mean *you* (singular and plural). Formally, however, they are always "third person." That is, they always take third person verb forms (as do *he, she, it,* and *they*). The corresponding possessives are third person **su(s), suyo(s),** just like *his, her, its* and *their.* (This is why 2/3 appears by **usted** and **ustedes** in the *Person* column of the Subject Pronouns chart.)

5. The English subject pronoun *it* has no commonly used Spanish counterpart. For example, "Who is *it?*" can only be **¿Quién es?** in Spanish.[2] Furthermore, English *they* has no counterpart in Spanish unless it refers to humans. Thus, "Where are *they?*" can only be **¿Dónde están?** if *they* refers to things.

6. Unlike English, Spanish allows subject pronouns to be omitted entirely. However, they are not used or omitted purely at the whim of the user; rather, their use or omission signals a significant difference in meaning. Notice carefully the English equivalents of the following pairs of sentences.

Yo no la conozco.	*I don't know her (but maybe somebody else does).*
No la conozco.	*I don't* know *her.*

---

[1] **Usted** and **ustedes** are sometimes abbreviated **Ud.** and **Uds.** or **Vd.** and **Vds.**
[2] A neuter subject pronoun **ello** does in fact exist, but it is rare in ordinary speech and writing, and the rules for its use are complex.

Nosotros somos hermanos.	*We are brother and sister (but they are cousins).*
Somos hermanos.	*We're <u>brother and sister</u>.*
¿Vas tú a Santo Domingo?	*Are <u>you</u> going to Santo Domingo?*
¿Vas a Santo Domingo?	*Are you going to <u>Santo Domingo</u>?*

As these examples show, omission of the subject pronoun is the normal case in Spanish. (Extra stress on the Spanish pronouns is not required; their mere presence produces the effect.) Thus the message delivered by the pronouns is that it's *this* subject rather than some other.

Subject pronouns are absolutely required in sentences like the following.

Tú vas a España y **yo** voy al Caribe.	*You're going to Spain and I'm going to the Caribbean.*
Él no sabe francés, pero **yo** sí.	*He doesn't know French, but I do.*
Fuimos **nosotros,** no **ellos.**	*It was us, not them.*

These sentences contain contrasting subjects in parallel clauses. Omission of either subject pronoun (or both) would make the sentences ungrammatical.[1]

Ejercicios

3 ¿De quién se trata? ⊗

Add the appropriate subject pronoun to each sentence for clarification or emphasis. (In cases where more than one pronoun is possible, base your choice on the suggestion in parentheses.)

MODELO Vienen mañana, ¿no? (Elba y Remigio)
Ellos vienen mañana, ¿no?

1. No voy a nadar si hace frío.
2. Somos dominicanos, no puertorriqueños.
3. No me equivoqué.
4. No te conocen, ¿verdad? (Rita y Telma)
5. Recordaste la canción. ¡Qué bueno!
6. ¿Cuándo comienzas a practicar?
7. Sacó la mejor foto de la isla. (Luisa Torres)
8. Garantizamos la calidad de estos productos.
9. Oímos el ritmo de la música.
10. Descansan después del ensayo. (Pedro y Carmen)

4 ¡Hablemos de tú! ⊗

Work in pairs. One student says one of the phrases below; the other wants to use the **tú** form. The first student then repeats the original statement, using **tú** in place of **usted.** (Alternate playing both roles.)

MODELO A: Espero que me acompañe usted.
B: *Por favor, háblame de "tú."*
A: *Bueno, espero que tú me acompañes.*

---

[1] It is often said that subject pronouns in Spanish can be omitted because the verb endings indicate the person and number of the subject. But notice that in sentences like **Tú vas a España y yo voy al Caribe,** the verbs (**vas** and **voy**) unmistakably indicate the subjects (**tú** and **yo,** respectively), yet the pronouns cannot be omitted.

1. ¿Me quiere mostrar cómo se baila?
2. Creo que Ud. va a entender todo.
3. ¿Usted se siente mal todavía?
4. No sé si usted se acuerda del ritmo.
5. ¿Cuándo comenzó Ud. a componer música?
6. ¿Se divirtió cuando fue a Santo Domingo?
7. Ud. toca la guitarra muy bien.
8. ¿Escribió Ud. ese poema?
9. Me parece que Ud. no oye la música.
10. Ud. se olvidó de la letra de la canción.

OBJECT-OF-PREPOSITION PRONOUNS

OBJECT-OF-PREPOSITION PRONOUNS			
Person	Singular		Plural
1	mí	*me*	nosotros, -as *us*
2 2/3	ti usted } *you*		vosotros, -as ustedes } *you*
3	él	*him, it*	ellos } *them*
	ella	*her, it*	ellas }

1. With the exception of **mí** and **ti**, object-of-preposition pronouns are identical to subject pronouns. Note that the object-of-preposition pronoun **mí** has a written accent mark to distinguish it from possessive **mi**. The pronoun **ti** does not have a written accent since there is no other **ti** to distinguish it from.

2. *With me* and *with you* (**tú** form) have the special forms **conmigo** and **contigo**.

3. Subject pronouns rather than object-of-preposition pronouns are used after **como,** *like;* **entre,** *between, among;* **excepto,** *except;* **incluso,** *including;* **menos,** *except;* **salvo,** *except;* and **según,** *according to.*

Él no es **como tú.**　　　*He's not like you.*

Es un acuerdo **entre tú** y **yo.**　　*It's an agreement between you and me.*

4. The third person object-of-preposition pronouns **él, ella,** etc. can refer to things as well as people.

Tengo un bongó, pero no sé qué hacer **con él.**　　*I have a bongo drum, but I don't know what to do with it.*

Busco mis maracas; no puedo tocar música **sin ellas.**　　*I'm looking for my maracas; I can't play music without them.*

Ejercicio

5 **Un buen título** (*A good title*)

Complete the following dialog by supplying the appropriate pronouns.

DAVID —Por favor, ayúdame con esta canción. No puedo terminarla (sin) _____.

CELIA —¿Sin mí? ¿Quieres componer una canción (con)_____? ¿Por qué no con otra persona?

DAVID	—Es que no hay nadie (como) _____. Nadie (excepto) _____ me da inspiración.
CELIA	—¿Y tu amiga Elena Ortiz? Todas tus canciones anteriores han sido (para) _____.
DAVID	—Sí, pero (entre) tú y _____, esta canción va a ser diferente.
CELIA	—¿Diferente? Ah, entiendo. Ésta va a ser buena.
DAVID	—Celia, todo el mundo (excepto) _____ dice que yo soy un genio para las canciones.
CELIA	—Bueno, dime, ¿qué quieres que haga yo? ¿Qué quieres (de) _____?
DAVID	—Busco un buen título. El título es importantísimo. (Sin) _____, la canción no será un éxito.
CELIA	—¡Un título! ¿Ésa es la inspiración que necesitas (de) _____? Ay, David, ¿qué quieres (con) _____?
DAVID	—Pues... eso. El título: lo que acabas de decir. Es perfecto. "¿Qué quieres conmigo?" Suena bien, ¿no?

DIRECT AND INDIRECT OBJECT PRONOUNS

DIRECT OBJECT		
Person	Singular	Plural
1	me *me*	nos *us*
2 2/3	te lo } *you* la	os los } *you* las
3	lo } *him, it* la } *her, it*	los } *them* las

INDIRECT OBJECT		
Person	Singular	Plural
1	me *me*	nos *us*
2 2/3	te le } *you*	os les } *you*
3	le *him, her, it*	les *them*

1. The single difference in *form* between direct and indirect object pronouns is that the *direct* object pronouns **lo(s)** and **la(s)** show a distinction for masculine and feminine gender, while *indirect* object **le(s)** serves for both masculine and feminine.[1] Both sets of pronouns agree in person, number and gender with what they refer to.

2. Neither direct nor indirect object pronouns make a distinction between persons and things.

---

[1] In most parts of Spain, singular **le** and plural **les** replace masculine **lo** and **los**—but not feminine **la** and **las**—when they refer to people. The charts above reflect normal Spanish American usage.

Direct: Veo al periodista. ⎫ **Lo** veo.   Veo a la periodista. ⎫ **La** veo.
           Veo el tambor. ⎭   Veo la música. ⎭

Indirect: Voy a dar agua a los chicos. ⎫ Voy a dar**les** agua.
           Voy a dar agua a las plantas. ⎭

3. Direct and indirect object pronouns occur in the same positions in sentences.[1]

   a. They immediately precede single verb forms that are conjugated for person and number.
            No **los** veo. (direct)   *I don't see them.*
            No **les** escribo. (indirect)   *I don't write to them.*

   b. In verb constructions with an infinitive, the object pronouns may precede or follow the whole construction, with no change in meaning. In writing, the object pronoun that follows the infinitive is attached to it.
            No **los** voy a ver. ⎫ (direct)   *I'm not going to see them.*
            No voy a ver**los**. ⎭
            No **les** voy a escribir. ⎫ (indirect)   *I'm not going to write to them.*
            No voy a escribir**les**. ⎭

   The same is true of verb constructions with an **-ndo** form.[2]
            Lo estoy haciendo. ⎫ (direct)   *I'm doing it.*
            Estoy haciéndo**lo**. ⎭
            Me están hablando. ⎫ (indirect)   *They're talking to me.*
            Están hablándo**me**. ⎭

4. There is one striking and fundamental difference in grammar between direct and indirect object pronouns. With direct objects, nouns and pronouns referring to the same thing do not occur together in the same sentence.[3] In contrast, indirect object nouns and pronouns referring to the same thing do appear together in the same sentence—in fact, this is quite normal.
         Le escribo una carta **a María.**   *I'm writing Mary a letter.*
         Voy a preguntar**les a mis tíos.**   *I'm going to ask my aunt and uncle.*

Uses of Direct and Indirect Object Pronouns

Direct objects are used essentially the same way in English and Spanish. The uses of the indirect object, on the other hand, are more varied in Spanish than in English.

1. The most common use of the indirect object in Spanish corresponds to two types of sentences in English.
         Le escribí una carta.   a. *I wrote a letter to her.*
                            b. *I wrote her a letter.*

         Les traje la música.   a. *I brought the music for them.*
                            b. *I brought them the music.*

---

[1] For the position of direct and indirect object pronouns with imperatives (command forms), see p. 235.
[2] There is no shift of stress when a pronoun is added to an **-ndo** form. This means that a written accent is necessary.
[3] An example of such a sentence is **Lo** vimos **a Juan,** *We saw Juan,* where **lo** and **Juan** refer to the same thing. Sentences of this type are in fact used in some varieties of Spanish, but most speakers consider them odd or wrong.

As shown by the (a) sentences in these pairs, the Spanish indirect object may correspond to a *to*-phrase or a *for*-phrase in English. As shown by the (b) sentences, it may also correspond to English indirect objects placed directly after the verb with no intervening preposition.

2. Another common use of the Spanish indirect object is to indicate from whom or from what something is taken.

Me quitaron los discos.	*They took the records away from me.*
Le compré las maracas **a Pedro.**	*I bought the maracas from Pedro.*

The last sentence can also mean *I bought the maracas for Pedro.* Context usually makes the intended meaning of such sentences clear.

3. The Spanish indirect object is often used to indicate that the person or thing referred to is somehow or other involved in or affected by the action stated by the verb.

No **me** pierdas esas notas.	*Don't lose those notes (it would be a big bother to me if you did).*
Se **nos** enfermó el director.	*The director got sick (which made us very sad).*
Por favor, salúda**me** a Flor.	*Please say hello to Flor (on my behalf).*

The use of the Spanish indirect object just illustrated frequently involves items of clothing or parts of the body identified in English with a possessive form (*my, his,* etc.).

Me cortaron el pelo.	*They cut my hair.*
¿**Le** viste la cara a Pepito?	*Did you see Pepito's face?*

Verbs That Take Both Direct and Indirect Objects

Spanish has many verbs that can take both direct and indirect objects. Typical are verbs that refer to an exchange of objects or information. The thing exchanged is the direct object; the participant in the exchange (besides the subject) is the indirect object.

In the following examples all the verbs in the (a) sentences have a direct object. The same verbs take an indirect object in the (b) sentences.

a. Vendo **la guitarra. La** vendo.	*I'm selling the guitar. I'm selling it.*
b. **Le** vendo la guitarra.	*I'm selling him the guitar.*
a. Escribo **la carta. La** escribo.	*I'm writing the letter. I'm writing it.*
b. **Le** escribo (una carta).	*I'm writing her (a letter).*
a. Hablo **español** bien. **Lo** hablo bien.	*I speak Spanish well. I speak it well.*
b. **Les** hablo.	*I'm talking/speaking to them.*
a. Pide **el postre. Lo** pide.	*He's asking for dessert. He's asking for it.*
b. **Les** pide (el postre).	*He's asking them (for dessert).*
a. Estoy diciendo **la verdad.** Estoy diciéndo**la.**	*I'm telling the truth. I'm telling it.*
b. Estoy diciéndo**le** (la verdad).	*I'm telling you (the truth).*

Ejercicio

6 ¿Directo o indirecto?

Read the following sentences and determine whether each of the underlined words is a direct or an indirect object.

MODELO   ¿Quieres dar<u>le</u> la comida al bebé?
le: *indirect object*

1. ¿Los libros? <u>Los</u> dejé en la sala.
2. <u>Le</u> traeremos el dinero mañana, Sr. Villa.
3. ¿<u>Les</u> compro el auto a ellos?
4. ¿Podría decir<u>le</u> que no puedo esperar<u>lo</u>?
5. <u>Lo</u> ha hablado muy bien desde que era pequeño.
6. Debería servir<u>le</u> a la señora primero.
7. ¿Puedes traer<u>lo</u> a Guillermo a las tres?
8. ¿Esos discos? <u>Los</u> compré ayer.
9. Si necesitas más flores, píde<u>le</u> a ella.
10. <u>Lo</u> escribió en un pedazo de papel.

Direct and Indirect Object Pronouns Together

Me lo da.	*He gives it to me.*	**Nos lo** da.	*He gives it to us.*
Te lo da.	*He gives it to you.*	**Os lo** da.	*He gives it to you.*
Se lo da.	*He gives it to you/him/her/them.*		

1. This chart illustrates the most common combinations of direct and indirect object pronouns together in a single sentence. The pronouns beginning with the letter **l** are always second.

2. **Le** and **les** are always replaced by **se** before another pronoun beginning with the letter **l.**

Le traigo la guitarra.	*I'll bring him the guitar.*
Se la traigo.	*I'll bring it to him.*
Les di el tambor.	*I gave the drum to them.*
Se lo di.	*I gave it to them.*

3. Two pronouns together occupy the same positions in sentences as a single pronoun.
   a. They immediately precede single verb forms that are conjugated for person and number. This is illustrated in the chart above and in Paragraph 2.
   b. In verb constructions with an infinitive or an **-ndo** form, the object pronouns may precede or follow the whole group with no change in meaning. The pronouns that follow an infinitive or **-ndo** form are attached in writing, and an accent mark must be used to show that there is no shift in the position of stress.

Se la quiero cantar. ⎫
Quiero cantár**sela.** ⎭   *I want to sing it for him.*

Nos los están terminando. ⎫
Están terminándo**noslo.** ⎭   *They're finishing it for us.*

A sequence of pronouns may not be split, with one pronoun going before the conjugated verb and the other after the infinitive or **-ndo** form.

Emphatic Object Pronouns

Emphatic Object Pronouns	
me ... a mí	nos ... a nosotros, -as
te ... a ti	os ... a vosotros, -as
lo/le ... $\begin{cases} \text{a usted} \\ \text{a él} \end{cases}$	los/les ... $\begin{cases} \text{a ustedes} \\ \text{a ellos} \end{cases}$
la/le ... $\begin{cases} \text{a usted} \\ \text{a ella} \end{cases}$	las/les ... $\begin{cases} \text{a ustedes} \\ \text{a ellas} \end{cases}$

Spanish direct and indirect object pronouns cannot be stressed. In order to emphasize or to clarify the reference of an object pronoun, the appropriate prepositional phrase (see chart) is added, either before or after the verb phrase. Notice carefully the English equivalents of the following sentences.

Lo vi.	I <u>saw</u> him.
Lo vi **a él.**	I saw <u>him</u>.

Le escribí la carta.	I wrote her <u>the letter</u>.
Le escribí la carta **a ella.**	I wrote the letter <u>to her</u>.

As shown, the unstressed object pronouns are *not* dropped when the prepositional phrases are added. However, in phrases containing no verb, the prepositional phrase alone is used:

Le escribí **a él,** no **a ella.**	I wrote to <u>him</u>, not <u>her</u>.

When the pronoun to be emphasized is **se**—replacing **le** or **les**—the accompanying prepositional phrase can be **a usted, a él, a ella, a ustedes, a ellos,** or **a ellas,** depending on the intended meaning.

		a usted.		to you.	
		a él.		to him.	
Se lo mostré	$\Big\{$	a ella.	I showed it $\Big\{$	to her.	
		a ustedes.		to you.	(plural)
		a ellos.		to them.	(masculine)
		a ellas.		to them.	(feminine)

Ejercicios

7 En pocas palabras

Form sentences using each set of words below. One sentence should contain object nouns, another version should combine object nouns and pronouns, and a "reduced" version should include only pronouns.

MODELO escribí / la carta / ayer / a Eladio
Escribí la carta ayer. La escribí ayer.
Le escribí a Eladio ayer. Le escribí la carta a Eladio ayer.
Se la escribí ayer.

1. devolvió / el bongó / esta mañana / a mí
2. vamos a mostrar / las fotos / más tarde / a todos

3. ¿por qué? / no enseñaste / las nuevas danzas / a nosotros
4. he dado / la conga / la semana pasada / a ustedes
5. ¿quién? / puede ofrecer / otra oportunidad / a nosotros
6. usted / siempre pide / los libros / a Fabio
7. Gloria / trajo / unos discos / para ti
8. ¿cuándo? / cantarás / esa canción / a mí
9. he leído / esos poemas / hoy / a los chicos
10. Pablo / ha traído / esas maracas / hace cinco minutos / para usted

8 Frases originales

Choose a noun and two verbs from the following lists, and make up original sentences, using the appropriate object pronoun with the second verb, as in the examples below.

MODELO   *necesitar   ver   maracas*   (chosen words)
No veo las maracas y las necesito ahora.
Necesito las maracas pero no las veo.

VERBS		NOUNS	
comprar	oír	las canciones	las maracas
dejar	olvidar	la danza	la música
guardar	querer	dinero	tu perro
llamar	tomar	la foto	mi primo Esteban
llevar	traer	tu guitarra	Susana
necesitar	ver	los instrumentos	el tocadiscos

9 Ejercicio de traducción

Translate the following dialog, paying attention to all pronouns and especially to the corresponding Spanish forms, if any, for "it" in English.

ALICIA   It's almost eleven o'clock, isn't it?

JUANITA   Mother, I'm going up to my room to write a letter to Carmen.

FERNANDO   Why don't you write it tomorrow and help your mother now? Have you washed the dishes for her?

ALICIA   It doesn't matter, I'll wash them. But Miguel hasn't called us yet. I don't like it.

FERNANDO   Maybe the students who live with him didn't give him the message we left him.

JUANITA   That's true, mother. Or maybe he hasn't returned yet—they'll give it to him when he arrives.

ALICIA   It seems to me that both of you should be more worried about him. It's his first week in the United States.

Sensemayá   Nicolás Guillén ⊗

Nicolás Guillén (1902–   ): Poeta cubano nacido en Camagüey. Este poema forma parte de la colección *West Indies Limited* (1934).

¡Mayombe-bombe-mayombé!
¡Mayombe-bombe-mayombé!
¡Mayombe-bombe-mayombé!

La culebra tiene los ojos de vidrio;
la culebra viene y se enreda en un palo;
con sus ojos de vidrio, en un palo;
con sus ojos de vidrio.
La culebra camina sin patas;
la culebra se esconde en la yerba;
¡caminando, se esconde en la yerba!
¡Caminando sin patas!

¡Mayombe-bombe-mayombé!
¡Mayombe-bombe-mayombé!
¡Mayombe-bombe-mayombé!

Tú le das con el hacha y se muere.
¡Dale ya!
¡No le des con el pie, que te muerde;
no le des con el pie, que se va!

Sensemayá, la culebra,
sensemayá.
Sensemayá, con sus ojos
sensemayá.
Sensemayá, con su lengua,
sensemayá.
Sensemayá, con su boca.
sensemayá.

La culebra muerta no puede comer;
la culebra muerta no puede silbar;
no puede caminar,
no puede correr.
La culebra muerta no puede mirar;
la culebra muerta no puede beber;
no puede respirar,
no puede morder.

¡Mayombe-bombe-mayombé!
Sensemayá, la culebra...
¡Mayombe-bombe-mayombé!
Sensemayá, no se mueve...
¡Mayombe-bombe-mayombé!
Sensemayá, la culebra...
¡Mayombe-bombe-mayombé!
¡Sensemayá, se murió!

---

la **culebra** snake	la **lengua** tongue	**silbar** to hiss
dar to hit	**morder (ue)** to bite	el **vidrio** glass
enredar(se) to entangle	la **pata** leg	la **yerba** grass
esconder(se) to hide	**respirar** to breathe	

Ejercicios

10 Preguntas

1. ¿Cuál es el título del poema? ¿A qué se refiere?
2. ¿Con qué palabras comienza el poema?
3. ¿Qué significan esas palabras?
4. ¿De qué tiene los ojos la culebra?
5. ¿Dónde se enreda el animal?
6. ¿Cómo camina? ¿Dónde se esconde?
7. ¿Con qué instrumento la matan en el poema?
8. ¿Con qué no debes darle? ¿Por qué?
9. ¿Qué no puede hacer la culebra muerta?
10. ¿Se mueve la culebra al final del poema? ¿Por qué?

11 Actividad

The class should be divided in groups of three or four students each. Each group chooses an animal and describes it in Spanish. Then a representative of each group describes it to the class without mentioning the name of the animal being described. The rest of the class should guess what is the animal chosen by the group.

12 Ejercicio escrito

Each group writes down the description of the animal they have chosen. If possible they should give some rhythm to their collective creation. Post the compositions. Read them aloud.

13 Refrán: "Quien canta sus males espanta."

¿Qué piensas de este refrán? ¿Crees que es cierto o no? ¿Por qué? ¿Has cantado alguna vez cuando estabas preocupado? ¿Cuándo? ¿Qué te pasaba? Si no cantas, ¿qué haces cuando estás preocupado, para olvidar tu preocupación? ¿En qué caso o casos podrías usar este refrán?

---

espantar   *to frighten or scare away*   el **mal**   *misfortune*

VOCABULARIO

el **acompañamiento**   accompaniment
  (musical)
el **baile**   dance
el **barracón**   living quarters of the
  slaves
la **caña**   sugar cane
el **conjunto**   ensemble

la **divinidad**   divinity, deity
la **madera**   wood
el **periodista**, la **p.**   journalist
la **poesía**   poetry
el **santo, –a**   saint
relacionado, –a   related

bautizar   to baptize
entender (ie)   to understand
tener que ver   to have to do with

dondequiera   everywhere

Palabras similares

el **catolicismo**   Catholicism
el **cementerio**   cemetery
la **ceremonia**   ceremony
el **culto**   cult
la **danza**   dance

el **dialecto**   dialect
el **origen**   origin
el **poeta**   poet
el **rito**   rite, ceremony
el **tabaco**   tobacco

africano, –a   African
católico, –a   Catholic
religioso, –a   religious

derivar(se)   to derive, come from

Notas culturales

las **Antillas**   Antilles, West Indies, group
  of islands in the Caribbean Sea
el **balsie**   Dominican dance of African
  origin
el **chachá**   musical instrument
el **cha-cha-chá**   popular Latin American dance

la **clave**   percussion instrument used
  in the folkloric music of the Antilles
la **conga**   a popular Cuban dance of
  African origin and its music
el **mambo**   a Latin American dance of
  Cuban origin

el **oché**   artistic representation of an
  African deity
el **orisha**   deity of the Yoruban cult,
  originally from Nigeria

uruguayo, –a   Uruguayan

Granada
¡El reino encantado!

11

El anillo del moro ⊛

—Sí, Rafaelín. Esta noche reunámonos todos a las 9 en la puerta a la entrada de la Alhambra. Mi tío es el guarda de noche y me dio permiso para visitarla a esa hora cuando no hay turistas. Como hoy no la iluminan, traed linternas.

—Vale. ¡Estupendo! Y después de recorrer el palacio, sigamos en nuestras motos hasta la discoteca del Hotel Carmen. Vamos a celebrar tu santo, Isabel.

Planeando la aventura, en los jardines del Generalife.

Por la tarde, los chicos se reúnen en el mirador frente a la Alhambra.

A las 9 en punto, los muchachos entran al bello palacio moro, aún más bello a la luz de la luna llena y la de sus linternas.

—¡Cuidado! No hagáis tanto ruido, que nos echan. Mirad qué belleza de salones. Y el Patio de los Leones es maravilloso. ¡Eh! ¿Qué es esto en el suelo? ¡Parece un viejo anillo moro!

—Isabel, frótalo y pide lo que desees. A lo mejor es mágico.

En broma, Isabel lo frota y desea ver el palacio como era en tiempos de los moros. De repente, le parece que todos sus

El Patio de los Leones

compañeros se quedan inmóviles—como estatuas. Se oye música oriental de arpas y laúdes. Ahora entran unas sombras. Unas se recuestan en grandes otomanes en el piso, otras se quedan de pie. Un delicado olor a incienso de Arabia flota en el aire. El patio se ilumina, con la luz de múltiples antorchas. Las sombras se convierten en bellas damas moras, ricamente vestidas y adornadas de joyas; o en guerreros moros, con túnicas de damasco y armaduras de plata y oro. Los salones que se ven, están cubiertos de ricos tapices y alfombras orientales. Se oye el ruido lejano de la caballería mora que vuelve a la Alhambra, después de luchar contra un ejército cristiano en la Vega. De pronto, suena una trompeta…¡y todo desaparece!

—¿Qué pasa, Isabel? Estás como dormida. ¡Vamos!, que se nos hace tarde para ir a la discoteca. Como nadie vio ni sintió nada, no creen la historia de Isabel. Ella misma no sabe qué pensar.

Isabel y sus amigos bailan rock casi todo el tiempo.

En la discoteca bailan rock y a veces flamenco. En un descanso, tocan la bella canción de Agustín Lara[1]:

Pero… son andaluces, y a veces ¡les llama el flamenco!

"Granada, tierra soñada por mí…."

Al oír la canción, Isabel piensa si todo fue verdad o sólo una fantasía. En la luz de la discoteca el anillo no parece ni antiguo ni moro. Es un anillo barato, que tal vez se le perdió a algún turista.

Isabel se lo quita y lo deja olvidado en la discoteca. Cuando cierra el salón, todo está oscuro… pero en un rincón se ve una pequeña luz azul. Es… ¡el anillo! Cuenta una vieja leyenda mora que una vez cada cien años alguien verá la Alhambra en toda su gloria. En nuestro mundo de adelantos científicos, ¿será posible captar el pasado?

Ejercicios

1 Preguntas

1. ¿A qué hora y dónde se van a reunir los chicos?
2. ¿Por qué quieren visitar el palacio moro a esa hora?
3. Después, ¿adónde quieren invitar a Isabel? ¿Por qué?
4. ¿Qué encuentra Isabel en la Alhambra? ¿Qué hace ella entonces?
5. ¿Quiénes entran donde están los muchachos? ¿Qué hacen?
6. ¿Qué oye Isabel? ¿Qué ve ella?
7. ¿De dónde vuelve la caballería mora? ¿Después de qué?
8. ¿Qué les gusta bailar a los chicos? ¿Qué más les gusta bailar? ¿Por qué?
9. ¿Qué parece el anillo a la luz de la discoteca? ¿Qué no parece ya?
10. ¿Cuál es la leyenda mora?

2 ¿Qué crees?

1. ¿Qué crees que le pasó a Isabel en la Alhambra? ¿Por qué?
2. Muchas canciones son especiales para cada persona; ¿cuál es tu canción favorita? ¿Por qué?
3. ¿Qué crees sobre las leyendas o historias antiguas? ¿Por qué?
4. Con los adelantos científicos del mundo actual, ¿crees que será posible captar el pasado? ¿Por qué?

---

[1] Agustín Lara, músico mexicano (1897-1970), autor de bellas canciones muy populares.

IMPERATIVES

The following are examples of "imperatives"—often called "command forms"—in English.

Get out!

Please, don't eat the tapas.

In Spanish, imperatives involve special verb forms that depend on (a) the subject (**tú, vosotros, usted, ustedes, nosotros**) and (b) whether the imperative is affirmative (*Do something!*) or negative (*Don't do something!*).

1. Affirmative Imperative Forms

    a. Regular **tú** imperatives are the same as the third person singular (**él, ella**) form of the present indicative.

Indicative	tú *Imperative*	English
canta	**canta**	*sing*
recuerda	**recuerda**	*remember*
aprende	**aprende**	*learn*
vuelve	**vuelve**	*come back*
repite	**repite**	*repeat*
duerme	**duerme**	*sleep*

A few common verbs have irregular **tú** imperatives.

Infinitive	tú *Imperative*
hacer	**haz**
tener	**ten**
poner	**pon**
decir	**di**
venir	**ven**
salir	**sal**
ser	**sé**
ir	**ve**

    b. The standard way of forming affirmative **vosotros** commands is to replace the final **-r** of the infinitive by **-d.** This works for all verbs, otherwise regular or irregular, without exception.

Infinitive	vosotros *Imperative*
mandar	**mandad**
estar	**estad**
comer	**comed**
ser	**sed**
vivir	**vivid**
ir	**id**

Some speakers, however, simply use the infinitive as the affirmative **vosotros** imperative, instead of the forms just described.[1]

c. The affirmative **usted** imperative is always the same as the **usted** form of the *present subjunctive* (see p. 248ff). This is true of all verbs, regular or irregular, without exception.

Infinitive	usted *Imperative*
cantar	**cante**
estar	**esté**
aprender	**aprenda**
poner	**ponga**
abrir	**abra**
salir	**salga**

d. The affirmative **ustedes** imperative is always the same as the **ustedes** form of the *present subjunctive*. This is true of all verbs, regular or irregular, without exception.

Infinitive	ustedes *Imperative*
mandar	**manden**
andar	**anden**
vender	**vendan**
ser	**sean**
pedir	**pidan**
ir	**vayan**

e. With one exception, the affirmative **nosotros** imperatives are the same as the **nosotros** forms of the *present subjunctive*.

Infinitive	nosotros *Imperative*
pensar	**pensemos**
leer	**leamos**
saber	**sepamos**
escribir	**escribamos**
oír	**oigamos**

The one exception is **ir,** whose affirmative **nosotros** imperative is **vamos** (rather than the expected **vayamos**).

Spanish **nosotros** imperatives correspond to verb constructions with *let's* in English.

Pensemos.	*Let's think.*
Hagamos algo.	*Let's do something.*
Vivamos en paz.	*Let's live in peace.*

---

[1] Recall that **vosotros** forms of any kind, imperative or not, are used only in Spain (see p. 6).

2. Negative Imperative Forms

All negative imperative forms are the same as the *present subjunctive* forms that agree with the same subject.

a. *Negative* **tú** *Imperatives*

Infinitive	Imperative
llorar	no **llores**
repetir	no **repitas**
dormir	no **duermas**
hacer	no **hagas**
ser	no **seas**
ir	no **vayas**

b. *Negative* **vosotros** *Imperatives*

Infinitive	Imperative
mandar	no **mandéis**
poner	no **pongáis**
escribir	no **escribáis**

c. *Negative* **usted** *Imperatives*

Infinitive	Imperative
cantar	no **cante**
salir	no **salga**
abrir	no **abra**

d. *Negative* **ustedes** *Imperatives*

Infinitive	Imperative
pasar	no **pasen**
vender	no **vendan**
pedir	no **pidan**

e. *Negative* **nosotros** *Imperatives*

Infinitive	Imperative
escribir	no **escribamos**
leer	no **leamos**
ir	no **vayamos**[1]

---

[1] This form is regular, unlike the affirmative **nosotros** imperative **vamos.**

3. Subject Pronouns with Imperatives

Subject pronouns may be used or not with imperatives, just like any other verb form. However, if they are used, the normal position is *after* the verb form.

Espere usted un momento, por favor.	*Wait a moment, please.*
No abramos nosotros la puerta.	*Let's not open the door.*

4. Position of Object Pronouns with Imperatives

All object pronouns (direct and indirect, reflexive and nonreflexive) *follow affirmative imperatives* and are attached to them in writing.

Vénde**lo** (tú).	*Sell it.*
Mandád**noslos** (vosotros).	*Send them to us.*
Escríba**melo** (usted).	*Write it for me.*
Póngan**las** ahí (ustedes).	*Put them there.*
Bebámos**lo** (nosotros).	*Let's drink it.*
Dime la verdad (tú).	*Tell me the truth.*

The position of stress on the imperative does not shift when the object pronouns are added; therefore, a written accent is required on all imperatives with more than one syllable that have pronouns attached. Also note that:

a. The final **-s** of **nosotros** imperatives is dropped when the pronoun **nos** is attached to it.

Sentémo**nos**.	*Let's sit down.*
Vámo**nos**.	*Let's go.*

b. The final **-s** of **nosotros** imperatives is also dropped when the pronoun **se** is attached to it.

Démo**selo**.	*Let's give it to them.*
Escribámo**selas**.	*Let's write them for her.*

c. The final **-d** of **vosotros** imperatives is dropped when the pronoun **os** is attached to it.

Senta**os**.	*Sit down.*
Compra**os** un libro.	*Buy yourselves a book.*

There is one exception to this rule: the **-d** of **id** is not dropped before **os: Idos,** *Go away.*

All object pronouns *precede negative imperatives,* without complications.

No **lo** vendas (tú).	*Don't sell it.*
No **nos lo** mandéis (vosotros).	*Don't send it to us.*
No **me lo** escriba (usted).	*Don't write it to me.*
No **las** pongan ahí (ustedes).	*Don't put them there.*
No **nos** vayamos (nosotros).	*Let's not go.*
No **se lo** demos (nosotros).	*Let's not give it to him.*
No **os** sentéis (vosotros).	*Don't sit down.*

Ejercicios

3 **Den una orden.**

Identify the following phrases from "El anillo del moro." If the phrase is a command, determine if it is for **tú, usted, ustedes, nosotros** or **vosotros;** then give the other command forms of the same verb. If the phrase is not a command, convert it to one and then give all of the other forms.

MODELOS   **Mirad** qué preciosidad de salones...
        (Sí, es mandato.)   Mira *(tú), Mire Ud., Miren Uds., Miremos*

        Se oye el ruido de la caballería...
        (No es mandato.)   Oye *(tú), Oiga Ud., Oigan Uds., Oíd, Oigamos*

1. **Se reúnen** con ellos en el mirador.
2. **Haz** un deseo.
3. No **hagáis** tanto ruido.
4. **Se recuestan** en el piso.
5. **Tocad** la canción de Agustín Lara.
6. **Vamos,** que se nos hace tarde.
7. No **creen** el cuento de Isabel.
8. **Bailan** rock casi todo el tiempo.
9. Se lo quita y lo **deja** olvidado.
10. **Ven** una pequeña luz azul.

4 Completen las frases.

A. Complete each sentence with the appropriate command form of each of the infinitives in parentheses.

MODELO ¿Ustedes tienen el caballo? Bueno, _____ melo, por favor. (traer) (vender) (buscar) — *Tráiganmelo (véndanmelo, búsquenmelo), por favor.*

1. Jorge, ¿no ves el libro allí? _____ -lo. (leer) (acabar) (comprar)
2. Tú y yo siempre hemos soñado con ir a Granada. ¡Ahora podemos! ¡_____ para Granada mañana! (ir) (irse) (salir)
3. Sé que estás asustado, pero nada te va a pasar. _____, por favor. (calmarse) (callarse) (sentarse)
4. Niños, no sé qué hacer con vosotros, estáis muy impacientes. _____ un rato. (esperar) (quedarse quieto) (descansar)
5. Doña Emilia, no entiendo lo que usted me ha dicho. _____ -melo, por favor. (repetir) (explicar) (enseñar)
6. Catalina, tu papá quiere ver las blusas que compraste. _____ -selas. (mostrar) (dar) (llevar)

B. Follow the same procedure as above, but supply the negative command form.

MODELO Evelina, tu mamá se va a enojar. No le _____ nada. (decir) (dar) (mostrar)
—*No le digas (des, muestres) nada.*

1. Me parece que no dicen la verdad. No les _____, por favor.
(ayudar) (llamar) (creer)
2. Pero es muy temprano, señores. Por favor, no _____.
(irse) (levantarse) (cerrar)
3. Debemos esperar. Lo haremos más tarde. No _____ nada todavía.
(decir) (hacer) (poner)
4. Oye, mi hijo, tu perrito volverá muy pronto. No _____ triste.
(estar) (ponerse) (seguir)
5. Vosotros debéis tener más cuidado. No _____ vuestras cosas a otra gente.
(dar) (prestar) (enseñar)
6. Pilar, tu anillo es muy caro, vale muchísimo. No lo _____.
(dejar) (vender) (olvidar)

5 Diálogo corto

Read the following dialog and follow the instructions in parts A and B.

MAESTRA —Buenos días, niños. Siéntense, por favor. Pedro, dígame, ¿qué día es hoy?
PEDRO —Martes.
MAESTRA —Y explique a la clase por qué mañana no habrá clases.
ENRIQUE —¡Maestra, pregúnteme a mí, yo lo sé!

PEDRO	—Cállate, Enrique, no interrumpas.
MAESTRA	—Pedro, Enrique, no discutan. Compórtense mejor. Ahora, Pedro, responda a la pregunta.
PEDRO	—Mañana... estaremos de vacaciones porque... porque es el cumpleaños de mi hermana.

A. Transform the dialog in the following ways: (1) the **maestra** uses **tú** and **vosotros** with the pupils (2) the **maestra** uses **tú** and **ustedes** with them.

B. Work in groups of three students to continue the above dialog or, if you prefer, to write a new version. Use as many command forms as possible.
   Palabras útiles: abrir los libros, aprender de memoria, callarse, cantar, cerrar los libros, contestar, dibujar, escribir, hablar, levantarse, levantar la mano, pasar al frente, repetir, responder, sentarse, (no) tocar.

6 Mandatos y pronombres ⊗

A. Give a command that would result from hearing each sentence. Replace object nouns with pronouns. If the sentence is negative, make the command negative. Use the **usted** form.

MODELOS El coche es muy bueno. ¿Lo **compro?**   No quiero **ver** esa película.
         —*Cómprelo.*   —*No la vea.*

1. Ya es tarde. Debo **terminar** mi trabajo.
2. No quiero **tocar** esa canción otra vez.
3. Debo **guardar** este anillo. Es mágico.
4. Sería interesante **leer** este poema andaluz.
5. Me gustaría **escuchar** el programa de Pilar Gutiérrez.
6. María ha estado muy ocupada. No debo **llamarla,** ¿verdad?
7. Esta cuenta contiene un error. No voy a **pagarla.**
8. Me encanta el palacio. Sería estupendo **recorrerlo.**
9. No me gusta este programa. No voy a **mirarlo.**
10. Me parece mejor **escribir** otra vez esta frase.

B. Follow the same procedure as above, but use the **tú** command forms.

MODELOS Estoy cansado. Debo **acostarme.**   No tengo ganas de **levantarme.**
         —*Acuéstate.*   —*No te levantes.*

1. Va a llegar el autobús. ¡Debo **vestirme!**
2. No hay tiempo; no quiero **bañarme.**
3. ¿Por qué no me voy a **ir?** No estoy contenta aquí.
4. He hecho mucho hoy. Me quiero **acostar.**
5. No debo **despedirme** todavía. Hay tiempo.
6. Mamá, estoy sucio. ¿Me **baño?**
7. No hay bastantes sillas para todos. Prefiero no **sentarme.**
8. Yo sé que es tarde pero me gustaría **quedarme.**
9. ¿Estoy mal así? No quiero **peinarme.**
10. El agua está estupenda. ¡Voy a **tirarme!**

7 Ustedes mandan. ⊗ 📖

Form **ustedes** commands with the following words. The commands may be negative, as indicated by your teacher.

MODELO   Cantar / otra canción / por favor
   Canten (Uds.) otra canción, por favor.

1. bailar / con / mis primas
2. quedarse / aquí / por unos minutos
3. irse / en / las motos
4. entretenerse / con / mi guitarra
5. visitar / la Alhambra / mañana
6. despertarse / antes de / las ocho
7. venir / con / sus hijos / por favor
8. escribir / otra carta / al señor Muñoz

8 Inventen una frase.

Identify the **nosotros** command form in each series. Then invent a phrase or sentence employing it, either affirmatively or negatively.

MODELO   ponemos   estudiemos   escogemos   gozamos
   —Estudiemos. Estudiemos con Jaime esta tarde.

1. comemos   seamos   estamos   cortamos
2. tomemos   vemos   damos   dormimos
3. visitamos   regresamos   discutamos   volvemos
4. repetimos   aprendemos   recordemos   hacemos
5. cantamos   vendemos   leemos   durmamos
6. recordamos   aprendimos   aprendemos   recordemos
7. vendimos   abramos   abrimos   vendemos
8. salimos   pagamos   salgamos   pescamos
9. decimos   lleguemos   pagamos   llegamos
10. practicamos   vendemos   preparamos   hablemos

9 ¿Qué crees?

Read each of the following passages. Then answer the true/false questions that follow.

A. Usted pide direcciones para llegar a cierta iglesia. Éstas son las direcciones que recibe: ¿La iglesia de Santa María? ¿Ud. ve ese camino? Tómelo derecho, y al subir por donde se ve ese árbol, siga a la derecha, no vaya a tomar el camino de la izquierda. Bueno, cómo le decía, siga por una… no, mejor dicho, siga Ud. dos cuadras, allí verá una isla, una islita con mucho tráfico, y antes de llegar a la estatua, doble a la izquierda. Ud. estará saliendo del parque. De allí se puede ver la iglesia que busca. Pero si Ud. se pierde, ya cerca de la estatua, pregúntele a alguien, pídale que lo oriente. Ahora, recuerde una cosa, si ve un lago, ya ha ido demasiado lejos; en ese caso, pregúntele a otra persona.

¿Verdadero o falso?
1. La iglesia está situada encima de un lago.
2. Hay que ir a la derecha después de encontrar el árbol.
3. La iglesia queda fuera del parque.
4. Es posible ver la iglesia desde la islita.
5. Nadie en el parque sabrá cómo encontrar la iglesia.

B. Tienes ocho años de edad; escuchas a tu mamá, quien te va a mandar a la tienda. Ahora habla tu mamá:

Cómprame un pan, un pan francés como el que nos trajo Claudia el lunes, ¿te acuerdas? Y también un litro de leche. No pierdas tiempo hablando con nadie; no vayas a jugar con los vecinos. Págale al empleado y no olvides de preguntarle dónde para el autobús, tú sabes, el que va para San Miguel. ¿Oíste? Pídele que te diga o que te muestre dónde es la parada, y espera el autobús. Te llevará a casa de tía Alicia, donde estuvimos anteayer. Te bajas allí, y en la Calle Séptima verás la tienda de zapatos. Bueno, quédate con tía Alicia hasta que yo vaya por ti, pero recuerda, no vayas a dejar las cosas en la tienda; llévalas a casa de tu tía. Cuídate mucho.

¿Verdadero o falso?

1. Hay que comprar medio pan y dos litros de leche.
2. No debes jugar con nadie.
3. Tía Alicia vive en un barrio llamado San Miguel.
4. Es probable que el empleado sepa dónde para el autobús.
5. Alicia te va a acompañar a la tienda.

10 Respondan o comenten.

Give a reply or comment to each statement. Use either an affirmative or negative command. (Many appropriate responses are possible.)

MODELO El carro está muy sucio.
—*Lávalo tú; no tengo tiempo.*
—*Está bien; lavémoslo.*
—*No, no lo lavemos. ¡Mañana va a llover!*

1. ¡Qué bueno sería visitar Granada!
2. Enrique necesita mil quinientas pesetas.
3. Esas tapas deben estar sabrosas.
4. Este anillo es hermoso, pero costará mucho.
5. Ya son las once. Raquel y yo tenemos hambre.
6. ¿Tienes que estudiar ahora? Es que yo quiero poner un disco.
7. Quiero ir en el barco con los otros, pero no sé nadar.

11 ¿Qué pueden aconsejar?

Give instructions or advice to the people in the following situations. Use as many command forms as possible. You may work with a partner to prepare an oral presentation or write out your answer as an assignment.

A. Tengo 17 años. Siempre he soñado con ir a Granada. No tengo mucho dinero, pero podría trabajar y ahorrarlo. Sin embargo, mis padres creen que no soy responsable y que no debo viajar a España. ¿Qué hago?

B. Conozco a alguien que nunca estudia. Lee muy poco, y de otras cosas, como las matemáticas, entiende menos. Se pasa la vida cantando y tocando la guitarra. Dice que no le importa nada, porque algún día tendrá mucho dinero. ¿Qué le digo?

C. Queremos hacerle una "fiesta sorpresa" a nuestra amiga Carmela, que cumple 16 años el martes. Carmela es simpática, pero es algo tímida. ¿Dónde debemos hacer la fiesta? ¿Qué refrescos y comida tendremos? ¿Habrá música? ¿Un grupo musical o discos—y cuáles?

Granada ⊗

Dale limosna mujer,
que no hay en la vida nada
como la pena de ser
ciego en Granada.

Copla de Francisco de Icaza (1863-1925),
poeta mexicano

Tanto la ciudad actual como la provincia del mismo nombre como el ya desaparecido (en 1492) reino moro de Granada han sido objeto de descripciones, leyendas, poesías, canciones.

El poeta Federico García Lorca describe así la encantadora ciudad situada en el corazón de Andalucía, al pie de la Sierra Nevada:

"Granada es una ciudad de ocio, una ciudad para la contemplación y la fantasía, una ciudad donde el enamorado escribe mejor que en ninguna otra parte el nombre de su amor en el suelo. Las horas son allí más largas y sabrosas que en ninguna otra ciudad de España."

Federico García Lorca ⊗

Federico García Lorca (1898-1936): poeta español, nacido en la provincia de Granada. Su creación poética es de calidad excepcional. Es también inspirado dramaturgo que ha enriquecido el teatro español con tragedias y comedias.

La guitarra
Empieza el llanto de la guitarra.
Se rompen las copas de la madrugada.
Empieza el llanto de la guitarra.
Es inútil callarla. Es imposible callarla.
Llora monótona como llora el agua,
como llora el viento sobre la nevada.
Es imposible callarla.
Llora por cosas lejanas.
Arena del sur caliente que pide camelias
   blancas.
Llora flecha sin blanco, la tarde sin
   mañana,
y el primer pájaro muerto sobre la rama.
¡Oh guitarra! Corazón malherido
por cinco espadas.

De Poemas del Cante Jondo

el **blanco** *target*	**encantador, –a** *enchanting*	**malherido, –a** *badly wounded*
callar *to silence*	**enriquecer** *to enrich*	**nacido, –a** *born*
ciego, –a *blind*	la **espada** *sword*	la **nevada** *snowfall*
la **copa** *wine glass*	**inútil** *useless*	el **ocio** *leisure*
la **copla** *stanza*	la **limosna** *alms, charity*	la **pena** *sorrow*
el **dramaturgo** *playwright*	el **llanto** *crying, weeping*	la **rama** *bough, branch*
el **enamorado, –a** *sweetheart*	la **madrugada** *dawn*	

Baladilla de los tres ríos (fragmento)

El río Guadalquivir
va entre naranjos y olivos.
Los dos ríos de Granada
bajan de la nieve al trigo.
  ¡Ay, amor
  que se fue y no vino!

El río Guadalquivir
tiene las barbas granates.
Los dos ríos de Granada,
uno llanto y otro sangre.
  ¡Ay amor
  que se fue y no vino!

Guadalquivir, alta torre
y viento en los naranjales.
Darro y Genil, torrecillas
muertas sobre los estanques.
  ¡Ay amor
  que se fue por el aire!

Ejercicios

12

Preguntas

1. ¿Cómo es la persona a quien quieren dar limosna?
2. ¿En qué ciudad están?
3. ¿En qué parte del día empieza el llanto de la guitarra?
4. ¿Con qué compara el poeta el llanto de la guitarra?
5. ¿Por qué cosas llora la guitarra?
6. ¿Cuáles son los tres ríos de los que habla el poeta?
7. ¿Cuál señala el poeta como el más grande e importante? ¿Cómo lo hace?

13 ### ¿Qué crees?

1. ¿Te gusta la poesía? ¿Por qué?
2. De las tres poesías anteriores, ¿cuál te gusta más? ¿Por qué?
3. ¿Qué cosas te gustan más de tu pueblo o ciudad?
4. ¿Sobre qué tema podrías escribir una poesía? ¿Por qué?
5. Haz una copla en español, de cuatro a seis líneas, sobre uno de tus temas favoritos.

---

el **amor** *love*
la **baladilla** *ballad*
la **barba** *beard*
el **Darro** *river in the province of*

Granada
el **Genil** *river in the province of Granada*
granate *garnet, deep red*

el **naranjal** *orange grove*
el **naranjo** *orange tree*

ROMANCE DE LA CONQUISTA

de Alhama, con la cual se comenzó la última
guerra de Granada

La pérdida para el rey moro de Granada, de la villa de Alhama, conquistada por los cristianos en 1482, inspiró el siguiente romance del siglo XVI.

Paseábase el rey moro
por la ciudad de Granada,
cartas le fueron venidas
como Alhama era ganada.
    ¡Ay de mi Alhama!
Las cartas echó al fuego
y al mensajero matara;
mandó tocar sus trompetas
porque lo oyeran los moros.
    ¡Ay de mi Alhama!

Allí habló un viejo sabio:
—¿Para qué nos llamas, rey,
a qué fue nuestra llamada?
—Para que sepáis, amigos,
la gran pérdida de Alhama.
    ¡Ay de mi Alhama!
—Por eso mereces, rey,
una pena muy doblada,
que te pierdas tú y el reino
y que se acabe Granada.
    ¡Ay de mi Alhama!

¡Ay de mi Alhama!

Allegretto moderato

Pa - se - á - ba - se_el rey mo — ro por
la ciu - dad de Gra - na - da, car - tas le
fue - ron ve - ni - das — — co - mo_Al - ha - ma_e - ra ga -
na - da ¡A — y mi Al - ha — — — ma! -
co - mo_Al - ha - ma_e - ra ga - na - da ¡Ay, mi Al - ha — — — — ma!

Alhama *village in the province of Granada*
doblado, –a *doubled*
echar *to throw out*

matar *to kill*
el mensajero, –a *messenger*
merecer *to deserve*
la pena *penalty, punishment*

la pérdida *loss*
el reino *kingdom*
el sabio, –a *wise person*
siguiente *next*

Ejercicios

14 Preguntas

1. ¿Por dónde se paseaba el rey moro?
2. ¿Qué le decían las cartas?
3. ¿Dónde echó él las cartas?
4. ¿Qué mandó tocar?
5. ¿Quién habló allí? ¿Cuáles fueron sus palabras?
6. ¿Para qué los había llamado el rey?
7. ¿Qué pena merecía el rey?
8. ¿Cómo se quejaba él?
9. ¿Cómo crees que se sentía el rey?
10. ¿Cuántos personajes intervienen en la historia? ¿Quiénes son?

15 Actividad

The class should be divided in groups of three or four students each. The students represent the characters of the poem "Romance de la Conquista." One is the Moorish king, another is the messenger, another the old sage. Using the dialog of the poem and their own words, they improvise a short play, in Spanish, based on the poem.

16 Ejercicio escrito

Write a short play in Spanish, based on the poem. The characters are the king, the messenger, and the old sage. They talk about the loss of Alhama.

17 Refrán "Más quiero libertad con pobreza, que prisión con riqueza."

¿Crees que este refrán es cierto o no? ¿Por qué? Aunque con palabras distintas, un gran patriota americano, Patrick Henry (1736-1799), dijo una frase famosa respecto a la importancia de la libertad. ¿Sabes cuál es la frase? ¿Cómo se traduce al español?

---

la **libertad** *freedom, liberty*   la **pobreza** *poverty*   la **prisión** *prison*

VOCABULARIO

el **adelanto**   advance
la **antorcha**   torch
el **arpa**   harp
la **caballería**   cavalry
la **dama**   lady
el **ejército**   army
la **joya**   jewel
el **laúd**   lute

el **mirador**   look-out site

inmóvil   motionless, still

captar   to understand, grasp
echar   to throw out
frotar   to rub
hacerse tarde   to get, become late

iluminar   to illuminate, light up
recostarse (ue)   to lean, recline
volverse (ue)   to become

ricamente   richly
de pie   standing up

Palabras similares

el **damasco**   damask, luxurious fabric
el **guarda**   guard
el **incienso**   incense

el **otomán**   ottoman, upholstered
   couch, usually without a back
la **túnica**   tunic, robe

delicado, -a   delicate

flotar   to float

Notas culturales

la **Alhambra**   palace and gardens of
   the Moorish king in Granada
el **flamenco**   a style of Spanish gypsy
   music, dancing and singing originally from Andalusia

el **Generalife**   Moorish palace and
   gardens in Granada
el **moro**   Moor

andaluz, –a   Andalusian, from Andalusia
moro, –a   Moorish

Proyectos de la juventud 12

—¡Ojalá que todo salga bien y que la empresa de ustedes tenga éxito!

Esto les dice el consejero a unos estudiantes, muchos de ellos mexicano-americanos, en una escuela de Austin, Texas. Los muchachos han formado su propia compañía para fabricar y vender relojes de mesa.

El consejero es miembro de una organización económica para la juventud. Esta organización aconseja a estudiantes en distintos estados del país para establecer una empresa y luego los ayuda para que ésta funcione bien y tenga éxito. En el caso de estos chicos de Austin, primero ellos decidieron qué producto querían producir. Luego, fue necesario que compraran los materiales, establecieran una planta de producción y se distribuyeran el trabajo entre ellos.

Aunque la compañía no se incorpore legalmente, funciona como si fuera una

compañía verdadera. Después de dudar entre hacer radios, luces para autos, cajas de música, muebles o relojes, los chicos de Austin se decidieron por los relojes. Lo importante para ellos es que el producto escogido sea interesante para todos los miembros del grupo y que la experiencia sea útil y de beneficio para todos. Ellos tuvieron que hacer un gran esfuerzo para que su negocio empezara a funcionar. En el proceso también aprendieron a colaborar entre sí. Asimismo tuvieron que considerar muchos aspectos del negocio antes de que los relojes estuvieran listos y los pudiesen vender.

Durante este tiempo el consejero se reunió con ellos todas las semanas para aconsejarles. En esas reuniones los ayudó a que:

- vendieran acciones para acumular capital;
- escogieran a los miembros de un directorio;
- decidieran qué producto hacer;
- llevaran los libros de contabilidad;
- pagaran sueldos, alquiler e impuestos;
- produjeran, promovieran y vendieran el producto.

Para organizar un programa de este tipo es necesario que los estudiantes establezcan metas y objetivos comunes. Luego, que nombren una junta directiva que controle y dirija la empresa. Al terminar el curso tendrán que saldar las cuentas y publicar un informe anual. A menos que no tengan

éxito, devolverán las ganancias obtenidas a los accionistas que invirtieron en la empresa.

En estos programas se aprende cómo funciona el mundo de los negocios. También es probable que se hagan buenas amistades, que los chicos aprendan a tener confianza en sí mismos y que adquieran nuevas perspectivas para una carrera futura.

Ejercicios

1 Preguntas

1. ¿Qué les dice le consejero a los chicos?
2. ¿Qué son muchos de ellos? ¿Dónde están?
3. ¿Qué han formado ellos? ¿Para qué?
4. ¿Para qué aconseja y ayuda a los estudiantes una organización? ¿Qué tipo de organización es?
5. ¿Qué fue lo primero que tuvieron que decidir los chicos?
6. ¿Qué otros productos consideraron antes de decidirse?
7. ¿Cómo funciona la compañía? ¿Qué es lo importante del producto escogido?
8. ¿Para qué debieron hacer un esfuerzo? ¿Qué aprendieron en el proceso?
9. ¿A qué los ayudó el consejero cuando se reunían semanalmente?
10. ¿Qué es necesario para organizar un programa de este tipo?
11. ¿Qué harán los estudiantes al terminar el curso?
12. ¿Qué harán ellos a menos que no tengan éxito?

2 ¿Qué crees?

1. ¿Te gustaría participar en un programa de educación económica? ¿Por qué?
2. ¿Qué tipo de producto te gustaría manufacturar? ¿Por qué? ¿Qué ventajas ofrece ese tipo de producto?
3. ¿Conoces algún aspecto del mundo de los negocios? ¿Cuál? ¿Por qué?
4. ¿Pertenece alguien de tu familia o alguien que tú conozcas al mundo de los negocios? ¿Quién?
5. ¿A qué aspecto del mundo de los negocios se dedica esa persona? ¿Te interesa ese campo? ¿Por qué?
6. ¿A qué campo de los negocios te gustaría dedicarte? ¿Por qué?
7. ¿Conoces a alguien que se dedique a los negocios y tenga éxito? ¿Quién es? ¿Qué hace esa persona?
8. ¿Piensas que en los negocios hay otros aspectos además de los financieros? ¿Por qué? ¿Cuáles son esos aspectos?

MOODS

The verb forms of Spanish (and of many other languages) change to show "mood." We will deal here with the subjunctive mood.[1] The Spanish subjunctive has two tenses, present and past, each of which has simple, perfect, and progressive forms just as the indicative does.

PRESENT SUBJUNCTIVE FORMS

The following chart illustrates the present subjunctive forms of regular **-ar, -er,** and **-ir** verbs.

Present Subjunctive					
-ar		**-er**		**-ir**	
cante	cantemos	venda	vendamos	abra	abramos
cantes	cantéis	vendas	vendáis	abras	abráis
cante	canten	venda	vendan	abra	abran

These forms are similar to regular present indicative forms, but with two differences:

a. The "opposite" vowel is used in the subjunctive endings: **-ar** verbs have **e,** while **-er** and **-ir** verbs have **a.**

b. The first person singular **(yo)** form of the subjunctive and the third person singular **(él, ella)** form have the same ending.

Irregular present subjunctive forms have the same endings as regular forms; only their stems are irregular. The irregularity of the present subjunctive stem is always the same as that of the first person singular **(yo)** form of the present indicative. For example, the present indicative **yo** forms of **ver, poner,** and **conocer** are **veo, pongo,** and **conozco.** Therefore their present subjunctive forms are as follows:

ver		**poner**		**conocer**	
vea	veamos	ponga	pongamos	conozca	conozcamos
veas	veáis	pongas	pongáis	conozcas	conozcáis
vea	vean	ponga	pongan	conozca	conozcan

The following points need to be remembered:

1. Those **-ar** and **-er** verbs that have the vowel-diphthong changes **e → ie** and **o → ue** do not have diphthongs when the stress falls on the ending.

pensar		**contar**		**volver**	
piense	pensemos	cuente	contemos	vuelva	volvamos
pienses	penséis	cuentes	contéis	vuelvas	volváis
piense	piensen	cuente	cuenten	vuelva	vuelvan

---

[1] The other moods of Spanish are the indicative and the imperative. The tenses of the indicative mood are present, imperfect, preterit, future, and conditional, with their simple, perfect, and progressive forms.

2. In the few **-ir** verbs that have the vowel-diphthong change **e → ie** in the present indicative, the stem vowel changes to **i** in the **nosotros, -as** and **vosotros, -as** forms of the present subjunctive.

sentir		divirtir	
sienta	sintamos	divierta	divirtamos
sientas	sintáis	diviertas	divirtáis
sienta	sientan	divierta	diviertan

Similarly, in the few **-ir** verbs that have the vowel-diphthong change **o → ue** in the present indicative, the stem vowel changes to **u** in the **nosotros, -as** and **vosotros, -as** forms of the present subjunctive.

morir		dormir	
muera	muramos	duerma	durmamos
mueras	muráis	duermas	durmáis
muera	mueran	duerma	duerman

3. Regular **-ir** verbs that have the vowel change **e → i** in the present indicative have **i** in the stem throughout the present subjunctive.

pedir		repetir	
pida	pidamos	repita	repitamos
pidas	pidáis	repitas	repitáis
pida	pidan	repita	repitan

4. The five verbs whose **yo** forms in the present indicative does not end in **-o** have the following subjunctive forms.

estar		dar		ir	
esté	estemos	dé	demos	vaya	vayamos
estés	estéis	des	deis	vayas	vayáis
esté	estén	dé	den	vaya	vayan

saber		ser	
sepa	sepamos	sea	seamos
sepas	sepáis	seas	seáis
sepa	sepan	sea	sean

5. The present subjunctive form of the impersonal **haber** is **haya. Haber** as an auxiliary in the subjunctive form has the same endings as **ir: haya, hayas, haya, hayamos, hayáis, hayan.**

Ejercicios

3 ¿Cuál no es? ⊗

Identify the word in each group which is *not* a present subjunctive form.

MODELO   cuente   contemos   volvemos   pidamos
         volvemos

1. vendas   tengamos   hicimos   haga
2. contamos   divierta   repita   pidan
3. almorzamos   fabrique   almorcemos vengas
4. sea   van   esté   estemos
5. ponen   pongamos   vuelva   sintamos
6. den   supimos   sepamos   hablen
7. cuente   conozcan   vean   abrimos
8. lleve   llueva   salga   llueve
9. elegimos   digan   recibamos   saque
10. respondan   pregunta   leamos pregunten

4 Invento fantástico ⊗ ▭

Complete the following dialog by selecting the present subjunctive form from the choices in parentheses.

IVÁN —¿Tienes un minutito? Quiero que (oigas, oír, oyes) lo que pienso hacer para mi proyecto.

FELISA —Sí, con mucho gusto, pero espero que esta vez tu idea no (ser, es, sea) tan loca como la del año pasado. Todavía me acuerdo del automóvil que habías inventado. Ése que iba a volar sobre el tráfico.

IVÁN —Ojalá que pronto el mundo (reconoce, reconocer, reconozca) que soy un genio.

FELISA —¿Quién sabe? Bueno, quiero que me (decir, digas, dices) algo sobre tu idea.

IVÁN —Pienso hacer un auto muy especial. Quiero que (pueda, poder, puede) hacerse más pequeño—cuando sea necesario estacionarlo y no (hubo, había, haya) suficiente espacio.

FELISA —No quiero que lo (tomas, tomes, tomar) mal, Iván, pero dudo que (vas, ir, vayas) a hacer un coche así.

IVÁN —¿Sí? Pues, quiero que (saber, sabes, sepas) que ya tengo los planos. Claro, hay un problemita.

FELISA —¿Cuál es?

IVÁN —No es muy serio. Cuando el coche cambia de tamaño es posible que también el chófer y los pasajeros se (volver, vuelvan, vuelven) pequeños.

PAST SUBJUNCTIVE FORMS

Past Subjunctive Endings	
-ra	-ramos
-ras	-rais
-ra	-ran

For all verbs, regular or irregular, the stem of the past subjunctive is based on the third person plural (ellos, ellas) form of the preterit. There are no exceptions. The three main sets of past subjunctive forms are the following.

a. *Completely Regular Verbs*

hablar		
(*preterit:* habla**ron**)	habla**ra**	hablá**ramos**
	habla**ras**	habla**rais**
	habla**ra**	habla**ran**

comer		
(*preterit:* comie**ron**)	comie**ra**	comié**ramos**
	comie**ras**	comie**rais**
	comie**ra**	comie**ran**

vivir		
(*preterit:* vivie**ron**)	vivie**ra**	vivié**ramos**
	vivie**ras**	vivie**rais**
	vivie**ra**	vivie**ran**

b. *Verbs with Vowel Changes*

pedir		
(*preterit:* pidie**ron**)	pidie**ra**	pidié**ramos**
	pidie**ras**	pidie**rais**
	pidie**ra**	pidie**ran**

morir		
(*preterit:* murie**ron**)	murie**ra**	murié**ramos**
	murie**ras**	murie**rais**
	murie**ra**	murie**ran**

c. *Irregular Verbs*

poder		
(*preterit:* pudie**ron**)	pudie**ra**	pudié**ramos**
	pudie**ras**	pudie**rais**
	pudie**ra**	pudie**ran**

decir		
(*preterit:* dije**ron**)	dije**ra**	dijé**ramos**
	dije**ras**	dije**rais**
	dije**ra**	dije**ran**

ir		
(*preterit:* fue**ron**)	fue**ra**	fué**ramos**
	fue**ras**	fue**rais**
	fue**ra**	fue**ran**

There is an alternate set of endings for the imperfect (past) subjunctive in which **-se-** replaces **-ra-** in all forms.

habla**se**	hablá**semos**	supie**se**	supié**semos**
habla**ses**	habla**seis**	supie**ses**	supie**seis**
habla**se**	habla**sen**	supie**se**	supie**sen**

However, the **-ra-** forms are more commonly used by Spanish speakers.

Ejercicios

5 ¿Cuál no es? ⊗

Identify the word in each group which is not an imperfect (past) subjunctive form.

1. comiéramos   comiste   trabajara   vivieras
2. hiciera   vengo   fueran   estuviéramos
3. pidieron   pidieran   supieras   dijeras
4. trajeran   vivíamos   pidieran   pidiéramos
5. leyeron   despertara   convirtieras   pagaran
6. condujera   fuera   hirvieras   íbamos
7. tuvieran   siguiéramos   siguieron   produjeran
8. ganara   estuvieron   estuvieran   ganáramos
9. hacían   hubiera   hubiéramos   hicieran
10. dijéramos   diera   decían   durmiera

6 Lo dudaba... ⊗

Change **dudo** to **dudaba** in every sentence, and change the following verb to the imperfect (past) subjunctive form.

MODELO   Dudo que venga más tarde.
        Dudaba que viniera más tarde.

1. Dudo que sepas hacerlo.
2. Dudo que se duerma en seguida.
3. Dudo que conduzca muy bien.
4. Dudo que nos pongamos de acuerdo.
5. Dudo que me pidan un favor.
6. Dudo que sigamos dos kilómetros más.
7. Dudo que Rita quiera ir al cine.
8. Dudo que haya mucha gente.
9. Dudo que estén despiertos.
10. Dudo que vuelvan mañana.

7 Y lo sigo dudando ⊗

Change **dudaba** to **dudo** in every sentence, and change the following verb to the appropriate form of the subjunctive.

MODELO   Dudaba que él te protegiera.
        Dudo que él te proteja.

1. Dudaba que se sintiera mejor.
2. Dudaba que me sirvieran a mí.
3. Dudaba que pagaran la cuenta.
4. Dudaba que fuéramos al banco en avión.
5. Dudaba que la fábrica produjera más.
6. Dudaba que estuviera aquí a las ocho.
7. Dudaba que trabajaran por la noche.
8. Dudaba que recibiéramos el dinero.
9. Dudaba que terminaran a tiempo.
10. Dudaba que nos interesara ese proyecto.

USES OF THE SUBJUNCTIVE
Introduction

The most common uses of the Spanish subjunctive are taken up in this chapter and also in Chapters 14 and 16. Following are some general facts about the subjunctive:

1. Except for a very few special cases, the subjunctive occurs only in dependent clauses (also called subordinate clauses), not in main clauses. (The dependent clauses and main clauses in the following sentences are identified as DC—dependent clause—and MC—main clause.)

   |— MC —||— DC —|
   Es posible que vayamos.   *It's possible that we'll go.*

   |— MC —||— DC —|
   Yo dudo que esté aquí.   *I doubt that he's here.*

2. The subjunctive in the dependent clause is always triggered by some element in the main clause. For example, in the first of the examples just given, the adjective **posible** triggers subjunctive **vayamos,** and in the second example the verb **dudo** triggers subjunctive **esté.** The job of learning the subjunctive is largely to learn exactly what triggers it.

3. The subject of the subjunctive verb (in the dependent clause) is nearly always different from the subject of the verb in the main clause. In the first example in Paragraph 1, the subject of **vayamos** is understood to be **nosotros,** while the subject of **es** is understood to be "it" (which is never expressed in Spanish). In the second example, the subject of **esté** is understood to be **él** or **ella,** while the subject of **dudo** is **yo.**

4. There are a few constructions that require the past subjunctive but do not allow the present subjunctive. Usually, however, both past and present subjunctive follow exactly the same rules. The only difference between them is that the past subjunctive refers to the past while the present subjunctive refers to the present or to the future.[1]

   El consejero sugirió que { se hiciera ayer.   *(past time, past subjunctive)*
   se haga ahora.   *(present time, present subjunctive)*
   se haga mañana.   *(future time, present subjunctive)*

   The adviser suggested that { *it be done yesterday.*
   it be done today.
   it be done tomorrow.

5. The position of object pronouns with subjunctive verb forms is exactly the same with indicative forms.[2] The pronouns precede a verb conjugated to agree with the subject and they may follow an infinitive or **-ndo** form.

   Dudo que **lo** haga.   *I doubt that he'll do it.*
   Dudo que **lo** quiera hacer. } *I doubt that he wants to do it.*
   Dudo que quiera hacer**lo.**
   Dudo que **lo** esté haciendo. } *I doubt that he's doing it.*
   Dudo que esté haciéndo**lo.**

---

[1] There was once a future subjunctive, but it no longer exists. The present subjunctive has taken over its job.
[2] See p. 220ff.

Ojalá

Ojalá + *Present Subjunctive* = "I hope . . ."	
Ojalá (que) no **sea** cierto.	*I hope it's not true.*
Ojalá (que) **hayan** terminado.	*I hope they've finished.*
Ojalá (que) **esté** funcionando.	*I hope that it's working.*
Ojalá + *Past Subjunctive* = "I wish . . ."	
Ojalá (que) **pudiera** ir.	*I wish I could go.*
Ojalá (que) **hubiera** participado.	*I wish I had participated.*

1. Ojalá always triggers present or past subjunctive in the first verb form that follows it. This form may be the main verb, the perfect auxiliary haber,[1] or the progressive auxiliary **estar**.[2] **Que** may be omitted after **ojalá**.

2. When **ojalá (que)** has a present subjunctive form, the speaker doesn't know whether what follows is true or not, but hopes that it is. When **ojalá (que)** has a past subjunctive form, the speaker knows that what follows is not true, but wishes that it were.

3. Ojalá is also used in the following short expressions.

Ojalá que sí.	*I hope so.*
Ojalá que no.	*I hope not.*
Ojalá.	*I hope so.*

Ejercicio

8 **¡Ojalá** ⊗

React to the following statements, using **ojalá** (or **ojalá que**) and an appropriate form of the principal verb.

MODELOS   No sé... la presentación puede ser un éxito.   *(Situation may be true; you express hope)*
—¡Ojalá que sea un éxito!

Mireya y yo nos sentimos mal.   *(Situation is true; you express wish that it wasn't)*
—¡Ojalá que no se sintieran mal!

1. Los chicos no se ponen de acuerdo.
2. Hace mucho calor.
3. No le gusta esa idea.
4. Me parece que no puedo participar en el proyecto.
5. Es verdad... no tenemos tiempo para hacerlo.
6. Nadie sabe si la compañía va a invertir más dinero.
7. Tengo que ir a la reunión, pero no quiero.
8. No sé si elegirán lo mismo que nosotros.
9. Creo que venderán todos los relojes pronto.
10. Parece que Enrique sabe la respuesta.

[1] See p. 199ff.
[2] See p. 196ff.

Como si

como si + *Past Subjunctive*
Organizan el negocio **como si fuera** una gran compañía. — *They organize their business as though it were a big company.*
¡Como si no lo **hubiéramos** visto! — *As if we hadn't seen it!*
Habla **como si fuera** un experto. — *He talks as though he were an expert.*

The expression **como si,** *as if, as though, like,* always triggers the past subjunctive—never the present—in the first verb form that follows it. This form may be the main verb, the perfect auxiliary **haber**[1] or the progressive auxiliary **estar**.[2]

Ejercicio

9 ¡Como si no lo supiera! ⊗ ⌒

Complete the following statements with the imperfect subjunctive of the same verb that appears in the question.

MODELO   ¿Sabe usted algo de negocios? Habla como si ___*supiera*___ mucho.

1. ¿Así que ella está muy triste? Se comporta como si _____ contentísima.
2. ¿Ustedes no vienen aquí casi nunca? Hablan como si _____ todos los días.
3. ¿Hace frío hoy? A mí no me parece, yo me he vestido como si _____ calor.
4. ¿De veras que no te duele la pierna? Caminas como si te _____.
5. ¿Así que Francisco no tiene nada de dinero? Gasta como si _____ millones.
6. ¿Cuesta tan poco este radio? Suena como si _____ mucho más.
7. ¿No conoces a nadie aquí? Saludas a todo el mundo como si _____ a todos.
8. ¿Se divierten mucho con los otros chicos? No parece, protestan como si no _____.
9. ¿Entiende todas las explicaciones Rosalía? Pregunta como si no _____ ni una palabra.
10. ¿Es invierno ahora? ¡Hace tanto calor como si _____ verano!

Adverb Clauses

Adverb + Subjunctive		
a menos		*unless*
antes (de)		*before*
con tal	**que**	*provided*
para		*in order*
sin		*without*

Tendrán problemas **a menos que** todos **sean** genios. — *They'll have problems unless they are all geniuses.*

---

[1] See p. 199 ff.
[2] See p. 196 ff.

El consejero se lo sugirió **antes de que** él se **decidiera.**

His adviser suggested it before he made up his mind.

Ella estará contenta **con tal que** la **escuchen.**
No pueden hacer nada **sin que** los demás lo **sepan.**

She'll be happy provided they listen to her.
They can't do anything unless the rest know about it.

1. The adverbs shown in the preceding chart trigger the subjunctive in the first verb form of the clause immediately following. This verb form may be the main verb, the perfect auxiliary **haber,** or the progressive auxiliary **estar.**

2. De may be omitted in **antes de que.**

3. Notice that in all the preceding examples the subject of the subordinate (dependent) clause is different from the subject of the main clause. When there is no change of subject, an infinitive is used instead of a clause with the subjunctive.

DIFFERENT SUBJECTS
  Yo trabajo **para que** ellos **coman.**   *I work in order for them to eat.*
  Yo trabajo **sin que** nadie me **ayude.**   *I work without anybody helping me.*

SAME SUBJECT
  Yo trabajo **para comer.**   *I work in order to eat. (I eat.)*
  Trabajo **sin ayudar** a nadie.   *I work without helping anybody.*
              (I don't help anybody.)

4. The present subjunctive in the subordinate (dependent) clause refers to present or future time; the past subjunctive refers to past time.

Ejercicios

10 Cambiando de tema

Change each sentence below by replacing the underlined portion with a clause based on the information given in parentheses.

MODELO   Siempre leo un rato antes de <u>dormir</u>.   (mi hermano volver)
          Siempre leo un rato antes de que mi hermano vuelva.

1. Me quedo en casa hoy para <u>mirar la televisión</u>.   (usted poder salir)
2. El consejero nos va a ayudar sin <u>cobrarnos nada</u>.   (nosotros tener que gastar nada)
3. Corrió tres kilómetros sin <u>parar</u>.   (nadie verlo)
4. Catalina me lo dijo antes de <u>hablar con los periodistas</u>.   (tú decirlo)
5. Estamos esperando aquí para <u>recibir instrucciones</u>.   (ellos darnos instrucciones)
6. Debes llamar a Guillermo antes de <u>salir para la reunión</u>.   (ser más tarde)
7. Fuimos a Texas para <u>visitar a nuestros parientes</u>.   (los chicos conocer a sus tías)
8. Siguen todos los pasos necesarios para <u>fundar una compañía</u>.   (la empresa funcionar bien)
9. Nadie puede hacer nada sin <u>informar a los demás</u>.   (los demás saberlo)
10. Comenzaron a trabajar antes de <u>tener el equipo</u>.   (traerles las máquinas)

11 Breves situaciones ⊗ 📖

Complete each group of sentences by supplying the corresponding present subjunctive forms of the verbs in parentheses.

A. Es posible que mañana (ser) un día mejor, que no (llover) tanto y que no (estar) nublado. De todos modos, es importante que ustedes (dormir) bien esta noche y que no (hacer) ruido por la mañana.

B. Dudo que mis padres (poder) ir a Venezuela este verano. Si mamá puede tomar vacaciones, como hace tres años, es posible que nosotros (ir). Pero si no puede, todos vamos a quedarnos en casa. Ojalá que las vacaciones no (ser) aburridas.

C. Espero que la economía mundial (seguir) mejorando. Ojalá que mucha gente no (morir) de hambre. Leí que es posible que Estados Unidos y Canadá (producir) suficiente trigo y otros cereales como para que el hambre (desaparecer).

12 ¿Es posible que eso pase? ⊗

Work with a partner. React to each statement using **sí, es posible que,** or **no sé, es posible que** and the present subjunctive form of the principal verb. Alternate making the statements and reacting to them.

MODELO   Va a llover esta tarde, ¿no crees?
Sí, es posible que llueva.
No sé, es posible que no llueva.

1. No vamos a empezar ahora, ¿no?
2. Pilar viene más tarde, ¿no crees?
3. Garantizan el producto por mucho tiempo, ¿verdad?
4. Gabriel va a la reunión, ¿no es cierto?
5. Vamos a trabajar hasta muy tarde, ¿no es verdad?
6. El consejero sabe muchísimo de negocios, ¿no crees?
7. Eduardo quiere participar en nuestro proyecto, ¿verdad?
8. Vamos a fundar la compañía la semana próxima, ¿no es cierto?
9. Les traerán todos los materiales mañana, ¿no es cierto?
10. Uds. me van a dar el resto del dinero pronto, ¿verdad?

13 ¡Esperemos que sea cierto!

Work with a partner. React to each statement with an original sentence or question using **ojalá, espero que, dudo que,** or **es posible que** followed by any appropriate verb in the present subjunctive. Alternate making the statements and reacting to them.

MODELO   Es tarde. No sé donde está la presidenta del grupo.
Espero que ella venga pronto.
Es posible que todavía esté jugando béisbol.
Ojalá (que) llame pronto.

1. Benito está convencido de que va a ganar mucho dinero con su proyecto.
2. El señor Quiroga vende su televisor por trescientos dólares.
3. Víctor Maciel está en el hospital y los doctores no saben qué tiene.
4. Los ganadores del concurso van a aparecer en un programa que será televisado por satélite.

5. Mis dos hermanas menores dicen que quieren ser astronautas.
6. Llueve desde hace tres días.
7. La compañía no va a funcionar bien porque hay muchos problemas.
8. No pueden encontrar un objetivo común para todos.
9. El consejero va a reunirse con nosotros. No es seguro cuándo será la primera reunión.
10. Los chicos están convencidos de que hay mercado para los relojes.

14 Eso era posible ⊗

Change each of the following sentences to the past by replacing the main clause verb with an appropriate form in the imperfect tense. Remember that the present subjunctive in the dependent clause should now be changed to the imperfect subjunctive.

MODELO   Es posible que vengan.
                 Era posible que vinieran.

1. Esperamos que hables con el director.
2. Dudo que usted esté aquí hasta tarde.
3. Es posible que se vaya temprano.
4. ¿Esperas que Adalberto diga eso?
5. Leonor quiere que conozcamos su casa.
6. Es importante que te diviertas más.
7. Espero que ustedes se sientan mejor.
8. ¿Dudas que yo siempre piense en ti?
9. Quieren que la compañía produzca mucho.
10. Es necesario que distribuyan el producto.

15 Un joven inventor ⊗ ▱

Complete the following dialog by providing the appropriate forms of the verbs in parentheses. (Remember to keep the verb in the infinitive if the subject remains the same.)

CONSUELO —Bueno, me voy; debo estar en casa antes que _____ (ser) muy tarde. Lázaro, ¿vienes?

ADRIÁN —Esperen, no se vayan sin _____ (oír) lo que tengo que decirles. Se me han ocurrido varias ideas para que nosotros tres _____ (ganar) un premio en el concurso.

LÁZARO —Claro, los famosos proyectos de Adrián. Creo que no ganaremos nada a menos que los demás _____ (decidir) no participar.

ADRIÁN —No, en serio, creo que podemos pensar en un motor para bicicletas. Si el ciclista se cansa, usa el motor para que le _____ (dar) una ayuda. Por ejemplo, uno puede subir las colinas sin _____ (cansarse) tanto.

CONSUELO —Es una idea magnífica, y será un éxito, con tal que no _____ (haber) nada parecido en el mercado.

LÁZARO —Bueno, pero ya hay aparatos que hacen eso. Mi primo tiene uno.

ADRIÁN —¡Qué pena! Pero, no importa, tengo otra idea. Es algo que sirve para que la gente enferma o vieja no _____ (tener) que salir de la casa para comprar comida en el supermercado.

LÁZARO —Adrián, para poder ofrecer ese servicio, todos tendríamos que tener nuestros propios carros. Yo nunca puedo usar nuestro carro a menos que mis padres _____ no lo (necesitar).

CONSUELO —¡Es posible que Adrián crea que en vez de carros podríamos usar bicicletas motorizadas! Oigan, ya es tarde…

ADRIÁN —Esperen, quiero proponerles otra idea antes de que _____ (irse). Es un servicio para aconsejar a jóvenes inventores…

16 Un juego para todos

Write two short sentences on separate slips of paper. Use **ojalá** plus the subjunctive in one and the subjunctive with an adverbial expression in the other. The slips are collected, mixed up and distributed in equal numbers to all the students. After studying the sentences you receive, select a partner and start a conversation in Spanish. Try to steer the conversation toward a topic that will allow you to use your sentences. (But remember your partner will be doing the same thing.) When the sentence is said, you give it away to your partner. The object of the game is to get rid of your sentences as quickly as possible.

MODELO *One of your sentences is "Voy a jugar béisbol a menos que llueva." You should try to get your conversational partner to talk about sports or the weather, to be able to say your sentence to him or her. As soon as you say your sentence, give the slip of paper away.*

La carta de Anita ⊗

Anita escribe una carta pidiendo empleo.

Austin, 2 de junio

Empresa Interamericana
P O. Box 769
Austin, Texas   78767

Estimados señores:

En la oficina de empleos de nuestra escuela he leído que Uds. necesitan una recepcionista bilingüe, inglés-español. Estoy interesada en ese puesto y me gustaría trabajar con Uds.

Me graduaré este mes de la escuela secundaria. He estudiado español y he seguido varios cursos comerciales. Hablo, leo y escribo inglés y español. El verano pasado trabajé en un supermercado donde era necesario que hablara las dos lenguas.

Tengo 18 años. Pienso asistir a la universidad durante la noche para tomar cursos comerciales.

Les incluyo dos cartas de recomendación como referencia.

Mucho les agradeceré me concedan una entrevista.

Muy atentamente,

Anita Johnston

Anita Johnston

55 Alamo Drive, Austin, Texas   78702

---

agradecer *to be grateful*
atentamente *truly yours, sincerely*

conceder *to grant*

graduarse *to graduate*

Ejercicios

17 Preguntas

1. ¿Quién escribe la carta? ¿Para qué la escribe?
2. ¿Qué empleo solicita ella?
3. ¿Dónde ha leído ella el anuncio ofreciendo trabajo?
4. ¿Qué cursos ha seguido ella en la escuela?
5. ¿Dónde trabajó Anita el verano pasado?
6. ¿Cuántos idiomas debía hablar ella en ese trabajo? ¿Cuáles?
7. ¿Cuántos años tiene Anita?
8. ¿Adónde piensa ella asistir durante la noche?
9. ¿Qué cursos piensa ella tomar allí?
10. ¿Qué incluye Anita en su carta?

18 Actividades

1. Siguiendo el modelo de la carta de Anita, escribe una carta a ABC Publishers, Inc., 763 S.W. Drive, Chicago, Ill., solicitando empleo. La compañía ha publicado un anuncio en el periódico ofreciendo el siguiente trabajo: "Empleado de oficina. Se requieren conocimientos de máquina de escribir y de español."

   Debes considerar los puntos que siguen:

   - Localidad [location] y fecha
   - Destinatario y dirección
   - Saludo. Formas a menudo usadas en la correspondencia comercial son: Estimado(s) señor(es), Muy señor(es) mío(s), Muy señor(es) nuestro(s), Estimado Sr. Pérez.
   - Introducción
   - Texto
   - Despedida. Formas a menudo usadas en la correspondencia comercial son: Atentamente, Muy atentamente, De usted con toda consideración.
   - Firma [signature]
   - Información adjunta [enclosures] (documentos que se envían junto con la carta: resumen [resumé] referencias)
   - Dirección del remitente (a menos que el papel que se use tenga la dirección impresa)

2. Escribe una carta solicitando un empleo. Imagina la compañía para la que trabajarás, el lugar donde está situada, el tipo de trabajo que ofrece.

   La carta debe incluir:

   - El lugar (periódico, revista, cartelera [billboard] donde apareció el anuncio del trabajo
   - Datos personales (edad, estudios)
   - Resumen conciso de los conocimientos del solicitante [applicant] (cursos escolares y estudios relacionados con el puesto que se desea)
   - Experiencia adquirida en trabajos anteriores
   - Cartas de referencia o recomendación (Mención de personas que pueden dar referencias sobre el solicitante)
   - Pedido para obtener una entrevista

Problemas financieros ⊗

¡Gran venta! Esta frase mágica atrae a muchos como si fuera un imán. Es posible que tú también seas una de esas personas que se olvidan de todo con tal de hacer una buena compra. Tal vez hagas tus compras impulsivamente, sin pensar en tus deudas ni en tus planes para el futuro… ¿Cuál es la solución?

Los expertos dicen que es importante que el dinero se administre con cuidado —tanto en las casas de familia como en las grandes empresas. A menos que se haga un presupuesto ordenado es difícil administrar los ingresos y lograr las metas financieras deseadas.

En los presupuestos familiares hay cinco puntos básicos: los ingresos, los gastos fijos, los gastos variables, las emergencias y los proyectos especiales. Los ingresos incluyen el sueldo, el interés del dinero depositado en cuentas de ahorros, los dividendos de inversiones. Si se trata de un estudiante es necesario que se incluya también en el presupuesto el dinero recibido de la familia y, a menos que no trabaje, el sueldo por los trabajos hechos.

Los gastos fijos que muchas familias tienen son: el alquiler de la casa o apartamento o la mensualidad de la hipoteca, el gas, la electricidad, el agua, los seguros de varias clases —médicos, de vida, del automóvil, contra incendio, contra robos— los pagos a plazos, las contribuciones filantrópicas o las que se hacen a una institución religiosa o social. Un estudiante puede tener además gastos de transporte, de comida, pagos de la escuela y contribuciones a la familia.

Los gastos variables incluyen alimentos, ropa, dinero para uso personal, entreteni-

OJO A LOS ESPECIALES

mientos y mantenimiento del auto. En cuanto a las emergencias, es imposible prevenirlas, pero es importante tener un fondo de ahorros para situaciones de ese tipo. Los expertos sugieren que se mantenga en este fondo el equivalente a dos a tres meses de ingresos. Otro fondo de ahorros puede dedicarse a proyectos especiales como vacaciones, fiestas, reparaciones de la casa. Lo que se aconseja es que se consideren estos gastos como si fueran gastos fijos y que se ponga aparte

---

a plazos *in installments*
atraer *to attract, draw*
con tal de *provided that*
la **cuenta de ahorros** *savings account*
la **deuda** *debt*
filantrópico, –a *philanthropic, humanitarian*
financiero, –a *financial*

la **hipoteca** *mortgage*
el **fondo de ahorros** *savings fund*
el **imán** *magnet*
el **incendio** *fire*
los **ingresos** *income*
la **inversión** *investment*
la **mensualidad** *monthly installment*

ojo a *watch for*
ordenado, –a *tidy*
el **pago** *payment*
el **presupuesto** *budget*
el **robo** *theft, robbery*
el **seguro** *insurance*
sugerir (ie) *to suggest*

una cantidad por semana para este fin. En el caso de un estudiante, el dinero dedicado a proyectos especiales puede incluir los posibles gastos para su educación futura, la compra de un estéreo, una computadora, o algo relacionado con su pasatiempo favorito.

Todos los componentes de un presupuesto están relacionados entre sí. Si uno de ellos cambia, ese cambio se reflejará en las otras partes del plan de gastos. Al aumentar los ingresos, se tendrá más dinero. Al reducirse, habrá que hacer economías. Pero, ahorrar no es difícil, siempre que se tengan metas bien definidas y que toda la familia colabore para que se alcancen los objetivos.

Antonio Morales, un chico de Texas, tiene diecisiete años. Vive con su familia en una casa pequeña. Antonio y sus hermanos asisten a escuelas públicas. Sus padres quieren que sus hijos tengan una buena educación y han ahorrado dinero para que ellos puedan estudiar. Sin embargo, Antonio tiene que ganar dinero para sus gastos personales y ahorrar para cuando vaya a la universidad. Por eso trabaja en una tienda de doce a dieciséis horas a la semana. Gana $160.00 al mes con el descuento de impuestos. Cada mes sus padres le dan $30.00 para almorzar en la escuela. Ellos le compran la ropa básica, pero a veces Antonio se entusiasma con algo especial y se lo compra. Él es muy organizado y trata de seguir en forma estricta un plan especial que se ha hecho.

ANTONIO MORALES

Ingresos y gastos mensuales

Ingresos

Ingresos de trabajo por mes	$160.00
Recibido de sus padres por mes	30.00
Total	$190.00

Gastos

Almuerzo en la escuela	30.00
Entretenimiento (cine, bailes, bolos, citas, etc.)	40.00
Libros, revistas	7.00
Ropa especial	10.00
Regalos para familia y amigos	10.00
Discos	8.00
Transporte	15.00
Ahorros para la universidad	35.00
Ahorros—estéreo nuevo	25.00
Emergencias	10.00
Total	$190.00

---

aumentar to increase
la **cita** date
entusiasmar(se) to become enthusiastic

hacer economías to economize, save

reducirse to reduce

Ejercicios

19 Preguntas

1. ¿Cuál es la frase mágica que atrae a muchas personas? ¿Cómo las atrae?
2. ¿Qué dicen los expertos con respecto a la administración del dinero?
3. ¿Qué se debe hacer para que sea más fácil administrar los ingresos?
4. ¿Cuáles son los cinco puntos básicos de los presupuestos familiares?
5. ¿Qué elementos incluyen los ingresos en el caso de una familia y en el de un estudiante?
6. ¿Cuáles son los gastos fijos en que incurre una familia? ¿Y en el caso de un estudiante?
7. ¿Qué incluyen los gastos variables?
8. ¿Para qué es importante que se tenga un fondo de ahorros?
9. ¿Para qué aconsejan los expertos que se ponga aparte cierta cantidad por semana?
10. ¿Cómo están relacionados todos los componentes de un presupuesto? ¿Por qué?

20 Para hablar y discutir

Work in pairs. Alternate in asking and answering the following questions.

1. ¿Tienes tú que ganar dinero para tus gastos personales? ¿Por qué?
2. ¿Tienes un trabajo "part-time" o has tenido algún trabajo alguna vez? ¿Dónde?
3. ¿Qué tipo de trabajo es o era? ¿Te gusta o te gustaba ese trabajo? ¿Por qué?
4. ¿Cuál sería para ti el trabajo ideal para hacer "part-time"? ¿Por qué?
5. ¿Debes tú ahorrar para tus estudios universitarios? ¿Por qué?
6. ¿Piensas que es posible ahorrar? ¿Por qué?
7. ¿Es realista el presupuesto de Antonio Morales? ¿Por qué?
8. ¿Gastas tú menos, más o lo mismo que gasta Antonio mensualmente?
9. ¿Estás ahorrando tu dinero para algo en especial? ¿Para qué?
10. ¿Llevas tú un control del dinero que gastas? ¿Por qué?

21 Refrán   "Es mejor precaver que lamentar."

¿Qué te sugiere este refrán? ¿Crees que es cierto o no? ¿Por qué? ¿Piensas que el significado de este refrán ha sido verdadero alguna vez en tu experiencia personal? ¿Cuándo? ¿Por qué? ¿En qué caso o casos podrías usarlo? ¿Conoces algún refrán similar en inglés? ¿Cuál es? ¿Cómo lo traducirías al español?

---

lamentar *to lament*   **precaver** *to prevent*

VOCABULARIO

la **acción**   *share, stock*
el **accionista, la a.**   *shareholder*
el **alquiler**   *rent*
la **carrera**   *career*
la **amistad**   *friendship*
la **confianza**   *trust, confidence*
la **contabilidad**   *accounting*
el **directorio**   *board of directors*
la **empresa**   *enterprise, business*
el **éxito**   *success*
la **ganancia**   *profit, gain*

el **informe**   *report*
la **junta directiva**   *board of directors*
la **meta**   *goal*
la **suerte**   *luck*

adquirir (ie)   *to acquire*
funcionar   *to function, work*
promover (ue)   *to promote*
publicar   *to publish*

saldar   *to settle, pay up (a debt)*
salir   *to turn out*

a menos que   *unless*
asimismo   *likewise*
como si   *as though, as if*
legalmente   *legally*
ojalá   *let's hope that*
una vez que   *once*

Palabras similares

el **capital**   *capital (finances)*
el **comercio**   *commerce*
el **objetivo**   *objective*
la **perspectiva**   *perspective*
el **proceso**   *process*

común   *common*
futuro, –a   *future*
obtenido, –a   *obtained*

acumular   *to accumulate*
colaborar   *to collaborate*
controlar   *to control*
distribuir   *to distribute*
incorporar(se)   *to incorporate, unite*

Mujeres de hoy 13

CARLOS —¡Hola!

INÉS —¡Hola! ¿Carlos?, habla Inés; ¿cómo estás?

CARLOS —Bien, pero muy ocupado. ¿Sabes que mamá está en viaje de negocios por unos días?

INÉS —Sé que tu madre es gerente de una compañía, y de eso quería hablar contigo. Estoy haciendo un informe para la clase de ciencias sociales. ¿Me podrías ayudar? Necesito hablar con todos los chicos de la clase.

CARLOS —¿Con todos? ¿Para qué?

INÉS —Primero, para saber cuántos tienen madres que trabajan fuera de la casa.

CARLOS —¿Y después?

INÉS —Después, para ver cómo afecta eso la vida de la familia.

CARLOS —¡Qué interesante! Pero, perdón, no puedo hablar ahora; estoy muy ocupado. ¿Puedes llamarme más tarde?

INÉS —Sí, por supuesto, ¿se puede saber qué estás haciendo?

CARLOS —Es un misterio. No voy a decirte nada. Lo que te puedo decir es que me encanta que mamá me deje encargado de la cocina cuando ella no está en casa. Por lo general, yo soy el que cocino cuando ella trabaja hasta tarde o está de viaje. Pero, no puedo hablar más. ¿Me llamas más tarde, por favor?

INÉS —Sí, después te llamo. Gracias.

CARLOS —De nada, ¡hasta luego!

SUSANA —¡Hola!

INÉS —¡Hola! ¿Podría hablar con Susana, por favor?

SUSANA —Sí, ella habla, ¿quién habla?

INÉS —Es Inés.

SUSANA —¡Ah, Inés! ¡Qué alegría! ¿Cómo estás?

INÉS —Bien, gracias. Te llamo por el informe que estoy preparando para la clase de ciencias sociales, ¿te acuerdas que hablamos sobre eso?

SUSANA —Creo que sí; tú necesitas que yo te diga si mi mamá trabaja fuera de casa y cómo eso afecta la vida de la familia.

INÉS —Exactamente, y ¿cuál es tu opinión?

SUSANA —Mi opinión tiene que ver con la igualdad de derechos.

INÉS —¿Con la igualdad de derechos? ¿Por qué?

SUSANA — Bueno, porque nosotros somos cuatro hermanos y yo soy la mayor.

INÉS — ¿Y...?

SUSANA — Por ser la mayor, tengo que hacerlo todo. ¿No te parece que el trabajo debería dividirse entre todos?

INÉS — Sí, pero ésa no es la razón de mi llamada. Lo que necesito saber es cómo tú te ves afectada al trabajar tu mamá fuera de la casa.

SUSANA — Bueno, por un lado ella tiene un trabajo muy bueno como ingeniera. Ésa es su profesión y para eso ha estudiado. Por otro lado, yo me siento muy responsable por mis hermanos menores y a veces pienso que mamá podría estar más en casa.

INÉS — Gracias, eso es bastante por ahora. Muchas gracias por tu ayuda.

SUSANA — De nada, Inés. ¡Hasta pronto!

INÉS — ¡Adiós!

GUSTAVO — ¡Hola!

INÉS — ¡Hola! ¿Está Gustavo, por favor?

GUSTAVO — ¿Inés?

INÉS — Sí, ¿cómo estás, Gustavo?

GUSTAVO — Muy bien, ¿y tú?

INÉS — Bien, te llamaba porque necesito...

GUSTAVO — Sí, ya sé qué quieres... mi mamá no trabaja afuera. Está por empezar y yo estoy por volverme loco.

INÉS — ¿Por volverte loco? ¿Por qué? ¿Porque ella irá a trabajar?

GUSTAVO — No, no por eso. Trabajará para un periódico, haciendo reportajes. Me ha tomado como modelo, para practicar conmigo técnicas para hacer entrevistas y ahora estoy cansadísimo por todo lo que trabajé.

INÉS — Pero, ¿te gusta o no que tu mamá trabaje?

GUSTAVO — Me encanta, así no tendré que practicar más sus entrevistas.

INÉS	—¡Hola! ¿Carlos?
CARLOS	—Sí, ¿Inés?
INÉS	—Sí, soy yo por segunda vez. ¿Sigues ocupado?
CARLOS	—No, estoy listo para contestar tus preguntas. ¿Cuáles son?
INÉS	—Bueno, ya me has contestado algunas.
CARLOS	—¿Cómo? ¿Te he contestado? ¿Qué?
INÉS	—Las preguntas para el informe. Me has dicho que tu mamá estaba viajando por unos días, en viaje de negocios, ¿no?
CARLOS	—No sé... estaba tan procupado por las milanesas que estaba preparando cuando llamaste tú. No recuerdo de qué hablamos.
INÉS	—¡Ah!... ¡Eso era lo que estabas haciendo! ¡Milanesas! Ya sé cuál era el misterio. ¡Por fin! Tú mismo me lo has dicho. Entonces, ¿te gusta que tu mamá trabaje?
CARLOS	—Me gusta estar encargado de la cocina, pero... por casualidad, ¿no querrías venir a ayudarme?
INÉS	—¿A ayudarte?
CARLOS	—Sí, las milanesas están deliciosas, pero la cocina está horrible, con cosas por todas partes. Si me ayudas a limpiarla, podrás probar las milanesas.
INÉS	—¡Por supuesto! Ahora voy para allá. ¡Cualquier cosa por probar las milanesas!

Ejercicios

1 Preguntas

1. ¿Por qué debe Inés hacer tantas llamadas telefónicas? ¿Cuáles son las preguntas que ella debe hacer? ¿Para qué clase debe hacerlas?
2. ¿De quién necesita ella la opinión? ¿Con quién necesita hablar?
3. ¿Estaba la mamá de Carlos en casa? ¿Qué estaba haciendo ella?
4. ¿Qué hace Carlos por lo general cuando su mamá trabaja hasta tarde o está de viaje?
5. ¿Con qué se relaciona la respuesta de Susana? ¿Por qué?
6. ¿Le gusta a Susana que su mamá trabaje fuera de la casa?
7. ¿En qué comenzará a trabajar la mamá de Gustavo la próxima semana? ¿Por qué se encontraba él cansado?
8. ¿Qué plato ha preparado Carlos? ¿Por qué necesita él ayuda? ¿En qué estado se encuentra la cocina?
9. ¿Decide Inés ayudarlo? ¿Por qué?

2 ¿Qué crees?

1. ¿Trabaja tu madre fuera de la casa o no? ¿Por qué?
2. En tu familia, ¿quién se encarga de las tareas de la casa? ¿Por qué?
3. ¿Cuáles son las tareas de la casa? ¿Puedes enumerarlas?
4. ¿Ayudas tú en las tareas de la casa? ¿Cómo? ¿Qué haces? ¿Piensas que el trabajo de la casa está bien distribuido en tu caso? ¿Por qué?
5. ¿Qué hace tu madre? ¿Es su ocupación una de las llamadas ''tradicionales'' para la mujer o no? ¿Por qué?

para AND por

The most common meanings of **para** and **por** are illustrated in the following chart. Although **por** looks and sounds a lot like the English *for*, **para** is much more frequently the correct Spanish equivalent.

para		
destination	Voy **para** Caracas. Lo compró **para** ti.	*I'm headed <u>for</u> Caracas.* *He bought it <u>for</u> you.*
deadline	Debe llegar **para** el lunes. Estará listo **para** mañana.	*It has to arrive <u>by</u> Monday.* *It'll be ready <u>by</u> tomorrow.*
purpose	Ella llamó **para** hablar con Carlos. Compré este traje **para** el viaje.	*She called (in order) <u>to</u> talk with Carlos.* *I bought this suit <u>for</u> (to use on) the trip.*
comparison	**Para** un extranjero, habla español muy bien. **Para** ese tipo de informe, es muy interesante.	*<u>For</u> a (considering that he's a) foreigner, he speaks Spanish very well.* *<u>For</u> (considering that it is) that type of report, it's very interesting.*

por		
duration	Ella está afuera **por** una semana.	*She is away <u>for</u> a week.*
exchange	Le dieron cinco pesos **por** el reloj.	*They gave him five pesos <u>for</u> his watch.*
"sake"	Lo hace **por** su familia.	*He does it <u>for</u> (the sake of) his family.*
place of movement	Pasé **por** tu casa. Vamos **por** la otra puerta. ¿Caminamos **por** esa calle?	*I passed <u>by</u> your house.* *Let's go <u>through</u> the other door.* *Shall we walk <u>along</u> that street?*
means	Te avisaré **por** carta.	*I'll let you know <u>by</u> (means of a) letter.*
rate, "per"	Mándalo **por** avión. Él cocina dos veces **por** semana. Es más barato **por** docena.	*Send it <u>by</u> air.* *He cooks twice <u>a</u> week.* *It's cheaper <u>by</u> the dozen.*
reason	**Por** ti voy a llegar tarde. **Por** no preguntar se perdió. Recibió un premio **por** su investigación. ¿**Por** qué?	*<u>Because of</u> you I'm going to be late.* *<u>Because</u> he didn't ask, he got lost.* *She received a prize <u>because</u> of her research.* *Why? (<u>Because of</u> what?)*

1. Most of the meanings of **para** have something in common, namely, the idea of *aim, goal, destination,* or *terminal point.* This provides a useful device for deciding whether to use **para** or **por** in many sentences. For example,

Me dio un radio **para** el carro.	*He gave me a radio for the car.*
Me dio un radio **por** el carro.	*He gave me a radio (in exchange) for the car.*

If *for the car* means *to put in the car,* then the car is the destination of the radio, and the Spanish would be **para el carro.** But if it means *in exchange for the car,* (that is, *I gave him the car, and he gave me the radio in exchange*), then the Spanish would be **por el carro.**

2. The meanings of **por** are more varied. In addition to the uses given in the chart, **por** occurs in a number of fixed expressions that must be learned individually.

por ahora	*for the time being*		**por otra parte**	*besides*
por casualidad	*by chance*		**por si acaso**	*just in case*
por completo	*completely*		**por supuesto**	*of course*
por ejemplo	*for example*		**por todos lados**	*everywhere*
por eso	*therefore*		**por lo general**	*generally, as a rule*
por favor	*please*		**por lo menos**	*at least*
por fin	*finally*		**por lo visto**	*apparently*
por igual	*equally, the same*		**ir/venir por**	*go/come to get*
por las dudas	*in case*		**pasar por**	*to come by for*
por ningún lado	*nowhere*		**preguntar por**	*to ask about*

Ejercicios

3   ¿Por qué? ¿Para qué?

Each one of the incomplete sentences below contains **por** or **para.** Complete it using your imagination. Many answers are possible.

MODELO   Me ofrecieron mil pesos por _____.
         la bicicleta; mis fotografías; ayudarlos; etc.

1. Esta noche salimos para la costa. Pensamos ir por _____.
2. Por _____, llegué tarde al colegio.
3. ¿_____ por semana tienes que ir al gimnasio?
4. No pude _____ por ningún lado. ¿Dónde estará?
5. Siempre me ha gustado _____ por la playa. Es bueno para _____.
6. Uds. deberían estudiar más para _____.
7. ¿_____ por la puerta de atrás? Yo no vi nada.
8. Te ha traído algo para tu _____.
9. Le han dado sólo las gracias por _____.
10. Pasé por su _____ pero no la vi.

4   Versiones diferentes

Work in groups of three or four students each. One student reads the sentence as it is. The second student supplies a new version of the sentence, using **por** or **para** in the same way, but changing some elements (different subject or verb, different object, etc.). The third student changes the sentence again, keeping always the same use of **por** or **para.**

MODELO A: Julio y yo vamos para la playa.
B: —Yo salgo para el parque.
C: —Nosotros caminamos para la estación.

1. Espero recibir cien dólares por la guitarra.
2. Este regalo es para ti, Guillermo.
3. No podemos quedarnos aquí por más de ocho días.
4. Tienes mucho sueño por no haber dormido bastante anoche.
5. Envió el paquete por avión.
6. El proyecto estará terminado para mañana.
7. Para una extranjera, su pronunciación es excelente.
8. Susana no aceptó el trabajo por su familia.
9. Hemos venido para ayudarte.
10. A mí me encantaría dar un paseo por la isla.

INTERROGATIVE WORDS

a.	**¿cómo?**	how?	**¿qué?**	what?
	¿cuándo?	when?	**¿qué tal?**	how, what kind?
	¿dónde?	where?	**¿para qué?**	what for?
	¿adónde?[1]	(to) where?	**¿por qué?**	why?
b.	**¿cuál/cuáles?**	which?		
	¿quién/quiénes?	who?		
c.	**¿cuánto/cuántos/cuánta/cuántas?**		how much/many?	

Forms

1. Interrogative words in Spanish are stressed in speech and have a written accent mark on the stressed syllable.

2. The interrogative words in Section (a) of the preceding chart do not change to agree with anything.

3. The words in Section (b) have both singular and plural forms, but do not change for gender. The plural forms are used in questions when the speaker expects that the answer will be plural.

Juan tiene cuatro maletas. **¿Cuáles** son?   *Juan has four suitcases. Which ones are they?*
Veo a tres personas. **¿Quiénes** son?   *I see three people. Who are they?*

4. **Cuánto** agrees in both number (singular/plural) and gender (masculine/feminine) with the noun it modifies.

¿Cuánto café?	*How much coffee?*
¿Cuánta sal?	*How much salt?*
¿Cuántos libros?	*How many books?*
¿Cuántas páginas?	*How many pages?*

---

[1] **Adónde** is sometimes written as one word and sometimes as two: **a dónde.**

Grammar

1. In Spanish, prepositions (if present) always precede interrogative words. They cannot be left dangling as in English sentences like "What did you do that for?

¿**Para** qué hiciste eso?	*What did you do that for?*
¿**De** dónde eres?	*Where are you from?*
¿**Con** qué lo abro?	*What do I open it with?*
¿**A** qué tienda fueron?	*What store did they go to?*

2. The basic word order of Spanish sentences with interrogative words is one of the following variants.[1]

$$\text{interrogative expression} + \text{verb} + \begin{cases} \text{subject} + \text{(remainder)} & \text{(Type a)} \\ \text{(remainder)} + \text{subject} & \text{(Type b)} \end{cases}$$

Example:

a. ¿Con quién estudiaste tú ayer? ⎫
b. ¿Con quién estudiaste ayer tú? ⎬ *With whom did you study yesterday?*

3. In all of the examples given so far, the interrogative words have appeared in *main clauses,* that is, they form *direct questions.* Interrogative words also appear in *dependent (subordinate) clauses,* in *indirect questions.*

No sé **cuándo llamó Inés.**	*I don't know <u>when Inés called</u>.*
Ella me preguntó **cómo estaba.**	*She asked me <u>how I was</u>.*
No comprendo **por qué me llamas.**	*I don't understand <u>why you are calling me</u>.*

These examples also illustrate that:

a. In Spanish (but not in English), the verb immediately follows the interrogative expression in *indirect questions,* just as in *direct questions.*

b. Interrogative words are stressed in speech and have a written accent on the stressed syllable in *indirect questions,* just as in *direct questions.*

Uses

In general, Spanish interrogative words are used with the same meanings as the corresponding English words. However, it is very important to learn the following special cases.

1. **Qué** versus **cuál. Qué** and **cuál** are used just like *what* and *which,* respectively, in most cases.

¿**Qué**?	*What?*
¿**Qué** quieres?	*What do you want?*
¿**Qué** libro quieres?	*What book do you want?*
¿**Qué** son milanesas?	*What are milanesas?*
¿**Cuál**?	*Which?*
¿**Cuál** quieres?	*Which (one) do you want?*
¿**Cuál** libro quieres?	*Which book do you want?*
¿**Cuáles** son mejores?	*Which (ones) are better?*

---

[1] For many speakers, sentences with **por qué** are exceptional. The normal word order is **por qué** + *subject* + *verb (remainder).* For example:

¿Por qué Inés habló contigo ayer? *Why did Inés talk with you yesterday?*

In the Caribbean area, subject pronouns may come directly after interrogative expressions—for example, ¿**Qué tú quieres?,** *What do you want?* However, speakers from most other areas do not use this construction.

However, in sentences like the following, **qué** is incorrect, and **cuál** matches *what*.

¿Cuál es tu apellido?	*What is your last name?*
¿Cuáles son tus películas favoritas?	*What are your favorite movies?*
¿Cuál es la fecha?	*What is the date?*
¿Cuál es la diferencia entre por y para?	*What is the difference between* por *and* para?
¿Cuál es tu dirección?	*What is your address?*
¿Cuál es tu nacionalidad?	*What is your nationality?*

These sentences have the structure **cuál** + **ser** + *noun phrase*. They ask the listener to answer by *specifying the particular noun phrase* (the particular last name, the particular movies, the particular date, etc.) in question. Similar sentences with **qué** instead of **cuál** ask for a definition or an explanation rather than for a particular noun phrase to be supplied.

¿Qué es un apellido?	*What is a surname?*
¿Qué son informes?	*What are reports?*

Obviously, then, you must be careful to use **cuál** rather than **qué** in the first type of sentence, if you want to avoid asking extremely ridiculous questions.

2. Dónde versus **adónde.** Dónde refers simply to location, while **adónde** (or **a dónde**) refers to the place toward which something is moving.[1]

¿Dónde estás?	*Where are you?*
¿Adónde vas?	*(To) Where are you going?*

3. Spanish has no single word for the interrogative *whose*. The phrase **de quién** is used.

¿De quién es este perro?	*Whose dog is this?*
Quiero saber **de quién** es.	*I want to know whose it is.*

4. Spanish does not have any commonly used exact equivalents to English interrogative expressions like *how big, how tall, how long, how wide, how heavy,* and so on. The following examples show how phrases like these are expressed.

Spanish	English	Literally
¿Qué tamaño tiene?	*How big is it?*	*What size does it have?*
¿Cuánto mides de alto?	*How tall are you?*	*How much do you measure in height?*
¿Cómo es de largo?	*How long is it?*	*How is it in length?*
¿Cuánto tiempo llevas aquí?	*How long have you been here?*	*How much time do you carry here?*
¿Qué ancho tiene?	*How wide is it?*	*What width does it have?*
¿Cuánto pesa?	*How heavy is it?*	*How much does it weigh?*

---

[1] Many speakers also use en dónde to refer to an exact location: **¿En dónde lo viste?** *Where (exactly) did you see it?*

Ejercicio

5 ¿Cuánto? ¿Cómo? ¿Dónde? ⊗ 📖

Choose the interrogative word in parentheses that best completes each of the following questions. Take into account the response that follows—it provides clues to this type of question asked.

MODELO ¿(Qué tal, Qué, Dónde) estuvo la conferencia? —Un poco larga, pero buena.
         ¿Qué tal estuvo la conferencia?

1. ¿(Cómo, Cuál, Qué) es el día que prefieres ir? —El jueves.
2. ¿(Dónde, Cómo, Qué) reaccionarías si te invitaran? —Me encantaría la idea.
3. ¿(Cómo, Cuál, Qué) es un huerto? —Es donde se cultivan frutas o vegetales.
4. ¿(Qué tal, Cómo, Qué) piensas ir a España? —En el viaje más barato.
5. ¿(Quién, Dónde, Cómo) dijiste? No te oí por el ruido. —Dije que parece que va a llover.
6. ¿(Qué tal, Qué, Cuál)? —¡Que pasé el examen!
7. ¿(Cuyo, De quién, Quiénes) es la moto azul? —Camilo acaba de comprarla.
8. ¿(Cómo, Dónde, Cuánto) hace que vives aquí? —Dos meses.
9. ¿(De quién, Cuyo, Cuánto) pesa esa maleta? —Veinte kilos.
10. ¿(Quién, Qué, Cómo) ancho tiene la sala? —Cinco metros.

EXCLAMATORY EXPRESSIONS

1. **Qué** and **cómo** are frequently used to introduce exclamatory phrases. **Qué** may be followed by a noun, an adjective, or an adverb. **Cómo** may be followed by a verb.

¡**Qué** sorpresa!	*What a surprise!*
¡**Qué** bueno!	*It certainly is good!*
¡**Qué** lejos (está)!	*It sure is far!*
¡**Cómo** trabaja ella!	*She sure does work!*

2. In exclamatory phrases, **qué** is never followed by the indefinite article.

¡**Qué** película!	*What <u>a</u> movie!*
¡**Qué** actriz!	*What <u>an</u> actress!*

3. In exclamatory phrases that contain both a noun and an adjective, the adjective may directly precede the noun, or it may follow the noun—in which case the adjective is modified by **más** or **tan.**

¡**Qué lindas** cosas!	
¡**Qué** cosas **más lindas**!	*What beautiful things!*
¡**Qué** cosas **tan lindas**!	

4. When an exclamatory sentence contains both a subject and a verb phrase, the normal word order is *exclamatory phrase + verb phrase + subject.*

¡**Qué** madre trabajadora tienen ellos!	*What a hard-working mother they have!*
¡**Cómo** sabe esa mujer!	*That woman knows a lot!*

5. **Cuánto** is also used in exclamatory sentences, though less commonly than **qué** and **cómo.**[1]

¡**Cuánto** dinero gana ella!	*She certainly makes a lot of money!*
¡**Cuántas** cosas he olvidado!	*I sure have forgotten a lot of things!*
¡**Cuánto** estudiamos!	*We study an awful lot!*

---

[1] **Cuán**—a shortened form of **cuánto**—is sometimes used before adjectives and adverbs in highly literary style.

¡Cuán azul está el cielo!	*How blue the sky is!*
¡Cuán poco me amas!	*How little you love me!*

6. Qué and **cómo** are used in a number of colloquial exclamatory expressions whose usage varies from place to place. Virtually all speakers use the following ones.

¡Cómo no!	*Of course! Sure!*
¡Qué va!	*What nonsense!*
¡Qué de (pájaros, piedras, …)!	*What a lot of (birds, rocks, …)!*

Ejercicio

6 ¡Cómo trabajamos!

Work in pairs. One student reads the sentence, the other one gives an exclamatory expression with ¡**qué**!, ¡**cómo**!, ¡**cuánto**!, etc., appropriate to the situation described. Alternate the reading of the sentences and the corresponding reactions.

MODELO A: Tú y un amigo están en la cima de una montaña. Miran hacia abajo.
B: — *¡Qué alto estamos!*
— *¡Qué vista más hermosa!* *(possible answers)*
— *¡Cuánto hemos subido!*

1. Tú y unos amigos van caminando hacia un restaurante. Han caminado mucho y todavía no han llegado.
2. Es el cumpleaños de un amigo. Te dice que le regalaron un coche nuevo—un modelo buenísimo.
3. Hace sol; es un día bonito. De repente cae un aguacero—empieza a llover.
4. Vas por primera vez a la casa de una amiga. Descubres que tiene más de veinte gatos.
5. Estás mirando la actuación de un gran deportista que juega béisbol o corre o nada. En ese momento establece un récord.
6. Acabas de recibir una "A" en una clase. Esperabas una nota mucho más baja.

RELATIVE CLAUSES WITH que AND quien

Relative clauses are very similar in Spanish and English and do not present many problems for the English speaker learning Spanish. But there are a few important differences. To master these, it is necessary to distinguish between restrictive and nonrestrictive clauses.

Restrictive Clause

El perro **que**[1] **compramos** es muy cariñoso.	*The dog that we bought is very affectionate.*
Las señoras **que llegaron** son periodistas.	*The women that arrived are journalists.*

Nonrestrictive Clause

Mi perro, **que se llama Sultán,** es muy cariñoso.	*My dog, whose name is Sultan, is very affectionate.*
Esas señoras, **que llegaron ayer,** son periodistas.	*Those women, who arrived yesterday, are journalists.*

Restrictive relative clauses identify the particular individual or individuals (the one we bought, the ones that arrived) that are being referred to out of a given set (dogs, women). *Nonrestrictive* relative clauses, on the other hand, simply provide additional information (that its name is Sultán, that they arrived yesterday) about someting already identified (my dog, those women). In writing, nonrestrictive clauses are set off by commas while restrictive clauses are not, in both Spanish and English.

---

[1] Spelling note: as introducers of relative clauses, **que** and **quien/quienes** do not have written accent marks, though the corresponding interrogative and exclamatory words do.

1. The main difference between relative clauses in Spanish and English is that **quien/quienes** cannot introduce a *restrictive* clause in Spanish, although *who(m)* commonly does in English.

El señor **que** vino...	The man who came...
Las chicas **que** vimos...	The girls who(m) we saw...

In some cases **quien/quienes** is used like *who* or *whom*:

a. **Quien/quienes** may introduce a *nonrestrictive* clause.

Rosario, **quien** vino ayer...	Rosario, who came yesterday...
Mis tías, **quienes** salieron...	My aunts, who left...

Even here, however, most speakers prefer **que:**

Rosario, **que** vino ayer...	Rosario, who came yesterday...
Mis tías, **que** salieron...	My aunts, who left...

b. **Quien/quienes** must be used after prepositions to refer to people, in both restrictive and nonrestrictive clauses.

La señora **con quien** hablamos...	The lady with whom we spoke...
Mi tía, **a quien** vi ayer...	My aunt, who(m) I saw yesterday...
Las doctoras **de quienes** te hablé...	The doctors I told you about...

2. Prepositions, if present, must precede **que** and **quien/quienes** in relative clauses in Spanish. They cannot be left "dangling" as in English.

El lápiz **con que** escriben...	The pencil they write <u>with</u>...
La chica **de quien** Carlos está enamorado...	The girl Carlos is in love <u>with</u>...
Los chicos **con quienes** ella hablaba...	The kids she was talking <u>with</u>...

3. Another important difference between English and Spanish is that *that* is often dropped in English, while **que** cannot be omitted in Spanish.

La tortuga **que** compramos...	The turtle (that) we bought...
La actriz **que** nos gustaba...	The actress (that) we liked...

Ejercicios

7 Frases más largas ⊗

A. Combine the three phrases given into one long sentence, using a clause with **que.**

MODELO   La organizadora de la conferencia. Vino ayer. Se ha ido hoy.
   —*La organizadora de la conferencia, que vino ayer, se ha ido hoy.*

1. El niño colombiano. Recibió un trasplante de corazón. Está mucho mejor.
2. La hermana de Marcela. Trabaja en Nueva York. Se va a España.
3. Las mujeres finalistas. Ganaron el campeonato. Recibieron premios.
4. La señora alta, de pelo negro. Nos saludó en el restaurante. Es la gerente de nuestro banco.
5. El representante. Hablaba con los reporteros. Dijo que se ha resuelto el problema.

B. Follow the same procedure as above. The second phrase will have to be modified before incorporating it into the final sentence.

MODELO   El nuevo carro. Lo compró Rita. Gasta poca gasolina.
   El nuevo carro que compró Rita gasta poca gasolina.

1. Los bailarines. Los vimos ayer en la calle. Ahora están en el Hotel Continental.
2. La cuadra. La acabamos de pasar. Es donde vive mi maestra.
3. La revista. La compraste ayer. No parece muy buena.
4. Las ejecutivas mexicanas. Las entrevistó mi hermana. Se quedarán en Nueva York hasta el lunes.
5. Las preguntas. No las puedo contestar. Son exactamente las que tú sabes.

8 ¿Por o para? ⊗ ▭

Complete the following sentences, using **por** or **para,** as appropriate.

1. Voy a comprar un regalo fantástico _____ mi mamá. ¿Sabes que ella ha ganado un premio _____ su trabajo? Además ha hecho mucho _____ nosotros.
2. Tengo una idea, Evelia. A ti no te gusta la cartera negra que te regalaron _____ tu cumpleaños. _____ mí, esa cartera es preciosa. Te doy mis aretes de oro _____ la cartera.
3. Prefiero que sea _____ la tarde, a eso de las cuatro. Quiero estudiar esta noche. Debo leer un libro entero _____ mañana.
4. Ayer Pilar me llamó _____ teléfono. ¿Te acuerdas de su hermano Rogelio, el que trabaja _____ el gobierno? Pues Rogelio viene _____ acá, _____ unos días.
5. _____ comer tan poquito, no creces como deberías. Es por eso que eres tan pequeño _____ tu edad. ¡Y yo siento tanto cariño _____ ti! ¡Eres mi perro favorito!
6. _____ terminar rápido estas frases, las hice todas mal. Puse "para" _____ "por," y "por" _____ "para." ¡No las copies! No quiero que tengas una mala nota _____ mí.

9 ¿Se quedan o se van? ⊗ ▭

A, B, and C are three different moments in a dialog between two Spanish-speaking friends living in New York. Complete the dialog using a **por** expression from the list below. (No repetitions are permitted.)

pasar por	por fin	por si acaso
por ahora	por lo general	por su parte
por eso	por lo menos	por supuesto
por favor	por lo visto	por todos lados

A. —Oye, Germán, no he podido reparar tu carro.
—_____ tiene un problema serio. ¿Debo seguir usándolo?
—Creo que _____, nada serio va pasar si lo manejas. Pero si puedes, llévalo a un taller, _____ tiene algún problema serio.

B. —Tengo algo que contarte. Mi padre quiere que volvamos todos a Puerto Rico. _____, mi mamá no está de acuerdo con él. Ella tiene un trabajo muy bueno aquí.
—Y tú, ¿qué prefieres? ¿Quedarte?
—No sé, pero _____ en la isla no hace tanto frío como en Nueva York. Y _____, tú sabes que cuando hace buen tiempo uno está más contento, ¿no?
—No creas... se puede ir a cualquier parte del mundo, norte, sur. Es lo mismo _____. No se vayan. _____, trata de convencer a tu papá para quedarse aquí. ¡No me gustaría hacerte una fiesta de despedida!

C. —Buenas noticias. Repararon mi carro en el taller. No era nada. Pero lo más importante: ¡nos quedaremos aquí! Estuvimos hablando con mi papá dos horas _____. _____ lo convencimos y desistió de su idea.
—Bueno, yo _____ tu casa esta noche, a las nueve. La fiesta será en mi apartamento.

—Pero no me has comprendido. No habrá despedida. Mi familia no vuelve a Puerto Rico.

—_____ haremos una fiesta. Para celebrar que te quedarás aquí, con o sin frío, por muchos años más.

10 Buscando información

For each sentence below, form as many questions as you can think of to ask for more details. Use interrogative words.

MODELO Encontré un pasaporte con dinero adentro.
— _Dónde lo encontraste?_ _¿Cuándo lo encontraste?_ — _¿Cuánto dinero contenía?_
— _¿Qué piensas hacer con el pasaporte y el dinero?_ — _¿De quién es el pasaporte?_
— _¿De dónde es el pasaporte?_

1. La madre de Isabel encontró trabajo.
2. Edgardo dijo que piensa ir a la fiesta el sábado próximo.
3. Recibimos un telegrama muy importante.
4. No sé si podré ir; tengo mucho que hacer.
5. Debes salir para comprar más ropa, porque los chicos la necesitan.
6. Hoy llega la madrina de Ana Luisa.
7. Mi abuela es buena cocinera.
8. Tengo fotos de Puerto Rico, México y Venezuela.
9. Van a hacer un informe para la clase.
10. Mi madre volverá a la universidad para terminar sus estudios.

11 ¿Qué preguntaron?

Work with a partner. Think of as many questions as possible that could have resulted in the following answers. Use interrogative words.

MODELO No estoy seguro. Tal vez, el viernes.
— _¿Cuándo llega tu prima?_
— _¿Para cuándo van a estar listos los muebles?_
— _¿Cuál es tu día favorito?_

1. Para comprar arroz y un poco de azúcar.
2. Casi perfecto, como argentino o uruguayo. No parece americano.
3. ¿Este rojo? Es de Manuela; lo acaba de comprar.
4. Seis meses. Llegué a fines de septiembre.
5. Yo no oí nada. Creo que estás preocupado, eso es todo.
6. En una fábrica de aviones. Queda en California.
7. Es músico. Viene de una familia de músicos.
8. Con Álvaro. ¡No te enojes!
9. A las siete, frente al cine. No sé, pero dicen que es buena.
10. Quince días en Argentina, Chile y Perú, por su trabajo.

12 La mejor trabajadora ⊗ ▭

Use the words and phrases below to complete the sentences in the narrative that follows. (Repetition is permitted.)

que	a quien	con quien
quien	de quien(es)	para quien

1. La gente _____ trabaja mi mamá es simpática, pero un poco..."diferente."
2. Por ejemplo, hay un señor _____ le llaman "El Dorado."
3. Las únicas personas que existen para "El Dorado," la única gente _____ habla o _____ le importa es la gente rica, la gente con dinero.
4. Una vez entró en la oficina el señor Diego Betancourt, el presidente de la compañía, _____ es un hombre riquísimo: es multimillonario.
5. El señor Betancourt, _____ son muy importantes las relaciones con sus empleados, saludó a "El Dorado" y le preguntó la hora.
6. El pobre empleado, _____ en ese momento seguramente andaba un poco preocupado por la presencia del "Número Uno," le contestó, "Son las tres millones y media, señor Betancourt."
7. También hay otros empleados interesantes _____ me habla mi mamá: "la Comilona," por ejemplo, _____ es capaz de comer tres pizzas enteras para el almuerzo.
8. Yo podría mencionar además a "doña Perfecta," _____ vive criticando a los otros y _____ le fascina corregir los detalles y errores más insignificantes.
9. Pero una cosa es cierta. La única persona en esa oficina _____ es trabajadora y _____ no tiene características "diferentes" es mi mamá. Un día será ella la gerente.

Mafaldas y Susanitas

El dibujante argentino Quino creó dos niñas terribles: Mafalda y Susanita. Mafalda es un personaje de tiras cómicas tan conocido en España y Latinoamérica como lo es Charlie Brown en los Estados Unidos. Mafalda y Susanita representan dos actitudes distintas de la mujer burguésa latinoamericana.

Mafalda es segura, activa y crítica. Detesta las injusticias y la sopa. Está preocupada por lo que pasa a su alrededor y en todo el planeta. Escucha por radio las noticias internacionales y se enoja si lo que escucha no está de acuerdo con lo que le han dicho su papá y su maestra. La mamá de esta niña, como la mayor parte de las mujeres de los países latinoamericanos, vive totalmente dedicada a su hogar. Mafalda muestra su actitud crítica cuando pregunta a su mamá, al ver todo el trabajo doméstico que ésta debe hacer. "¿Qué te gustaría ser si vivieras?"

la **actitud** *attitude*
analfabeto, –a *illiterate*
burgués, –a *bourgeois, middle-class*
la **clase media** *middle class*
crítico, –a *fault-finding, critical*

el **dibujante,** la **d.** *cartoonist*
el **hogar** *home*
el **personaje** *character*
seguro, –a *secure, self-confident*

si vivieras *if you lived*
la **U.N.E.S.C.O.** *United Nations Educational, Scientific and Cultural Organization*

Aunque a Mafalda no le gusta que su mamá pase la vida entre escobas y sacudidores, la señora no muestra descontento por su papel de esposa, madre y ama de casa.

Mafalda está lejos de ser conformista. No discrimina ni a los viejos ni a los pobres. Está en contra de los prepotentes y del autoritarismo. Piensa que si uno no se "apura a cambiar al mundo, éste lo cambia a uno."

Su juguete favorito es una tortuga llamada Burocracia, a la que lleva a pasear por el parque amarrada con un hilito, para gran asombro de los dueños de perros con *pedigrí*.

Susanita es el polo opuesto de Mafalda y sólo piensa en casarse con alguien que tenga mucho dinero, naturalmente. Quiere ser una *gran señora*. Comprará una casa grande, grande, y un automóvil muy lindo y joyas hermosas. Se lamenta de que sus amigos no tengan vocación para el monólogo, porque es chismosa; a ella le encanta hablar todo el tiempo. Es una copia de su mamá, quien pasa horas hablando por teléfono.

Cuando llega el momento de comenzar la escuela primaria. Susanita se lamenta de lo triste que es terminar con toda una vida dedicada a ser analfabeta. Si dicen que la vida es la mejor escula, ¿para qué ir a otra? ¿Cuántas mujeres hay que estudian carreras cortas *mientras,* es decir, mientras se preparan para su verdadera profesión, la de amas de casa y madres?

Mafalda le dice a su amiga que, además de ser madres, hoy las mujeres deben contribuir al progreso para el bien de la humanidad. Susanita replica que aprenderá a jugar *bridge*, porque a eso juegan las señoras importantes.

Cuando Susanita habla así, Mafalda sonríe: su mundo contiene posibilidades que Susanita no puede imaginar.

---

el **ama de casa** *housewife*
apurarse *to hurry up*
el **asombro** *astonishment, amazement*
la **carrera** *career*
chismoso, –a *gossipy*
el **descontento** *displeasure*

el **elegido, –a** *chosen one*
la **escoba** *broom*
la **joya** *jewel*
el **juguete** *toy*
opuesto, –a *opposite*
el **papel** *role, part*

el **pedigrí** *pedigree*
prepotente *powerful, overbearing*
primario, –a *elementary (school)*
el **pobre, la p.** *poor, needy person*
replicar *to answer*
el **sacudidor** *duster*

Ejercicios

13 Preguntas

1. ¿Qué representan Mafalda y Susanita, según la autora?
2. ¿Cómo es Mafalda? ¿Qué detesta? ¿Por qué está preocupada?
3. ¿Dónde trabajan el padre y la madre de Mafalda?
4. ¿Con quiénes pasa Mafalda la mayor parte del tiempo, con amigos on con amigas? ¿Por qué?
5. ¿Cuál es uno de sus pasatiempos favoritos?
6. ¿Cómo es Susanita? ¿Qué quiere ser ella?
7. ¿Quiere Susanita ir a la escuela? ¿Por qué?
8. ¿Cuál es la reacción de Mafalda a Susanita? ¿Por qué?

14 Actividad: ¡Cómo cambian los tiempos!

The class should be divided in groups of three or four students each. Choose one of the following stories:

- Caperucita Roja (*Little Red Riding Hood*)
- Cenicienta (*Cinderella*)
- Blanca Nieves (*Snow White*)
- La Bella Durmiente (*Sleeping Beauty*)

Alternate in asking and answering questions, in Spanish, about the stories that the other members of your group chose and about the story that you have chosen.

> EXAMPLES
>
> ¿Quién es la protagonista de la historia? ¿Cómo comienza el cuento?
> ¿Qué hace la protagonista? ¿Cómo termina la historia?

15 Refrán

¿Cómo puedes explicar el refrán que está leyendo Mafalda?

¿Piensas que es cierto? ¿Por qué?

¿Dejas tú a menudo lo que debes hacer para otro día?

¿En qué ocasiones has dejado tú cosas para hacer en otro momento?

En este momento, hay algo que te gustaría dejar para mañana. ¿Qué es? ¿Por qué quisieras hacer eso en otro momento? ¿Por qué piensas que va a ser más fácil hacerlo más tarde que hacerlo ahora?

VOCABULARIO

la **ciencia** science
el **derecho** right
el **gerente,** la **g.** manager
la **igualdad** equality
el **informe** report
el **ingeniero, –a** engineer

el **reportaje** article, report

tener que ver (**con**) to have to do (with)
volverse (**ue**) to turn, become

de nada you are welcome
por ahora for the time being
por lo general generally, as a rule
por un lado... por otro... on one hand . . . on the other . . .

Palabras similares

la **cuestión** question, matter
el **misterio** mystery, enigma

la **profesión** profession
la **técnica** technique

responsable responsible

Notas culturales

las **milanesas** popular Argentinian dish, breaded veal cutlets

Ordenadores, computadoras

14

ORDENADOR:COMPUTADORA:ORDENADOR
ORDENADOR:COMPUTADORA:ORDENADOR
ORDENADOR:COMPUTADORA:ORDENADOR
ORDENADOR:COMPUTADORA:ORDENADOR
ORDENADOR:COMPUTADORA:ORDENADOR
ORDENADOR:COMPUTADORA:ORDENADOR
ORDENADOR:COMPUTADORA:ORDENADOR
ORDENADOR:COMPUTADORA:ORDENADOR
ORDENADOR:COMPUTADORA:ORDENADOR
ORDENADOR:COMPUTADORA:ORDENADOR
ORDENADOR:COMPUTADORA:ORDENADOR

"En la escena final de una película de ciencia-ficción, una computadora gigante comienza un ataque termonuclear. El fin del mundo se acerca sin que ni científicos ni matemáticos ni líderes de gobierno puedan hacer nada para evitarlo. Como el doctor Frankenstein, sólo pueden esperar hasta que su propia creación los destruya.

¿Será esto posible?

Para muchas personas, las computadoras son monstruos en forma de máquinas; para otras son las maravillas que resolverán todos los problemas de la humanidad. ¿Quién tendrá razón? Seguramente no será una computadora la que lo decida, porque hasta ahora no hay computadora que pueda defenderse a sí misma.

A una computadora hay que enseñárselo todo. En vez de creatividad, tiene facilidad de cálculo y gran velocidad. Su memoria reside en una cinta magnética o en un disco donde se acumula un gran número  de datos programados. Éstos, ya sean muy simples o muy complicados, no son más que una serie de ceros y unos que forman la base del lenguaje binario. Estos unos y ceros abren y cierran los circuitos internos y hacen que la máquina funcione.

La ayuda que nos prestan las computadoras es enorme. Pero cómo usamos esta ayuda es otra cosa. Las máquinas no tienen ni conciencia ni sentimientos ni emociones. Hacen lo que se les pide que hagan. La gran responsabilidad de cómo utilizar un descubrimiento no se le puede dejar a una máquina, ya sea esto tecnológicamente posible o no.

Muchas de las máquinas más avanzadas dependen de una computadora para que las haga funcionar. En muchos casos, la programación de instrucciones les permite que funcionen aun cuando un ser humano no podría hacerlo. La exploración de los océanos y del espacio, por ejemplo. En otros casos, el uso de computadoras substituye la participación humana con tanta eficiencia que tal vez deberíamos considerar su efecto en nuestra estructura social. Hasta ahora no sabemos de ninguna computadora cuyo trabajo mantenga a una familia.

¿Será posible que estos "cerebros mecánicos" lleguen a un punto de desarrollo tal que les permita a las máquinas controlar al mundo entero? ¿Será posible un mundo donde hombres y mujeres no sean nada más que una versión más avanzada de los dinosaurios, en el cual la especie humana tenga el mismo fin que aquéllos tuvieron? Esperemos que no. Esperemos que los inventores inventen con responsabilidad."

—¿No estás siendo un poco dramática, Esmeralda? No mencionas cuánto las computadoras ayudan a los médicos, ni todas las vidas que salvan cuando calculan los efectos de desastres naturales. Imagínate si no se hubiera inventado la lavadora, el trabajo que pasaríamos para tener ropa limpia. Y hablando de eso...

—¡Ay, Juanita! ¡Estoy tan preocupada con lo que voy a decir en el debate sobre las

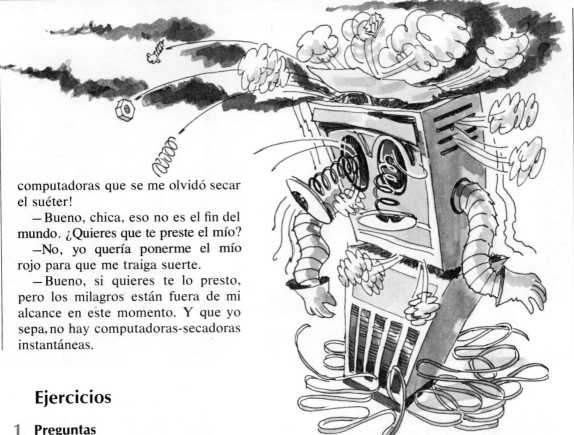

computadoras que se me olvidó secar el suéter!

—Bueno, chica, eso no es el fin del mundo. ¿Quieres que te preste el mío?

—No, yo quería ponerme el mío rojo para que me traiga suerte.

—Bueno, si quieres te lo presto, pero los milagros están fuera de mi alcance en este momento. Y que yo sepa, no hay computadoras-secadoras instantáneas.

Ejercicios

1 Preguntas

1. ¿Cómo ocurre el fin del mundo en la película de ciencia-ficción mencionada por Esmeralda?
2. ¿Por qué piensan algunas personas que las computadoras son maravillosas?
3. ¿De qué tiene facilidad una computadora?
4. ¿Dónde reside su memoria?
5. ¿Cuál es la base del lenguaje binario?
6. ¿Cuáles son las limitaciones de la computadora?
7. ¿Qué tiene miedo Esmeralda que pase con los cerebros mecánicos?
8. Según Esmeralda, ¿qué pueden hacer los inventores para prevenir el desastre final?
9. ¿Qué piensa Juanita de las computadoras?
10. ¿Por qué no quiere usar Esmeralda el suéter que Juanita le presta?

2 ¿Qué crees?

1. ¿Piensas que una computadora podría evitar un ataque termonuclear? ¿Cómo?
2. ¿Crees que tu vida será muy distinta a la de tus padres? ¿De qué manera?
3. Se dice que estamos en una era en la que habrá grandes transformaciones. ¿Cómo te piensas preparar para la era tecnológica?
4. ¿Quiénes crees tú que deben tomar cursos de ciencia de computadora?
5. ¿Es necesario conocer el funcionamiento interno de una computadora para saber usarla?

Un sistema microordenador ⊗

El sistema microordenador está compuesto de una unidad central y de varios componentes que se usan para la entrada y salida de datos. Además de éstos, es usual que este tipo de sistema disponga de órganos auxiliares que aumenten la capacidad de la unidad central.

1. El microordenador
(Unidad central)

Posee un programa especializado interno. Dispone de un sistema de ficheros y de una memoria interna. (Por lo general es necesario que se aumente esta memoria central, con órganos de memoria secundaria como el disco flexible o la grabadora a cassettes.)

2. El teclado
(Órgano de entrada)

Se usa para registrar los mandatos y datos. Se pulsa cualquier tecla del teclado y el microordenador responde.

3. El disco flexible
(Órgano auxiliar)

Este órgano se ha convertido en la memoria masiva estándar de los microordenadores. Permite acceso rápido y posibilita gran capacidad de almacenamiento en disquettes.

4. La grabadora
(Órgano auxiliar)

Almacena los datos y programas en cintas magnéticas tipo cassette. (Es más limitada que el disco flexible).

5. La pantalla o monitor
(Órgano de salida)

El ordenador la usa para comunicarse con el operador. Visualiza únicamente caracteres y no imágenes, como es el caso de un aparato de televisión. El *cursor* es un cuadradito (o una rayita) que indica en la pantalla el lugar que corresponde al próximo carácter que aparezca.

6. La impresora
(Órgano de salida)

Proporciona una copia permanente sobre papel. Hace tantas copias como se necesiten.

Se le llama "hardware" al conjunto de los componentes materiales. Se le llama "software" al conjunto de programas.

Ejercicio

3 Preguntas

1. ¿De qué está compuesto un sistema microordenador?
2. ¿Para qué se usa el teclado?
3. ¿Qué indica el cursor?
4. ¿Cuáles son los dos tipos de memoria auxiliar usadas por los microordenadores? ¿En qué almacena los datos cada uno?
5. ¿Por qué se clasifican la pantalla y la impresora como "órganos de salida"? ¿Cuál es la diferencia entre estos dos componentes?
6. ¿Qué parte del sistema sería el "cerebro mecánico"?
7. ¿Cuál es el componente más importante del sistema?

MORE USES OF THE SUBJUNCTIVE

The rules for using the subjunctive (past or present) depend on grammatical construction: different kinds of clauses have slightly different rules. For that reason it is necessary to recognize different *kinds* of dependent clauses. For example, the rules for *noun* clauses are not the same as those for the clauses discussed in Unit 12.[1] Furthermore, the rules for *subject* noun clauses are different from those for *object* noun clauses.

Indicative and Subjunctive in Noun Clauses

1. Subject Noun Clauses

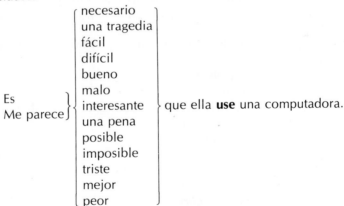

In these examples, the dependent clause **que ella use una computadora** is the subject of the sentence. The subjunctive is triggered by an adjective (**necesario, fácil,** etc.) or a noun (**una tragedia, una pena,** etc.) in the main clause. Nearly all adjectives and nouns used with **ser** and **parecer** trigger the subjunctive in subject noun clauses. The only exceptions are **verdad** *(true)*, **obvio** *(obvious)*, **evidente** *(evident)*, **seguro** *(sure)*, and a few other expressions of truth or certainty.

Es $\begin{Bmatrix} \text{verdad} \\ \text{obvio} \end{Bmatrix}$ que ella la **usa** bien.

---

[1] *Noun clauses* are called that because they function in sentences just like ordinary nouns, as subjects, objects of verbs, and objects of prepositions.

Even these trigger subjunctive when the main clause is *negative,* however.

No parece $\begin{Bmatrix} \text{cierto} \\ \text{seguro} \end{Bmatrix}$ que ella la **use** bien.

2. Object Noun Clauses

Main clause expresses	Object noun clause uses
knowledge, belief	indicative
a. emotion (happiness, sadness, fear, surprise, hope, etc.) b. request, command c. denial, doubt	subjunctive

Both indicative and subjunctive occur commonly in noun clauses that are the object of a verb or a preposition. The choice depends on the *main clause.* If the subject of the main clause merely states the noun clause as information that he or she knows or believes, then the verb of the noun clause is in the indicative.

Yo **sé**
Pepe **dice**
Todos **creen**
Mamá me **escribió** } que Esmeralda **habla** bien.
Juanita **contestó**
Estamos **seguros** de

Otherwise, some word in the main clause (typically the verb, but also an adjective, a noun, **no**) triggers the subjunctive in the noun clause. Following are the most common cases.

a. Rather than communicating the *information* in the noun clause, the subject expresses some *emotion* about it.

Me alegro de
Lamento
Tienen miedo de } que Esmeralda **hable** bien.
Nos encanta
Esperamos

b. The subject of the main clause expresses a *wish, request, command,* etc., for the subject of the noun clause to do something.

Juanita $\begin{matrix} \textbf{quería} \\ \textbf{sugirió} \\ \textbf{pidió} \\ \textbf{permitió} \\ \textbf{evitó} \end{matrix}$ } que Esmeralda **hablara** con ella.

c. The subject of the main clause *doubts* or *denies* that the noun clause is true.

Yo **dudo**
Todos **niegan** } que las chicas **hayan** hablado mucho tiempo.

Notice the following special situations:
a. When **decir** and other verbs of communication such as **contestar** and **escribir** are used merely to convey information, they do not trigger subjunctive. When the same verbs

are used to express a request or command, they do trigger subjunctive.

Dice que Esmeralda es muy dramática.   *She says that Esmeralda is too dramatic.*

Le **dice** a Esmeralda que no sea   *She tells Esmeralda not to be dramatic.*
dramática.

b. *Negative* expressions of *doubt* and *denial* do *not* trigger subjunctive.

Yo **no dudo** }
Nadie **niega** } que ellas **hablarán** mucho.

c. In *questions,* the object noun clause may have *either indicative or subjunctive* when the main clause has **creer, pensar, suponer,** and other verbs referring to the subject's beliefs.

¿Crees que Juanita estuvo/haya estado allí?
¿Usted **se imagina** que ella estaba/estuviera loca?

Ejercicios

4 Diálogos cortos ⊗ 📖

Complete each dialog by choosing the correct verb or expression in parentheses. Note that in Dialog I only the principal verb must be chosen; in Dialog II, both principal verbs and verbs in noun clauses must be selected.

I. Carmela y Juan nunca están de acuerdo sobre la tecnología.

CARMELA —Miguel (dice, quiere, espera) que están perfeccionando la televisión tridimensional. Imagínate.

JUAN —¡Qué va! ¿(Dices, Crees, Notas) que sepa algo sobre eso?

CARMELA —(Es mejor, Estoy segura, Me parece posible) que Miguel dice la verdad, porque su padre, que es ingeniero, acaba de regresar de una exposición en Japón.

JUAN —¿De veras? Pues, si es así, (veo, oigo, espero) que mi familia compre el primer modelo que salga.

CARMELA —(Me alegro, Es verdad, Me imagino) que haya habido tantos avances tecnológicos en los últimos años, pero (es obvio, está claro, es una pena) que no se haga más para luchar contra problemas como el hambre o las enfermedades.

II. En la oficina de dos ingenieros que están diseñando "Mercurio," una nueva computadora.

HÉCTOR —Hace dos días que no vamos a la casa. Es obvio que (estás, estés) muerta de cansancio. También estoy cansado yo. (Me parece, Tengo miedo de) que no estemos pensando claramente y así no vamos a poder hacer nada que valga la pena.

CLARA —¿Qué (piensas, sugieres) que hagamos? ¿Parar, después de tantos meses? Te pido que (seguimos, sigamos) por unas horas más. ¡Casi hemos perfeccionado la computadora más rápida del mundo!

HÉCTOR —(Veo, Espero) que tengas razón. Pero antes de seguir, le voy a decir a alguien que nos (trae, traiga) más café.

CLARA —¿Más café? ¡(Me parece, Es una lástima) que ya hemos consumido todas las exportaciones de café de Brasil y Colombia! No dudo que para funcionar bien, "Mercurio" (necesitará, necesite) café en vez de electricidad.

5 Los secretos tecnológicos ⊗ 📖

Complete each sentence in the following narrative with the appropriate form (indicative or subjunctive) of the infinitive in parentheses.

1. Hace sólo un año que nuestra compañía, Industrias Mercurio, hace computadoras, pero

ya es evidente que alguien (estar) tratando de descubrir nuestros secretos.

2. El presidente de la compañía ha dicho que supone que el culpable (ser) uno de nuestros competidores que (querer) descubrirlos.
3. Me parece triste que (haber) tanta gente deshonesta, que (estar) siempre haciendo trampa.
4. Pero es difícil evitar que esas cosas (pasar), puesto que los secretos electrónicos valen tanto.
5. De todos modos, me alegro que (tener) tanto valor lo que producimos aquí; nadie quiere copiar ideas malas.
6. A mí me gustaría decirles a Uds. algo sobre nuestro proyecto, pero mi jefe me pidió que no (decir) nada.
7. Pero sí me mandó que les (sugerir) lo siguiente: que no (comprar) una computadora hasta que salga nuestro próximo modelo.

6 ¿Qué dices?

Complete each statement or question in your own words. Use an indicative tense or the present or imperfect subjunctive, as appropriate.

MODELO Dudo que nuestro equipo de fútbol...
—*Dudo que nuestro equipo de fútbol no sea tan bueno como antes.*
—*Dudo que nuestro equipo de fútbol gane este año.*

1. Esperemos que las relaciones internacionales...
2. Me sorprendió que el Palacio Nacional...
3. ¿Crees que la tormenta que ahora está en Canadá...?
4. Lupe estaba enferma, pero no quería que yo...
5. Me imagino que las transmisiones del nuevo satélite...
6. Antonio dejó su suéter en mi casa; por favor, dile que...

7 ¿Qué te parece?

React to each statement below with a new statement of your own expressing disbelief, surprise, concern, happiness, sadness. Use a verb or expression that requires the use of the subjunctive. (Many answers are possible.)

MODELO Jaime no ha venido hoy. Y tenemos mucho trabajo.
—*Espero que venga mañana.*
—*Es una lástima que no esté aquí y que haya tanto trabajo.*
—*Dudo que esté enfermo; es probable que esté en la playa.*
—*Me sorprende que no esté; siempre viene los martes.*

1. Mi hermano dice que perderá su empleo a causa de una computadora.
2. No hay bastantes profesores de matemáticas en las escuelas públicas.
3. Rosario está almorzando con David; parece que son amigos otra vez.
4. No está claro qué lenguaje usar para programar en las escuelas; algunos prefieren BASIC, pero aquí usamos LOGO.
5. Tengo un amigo que ha diseñado un excelente juego de aventuras para microordenadores; cree que pronto ganará millones de dólares.
6. Leí que es probable que las compañías japonesas produzcan supercomputadoras más poderosas que las norteamericanas.
7. Algunos de mis amigos juegan con computadoras todo el día; nunca leen libros.

Indicative and Subjunctive in Adjective Clauses

1. a. Los alumnos **que tienen billete pueden** entrar.	The students that have tickets can go in.
b. Los alumnos **que tengan billete** pueden entrar.	The students that have tickets can go in.
2. a. Busco un álbum **que tiene fotos de Chile.**	I'm looking for an album that has pictures of Chile.
b. Busco un álbum **que tenga fotos de Chile.**	I'm looking for an album that has pictures of Chile.
3. a. Hay pájaros **que no vuelan.**	There are birds that don't fly.
b. No hay pájaros **que tengan pelo.**	There are no birds that have hair.

1. The choice of indicative or subjunctive in adjective clauses[1] depends on the noun in the main clause that the adjective clause modifies.
   a. The *indicative* is used when this noun refers to a specific object or set of objects known to the speaker. For example, in the (a) examples in the chart, the speaker is (1) referring to a specific group of students who are known to have tickets, (2) looking for a specific album known to contain pictures of Chile, (3) referring to specific known species of birds that don't fly.
   b. The *subjunctive* is triggered by a noun that refers to something that is unknown to the speaker or that does not exist. For instance, in the (b) examples, the speaker (1) doesn't know which students have tickets, or whether any do; (2) has no particular album in mind—*any* album with pictures of Chile will do; (3) is denying that birds with hair exist.

2. The *present* subjunctive is used in the adjective clause when the time referred to is *present* or *future*. The *past* subjunctive is used when *past* time is referred to.
   Buscaba un álbum que **tuviera** fotos de Chile.   I was looking for an album (any album) that had pictures of Chile.
   The *past* subjunctive is also used in the adjective clause when the verb in the main clause is in the *conditional,* regardless of the time reference.
   Preferiría un álbum que **tuviera** más fotos.   I would prefer an album (any album) that had more pictures.

Ejercicios

8 **¿Cuál es la forma correcta?** ⊗ ▭

Select the verb form that most appropriately completes each sentence or question. At times you will choose between different verbs.

MODELO   No conozco a nadie que ___*sepa*___ tanto sobre tecnología.   (sabe, sepa, decía, dijo)

1. Espero que se encuentre un combustible que _____ más barato que el petróleo.   (es, sea, estuvo, está)
2. El señor que habló sobre la guerra nuclear anoche no dijo nada que no _____.   (sabíamos, sepamos, supimos, supiéramos)

---
[1] Adjective clauses derive their name from the fact that they modify nouns and pronouns, as do simple adjectives.
   Vi algo { interesante.   *(adjective)*   /   que me interesó.   *(adj. clause)*   I saw something { interesting.   /   that interested me.

3. He oído que en la casa de Julio hay un telescopio que _____ cinco mil dólares.   (costara, cueste, vale, valga)

4. Hace varios años que están en órbita satélites que _____ transmitir programas de televisión a todas partes del mundo.   (pueden, puedan, vayan a, fueran a)

5. Cuando termine sus estudios, mi hermana va a tratar de conseguir un empleo que _____ mejor. El presidente de la compañía donde quiere trabajar es amigo nuestro. (paga, pague, fuera, es)

6. Si te quedas aquí estudiando ocho o diez años más, sabrás tal vez más que yo sobre la física experimental. Las teorías que _____ entonces serán más avanzadas que las mías.   (discutiste, discutías, tienes, tengas)

7. Yo no tengo la menor idea. ¿Crees que haya alguien que _____ sacando dinero de nuestra cuenta sin que lo sepamos?   (está, esté, anda, anduviera)

9 ¿Cuáles escogen?

Work in groups of three. Imagine that your group will determine which of the following technologically oriented projects is to be accepted (**aceptado**) or rejected (**rechazado**). Assume that it is possible to complete each project successfully; you must judge if it is desirable. Rank the accepted projects in order of importance. You must come to a unanimous decision within a time limit set by your instructor, or your group will lose its power. Be prepared to justify your group's choices to the rest of the class.

1. Un producto químico que aumente la producción de leche de vaca en un 25 por ciento.
2. Un aparato o máquina que pueda predecir los terremotos (*earthquakes*) 30 minutos antes de que ocurran.
3. Un vehículo de baterías diseñado para transportar a cinco personas, que sea rápido, barato, consuma poca electricidad y no contamine el aire.
4. Una computadora portátil (*portable*) con inteligencia artificial que sea capaz de traducir e interpretar muchas lenguas (inglés, español, francés, alemán, ruso, chino, japonés).
5. La tecnología que permita una transformación fácil y barata de agua de mar en agua de beber.
6. Un aparato muy pequeño (como un microchip), que al implantarse debajo de la piel de un individuo peligroso, reduzca en un 99 por ciento sus tendencias violentas sin afectar su salud, su memoria o su inteligencia.
7. Un robot para el hogar que lave los platos y limpie toda la casa.
8. Un aparato que, al conectarse a la cabeza de una persona, "lea" lo que está pensando.

Indicative and Subjunctive in Adverb Clauses[1]

Adverbial Expressions	
A. **cuando**	when, whenever
en cuanto	as soon as
después (de) que	after
hasta que	until
mientras	while
tan pronto (como)	as soon as
B. **aunque**	although, even if
como	the way, however
donde	where, wherever
según	the way, according to

1. The adverbial expressions given in Chapter 12 (pp. 255–256) are fundamentally different from those in the preceding chart. The former *always* trigger the subjunctive, while the latter may be followed by *either* indicative or subjunctive.

2. Group A in the preceding chart contains *time* expressions. When the clauses they introduce refer to something that has happened, is happening, or happens regularly at the time of the main clause, these expressions trigger the indicative.

Cuando sale el sol, estoy contento.   *When the sun comes out, I'm happy.*
(The sun does come out regularly, and it makes me happy when it does.)

En cuanto llega, me avisa.   *As soon as he arrives, he lets me know.*
(This happens regularly.)

When clauses introduced by Group A expressions refer to something that has *not yet happened* at the time of the main clause, these expressions trigger the subjunctive.

Cuando salga el sol, avísame.   *When the sun comes out, let me know.*
(The sun is not out *yet*, but I want to know when it does come out.)

En cuanto llegue, comeremos.   *As soon as he gets here, we'll eat.*
(He's not here *yet*; we'll eat as soon as he comes.)

The *past subjunctive* is used when the time of the main clause is *past*, and the adverb clause refers to something that had not yet happened at that time.

Queríamos comer **en cuanto llegara.**   *We wanted to eat as soon as he arrived.*
Iba a comer yo **después que comieran**   *I was going to eat after the children ate.*
los niños.

3. The expressions in Group B trigger the *indicative* when the clauses they introduce refer to something *known* to the speaker.

Nos vamos, **aunque esté** nevando.   *We're leaving, although it's snowing.*
(It *is* snowing right now, but we're leaving anyway.)

---

[1] Adverb clauses are called that because they function in sentences like simple adverbs.

Quiero irme {pronto. *(adverb)* / cuando llegue él. *(adv. clause)*   I want to go {soon. / when he arrives.

Lo haré **como dice** Manuel. *I'll do it the way Manuel says.*
(I know his instructions, and I will follow them.)

These expressions trigger the *subjunctive* when the clauses they introduce refer to something *unknown* to the speaker.

Nos vamos, **aunque esté** nevando. *We're leaving, even if it's snowing.*
(I don't know if it's snowing or not, but we're leaving in any event.)

Lo haré **como diga** Manuel. *I'll do it however Manuel says.*
(I don't know his instructions, but I'll do whatever he says.)

The *past subjunctive* is used when *past time* is referred to.

Quería hacerlo **como** él me **dijera.** *I wanted to do it however he told me.*
Ellos querían estar **donde estuviera** yo. *They wanted to be wherever I was.*

Ejercicios

10 ¿Cómo es posible que esto pase?

Change each sentence in the following narrative to a corresponding subjunctive version; delete indications that the action is customarily performed (e.g., **siempre**) and add, if you wish, references to future action.

MODELO Siempre empiezo mi tarea tan pronto como llego del colegio.
—*Esta noche voy a empezar mi tarea tan pronto como llegue del colegio.*

1. Cuando termino mi tarea y me acuesto, casi siempre leo un cuento de ciencia-ficción.
2. Mis padres creen que estoy dormido; en cuanto dicen "buenas noches," yo apago las luces.
3. Me quedo en la cama sin hacer ruido hasta que ellos vuelven a la sala a mirar televisión.
4. Tan pronto como estoy seguro de que no van a darse cuenta, enciendo la luz y saco el libro.
5. Tengo cuidado de no hacer nada que les pueda llamar la atención mientras están despiertos.
6. Cuando me canso del cuento, siempre cierro los ojos y me duermo enseguida.
7. Pero, desgraciadamente, la luz se queda encendida hasta que vienen a despertarme mis padres.
8. Cuando ellos ven la lámpara encendida, me preguntan por qué; les digo que no sé. ¿Será posible que ellos sepan mi secreto?

11 ¿Se sabe o no se sabe?

Create an original sentence based on the phrase given. If the hint in parentheses refers to something known to the speaker, give a version in the indicative. Otherwise, use the subjunctive.

MODELO Léelo como el señor Gómez (decirte).
(No se saben las intenciones del señor Gómez.)
—*Léelo como el señor Gómez te diga.*

(El señor Gómez ya ha explicado lo que quiere.)
—*Léelo como el señor Gómez te dice.*

1. Debemos hacerlo según (decirnos tía Isabel).
(Ella no ha dicho nada todavía.)
2. Es mejor comprar el equipo electrónico donde (saber repararlo).
(Estoy pensando en un lugar específico.)

3. Juanita, cómpralo donde (rebajarte el precio).
   (En cualquier tienda de descuento.)
4. Vamos a vivir en otra ciudad, aunque mi hermana (no querer).
   (Ella no ha expresado su opinión.)
5. Preferimos alquilar un apartamento donde (haber menos ruido).
   (No sabemos si existe ese lugar.)
6. La computadora podría ser muy útil, aunque (no tener emociones).
   (Se sabe que no tiene emociones.)
7. Yo estaba lista a programar exactamente como (ellos decirme).
   (Pero no me habían dicho nada todavía.)

Indicative and Subjunctive in "If/Then" Sentences

"if" clause	"then" clause
A. Si tiene dinero, *If he has money,*	irá. *he'll go.* (Does he have money?)
Si tenía dinero, *If he had money,*	iba. *he went (used to go).* (Did he have money?)
Si vino, *If he came,*	no lo vi. *I didn't see him.* (Did he come?)
B. Si tuviera dinero, *If he had money,*	iría. *he would go.* (But he doesn't have any, so he won't go.)
Si hubiera tenido dinero, *If he had had money,*	habría ido. *he would have gone.* (But he didn't have any, so he didn't go.)

1. "If/then" sentences are very similar in English and Spanish. In the A-type sentences in both languages, the speaker is simply ignorant of the facts referred to in the *if/si* clause— they are *not known* to be false. On the other hand, in the B-type sentences the *if/*si clause refers to something *known to be false.*

2. In the A-type sentences, Spanish has an *indicative* verb form in both clauses. In the B-type, the first verb form after **si** is *past subjunctive,* and the first verb form of the *then* clause is *conditional.* The present subjunctive *never* follows **si** in "if/then" sentences.

Ejercicios

12 **Bueno, eso depende...**

A. Form A-type "if/then" sentences (see chart above) for each set of conditions given. Unless stated, you may use whatever subject pronouns or nouns you wish. Your instructor will indicate whether present or past tense is to be used.

MODELO   llover mucho; no salir por la noche
(presente) *Si llueve mucho, no saldremos esta noche.*
(pasado) *Si llovía mucho, no salíamos por la noche.*

1. despertarse temprano; caminar 20 kilómetros
2. comprar en esa tienda; no estar satisfecho
3. obedecer esa orden; causar una guerra
4. poder ir al parque; divertirse mucho
5. más pacientes morir; usar una medicina experimental
6. tener sed; beber agua del río
7. la máquina no funcionar; tener la culpa

B. Now form B-type if/then sentences.
   Negate or transform the situations below in order to create your own "if-clause" and corresponding "then-statement."

   MODELOS   La computadora tiene poca memoria; no puedo usar este programa.
            —*Si tuviera más memoria, podría usar el programa.*

            No encontré la revista que necesitaba; no terminé el proyecto.
            —*Si hubiera encontrado la revista, habría terminado el proyecto.*

   1. A José no le gustan las matemáticas; no podrá ser ingeniero.
   2. Se me perdió la receta; tuve que preparar algo diferente.
   3. Ustedes no limpiaron la casa; no pudimos hacer la fiesta aquí.
   4. No tengo computadora portátil; no puedo trabajar fuera de la oficina.
   5. Elena gastó todo su dinero comprando juegos para su computadora; no le quedó suficiente para ir a México.
   6. Hace mucho calor hoy; no voy a caminar al centro.
   7. Isabel tuvo un accidente; por eso no ganó el campeonato.
   8. Hay tantas guerras; estoy preocupado por mi hermano mayor.

13   ¿Cooperación tecnológica?

Two students, working together, complete the following dialog by giving the appropriate forms of the verbs in parentheses.

Hablan por teléfono Tomás y Silvia, dos estudiantes a quienes les gustan las microcomputadoras y los juegos de aventura.

TOMÁS   —Si la computadora de tu casa (estar) conectada con la mía aquí, nosotros (poder comunicarse) fácilmente.

SILVIA   —Sí, (ser) tan fácil. Tú y yo (enviarse) mensajes. ¡Qué bueno!

TOMÁS   —Tú (jugar) a los juegos de aventura que yo (inventar) …

SILVIA   —Y allí en tu casa tú (poder) participar en las aventuras que yo (crear) desde mi casa.

TOMÁS   —Claro, es obvio que nosotros (empezar) con las aventuras que yo (haber diseñado). Como (tener) más experiencia, mis programas (contener) menos errores.

SILVIA   —Me sorprende que (decir) eso. No es para ofenderte, Tomás, pero tú no (saber) hacer juegos que (ser) tan imaginativos como los míos.

TOMÁS   —(Ser) francos, Silvia. Aunque tus juegos (tener) mucha imaginación, ellos (tener) de muchos defectos porque no (saber) programar bien.

SILVIA   —Mientras tú (creer) eso, (ser) claro que (ser) mejor que nosotros (trabajamos) en forma independiente.

TOMÁS   —Sí, (ser) preferible que no (estar conectadas) las dos máquinas. Pero… oye, yo (querer) que todavía… pues que tú y yo todavía (ser) buenos amigos, que nos (ver) como de costumbre.

SILVIA   —Por supuesto, Tomás… tú (tener que venir) aquí a mi casa, y yo (ir) a la tuya, para que nosotros (jugar) juntos. ¡Qué lástima que la tecnología no lo (resolver) todo!

La máquina de máquinas ⊗

Supongamos que logran crear una máquina indestructible y eterna que pueda crear otras máquinas y éstas, a su vez, otras que sin ayuda exterior resuelvan todas nuestras actividades manuales que, incluso, piensen por nosotros (solucionen ecuaciones, construyan cohetes, cocinen, hagan limpieza, realicen obras de arte pictóricas y literarias, filosofen, gobiernen); aún así, nada ni nadie podría evitar que la mano que la ponga a funcionar e inicie el proceso sea humana.

La máquina suprema ⊗

...que fabricó una máquina capaz de construir otra idéntica a sí misma.
Albert Ducrocq

La máquina suprema—creada después de mucho tiempo, esfuerzo y dinero—construyó máquinas iguales a sí misma para que poblaran el mundo y ayudaran a la humanidad. Formaban la nueva especie y quizá la más perfecta de cuantas ha habido sobre la Tierra: nada las igualaba en inteligencia y vigor. Una sola podía hacer el trabajo físico e intelectual de varios cientos de personas. Así la humanidad pudo dedicarse totalmente a las cosas del

---

a su vez *in turn*
capaz *capable*
el **cohete** *rocket*
construir *to build*
la **especie** *species*
filosofar *to philosophize, think or reason as a philosopher*

igual *equal, same*
igualar *to equal*
iniciar *to start*
la **limpieza** *cleaning*
la **obra** *work, literary work*
pictórico, –a *pictorial*

poblar (ue) *to populate*
realizar *to accomplish*
suponer *to suppose*
la **Tierra** *Earth*
el **vigor** *vigor, strength*

--¡Es la viva imagen de su padre!--

espíritu, de las puras ideas; por último cayó en el ocio y en la inactividad. Las máquinas hacían todo, hasta escribían las obras que los humanos leían y pintaban los cuadros que admiraban en las galerías de arte, siempre llenas de gente. También inventaron religiones y filosofías que todos seguían casi por inercia, sin intereses reales y concretos. El gobierno y la justicia estaban dirigidos por robots; robots construidos solamente para gobernar y para ser justos. Las personas se dedicaban a vagar por su planeta lamentando, tristes, la pérdida del paraíso. Sin embargo, cuando observaron que las máquinas tampoco eran perfectas (una dirigente quiso quedarse en el poder sin estar programada para ello, y a un robot con muchos problemas amorosos le estalló la tapa electrónica), decideron que había llegado el momento de ser libres, de acabar con la **máquina suprema** y con su obra y comenzar de nuevo, pero ahora más inteligentemente.

Ejercicios

14 Preguntas

1. ¿Qué construyó la máquina suprema? ¿Con qué fin?
2. ¿Qué tipo de especie formaban esas máquinas?
3. ¿Qué podía hacer una sola?
4. ¿En qué entró así la humanidad? ¿En qué cayó?
5. ¿Qué hacían las máquinas?
6. ¿Qué crearon?

---

amoroso, –a *amorous, of love*
de nuevo *again*
el dirigente, la d. *leader*
la imagen viva *the spit and image*

justo, –a *fair*
incluso *even*
el ocio *idleness*
el paraíso *paradise*

la pérdida *loss*
la tapa *lid, cover*

7. ¿Quiénes tenían a su cargo el gobierno?
8. ¿A qué se dedicaban entonces las personas?
9. ¿Qué decidió la gente?
10. ¿Con qué quisieron acabar?

15 ¿Qué crees?

1. ¿De qué manera describe el mundo de los robots el autor de este cuento?
2. ¿A qué se refiere la frase ''pérdida del paraíso''?
3. ¿De qué manera se relaciona la "máquina suprema" con el tema del paraíso perdido?
4. ¿Cómo serían las obras de arte y las obras literarias hechas por robots?
5. ¿Cuál es la salvación del autor en esta sátira?
6. ¿Cuál es la salvación del hombre según el autor?
7. ¿Es posible que el ser humano permita que los robots lo sustituyan de la manera en que ocurre en el cuento?

16 Ejercicio de composición

Si pudieras construir y programar un robot, ¿cómo lo harías? ¿Cuáles serían sus funciones? ¿Qué le enseñarías a hacer? ¿Qué no le enseñarías? ¿Por qué? Escribe un microcuento sobre ese robot.

17 Debate

The class should be divided into two groups, one in favor and one against a high technological society. Each group should be prepared for the discussion beforehand with a list of important points to be discussed.

18 Refrán   "No hay mal que por bien no venga."

¿Crees que este refrán es cierto o no? ¿Por qué? ¿Piensas que su significado ha sido verdadero alguna vez en tu experiencia personal? ¿Cuándo? ¿Por qué? ¿Podrías usar este refrán hablando de la alta tecnología? ¿Cómo? ¿Por qué?

---

el **bien**   *good, goodness*   el **mal**   *wrong, evil*

el **alcance** reach
el **almacenamiento** storage
el **cálculo** calculation
el **cerebro** brain
la **ciencia-ficción** science fiction
el **científico, –a** scientist
el **conjunto** set
el **cuadradito** small square
el **dato** datum, information
el **descubrimiento** discovery
el **desarrollo** development
el **fichero** filer
la **impresora** printer
la **lavadora** washing machine
el **mandato** command

la **máquina** machine
el **matemático, –a** mathematician
el **microordenador** microcomputer
el **milagro** miracle
el **monstruo** monster
la **secadora** dryer
el **sentimiento** feeling
el **ser humano** human being
la **suerte** luck
la **tecla** key
el **teclado** keyboard
la **unidad** unit

almacenar to store
aumentar to increase

avanzado, –a advanced
mecánico, –a mechanical

desarrollar to develop
disponer de to have, possess
proporcionar to supply, provide
pulsar to press
resolver (ue) to solve
salvar to save
visualizar to make visible

a sí mismo, –a itself
tal such
ya sean whether they are

Palabras similares

el **acceso** access
el **ataque** attack
la **capacidad** capacity
el **circuito** circuit
el **componente** component
la **conciencia** conscience
la **creación** creation
la **creatividad** creativity
el **debate** debate
el **desastre** disaster
el **disco** disk
el **efecto** effect
la **eficiencia** efficiency
la **emoción** emotion
la **estructura** structure

la **facilidad** facility, ease
la **humanidad** humanity
el **inventor, –a** inventor
el **lenguaje** language
el **líder, la l.** leader
el **océano** ocean
posibilitar to possibilitate, make possible
poseer to possess
registrar to register
la **versión** version

binario, –a binary
dramático, –a dramatic, moving

estándar standard
instantáneo, –a instantaneous
interno, –a internal
masivo, –a massive
termonuclear thermonuclear

acumular(se) to accumulate
calcular to calculate
defender(se) (ie) to defend (oneself)
mencionar to mention
substituir to substitute
utilizar to utilize

tecnológicamente technologically

Notas culturales

la **computadora** computer, in Latin America

el **ordenador** computer, in Spain

La Ciudad de los Reyes 15

Viviendo en la historia

Gloria y Javier tienen un examen al día siguiente y están estudiando juntos.

JAVIER — Déjame ver... hace casi 450 años que se fundó Lima.

GLORIA — Sí, en 1535. Y hace más de 400 años que murió Francisco Pizarro, el fundador de la ciudad.

JAVIER — En 1541, ¿no? Y hace mucho, mucho tiempo que el primer edificio de la catedral fue destruido por un terremoto.

GLORIA — Sí, por el terremoto de 1745. Dime, Javier. ¿cuánto hace que estamos tratando de recordar todas estas fechas que hay que saber para la clase de mañana?

JAVIER — ¡Horas!... Yo tampoco puedo concentrarme. Ayer, cerca de la Plaza de Armas,[1] me encontré con una señora viejísima, amiga de mi abuela. Me llenó la cabeza con historias de conquistadores, indios y fantasmas. Según ella, se cree que todavía andan por ahí.

[1] **Plaza de Armas:** Centro del gobierno en tiempos del virreinato y en la actualidad. Diseñada por Pizarro en 1535. La ciudad fue fundada el 6 de enero de ese año. Por ser ese día el Día de la Epifanía o Día de los Reyes Magos, se llamó a Lima "la Ciudad de los Reyes."

GLORIA — Me parece que tú no estás pensando en fechas sino en fantasmas.

JAVIER — ¿Quieres tú estudiar o no?

GLORIA — No quiero, pero tenemos que hacerlo.

JAVIER — ¿Crees que tenemos que aprender todas las fechas de memoria?

GLORIA — Sí, pongámonos a estudiar ahora mismo. No podemos perder más tiempo.

JAVIER — Espera, ¡tengo una idea estupenda! Vamos a concentrarnos en la época de los virreyes.

GLORIA — ¿Te imaginas si apareciera alguno?

JAVIER — A mí me vería en *jeans*, sin armadura, ni capa ni espada, muy diferente a los hombres que se acostumbraba ver en los tiempos coloniales. Y estoy seguro de que se asombraría mucho al verte a ti llegar en bicicleta. ¿Te atreverías a hablarle?

GLORIA — No sé. Pienso que se enojaría muchísimo. Para calmarlo debería cubrir los manubrios con perlas, ¿no? ¡Se vería tan elegante la bicicleta!

JAVIER — Pero, ¿sabes una cosa?, para parecer personas de esos tiempos, deberíamos ir a visitarlo en un carruaje de oro, tirado por cuatro mulas, conducido por cocheros lujosamente vestidos... tú con una mantilla, yo con un casco de oro...

GLORIA — ...y las calles deberían estar pavimentadas de plata...

JAVIER — Solamente se te verían los pies...

GLORIA — ...que yo tendría cubiertos de joyas y piedras preciosas como las que se ven en el Museo del Oro.[1]

JAVIER — Lo bueno sería ir acompañados por un grupo que tocara música... otro que cantara...

GLORIA — ...y que tú fueras muy rico y gastaras muchos soles en brillantes y perlas. ¿Qué te parece

---

[1] **Museo del Oro:** Se encuentran en este museo cerca de 6.500 piezas de oro labrado, restos del tesoro de los incas.

mandar a hacer una bicicleta de plata?

JAVIER —¡Basta! ¡Dejemos de soñar! No es lo mejor, pero lo más útil y lo estrictamente necesario es...

GLORIA —¡Ya sé! No necesitamos ningún fantasma ni ningún conquistador sino volver a las fechas que necesitamos saber para mañana.

JAVIER —¿Cuándo fue construida la catedral?

GLORIA —¿Cuánto tiempo hace que fue destruida por un terremoto?

Ejercicios

1 Preguntas

1. ¿Por qué están estudiando Javier y Gloria?
2. ¿Qué están tratando de recordar? ¿Para cuándo deben saberlo?
3. ¿Cómo había sido destruido el primer edificio de la catedral?
4. ¿Con quién se había encontrado Javier el día antes?
5. ¿Qué idea tiene Javier? ¿En qué quiere concentrarse?
6. Según Gloria, ¿cuál sería la reacción del virrey al verlos? ¿Por qué reaccionaría así?
7. ¿Qué piensa Gloria que debería hacer ella para calmarlo?
8. ¿Cómo deberían vestirse para parecer personas de la época colonial?
9. ¿Por quién imaginan ellos que serían acompañados?
10. ¿Por qué deben ellos dejar de soñar?

2 ¿Qué crees?

1. ¿Te agradaría vivir en otra época? ¿En cuál? ¿Por qué? ¿Sería una época del pasado o una del futuro?
2. ¿Conoces alguna historia de épocas pasadas sobre el lugar donde vives, tu pueblo, tu ciudad, tu familia? ¿Puedes contarla?
3. ¿Has estado alguna vez en un terremoto, un huracán o algo similar? ¿Cuál fue tu reacción? ¿Tuviste miedo? ¿Qué pasó?
4. En alguna situación especial en la que te encontraras, ¿pedirías ayuda a alguna figura histórica, literaria o legendaria? ¿A quién? ¿Para qué pedirías ayuda?
5. ¿Debes estudiar fechas históricas en la escuela? ¿Para qué? ¿Te gusta estudiarlas? ¿Piensas tú que es necesario hacerlo? ¿Por qué?

---

[1] **Museo del Oro:** Se encuentran en este museo cerca de 6.500 piezas de oro labrado, restos del tesoro de los incas.

VERB-INFINITIVE CONSTRUCTIONS

1. In English, most verb-verb constructions require an intervening "to":[1]

> I want <u>to</u> visit the past.
> I prefer <u>to</u> live in the present.

A few verbs in first position, however, can be followed immediately by another verb without the intervening to:

> I will study all night.
> I should learn those dates.

2. In Spanish, many verbs may be followed directly by an infinitive:

> **Quiero visitar** el pasado.
> **Prefiero vivir** en el presente.

There are some verbs, however, which must be separated from a following infinitive by a preposition or some other word:[2]

> Voy **a** estudiar toda la noche.
> Tengo **que** aprender esas fechas.

3. The need for a preposition (or other word) in verb-infinitive constructions in Spanish is determined by the first verb, not the infinitive. Whether a verb can be followed directly by an infinitive or must have an intervening preposition or some other word must simply be memorized. Verbs that require a particular preposition before an ordinary noun or pronoun object usually take the same preposition before an infinitive.

Vinieron **a** mi casa.	*They came to my house.*
Vinieron **a** hablarme.	*They came to talk to me.*
Acuérdate **de** mí.	*Remember me.*
Acuérdate **de** llamarme.	*Remember to call me.*
Pensaban **en** los virreyes.	*They were thinking about the viceroys.*
Pensaban **en** visitarlos.	*They were thinking about visiting them.*

4. The most commonly used preposition in verb-verb constructions is **a.** The following are common verbs that require **a** both before a following noun or pronoun and before a following infinitive.

acostumbrarse a	*to get used (to)*	**llegar a**	*to arrive*
ayudar a	*to help*	**oponerse a**	*to oppose*
dedicarse a	*to devote oneself*	**ponerse a**	*to begin*
entrar a	*to go in, enter*	**resignarse a**	*to resign oneself*
invitar a	*to invite*	**salir a**	*to go out, leave*
ir a	*to go*	**venir a**	*to come*
llamar a	*to call*	**volver a**	*to [verb] again*

---

[1] Remember that the sequence *to* + verb is called an infinitive.
[2] English usually provides the wrong model for Spanish. You must try to avoid the habit of inserting **a,** as an equivalent for *to,* before every infinitive in Spanish.

The verbs illustrated in the following examples do not require a preposition before a noun or pronoun object, but do require **a** before a following infinitive.

> Gloria aprendió la lección. — *Gloria learned the lesson.*
> Gloria aprendió **a** esquiar. — *Gloria learned to ski.*
>
> Pepe comenzó el trabajo. — *Pepe started the work.*
> Pepe comenzó **a** trabajar. — *Pepe started to work.*
>
> Él empezó la tarea. — *He started the job.*
> Él empezó **a** hacer la tarea. — *He started to do the job.*
>
> Le enseñé (a ella) el dibujo. — *I showed her the drawing.*
> Le enseñé (a ella) **a** dibujar. — *I showed her how to draw.*

A few verbs require **a** before a following infinitive, but do not normally take a noun or pronoun object.

> Él no se atrevió **a** hablar. — *He didn't dare to speak.*
> Se decidieron **a** estudiar. — *They made up their minds to study.*

5. Some verbs require **de.** The following take **de** both before a noun or pronoun object and before an infinitive.

> **acordarse de** — *to remember*
> **alegrarse de** — *to be glad*
> **darse cuenta de** — *to realize, become aware*
> **encargarse de** — *to take charge of*
> **olvidarse de** — *to forget*
> **tener ganas de** — *to feel like, have an urge for, want*

Acabar, concluir, terminar, *to finish, end, conclude;* and **dejar, cesar,** *to stop, cease,* do not take **de** before a noun or pronoun object, but do require it before a following infinitive.[1]

> Ya acabé mis estudios. — *I finished my studies already.*
> Ya acabé **de** estudiar. — *I finished studying already.*
>
> Terminamos el libro — *We finished the book.*
> Terminamos **de** leer el libro — *We finished reading the book.*
>
> Deja eso. — *Stop that.*
> Deja **de** hacer eso. — *Stop doing that.*

When **tratar** means *try, attempt,* it does not take a noun or pronoun object; it does, however, require **de** before an infinitive.

> Trata **de** hacerlo. — *Try to do it.*

---

[1] **Acabar** is also followed by **de** in **acabar de** *(verb), to have just (participle),* but there is no corresponding expression with a noun or pronoun object.

6. Some verbs require **en.** The following take **en** both before a noun or pronoun object and before an infinitive.

complacerse en	*to take pleasure*
convenir en	*to agree*
empeñarse en	*to insist, persist*
insistir en	*to insist*
pensar en	*to think (about)*
tardar en	*to take a long time*

7. The following are special cases.

a. **Soñar** takes **con** both before a noun or pronoun object and before an infinitive.

Soñé **con** aviones.	*I dreamed about airplanes.*
Soñé **con** volar.	*I dreamed about flying.*

b. **Tener** and **haber** take **que**[1] in the uses illustrated in the following examples.

Tengo **que** estudiar.	*I have to study.*
Hay **que** estudiar.	*It's necessary to study.*

Ejercicios

3 ¿Cómo termina?

Complete each sentence in your own words. Use the infinitive or a conjugated form, as appropriate, of any verb that is meaningful in the context given. Many correct answers are possible.

MODELO   ¡Qué mala memoria tengo! Me olvidé de...
            ...*traer los libros.*
            ...*llamar a Pablo.*
            ...*que ustedes necesitaban el coche hoy.*

1. Necesito encontrar a alguien que me ayude a...
2. Pienso que tus amigos irán a...
3. Yo compraré los refrescos. ¿Podrías encargarte de...?
4. Después de oír el ruido, María comenzó a...
5. Todos los días cuando Gloria llega a su casa, se pone a...
6. ¡Pobre Remigio! Tiene muy mala memoria, nunca se acuerda de...
7. Los pasajeros invitaron a algunos miembros de la tripulación a...
8. Cuando me desperté estaba muerto de hambre y pensé en...
9. ¡Qué magnífico partido! ¿Cuándo volveremos a...?
10. ¡Qué suerte! Ya terminamos de...
11. Esperamos que sus padres no se opongan a...
12. Me gustaría ver esa película. No sé si tú tienes ganas de...
13. Ganaron el campeonato después de empeñarse mucho en...

---

[1] **Tener que** and **haber que** are different in the following way: **tener que** must have a specific subject; for example, **Tienes que estudiar,** *You have to study;* **Teníamos que estudiar,** *We had to study.* On the other hand, **haber que** never has a specific subject. Thus, **Había que estudiar** means *It was necessary to study,* or *One had to study.*

4 ¿De veras?

Work in pairs. One student completes each of the following sentences with any one of the choices provided or with an original phrase. The other student, in shock, asks how such a thing could be.

MODELO A: No me acuerdo de... (mi nombre) (la fecha) (...)
            — *No me acuerdo de mi nombre.*
         B: — *¿De veras? ¿Cómo puedes olvidarte de tu nombre?*

1. Siempre sueño con... (fantasmas y vampiros) (joyas y piedras preciosas) (...)
2. El emperador se opone a...(esas ideas) (que hablen en contra de él) (...)
3. Javier está muy triste porque piensa en... (la clase de español) (los tesoros perdidos) (...)
4. El doctor le dice que no vuelva a...(el salón de espera) (comer frutas ni verduras) (...)
5. Nadie se da cuenta de que...(tienes otra bicicleta) (tu ropa es vieja) (...)
6. Ojalá ellos no insistan en... (comer muy tarde) (ir a esa fiesta hoy) (...)
7. Cuando Sonia reciba la noticia, ella se pondrá a...(bailar de alegría) (llorar amargamente) (...)
8. Si no puedes venir hoy, trata de... (venir mañana) (mandarme un telegrama) (...)

OMISSION OF NOUNS

English frequently uses the words *one* or *ones* to avoid repetition of a noun in the same sentence or a previous sentence. Spanish, on the other hand, simply omits the noun, as shown in the examples in the following chart.[1]

Definite Article + Noun	
1. el lápiz azul y el rojo	*the blue pencil and the red one*
2. el lápiz azul y el de Juan	*the blue pencil and John's (pencil)*
3. el lápiz azul y el que compré	*the blue pencil and the one I bought*
uno/alguno/ninguno + Noun	
4. una mesa roja y una azul	*a red table and a blue one*
5. una mesa roja y alguna más	*a red table and some other one*
6. dos mesas rojas pero ninguna azul	*two red tables but no blue one*
Demonstrative + Noun	
7. este lápiz y ése	*this pencil and that one*
8. estos lápices y ésos	*these pencils and those*
Limiting Adjective + Noun	
9. ¿Más lápices o menos?	*More pencils or fewer?*

Certain conditions must be met, however, for the noun to be omitted.

---

[1] The noun modifiers minus the omitted noun continue to function exactly like the original noun phrase. These noun modifiers are thus said to be *nominalized,* and the whole process is called *nominalization.*

1. Repeated nouns preceded by a definite article may be omitted only if followed by a simple adjective (example 1), a modifying phrase beginning with **de** (example 2), or a modifying clause beginning with **que** (example 3).

   The usual contractions **a** + **el** → **al** and **de** + **el** → **del** occur in phrases with omitted nouns.

Vi al chico alto, al bajo y al del suéter verde.	*I saw the tall guy, the short one, and the one with the green sweater.*
Este libro es del chico alto, no del bajo.	*This book is the tall guy's, not the short one's.*

2. Repeated nouns may be omitted—regardless of what modifiers follow—if they are preceded by **uno, una,** etc. (example 4), **alguno, alguna,** etc. (example 5), or **ninguno, ninguna** (example 6). The masculine singular forms of these words do not drop the final **-o** before an omitted masculine singular noun.

un cuento, **uno** largo	*a story, a long one*
algún libro, **alguno** interesante	*some book, some interesting one*
ningún jardín, **ninguno** bonito	*no garden, no pretty one*

3. Repeated nouns may be omitted—regardless of what follows, if anything—if they are preceded by a demonstrative (**este, ese, aquel, esta, esa, aquella** and the corresponding plurals). This is illustrated in examples 7 and 8. Masculine and feminine demonstratives not followed by a noun are written with an accent mark on the stressed syllable, and are usually referred to as *demonstrative pronouns.*

4. Example 8 illustrates that most other *limiting* adjectives (that is, adjectives that regularly precede the noun they modify[1]) allow a following repeated noun to be omitted. Additional examples follow.

¿Quieres dos pesos o tres?	*Do you want two pesos or three?*
¿La primera casa o la segunda?	*The first house or the second (one)?*
¿Mucho arroz o poco?	*A lot of rice or a little?*
No quiero más leche; tengo bastante.	*I don't want any more milk; I have enough.*
Quiero este lápiz y también otro.	*I want this pencil and also another one.*

   There is just one instance in which Spanish behaves like English in replacing an omitted noun with *one:* **uno** or **una** must be added to **cada** when the following noun is omitted.

cada lápiz, cada uno	*each pencil, each one*
cada mesa, cada una	*each table, each one*

Ejercicio

5 Ésta no, la otra

Give a negative response to each question, using a different nominalized adjective of your choice. Many answers are possible.

MODELO   ¿Vas a comprar esta bicicleta roja?
         —No, voy a comprar esa otra, la azul.

1. ¿Podemos alquilar el primer apartamento que vimos esta mañana?
2. ¿Dijiste que el hombre manejaba un coche blanco?

---

[1] See p. 32.

3. ¿Hay algún jugador muy rápido en el equipo este año?
4. ¿Vas a llamar a la chica de la blusa roja que conocimos ayer?
5. Veo que tienes hambre. ¿Quieres que te sirva mucho arroz?
6. Parece que tu hermano tiene muchos, muchísimos amigos. ¿Es cierto?
7. ¿Quieres el libro de historia del Perú?
8. ¿Te gusta la bicicleta que tiene Carmen?
9. ¿Vas a comprar estos discos de música folklórica?
10. ¿Saludaste tú al chico del suéter rojo?

PASSIVE SENTENCES

1. a. *An earthquake has destroyed the city.*   b. *The city has been destroyed by an earthquake.*
2. a. Mi primo Mauricio escribió esos libros.   b. Esos libros fueron escritos por mi primo Mauricio.
3. a. El terremoto ha destruido los edificios.   b. Los edificios han sido destruidos por el terremoto.

1. All of the (a) sentences in the preceding chart are called "active" or described as "in the active voice"; the (b) sentences are called "passive" or described as "in the passive voice."

2. In both English and Spanish, the relationship between active and passive sentences can be stated as follows:
   a. The *object* of the active sentence is the *subject* of the corresponding passive.
   b. The *subject* of the active sentence is the *object* of the preposition **por**/*by* in the corresponding passive.
   c. The verb phrase of the passive contains a form of the auxiliary **ser**/*be* before the main verb, and the main verb takes its past participle form.[1]

3. Passives are essentially the same in Spanish and English. The extra detail to watch out for in Spanish is that the past participles described in 2(c) behave like adjectives: they must agree with the subject in gender (masculine/feminine) and number (singular/plural).

El palacio fue construid**o** por el virrey. **Los palacios** fueron construid**os** por el virrey. **La ciudad** fue fundad**a** por el virrey. **Las ciudades** fueron fundad**as** por el virrey.	*The palace was built by the viceroy.* *The palaces were built by the viceroy.* *The city was founded by the viceroy.* *The cities were founded by the viceroy.*

This agreement rule applies only to *passive past participles*. Ordinary past participles that follow a form of the auxiliary **haber** are *invariable;* they do not change to agree with anything. For example, in the following sentence, there is no agreement between the feminine plural subject **tías** and the past participle **escrito,** nor between the feminine singular object **novela** and the past participle.

---

[1] The forms of past participles in Spanish are explained on p. 200 ff.

Mis tí**as** han escri**to** una novel**a.**   *My aunts have written a novel.*

In example 3(b) in the first chart both kinds of past participles occur in the same verb phrase. Notice that **sido** (the ordinary past participle of **ser** that follows the auxiliary **haber**) does not agree with the subject **edificios,** but the passive past participle **destruidos** does agree.

Ejercicio

6 **¿Por quién fue hecho eso?** ⊗ 📖

Form a sentence in the passive voice with the words and phrases provided. Use the tense indicated in parentheses.

MODELO El curso / enseñar / el profesor Rivera   *(preterit)*
        El curso fue enseñado por el profesor Rivera.

1. La catedral / construir / los españoles con la ayuda de los indios   *(preterit)*
2. Los turistas / acompañar / tres guías que hablaban español y alemán   *(imperfect)*
3. Esa nueva fórmula / demostrar / la doctora Noriega   *(present perfect)*
4. El parque / inaugurar / el virrey de Montesclaro   *(preterit)*
5. Sus ideas / respetar / todos   *(present)*
6. Las exportaciones / promover / el nuevo gobierno   *(future)*
7. Varias novelas excelentes / escribir / el peruano Mario Vargas Llosa   *(present perfect)*
8. Ese hombre / buscar / la policía   *(present)*
9. Las fiestas / celebrar / toda la gente   *(imperfect)*
10. Todos los monumentos / restaurar / esos arquitectos   *(conditional)*

pero VERSUS sino

pero	
1. Yo me voy, **pero** él se queda.	*I'm going, but he's staying.*
2. Yo no me voy, **pero** él sí (se va).	*I'm not going, but he is (going).*
sino	
3. No voy yo, **sino** él.	*I'm not going, he is. (The one who's going isn't me but [rather] him.)*
4. Él no se va, **sino que** se queda.	*He's not going; (rather) he's staying.*
5. **No sólo** él se va, **sino que** no volverá nunca.	*Not only is he leaving; he's not ever coming back either.*

1. Pero is the most common Spanish equivalent of English *but* (examples 1 and 2).
2. Sino is used instead of **pero** (example 3) when both of the following conditions hold:
   a. the preceding phrase is negative, and
   b. the *but* phrase directly contradicts the preceding phrase.
3. Que is used after **sino** to introduce an entire clause (example 4) — that is, when the contradiction following **sino** has its own verb. Example 5 illustrates the use of the paired expressions **no sólo... sino que...** in the sense *not only...but also...* .

Ejercicio

7 **¿Pero o sino?** ⊗ 📖

Complete the following sentences, using **pero, sino** and **sino que**.

MODELO   La catedral no fue destruida por un huracán _____ por un terremoto.
La catedral no fue destruida por un huracán sino por un terremoto.

1. Los virreyes no llegaban en avión _____ en barco.
2. Quisieron llevarse las joyas a España _____ no pudieron.
3. No sólo no gastaron el dinero que traían _____ ganaron aún más.
4. Les gustaba la idea de volver al Perú, _____ nunca regresaron.
5. El terremoto destruyó la catedral _____ la volvieron a construir.
6. No sólo no encontraron el tesoro _____ se perdieron en la selva.
7. La imagen no sólo no fue destruida _____ quedó en el mismo lugar.
8. El monumento había sido afectado por el huracán _____ lo restauraron.
9. No querían gastar el dinero _____ deseaban ahorrarlo.
10. Para cruzar los Andes no usaron caballos _____ mulas.

se = UNSPECIFIED SUBJECT

Se + *third person verb form* is used in sentences in which the speaker considers it unnecessary or irrelevant to state exactly the subject of the verb.[1]

1. **Se habla** español aquí.	*One speaks Spanish here.* *People speak Spanish here.* *Spanish is spoken here.*
2. ¿Cómo **se aprenden** tantas fechas?	*How do you learn so many dates?*
3. No **se verá** más a Fermín.	*We won't see Fermín again.* *Fermín won't be seen again.*

1. The most common English equivalents of the construction **se** + *third person verb form* are expressions with *one, you, they, people,* or *we* meaning *someone, anybody, everyone* (examples 1-3), or passive sentences with no actor or agent indicated (examples 1 and 3).

2. In this construction, the third person verb form is plural if its object—expressed or understood—is plural (example 2); otherwise the verb is singular (examples 1 and 3).[2]

3. Notice that the English pronouns *it* and *they/them* have no Spanish equivalent in sentences such as the following.

¿Cómo se hace?	*How do you do it?* *How is it done?*
Se aprenden con mucho trabajo.	*People learn them with a lot of work.* *They're learned with a lot of work.*

---

[1] The single form **se** has two main uses in addition to the one described here. They are: the third person reflexive pronoun (p. 334) and the substitute for **le** and **les** in groups of object pronouns (p. 223). [1]

[2] Usage varies a little on this point. Sentences like **Se vende huevos en ese mercado,** *They sell eggs in that market*—with a singular verb **vende** despite plural **huevos**—are considered perfectly acceptable by some speakers but incorrect by others. The best strategy is thus to use a plural verb in these cases.

Ejercicios

8 ¿Qué se hace aquí?

Form sentences or questions with **se** as an *unspecified subject,* using the words and phrases provided. Use any tense you wish.

MODELO fabricar / bicicletas peruanas / en Arequipa
Se fabrican bicicletas peruanas en Arequipa.

1. pagar / muy bien / en esos países
2. decir que / el turismo / ayudar a la economía
3. garantizar / este tocadiscos / por tres meses
4. obedecer / las reglas del juego / sin discutirlas
5. componer / máquinas rotas / en esta fábrica
6. ver / muchos nadadores en el mar / en esta época
7. no oír bien / desde el fondo del auditorio
8. realizar / varios campeonatos / en la primavera
9. alquilar / bicicletas / en el parque
10. necesitar / voluntarios / urgentemente

9 El abanico de la abuela *(Grandmother's fan)* ⊗ 📖

Complete the following dialog by choosing the verb and corresponding preposition that best fit. Make any other necessary changes. (The prepositions are supplied in Part I; in Part II you must supply them.)

Part I

OLGA —(Volví a, Llamé a) pasar mala noche. Me desperté muy cansada.

MADRE —Debes (atreverte a, resignarte a) dormir mal si (insistes en, aprendes a) leer tantos libros de historia colonial antes de acostarte. Tal vez si (te olvidaras de, te dedicaras a) caminar más, entonces podrías dormir bien.

OLGA —Caminar... ¡Eso es! Ahora (me acuerdo del, acabo del) sueño. Estaba cansada de caminar tanto. Hace dos semanas (me encargué de, empecé a) soñar que yo vivía con otra gente, y que yo no era yo. Era una chica de mi edad, que se parecía un poco a mí...

HERMANO —¿Sí? ¿Tenías la misma nariz grande?

OLGA —Si (convienes en, te pones a) interrumpirme, mejor no sigo hablando.

Part II

OLGA —Bueno, como decía...(soñé _____/ tardé _____) la Lima de la época colonial. Mis padres (se empeñaban _____/ se daban cuenta _____) que yo me casara con un señor que no quería. No (me alegraba _____/ me atrevía _____) decirles que mi corazón era de un muchacho que se llamaba Álvaro Calderón. La primera vez que nos cruzamos en la calle, yo llevaba un abanico precioso—era rojo y negro. Álvaro me dijo, "Es bello su abanico, señorita, pero no tanto como los ojos de su dueña." Desde ese momento yo he (dejado _____/ pensado _____) él día y noche. Un día (me decidí _____/ me olvidé _____) regalarle el abanico cuando nos viéramos otra vez. Pero no lo (acabé _____/ volví _____) ver. Después me envió una hermosa flor; fue entonces cuando, (me di cuenta _____/ traté _____) que tampoco se había olvidado de mí. Pero yo estaba encerrada en la casa de mis padres. (Dejé ____/ enseñé ____) comer, no (me encargaba ____/ tenía ganas ____) vivir sin él. Y ahora viene la parte peor del sueño. Una noche (dejo ____/ salgo ____) la calle a buscarlo. Camino sin parar, con el abanico en la mano, pero nunca encuentro a Álvaro. Y así (ayuda _____/ acaba _____) mi sueño.

MADRE —Dime una cosa, hija. ¿El abanico tenía borde de plata?

OLGA —¡Sí! ¿Cómo lo sabes?

MADRE —Hace muchos años mi abuela me describió ese mismo abanico. Lo había recibido de su abuela. (Tardó ____/ Dejó ____) llegarte a ti, pero parece que llegó, ¿no?

OLGA —¡Cuánto (me encargo ____/ me alegro ____) que me hayas explicado eso! Quiere decir que de verdad encontré a Alvaro, ¿no crees?

MADRE —Espero que esto (te ayude ____/ te olvide ____) dormir mejor.

HERMANO —Mamá, tu descripción no quiere decir nada. Todos los abanicos de ese tipo tienen borde de plata, ¿no?

OLGA —¡Qué hermano! (Te complaces ____/ Enseñas ____) destruir mis ilusiones. ¡Si tú estuvieras en mi sueño, te dejaría en la Lima del siglo dieciocho.

10 Diálogos breves

Complete each mini-conversation by supplying the appropriate form of one of the verbs below and its corresponding preposition, if necessary. Repetitions are permitted.

acabar	atreverse	dejar	enseñar	pensar
acordarse	convenir	empezar	haber (que)	resignarse
acostumbrarse	decidirse	empeñarse	olvidarse	tardar
alegrarse	dedicarse	encargarse	oponerse	tener ganas

MODELO —El jefe no vino hoy y Martínez está dándonos muchas órdenes.
—Claro, a Martínez le gustaría *encargarse de* toda la oficina.

1. —Mamá, ya acabé de estudiar.
   —_____ decir mentiras. Todavía tienes mucho que leer.

2. —García y yo _____ reunirnos a las ocho. Él iba a traer los documentos.
   —_____ tener paciencia, hombre. Solamente son las ocho y veinte. Creo que no _____ llegar.

3. —¡Elías! ¡Elías Sotomayor! Soy yo, Ramón Ortega. ¿No me reconoces? Hace mucho tiempo que no nos vemos, ¿no _____ mí?
   —Claro, hombre. ¿Cómo voy a _____ ti, Elías?

4. —Yo _____ comer un poco de helado. ¿Tú no?
   —Ahora no tengo hambre, pero te acompaño.

5. —Oye, ¿cuándo _____ tomar clases de francés?
   —Hace dos meses. Y me encanta. Allí en el Instituto de Idiomas _____ hablar francés desde el primer día de clases.

6. —Paula, yo _____ tener un accidente con el coche. Estoy bien, no me pasó nada. Pero el coche se destruyó. Un árbol se cayó en la carretera.
   —_____ que no te haya pasado nada. Pero tú no tuviste cuidado y _____ salir cuando hacía mal tiempo. ¡Llueve tanto!

7. —¿Es difícil para los extranjeros como usted _____ la vida en este país?
   —Para mí, es difícil. Siempre _____ mi familia, en mis amigos a quienes he _____ ver. Nunca _____ ellos.

8. —Matilde, tu padre y yo _____ que salgas con ese muchacho que _____ conocer.

—Pero, ¿por qué, mamá? Ustedes no lo conocen bien. Alberto es muy simpático.

9. —Si tú _____ jugar tenis todo el día, no vas a pasar los exámenes. Debes _____ tu educación, en tu futuro.

—Es que yo _____ he _____ ser un tenista profesional.

10. —¿Le has _____ el dibujo que hiciste a la profesora Ramos?

—No, todavía no me _____ mostrarle nada. Yo no sé qué _____ mi trabajo.

11 Un robo en el museo *(A theft at the museum)*

Complete the following dialog by choosing the appropriate phrases in parentheses. Choose the form that correctly omits nouns.

Varias piezas han desaparecido de un museo de Lima. El detective Valverde está interrogando a uno de los guardias *(guard)* del museo. Están (los dos, los dos hombres) en el museo en este momento.

VALVERDE —Usted dijo que antes del robo, en esta mesa había una mantilla negra, (otra / otra una) blanca y gris y (otra / otra mantilla) negra y azul.

GUARDIA —Sí, señor. Y (cada / cada una) estaba allí a las once de la noche cuando salí. Sobre todo, me acuerdo de la (negra / negra una).

VALVERDE —Bueno. Ahora, otra cosa. Parece que además faltan unas joyas del siglo XVII.

GUARDIA —Había una caja con un collar *(necklace)* de perlas y (otra / otra caja) más grande que contenía unos aretes de plata. Y (la / la una) del collar estaba cerrada con llave.

VALVERDE —Lo que me parece difícil es que hayan desaparecido dos carruajes de oro. ¡Y (el / el carruaje) que estaba en el salón central era tan grande como un automóvil moderno!

GUARDIA —Es que yo vi a unos hombres mirando el carruaje grande la noche del robo: un hombre alto y rubio, de ojos azules, y (otro / otro hombre) también alto pero de ojos negros. Llevaban maletas.

VALVERDE —Ah…¿Y habló con (el uno / el) de los ojos azules?

GUARDIA —¿Yo? Pues, no, no hablé con (ningún / ninguno) de ellos. Los vi de lejos. Estuvieron mirando el carruaje por unos segundos y luego se fueron.

VALVERDE —¿Por qué no trató de seguirlos?

GUARDIA —No tuve tiempo. Yo estaba a unos cincuenta metros cuando los vi. Salieron rápido. El (rubio / hombre rubio) se fue en un coche y el otro lo siguió en una moto.

VALVERDE —Me ha ayudado mucho, señor. Por favor acompáñeme a la estación de policía. Es obvio que usted ha sido cómplice *(accomplice)* de los dos ladrones y que por alguna razón los está traicionando *(betraying)* ahora. Y tenemos (al / a él) de ojos negros, un tal Guillermo Vega, y no tardaremos en capturar al (otro) / otro hombre).

GUARDIA —¿Por qué dice que yo soy cómplice de ellos?

12 ¿Por qué lo dice?

Can you guess why detective Valverde thinks the museum guard has been an accomplice to the robbery? Give your own solution in Spanish. (Check Valverde's answer at the bottom of the page.)

VALVERDE —Porque usted me ha podido decir el color de los ojos de (cada / cada uno), pero a la vez dijo que estaba tan lejos de ellos que no pudo hablarles.

13 Cambiando el orden ⊗

Change each sentence to the passive voice. Use a phrase with **por.**

MODELOS   Chabuca Granda cantará las canciones peruanas.
       —Las canciones peruanas serán cantadas por Chabuca Granda.

                Antonia compró mucha de esta ropa en Italia.
       —Mucha de esta ropa fue comprada en Italia por Antonia.

1. Francisco Pizarro fundó la ciudad de Lima.
2. Los incas decoraron el templo con joyas y piedras preciosas.
3. Los hijos de Isabel escogieron los dulces.
4. Los hermanos Pizarro descubrieron un pueblecito inca.
5. Los muchachos encontraron el tesoro de los piratas ingleses.
6. El terremoto había destruido la catedral.
7. Mi abuela veía los fantasmas a medianoche.
8. La familia Ribeiro ha hecho los cohetes para la celebración.
9. La profesora recoge los exámenes.
10. Los profesores de historia dirigirán los debates.

14 Un poco de historia

Complete the following passage with the appropriate choices from these words and expressions: **pero, sino, sino que.**

Perú ha tenido una historia larga y fascinante, _____ la época más interesante desde la Conquista fue la segunda mitad del siglo XVI y todo el siglo XVII. Por ejemplo, la Universidad de San Marcos no sólo es una famosa institución, _____ tiene una historia larguísima: fue fundada en 1551. Se piensa en el siglo XVII como el "siglo de oro" del Perú colonial, _____ el producto que hacía posible la vida magnífica que tenía la gente de las clases altas no era el oro _____ la plata, sobre todo la que venía de las fabulosas minas de Potosí. Hay que recordar también que el Virreinato de Perú no era solamente lo que hoy es la nación de Perú, _____ incluía también los territorios que ahora forman parte de Colombia, Panamá, Ecuador, Chile y Argentina. Lima era un centro político, económico y cultural de gran importancia, _____ desgraciadamente las clases pobres no participaban de su riqueza. Y para conocer la historia de ese otro Perú, es necesario estudiar no las maravillosas catedrales y las bellas colecciones de arte hispánico, _____ investigar la vida de los indios, los indígenas que hablaban las lenguas quechua y aymará en vez de español y que tenían muy poco que decir sobre el futuro de la Colonia.

15 ¿Cómo se hace?

Give a question which could be a follow-up to each statement below. Your question should use **se** as an *unspecified subject.* If you like, also use the interrogative word and verb in parentheses.

MODELOS   No comas aquí; estamos en la oficina del jefe. (¿por qué? / permitir)
       —¿Por qué no se permite comer aquí?

                Es posible llegar en tres horas por tren. (¿dónde? / encontrar)
       —¿Dónde se encuentra la estación del tren?

1. La gente de este lugar es muy simpática; te va a gustar vivir aquí. (¿cómo? / conocer)
2. Las carreras de larga distancia van a ser estupendas. (¿dónde? / correr)

3. Tomamos el desayuno a las nueve y cenamos a las ocho de la noche. (¿cuándo? / almorzar)
4. ¡Hay tantos coches en esta avenida! (¿cómo? / cruzar)
5. Si quieres decirme algo, dímelo en voz baja. (¿por qué? / hablar)
6. La comida de ese restaurante es buenísima, pero un poco cara. (¿cómo? / ir)
7. Estoy fascinado con las cosas que hay en ese museo; son piezas únicas. (¿a qué hora? / visitar)
8. ¡Estas frutas tropicales son buenísimas! ¿Quieres una? (¿cómo? / comer)
9. Me encanta esa ropa tan original que ella tiene en su tienda. (¿dónde? / hacer).
10. La vista es magnífica si subimos a la montaña. (¿qué? / ver)

Mi corbata

(Adaptación de un cuento de Manuel Beingolea)

Manuel Beingolea (1876-1956): Escritor peruano nacido en Lima. En su obra describe lugares, situaciones y tipos limeños de otras épocas. Su literatura muestra un gran sentido de la ironía.

La casa de Aumente No. 341 tenía dos ventanas de reja, una a cada lado de la puerta; dos balcones, uno sobre cada ventana. Adentro, dos apartamentos, uno a cada lado de un pasillo.

Entré. Alguien tocaba un vals al piano, cuya música se escuchaba entre un sordo murmullo. Dejé mi sombrero en una salita y entré en el salón. Muchas parejas bailaban. Grupos animados conversaban en los rincones, en el hueco de las ventanas; algunos jóvenes se paseaban solos. Vi también a niñas a quienes nadie sacaba a bailar.

Una linda morena sentada en el extremo de un sofá, me interesó desde el primer momento. Decidí bailar con ella. Cuando la invité, pareció sorprendida, y me miró de arriba abajo. Sin embargo, me dijo con gran amabilidad:

—Tengo ya compromiso, caballero.

la **amabilidad** *amiability, affability*
el **caballero** *gentleman*
el **compromiso** *engagement, date*
descortés *impolite, discourteous*
el **escritor, –a** *writer*

el **hueco** *hole, hollow*
limeño, –a *from or of Lima, the capital of Peru*
el **murmullo** *murmur, murmuring (of people)*
nacido, –a *born*
nerviosamente *nervously*

la **pareja** *couple*
peruano, –a *Peruvian*
el **sentido** *sense*
sordo, –a *muffled*
el **vals** *waltz*

Entonces, me acerqué a otra, una rubia delgada que mordía nerviosamente de su abanico. Me dijo secamente: "Estoy cansada." Luego creí conveniente invitar a otra señorita, la cual me dijo con marcado desdén lo mismo. Hice lo mismo con otra, que también me miró con desprecio. Recorrí las demás, las que acababan de bailar y las que no habían bailado aún, y todas me contestaban con aquel terrible y descortés: "Estoy cansada."

Me pareció que algo vulgar, en mí, era la causa de este desprecio. Entonces rogué a un joven que estaba por allí y que me pareció de confianza, que me explicara la situación. Me miró con impertinencia y me dijo: "Tiene usted una corbata *imposible*. Lo mejor que puede usted hacer es irse, joven."

Desde aquel día se presentó ante mí un mundo elegante y maravilloso, desconocido hasta entonces. Comprendí que en la vida había algo mejor que empleos de cincuenta soles.

Entonces era necesario vestir elegante y usar corbatas atravesadas por un alfiler de oro. Me lancé donde el mejor sastre de Lima. Me hizo un traje de chaqué según la última moda. ¡Oh, qué maravilla de traje! Imagináos un chaqué redondeado correctamente, muy elegante, con botones forrados en tela. Un chaqué digno de un ministro.

Fui a otras tiendas. Volví una hora después, en un coche cargado de camisas, sombreros, botas, bastones y cajas de estupendas y lujosísimas corbatas... Ninguna mujer me parecía bastante bonita. Ninguna tienda bastante buena. Ninguna corbata bastante lujosa. La calle de Mercaderes[1] fue para mí estrecho sitio donde no cabía mi persona. Hombres y mujeres me miraban fija y tenazmente, con envidia aquéllos, con complacencia éstas.

De pronto, encontré a la morena del baile, magníficamente vestida, irresistible, encantadora. Estaba vestida de claro y llevaba en la mano un gran número de paquetitos. La seguí. Iba en compañía de una criada. Ella me miró sonriente. Yo me acerqué. Me enamoré terriblemente de ella. Fui a su casa, donde fui tratado con grandes agasajos. Ella quedó fascinada por una docena de corbatas hábilmente combinadas. La pedí en matrimonio y a los cuatro meses me casaba con ella.

Hoy soy padre de una gran familia, que da bailes a los que vienen las mejores corbatas de Lima. Tengo casas en la capital, una hacienda en las afueras. Fincas en el campo. Minas en Casapalca. Voy jueves y domingos al Paseo Colón[2] en un elegante carruaje, y he hecho varios viajes a Europa. No contento sólo con hacerme rico, he querido también hacerme famoso: he sido diputado, senador y ministro. Todo sin más esfuerzo que un cambio de corbata.

---

[1] **Calle de Mercaderes:** En la actualidad Jirón de la Unión. Une la Plaza de Armas con la Plaza San Martín. Era la calle más elegante para hacer compras en Lima antes de que se hicieran los centros comerciales de las afueras. Se está tratando hoy día de restaurarla, construyéndose allí tiendas elegantes y restaurantes.

[2] **Paseo Colón:** Se conoce también como 9 de diciembre. Se extiende entre la Plaza Bolognesi y la Plaza Grau. Lugar de paseo preferido por la aristocracia limeña al final del siglo pasado.

el **agasajo** *proof of esteem, kindness*
el **afiler** *pin*
el **bastón** *cane, walking stick*
el **botón** *button (for clothes)*
claro, –a *light (color)*
la **complacencia** *complacency, satisfaction*
comprender *to understand*
la **confianza** *trust*
el **criado, –a** *maid, servant*
el **chaqué** *morning coat*

desconocido, –a *unknown*
el **desdén** *disdain*
el **desprecio** *contempt, scorn*
digno, –a de *worthy of*
el **diputado, –a** *deputy, representative*
enamorarse *to fall in love*
encantador, –a *charming*
la **envidia** *envy*
forrado, –a *lined*
hábilmente *skillfully*
hacerse *to become*

la **hacienda** *large farm*
la **impertinencia** *impertinence, cheek*
la **mina** *mine*
el **ministro, –a** *minister*
la **moda** *fashion*
redondeado, –a *rounded*
el **sastre, la s.** *tailor*
el **senador, –a** *senator*
tenazmente *tenaciously, firmly*

Ejercicios

16 Preguntas

1. ¿Cuántas ventanas y cuántos balcones tenía la casa adonde entró el autor? ¿Dónde estaban esas ventanas y esos balcones?
2. ¿Qué música se escuchaba cuando él entró a la casa?
3. ¿Quién le interesó desde el primer momento?
4. ¿Quiso ella bailar con él? ¿Qué le dijo?
5. ¿Qué le decían al autor las muchachas a quienes invitaba a bailar?
6. ¿Por qué no quería ninguna muchacha bailar con él?
7. ¿Qué se presentó ante él desde aquel día?
8. ¿Qué le hizo un sastre? ¿Qué compró?
9. ¿De quién se enamoró? ¿Por qué quedó ella fascinada?
10. ¿Cómo es la situación del autor en el momento en que escribe la historia?

17 La Lima de otra época ⊗

Read the following passage; then determine if the statements that follow are true or false. Check your answers at the bottom of the page.

Se conoce a Lima como la "Ciudad de los Reyes." Hasta el siglo XVIII fue el mayor centro de poder de la Colonia, tal vez igualado sólo por México. Hoy día la Lima del pasado se puede ver en cada balcón, en las iglesias o los faroles de las esquinas. La Lima tradicional se define por su arquitectura colonial y por su música. La marinera, por ejemplo, ha sido descrita como "una danza de graciosa arrogancia." Lima también está en sus canciones y en la voz de aquellos que las cantan. Se piensa en Lucha Reyes, famosa por sus interpretaciones del elegante vals peruano. Es significativa también la popularidad de la canción *Limeña,* que empieza, "Limeña que tienes alma de tradición." Tampoco se puede olvidar a una cantante llamada Chabuca Granda. Ella se ha dedicado no sólo a preservar sino a hacer eterno el espíritu de la Lima de las iglesias, los balcones y las hermosas calles de otra época.

¿Verdadero o falso?
1. Lima es un pueblo donde hay reyes.
2. Lima era muy importante en la época colonial.
3. Antes Lima era parte de México.
4. El espíritu de la Lima tradicional se encuentra en sus iglesias y balcones.
5. La marinera es una forma de arquitectura colonial.
6. Lima es famosa por su pintura y sus guitarras.
7. La fama de Lucha Reyes se debe a su interpretación del vals peruano.
8. La canción titulada *Peruana* es muy popular.
9. Lucha Reyes y Chabuca Granda son cantantes peruanas.
10. A Chabuca Granda le interesa recordar la Lima de otra época.

Respuestas: 1, 3, 5, 6 y 8 falsas; las demás son verdaderas.

18 Actividad

Every student represents his or her favorite historical or literary character. After you choose one, go to the library to obtain information about the character that you have chosen and also about the life style and customs of the time. Don't reveal your identity to your classmates. They should guess who you are by asking the following questions.

1. ¿En qué siglo y dónde vives?
2. ¿Qué haces?

3. ¿Cómo eres? ¿Puedes describirte?
4. ¿Cómo es tu estilo de vida?
5. ¿Estás contento o no con tu vida? ¿Por qué?
6. ¿Te gustaría o no vivir en el siglo XX? ¿Por qué?
7. ¿Quisieras volver a la época en la que vivías o preferirías seguir viviendo entre nosotros? ¿Por qué?
8. Si pudieras volver a vivir en el pasado, ¿qué les contarías a tus amigos de este momento histórico? ¿Por qué?
9. ¿Cuáles son para ti las ventajas y desventajas de vivir en este momento? ¿Por qué?
10. ¿Cuáles eran, según tu opinión, las ventajas y desventajas de vivir cuando tú vivías?

19 Ejercicio de composición

La máquina del tiempo

After living in the twentieth century for a couple of months, the character you have represented goes back to his or her time in history. He or she gets together with his/her friends and tells them all about his/her experiences, impressions, and opinions about our time. Write, in Spanish, what you tell your friends when you go back in time.

20 Debate

"Nunca se ha vivido tan bien como ahora."

The class should be divided into two groups: one in favor and one against. The following points should be taken into account.

A favor
- Antes se vivía peor.
- Se ganaba menos dinero.
- La gente moría más joven.
- Las ciencias y la técnica no estaban tan adelantadas.
- No existían las comodidades que tenemos ahora.
- No se podía viajar tanto como ahora.
- Ni los transportes ni los medios de comunicación estaban tan adelantados.

En contra
- Antes se vivía mejor.
- No se ganaba tanto dinero pero la vida era más simple.
- No existía el problema de la contaminación del aire.
- No existían las tensiones causadas por la vida moderna.
- Se vivía más tranquilamente.
- Se estaba más en contacto con la naturaleza.
- Se gozaba más de la vida.

21 Refrán   "No es oro todo lo que reluce."

relucir   *to shine, glitter*

VOCABULARIO

la **actualidad** *present time*
el **brillante** *brilliant, diamond*
la **capa** *cape, cloak*
el **cochero, –a** *coachman*
el **conquistador, –a** *conqueror*
la **época** *period, time*
la **espada** *sword*
el **fundador, –a** *founder*
la **joya** *jewel*
el **manubrio** *handle*
la **mula** *mule*

la **perla** *pearl*
la **piedra preciosa** *precious stone, gem*
la **pieza** *piece (work of art)*
el **terremoto** *earthquake*
el **tesoro** *treasure*
diseñado, –a *designed*
labrado, –a *carved*
pavimentado, –a *paved*
seguro, –a *sure*
siguiente *next*

acostumbrarse *to get used to, to use to*
asombrarse *to be amazed, astonished*
atreverse *to dare, venture*
destruir *to destroy*
haber que *to have to*
mandar *to order*
ponerse a *to begin*
tratar de *to try*
ahora mismo *at once*
realmente *really, truly*

Palabras similares

los **jeans** *jeans, trousers*
el **resto** *rest, reminder*

rico, –a *rich*
calmar(se) *to calm down*

concentrar(se) *to concentrate*

Notas culturales

la **Epifanía** *Epiphany, festivity of the Catholic church that commemorates the visit of the Wise Men (Magi) to Jesus. Also known in Spanish as Día de los Reyes (Three Kings' Day).*

el **inca** *Inca, member of the Quechuan peoples of Peru that maintained an empire until the Spanish conquest*
la **mantilla** *mantilla, veil; light scarf*

worn over the head and shoulders by Spanish and Latin-American women
el **sol** *Peruvian monetary unit*

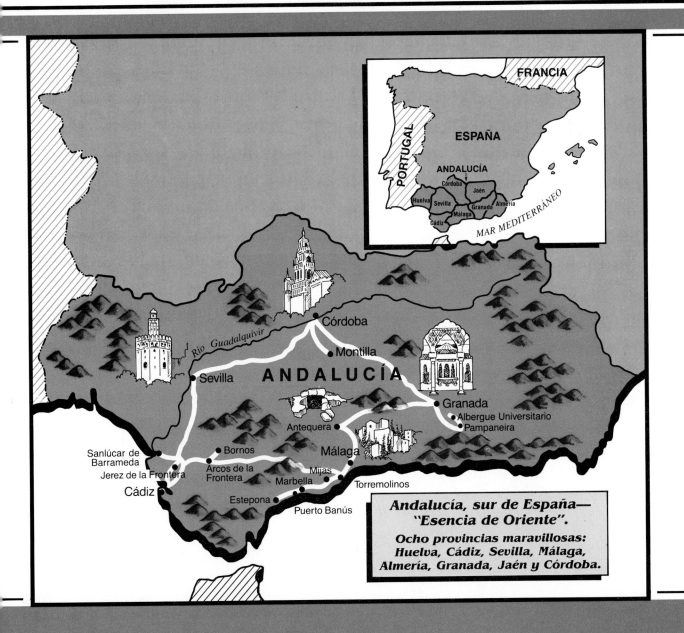

FRANCIA

PORTUGAL

ESPAÑA

ANDALUCÍA

Córdoba
Jaén
Huelva
Sevilla
Granada
Almería
Málaga
Cádiz

MAR MEDITERRÁNEO

Córdoba

Río Guadalquivir

Montilla

Sevilla

A N D A L U C Í A

Granada
● Albergue Universitario
● Pampaneira

Antequera

Málaga

Sanlúcar de Barrameda
● Bornos
Arcos de la Frontera
Mijas
Jerez de la Frontera
Marbella
Torremolinos
Cádiz
Estepona
Puerto Banús

**Andalucía, sur de España—
"Esencia de Oriente".**

**Ocho provincias maravillosas:
Huelva, Cádiz, Sevilla, Málaga,
Almería, Granada, Jaén y Córdoba.**

En el albergue

—Luis, por favor, quisiera que vosotros me mostréis las fotos de vuestras vacaciones por Andalucía.

—Sí, Catalina. Aquí están en el álbum, pues usamos una cámara instantánea. Pero es mejor que te las muestre mi primo David, pues él fue el fotógrafo.

—Mientras David me las enseña, ¿tal vez tú me puedas contar algo sobre el viaje?

—Pues verás, David vino de su casa en Madrid a pasar las vacaciones en casa, en Granada; y yo pensé que quizá él quisiera hacer un viaje para conocer Andalucía.

—¿Y adónde fuisteis?

—Primero condujimos de Granada a Málaga.

—Es un viaje largo; habréis parado en el camino, ¿no?

—Sí, paramos en una venta a comer unas tapas. ¡Teníamos un hambre!

—Luego también paramos en Antequera a ver los dólmenes. ¡Tienen más de 4.500 años!

Catalina, Luis y David, en el albergue para estudiantes de la Universidad de Granada, en lo alto de la Sierra Nevada.

Luis y David paran en una venta de la carretera para comer tapas.

En los dólmenes de Antequera

**Torremolinos
La calle
San Miguel**

Málaga

—Ya en la Costa del Sol, en la ciudad de Málaga, nos reunimos con unas amigas mías, y les pedí que nos llevaran a conocer la universidad y luego a pasear por la ciudad.

—De Málaga, donde pasamos una noche, David me pidió que fuéramos a Torremolinos. Allí paramos diez días en una pensión.

La playa

—¿Y se quedaron todo el tiempo en Torremolinos?

—No, desde allí hicimos varias excursiones. Visitamos Mijas para comprar algunas artesanías y montar en burro-taxi. También recorrimos las playas de Marbella y Estepona y fuimos a Puerto Banús. De noche a veces íbamos al parque de diversiones Tívoli World. Estas fotos son de unos chicos que conocimos en Mijas.

En el mirador, en las afueras de Mijas

Montando en burro-taxi

Capítulo 16   El álbum de las vacaciones   325

Marbella

Puerto Banús

Tívoli World

Luego, por los pueblos blancos de Andalucía, condujimos hasta Cádiz, donde paramos tres días para visitar las playas cercanas.

Pueblos blancos de Andalucía

Arcos de la Frontera

Bornos

◄ Cuadro de Murillo en la catedral de Cádiz (detalle)

► Mercado pesquero en Sanlúcar de Barrameda

De Cádiz, y pasando por Jerez de la Frontera, fuimos a Sevilla. Éstas son las fotos que tomé en Sevilla.

Estatua a Bécquer en el parque de María Luisa

La Giralda

La Torre del Oro

La Plaza de España

Reales Alcázares

Astilleros en el río Guadalquivir

En las afueras de Sevilla saqué estas fotos.

Anfiteatro romano en las ruinas de Itálica, la primera ciudad romana fuera del territorio itálico. Fundada en 206 a.C. por Escipión el Africano, en ella nacieron dos emperadores romanos: Trajano y Adriano.

Concierto de Turina en un monasterio antiguo. Joaquín Turina (1882–1949), compositor español nacido en Sevilla, se inspiró con frecuencia en el folklore andaluz: *Sinfonía Sevillana, La Procesión del Rocío* y otras composiciones más.

—¿Quiénes son estos chicos?

—Amigos americanos que conocimos en Sevilla. Hace dos años que me escribo con una de las chicas y ahora que está en un curso de verano en Sevilla, fuimos a conocerla en persona y nos presentó a sus compañeros. Ella es de Miami, Florida.

Americanos y españoles, estudiantes en Sevilla

—Estas fotos las saqué en Montilla, donde pasamos un día.

◄ La casa del Inca Garcilaso, famoso autor de los Commentarios Reales.

—¿Y cómo es que vinisteis al albergue?

—Pues quería enseñarle la Sierra Nevada a David. De Montilla pasamos por Córdoba, camino a Granada. Llegamos anoche a casa y hoy decidimos almorzar en uno de los pueblecitos de la sierra. Después subimos hasta la cumbre para parar en el albergue y aquí nos tienes.

Al poco tiempo Catalina se va a acostar y los chicos juegan a las cartas y empiezan un partido de ajedrez, que no terminan. Las vacaciones fueron estupendas, pero ellos ¡están muertos de cansancio!

Subiendo la Sierra Nevada por la carretera más alta de Europa.

En Pampaneira, donde almorzamos.

Ejercicios

1 Preguntas

1. ¿Dónde pasaron las vacaciones Luis y David?
2. ¿Dónde viven estos muchachos?
3. ¿Adónde condujeron ellos primero?
4. ¿Para qué pararon ellos en Antequera? ¿Cuántos años tienen los dólmenes?
5. ¿A qué ciudad llegaron después?
6. ¿Dónde pararon diez díaz?
7. ¿En qué montaron en Mijas?
8. ¿Por dónde llegaron a Cádiz?
9. ¿De dónde es la amiga americana que fueron a ver a Sevilla?
10. ¿Adónde decidieron subir los muchachos y para qué?

2 ¿Qué crees?

1. ¿Qué te gustaría hacer en tus vacaciones y por qué?
2. En los EE. UU., ¿adónde te gustaría viajar y por qué?
3. ¿Te gustaría conocer España? ¿Por qué?
4. ¿Crees que es instructivo viajar? ¿Por qué?

3 Proyecto

Write a page, in Spanish, about your best vacation ever or a vacation you would like to take in the future. Bring to class photos, maps, brochures. (You can obtain material from a travel agency, newspapers, magazines.) Give it to your class as an oral report. Be prepared to answer questions from your classmates.

OTHER USES OF THE SUBJUNCTIVE
The Subjunctive in Relayed Commands and Suggestions

The following dialog illustrates a common use of the present subjunctive in Spanish. (HNA = hermana mayor, HNO = hermanito menor)

HNA	—**Ven** acá y **lávate** las manos.	Come here and wash your hands.
HNO	—No quiero.	I don't want to.
HNA	—¡Dice mamá que **vengas** y que te **laves** las manos!	Mom says for you to come and wash your hands!

Notice that the sister first uses the imperative; then, when she feels it necessary to appeal to higher authority, she switches to the subjunctive, relaying Mom's command to little brother. The following is a slightly shorter variant of the same scene.

HNA	—**Ven** acá y **lávate** las manos.	Come here and wash your hands.
HNO	—No quiero.	I don't want to.
HNA	—¡Que **vengas** y que te **laves** las manos!	You come here and wash your hands!

Here, the subjunctive clause **que vengas y que te laves las manos** stands alone; the speaker does not specify on whose authority the command is given, but it is understood to be serious.

The shorter version illustrates a common pattern: a clause standing alone, introduced by **que** and containing a verb in the present subjunctive, can be used to express a command without specifying its source.

The following exchanges illustrate a slightly different but related use of clauses with the same grammatical structure.

1. MAMÁ	—Juanito no quiere ir a la escuela hoy.	Juanito doesn't want to go to school today.
2. PAPÁ	—Bueno, que no **vaya.**	OK, that's all right.
MAMÁ	—Juanito dice que su bicicleta está muy vieja.	Juanito says that his bicycle is really old.
PAPÁ	—Si quiere una nueva, que **trabaje** para ganar dinero.	If he wants a new one, let him work to earn the money.
3. ENFERMERA	—Llegó el paciente.	The patient is here.
DOCTOR	—Que **pase.**	Have him come in.

In these examples, the **que** clauses express permission or a suggestion, rather than a command. English equivalents may use the word "let," but this is like the "let" of "let's go," "let's eat," etc., rather than a synonym of "allow."

Indicative and Subjunctive with quizá(s) and tal vez

Both **tal vez** and **quizá(s)** mean "maybe, perhaps." Either the indicative or the subjunctive may be used in sentences in which one of these words appears before the verb.

Tal vez es/sea así.   Maybe that's the way it is.
Quizá voy/vaya.   Perhaps I'll go.

If either **tal vez** or **quizá(s)** is simply tacked onto a sentence as an afterthought, only the indicative can be used.

Es así, tal vez.
Voy, quizá.

The Subjunctive in "Whether . . . or Not" Expressions

"Whether . . . or not" is commonly expressed in Spanish by phrases like the following with two matching subjunctive forms.

quiera o no quiera	*whether he wants to or not*
vengas o no vengas	*whether you come or not*
lo tengamos o no lo tengamos	*whether we have it or not*
que lo hagan o que no lo hagan	*whether they do it or not*

The second occurrence of the subjunctive verb is not obligatory.

que lo hagan o no	*whether they do it or not*

The past subjunctive is used to refer to the past.

vinieras o no vinieras	*whether you came or not*
llegaran a tiempo o no	*whether or not they arrived on time*

Expressions with sea . . . sea

The following expressions are commonly used.

sea lo que sea	*whatever it is, whatever that may be*
sea cuando sea	*whenever it is, whenever that may be*
sea donde sea	*wherever it is, wherever that may be*
sea quien sea	*whoever it is, whoever that may be*
sea como sea	*however it is, however that may be*

Past subjunctive **fuera** sometimes replaces the second instance of **sea** with no change in meaning: **sea lo que fuera, sea cuando fuera, sea donde fuera,** etc.

Ejercicios

4 El viaje por Andalucía

Luis is planning a trip throughout Andalucía. His older sister Ana insists on offering him unsolicited advice, making requests and giving orders. Complete her second statement in each case with **que** plus the subjunctive, indicating a relayed command.

MODELO ANA —No te olvides de *comprarme* algo bueno en la Calle San Miguel en Torremolinos.
LUIS —Bien, si me queda tiempo.
ANA —En serio, _que me compres algo_ en esa calle.

1. ANA —Si no encuentras a Alicia en Torremolinos, *avísanos.*
   LUIS —Pero...
   ANA —¿Oíste? _____, si no la encuentras.

2. ANA —Si pasas por Mijas, *sacas* unas fotos de los burros-taxi.
   LUIS —Pero eso es para los turistas.
   ANA —Tú eres turista. _____, ¿oíste?

3. ANA —Ahora bien, Félix y yo estaremos en Málaga hasta el 22. *Llámanos* cuando llegues a Marbella.
   LUIS —¿Estás segura?
   ANA —Sí, _____ cuando llegues a Marbella.

4. ANA   —Y cuando empieces a subir las sierras hacia Arcos de la Frontera, *échale* más agua al radiador del coche.

    LUIS   —Pero el coche nunca ha tenido problemas...

    ANA   —No discutas, _____.

5. ANA   —Otra cosa, Félix quiere que le *busques* la dirección de un viejo amigo que ahora reside en Cádiz.

    LUIS   —Preferiría pasar todo el tiempo en las playas.

    ANA   —Luis, _____ cuando llegues a Cádiz.

6. ANA   —Y no te *quedes* en Sevilla más de cuatro días. Recuerda que tu primo Jorge te espera en Córdoba.

    LUIS   —Pero, ¡habrá tanto que ver en Sevilla!

    ANA   —_____ tres o cuatro días, nada más.

7. ANA   —Y cuando *vuelvas* a Granada ocho días después, Félix y yo estaremos esperándote con los brazos abiertos.

    LUIS   —Ana, no voy a volver a Granada inmediatamente. Pienso tomar el tren para Madrid y después ir en avión a París.

    ANA   —¿Qué? Olvídate de tu novia que vive en París. ¡_____ ocho días después de llegar a Córdoba!

5 Pequeños diálogos ⊗ ▭

The class should be divided into groups of three students each. The first student reads the statement. The second and third students change the following sentences, using **que** plus the subjunctive indicating permission or suggestion. Original responses may be added, always using **que** plus the subjunctive. Alternate roles.

MODELO   FIRST STUDENT   —No quiero lavar los platos.

          SECOND STUDENT   —Se quedarán sin lavar. *¡Que se quedan sin lavar!*

          THIRD STUDENT   —Carlos debe lavàrlos. *¡Que los lave Carlos!*

1. —Marisa quiere comprar un suéter nuevo. Es muy caro.
   —Debe encontrar uno más barato.
   —Su tía se lo comprará.
2. —La señora Argüelles está esperando afuera.
   —Puede pasar enseguida.
   —Debe esperar unos minutos.
3. —El coche de Fernando está roto. Quiere usar el tuyo.
   —Alberto le prestará el de él.
   —Puede usar mi bicicleta.
4. —Carlos y Elena quisieran subir a la montaña.
   —Pueden subir a pie.
   —Deben ir en autobús con los otros turistas.
5. —Ellos no saben la respuesta. Se la podemos decir.
   —Alfredo se la dirá.
   —La pueden buscar en el libro.
6. —A Dina no le gusta su cuarto. No tiene buena vista.
   —Tendrá que cambiar de habitación.
   —Deberá quedarse donde está aunque no le guste.

6 ¿Qué hará Gustavo? ⊗

Gustavo is planning a vacation in Andalucía, but he has problems making decisions. Change each indicative version of his statements, with **tal vez** or **quizá**, to a corresponding subjunctive version.

MODELO   No he decidido si voy primero a Bornos o a Arcos de la Frontera. Voy primero a Bornos, tal vez.
Tal vez vaya primero a Bornos.

1. Puedo ir en tren o alquilar un coche. Alquilo un coche, tal vez.
2. Pero si voy en coche, me cansaré de estar solo. Tendré que invitar a Gerardo para que me acompañe. Lo invito, tal vez. Solamente hasta Cádiz.
3. Pero Gerardo siempre habla del Puerto de Santa María. No quiero ir allá. Yo le diré que habrá que ir directamente a Jerez, quizá.
4. Ahora que me acuerdo, tengo una prima que vive en Jerez. Tal vez podremos quedarnos en su casa.
5. Ah, no. Mi prima tiene un perro grandísimo y muy poco simpático. Quizá es mejor que no la visitemos.
6. Pensándolo bien, tal vez voy en tren sin Gerardo. Lo más importante es llegar pronto a Sevilla, tal vez.
7. ¿O debo pasar más tiempo en Córdoba? ¡Qué decisiones tan difíciles! Es más fácil no tener vacaciones, tal vez.

7 Traducción

Translate the following passage:

1. Whether you come or not, I'm still going to have a good time in Marbella.
2. And if I don't go to Marbella, I'll find a good place to stay, wherever that may be.
3. I'll find somebody to go with me, whoever that may be.
4. So whether you like it or not, I'm going to have a wonderful vacation in Andalusia.
5. Whether or not we are still friends, I hope you have a nice life.
6. By the way, would you lend me five hundred dollars for my trip?

8 ¿Se ponen de acuerdo? ⊗

Three friends—Emilio, Luisa and Alfredo—are talking about which Andalusian city they would prefer to visit during their next vacation. Determine if the statements that follow are true or false.

EMILIO   —Tal vez podamos ir juntos a alguna parte. Pero Luisa, quieras o no reconocerlo, lo mejor de España es la Costa del Sol. Es una atracción turística de fama internacional. Piensa en Marbella, en Torremolinos. ¡Cómo gozaríamos todos en las playas! Y la cultura—basta decir una cosa: en Málaga nació Picasso.

LUISA   —En primer lugar, naciera donde naciera, Picasso pasó casi toda su vida en Francia. Emilio, ¿es que tú no sabes que lo mejor de Andalucía se encuentra en Córdoba? Tiene el Alcázar, un puente romano. Y no me hables de cultura. En Córdoba nacieron los grandes filósofos. Y poetas como Góngora. Córdoba es civilización, Córdoba es historia. ¿No estás de acuerdo, Alfredo?

ALFREDO   —No estoy de acuerdo con ninguno de vosotros. Que vaya todo el mundo a Córdoba o Málaga si quiere, pero para mí, no hay nada como Sevilla. La catedral. La Giralda. ¿Y pintores? ¡Allí nacieron Velázquez y Murillo! Además, Sevilla tiene una sección moderna hermosísima.

LUISA —Tal vez no sea posible ponernos de acuerdo. Cada cual irá a su ciudad favorita y eso es todo.

EMILIO —Se me ocurre una idea. Olvidémonos de Córdoba, Sevilla y Málaga. Nadie irá a su ciudad preferida, sino que iremos todos a esquiar a Sierra Nevada.

ALFREDO —¡Estupendo! Cinco minutos en las pistas de esquiar y uno se olvida de que existe el resto del mundo.

Verdadero o falso

1. Torremolinos está en la Costa del Sol.
2. Hay playas en Marbella y Torremolinos.
3. Picasso nació en Málaga pero vivió toda su vida en Madrid.
4. Luisa prefiere ir a Córdoba por su valor histórico y cultural.
5. Ha habido poetas y filósofos famosos nacidos en Córdoba.
6. Alfredo prefiere ir a Sevilla porque queda al lado del mar.
7. Velázquez y Murillo son pintores importantes que nacieron en Sevilla.
8. La idea que ofrece Emilio es que cada uno vaya a su ciudad favorita.
9. Alfredo cree que Sevilla no tiene atracciones turísticas de interés.

Respuestas: 1,2,4,5 y 7 verdaderas. Las demás son falsas.

REFLEXIVES AND RECIPROCALS
Reflexive Pronouns

Reflexive pronouns in English are those which end in *-self* or *-selves,* as in the following sentences.

John saw *himself* reflected in the puddle.
They take *themselves* much too seriously.

The Spanish reflexive pronouns are shown in the following chart.

REFLEXIVE PRONOUNS		
Person	Singular	Plural
1	me	nos
2	te	os
2, 3	se	
3	se	

Except for **se,** these pronouns are the same as the ordinary direct and indirect object pronouns explained on p. 220 ff. Reflexive **se** serves for both masculine and feminine, singular and plural.

1. The position of the reflexive pronouns is the same as that of the direct and indirect object pronouns: (a) immediately before the verb form conjugated for person and number or (b) immediately after (and written together with) an infinitive or **-ndo** form.

No **me** veo en la foto. *I don't see myself in the photo.*

No **me** quiero mirar. ⎫	*I don't want to look at myself.*
No quiero mirar**me**. ⎭	
Se están matando. ⎫	*They're killing themselves.*
Están matándo**se**. ⎭	

2. Some reflexive constructions in Spanish are like reflexive constructions in English. In these cases, the only difference between reflexive object pronouns and non-reflexive object pronouns is that the reflexive pronouns must refer to the subject while the non-reflexive pronouns need not.

Juan **se** vio.	(reflexive)	*Juan saw himself.* (*himself* = Juan)
Juan **lo** vio.	(non-reflexive)	*Juan saw him.* (*him* is not Juan)

3. Spanish also has a set of emphatic reflexive pronouns.

me … a mí mismo, -a	nos … ⎰ a nosotros mismos / a nosotras mismas
te … a ti mismo, -a	os … ⎰ a vosotros mismos / a vosotras mismas
	se … ⎰ a sí mismo, -a / a sí mismos, -as

Mismo must agree with what it refers to. Otherwise, the reflexive emphatic pronouns are used exactly like the non-reflexive emphatic pronouns explained on p. 224: that is, to emphasize the object pronoun, which itself cannot be stressed.

Me pregunté.	*I asked myself.*
Me pregunté **a mí misma**.	*I asked myself.* (*I* is feminine.)
¿Se vieron?	*Did they <u>see</u> themselves?*
¿Se vieron **a sí mismos**?	*Did they see <u>themselves</u>?*

The emphatic reflexive phrases are used only with the type of reflexive constructions discussed in **Paragraph** 2 (where Spanish is essentially like English). They are not normally used in the Spanish reflexive constructions discussed in the following paragraphs.

4. Spanish has several constructions with reflexive pronouns that do not correspond to reflexive constructions in English. The following are the most common.

a. Spanish has a reflexive direct object; English often uses an expression with *get.*

¿Por qué no **te** vistes?	*Why don't you <u>get</u> dressed?*
No tienen que levantar**se**.	*They don't have to get up.*

b. Spanish has a reflexive indirect object; English uses a possessive adjective.

Está lavándo**se** la cara.	*She's washing <u>her</u> face.*
Se pone el abrigo.	*He's putting on <u>his</u> coat.*

c. Spanish has a few verbs that *must* be used reflexively, although the English equivalents are not reflexive.

¿Por qué **te quejas**?	*Why are you complaining?*
¡**Se** está **desmayando**!	*He's fainting!*
No **nos atrevemos** a hacerlo.	*We don't dare do it.*

d. Some Spanish verbs have one meaning when used non-reflexively and a different meaning when used reflexively. The following list contains some of the most common ones.

ir	to go	**irse**	to leave, depart
despedir	to fire	**despedirse**	to say good-bye
marchar	to march	**marcharse**	to go away
quedar	to be located	**quedarse**	to stay, remain
parecer	to seem	**parecerse (a)**	to resemble, look like
dormir	to sleep	**dormirse**	to fall asleep

Reciprocal Expressions

Reciprocal expressions in English contain the words *each other* or *one another*. Reciprocals in Spanish are formed one of two ways.

1. With verbs that can take objects, the reflexive pronouns are used.

Se vieron.	*They saw <u>each other</u>.*
Nos conocemos todos.	*We all know <u>one another</u>.*

Of course these sentences could also mean *They saw themselves* and *We all know ourselves*. Context usually makes the intended meaning clear. In any event, one can make the reciprocal meaning explicit by using not only the reflexive-reciprocal pronoun but also a phrase with **uno... otro,** as illustrated in the following examples.

Se vieron **el uno al otro.**	*They saw each other.*
Nos conocemos **unos a otros.**	*We know one another.*
Se encontraban **unas a otras** en la playa.	*They used to meet at the beach.*

2. The reflexive-reciprocal object pronouns cannot be used with verbs that cannot take objects at all. Instead, phrases with **uno... otro** are used alone.

No pueden vivir **el uno sin el otro.**	*They can't live without each other.*
Nacieron **el uno para el otro.**	*They were born for each other.*

Ejercicios

9 **¿Cuál es tu opinión?** ⊗

Add the appropriate reflexive pronoun to each sentence, indicating that the action refers to the person(s) noted.

MODELO Compre un pantalón más elegante.
Cómprese un pantalón más elegante.

1. No quieres mirar, ¿verdad?
2. ¡Mira! Estás muy pálida.
3. Serví un poco más de paella.
4. Sirvan más gazpacho.
5. Hice una camisa.
6. Haga Ud. otro pantalón.
7. Compremos otra motocicleta.

10 Completen el diálogo.

Complete the following dialog by supplying the appropriate form of a verb from the list below. In some cases you will have to choose between reflexive and non-reflexive forms of the same verb. (No repetitions.)

atreverse	despedirse	ir	levantarse	parecer	quedarse
desmayarse	dormir	irse	marchar	parecerse	quejarse
despedir	dormirse	levantar	marcharse	quedar	

PEDRO —Pero, ¡qué triste! Dices que hace una semana que no _____. ¿Por qué?

VICENTE —Estoy preocupado … he perdido mi trabajo… El jefe _____.

PEDRO —Es imposible. Tú siempre has trabajado muy bien. ¿Alguien _____ de ti?

VICENTE —No, es que mi jefe está loco, está obsesionado. Cree que yo _____ a un enemigo suyo, dice que tenemos los mismos ojos, la misma cara. Es increíble.
(Suena el teléfono.)

PEDRO —Con permiso. (Va a otro cuarto y contesta.)

ANA —Pedro, ¿qué pasó con nuestra comida? Ya son las once. ¿No _____ a venir?

PEDRO —Está aquí un vecino. No _____ ha _____ todavía. ¿Qué hago?

ANA —Es fácil. Miras tu reloj, _____ de la silla y caminas hacia la puerta.

PEDRO —Eso sería descortés y muy obvio. Tú debes entender que _____ de una persona no es tan fácil.

ANA —Dime, ¿cuánto tiempo va a _____ allí tu vecino? Tengo hambre.

PEDRO —No sé, pero yo no _____ a decirle nada. Tengo tanta hambre que pronto voy a _____.

11 ¿Qué pasa? ⊗ 📖

Read the following passage and supply the appropriate forms of the verbs in parentheses.

Hoy estoy cansadísima. Me es difícil (levantarse) de la cama. No puedo ir al baño para (lavarse) las manos, porque mis hermanos siempre lo están usando. Quiero (vestirse), pero no (acordarse) de nada, porque estoy cansadísima. Los maestros me hacen preguntas sobre la Alhambra y casi siempre contesto mal—(equivocarse). Después de mis clases, (divertirse) con mis amigos, pero sólo por unos minutos. A las seis (sentarse) a la mesa, pero si (quejarse), todos (enojarse). Luego (entretenerse) un poco escuchando música, pero tengo que (acostarse) temprano. Quisiera (irse) de aquí y tener mil aventuras, pero no puedo… todavía.

12 Traduzcan este diálogo

Translate the following dialog; use reflexive verbs when appropriate.

1. Mother, I don't want to get up yet.
2. Carmen, don't complain. I want to stay in bed too.
3. Mother, do I have to dress Juanito right now?
4. Get dressed first.
5. Mother, Juanito is washing his face.
6. I'm glad. He's a good boy. Be careful with the soap.
7. Don't worry. He's using toothpaste!
8. I imagine he looks like a clown.
9. Don't get mad, mother. I'll wash him and take the toothpaste away from him. I'll take care of him.
10. Really? You're going to do all that? I must be dreaming. And I don't want to wake up.

13 Entrevistas

Work with a partner. One student picks a role from the list below. The second student is the reporter and asks about his or her daily routine. Then the reporter gives a summary of the interview to the class. (Use as many reflexive verbs as possible.)

ROLES

1. un(a) atleta en los juegos olímpicos o panamericanos
2. un(a) reportero(a) de televisión
3. un rey moro
4. un(a) multimillonario(a)
5. una estrella de música (rock, pop, etc.)

Sevilla histórica ⊚

Para los americanos del norte y del sur, Sevilla tiene un interés especial, pues las colonias de España en las Américas fueron gobernadas desde Sevilla. Los barcos cargados de oro y plata de Perú y México subían por el río Guadalquivir hasta los muelles de su puerto. Y los nobles que gobernarían México, Centro y Sudamérica, y los vastos territorios españoles en lo que hoy es el suroeste de los EE.UU. y la Florida, salían de Sevilla con sus cargos y nombramientos. A Sevilla venían los reportes, mapas y documentos de todas partes del imperio español; aquí están archivados en el Archivo General de Indias. Se puede llamar a Sevilla la capital histórica de las Américas pues durante tres siglos fue el centro que lo controlaba todo.

Manuel Machado, poeta sevillano (1874–1947) destaca la importancia de Sevilla en este poema que tiene una lista de ciudades y provincias andaluzas. Cada una va acompañada de

---

archivado, –a *filed*
el **archivo** *archive, place where archives and records are kept*

bastar *to be enough*
el **cargo** *position, duty*
controlar *to control*

destacar *to underline, emphasize*
el **muelle** *pier*
el **nombramiento** *appointment*

una descripción típica, excepto una, Sevilla, para la cual no hay descripción posible—su solo nobre basta:

Canto a Andalucía

Cádiz, salada claridad. Granada,
agua oculta que llora.
Romana y mora, Córdoba callada.
Málaga, cantaora.
Almería, dorada.
Plateado, Jaén. Huelva, la orilla
de las tres carabelas.
        Y Sevilla.

Ejercicios

14 Preguntas

1. ¿Desde dónde fueron gobernadas las colonias de España?
2. ¿Por qué río llegaban los barcos cargados de oro y plata?
3. ¿De dónde salían los nobles que gobernarían México, Centro y Sudamérica?
4. ¿Qué llegaba hasta esta ciudad?
5. ¿Dónde están archivados los documentos del imperio español?
6. ¿Cómo se puede llamar a Sevilla?
7. ¿Cuántos siglos fue Sevilla el centro que controlaba todo?
8. ¿Cómo destaca Manuel Machado la importancia de Sevilla?

15 Para hablar y discutir

The class should be divided in groups of three or four students each. Alternate asking and answering the following questions:

1. ¿Qué ciudad conoces tú que pueda considerarse un centro importante de actividad? ¿Por qué?
2. ¿Dónde está esa ciudad y cuáles son las actividades principales de ese lugar?
3. ¿Cuál es el centro comercial o industrial más importante de la ciudad o región donde vives? ¿Por qué?
4. ¿Cuáles son las ciudades más importantes de los EE.UU.?
5. ¿Por qué se consideran importantes? ¿Qué actividades tienen lugar allí?
6. ¿Qué ciudades pueden considerarse las capitales del mundo en este momento? ¿Por qué?
7. ¿Cuál ha sido la importancia histórica de esas ciudades?
8. ¿Ha tenido importancia histórica la ciudad o el lugar donde vives? ¿Por qué?

16 Ejercicio escrito

Write a page about several capital cities in the Hispanic world. Compare the city or the place where you live with those cities. If possible, comment on their historical importance. You might need to go to the library and do some research.

---

callado, –a *silent, quiet*
cantaor, –a *singing (flamenco style)*

moro, –a *Moorish*
oculto, –a *hidden, concealed*

salado, –a *salty, graceful*

Sevilla cultural ⊗

Cuna de grandes pintores, entre ellos Murillo y Velázquez, Sevilla es también famosa mundialmente gracias a escritores y músicos de renombre universal que llevaron a sus obras los más bellos y trágicos mitos sevillanos: Don Juan, Carmen, Fígaro; óperas cuyo argumento se desarrolla en calles, barrios, palacios y jardines sevillanos.

Uno de sus grandes poetas, Gustavo Adolfo Bécquer (1836–1870) es conocido por sus *Leyendas* y sus *Rimas*, algunas de ellas popularísimas. Algunas de sus rimas más conocidas son:

XXI

"¿Qué es poesía?", dices mientras clavas
en mi pupila tu pupila azul.
"¿Qué es poesía? ¿Y tú me lo preguntas?
Poesía... eres tú."

XIII

Por una mirada, un mundo;
por una sonrisa, un cielo;
por un beso... ¡yo no sé
qué te diera por un beso!

LIII
(fragmento)

Volverán las oscuras golondrinas
en tu balcón sus nidos a colgar,
y otra vez con el ala a sus cristales
jugando llamarán;
pero aquellas que el vuelo refrenaban,
tu hermosura y mi dicha al contemplar;
aquellas que aprendieron nuestros nombres
ésas... ¡no volverán!

el **beso** *kiss*	la **golondrina** *swallow (bird)*	la **poesía** *poetry*
el **cielo** *heaven*	la **hermosura** *beauty*	la **pupila** *pupil (of the eye)*
clavar *to fix*	la **mirada** *look, glance*	**refrenar** *to curb, restrain*
el **cristal** *crystal, glance*	el **mito** *myth*	la **rima** *rhyme*
la **cuna** *birthplace*	**mundialmente** *world-wide*	la **sonrisa** *smile*
la **dicha** *happiness*	el **nido** *nest*	el **vuelo** *flight*
desarrollarse *to take place*	la **obra** *work*	

Ejercicios

17 Preguntas

1. Para Bécquer, ¿qué es poesía?
2. ¿Qué daría él por un beso?
3. ¿Cuáles son las golondrinas que no volverán?
4. ¿Qué crees del estilo romántico del poeta? ¿Por qué?

18 Activity

Choose two of the following.

1. Go to the library. Consult a book on history of music or history of the opera. Find the stories of Don Juan, Carmen and Fígaro. Choose the one you like best and tell it to the class in Spanish.
2. Research the lives and works of Murillo and Velázquez. Find reproductions of their work and bring them to class, if possible. Describe the paintings, in Spanish, to your classmates.
3. Investigate the lives of Manuel Machado and Gustavo Adolfo Bécquer. Prepare a set of five questions for the class and have your classmates answer them after you finish giving your report orally. Hand in your written version.

Cartas a Luis ⊗

(Fragmentos de cartas de amigos suyos, que Luis guarda en su álbum)

De estudiantes norteamericanos en Sevilla

Sobre la comida

"Al principio no me gustaba la comida. Los españoles no comen tanta ensalada como nosotros y en la casa nunca hay hamburguesas. Pero el flan, las frutas, que son deliciosas, el pescado y los mariscos me gustan mucho.
Es muy difícil acostumbrarse a las horas de la comida en España. Aquí almuerzan entre las dos y las tres de la tarde y la cena es alrededor de las diez de la noche. Por suerte, en muchos restarantes sirven tapas que la gente come antes de la comida. Para mí, con las tapas es suficiente, ya después no como más..."

José Barnet

acostumbrarse *to get accustomed to*

Sobre la familia

"Estoy viviendo con una familia española. Ellos son tan amables conmigo que me siento como en mi propia casa. Es muy interesante conocer a los diferentes miembros de la familia. En España todos son 'parientes'[1] y se reúnen constantemente..."

Juanita Dodds

Sobre la gente joven

"Para conocer chicas en España es bueno ir a un baile o a una discoteca e invitar a la chica a bailar y a tomar un refresco. Poco a poco vas conociendo distintas chicas, y así empieza la amistad..."

Daniel Krell

Sobre las clases

"Las clases son diferentes a las nuestras. En España, el profesor habla y los alumnos escuchan. No hay tanto diálogo como en los Estados Unidos. Es casi una conferencia. Los profesores tienen más paciencia con los americanos que con los españoles. ¿Será por la falta de comunicación, o porque saben que sólo estamos aquí por un verano?..."

Paula Rodgers

---

amable *kind*	el **diálogo** *dialogue*	el **pariente** *relative*
la **amistad** *friendship*	la **falta** *lack, absence*	

[1] Aquí "parientes" se refiere a los numerosos miembros de las familias hispanas: abuelos, padres, tíos, primos, sobrinos, padrinos, compadres.

De amigos españoles que estudian en los Estados Unidos

Sobre las fiestas y la sociedad

"La forma de vida y de divertirse de los americanos es distinta a la de los españoles. No hay aquí fiestas populares, las 'ferias' de pueblo, tan típicas de España. Los americanos son mucho más móviles que nosotros; están constantemente cambiando de ciudad, ya para conseguir un empleo mejor, ya para lograr nuevas experiencias..."

Miguel Roldán Caballero

Sobre la familia

"...Los jóvenes americanos desean obtener la independencia total de la familia lo más pronto posible. El ritmo de vida no permite que las relaciones familiares sean tan cercanas como las nuestras..."

Isabel Montes Tubío

"...En los Estados Unidos, la función del padre es más democrática, no es el jefe único de la familia. Todos los miembros tienen derecho a decir lo que piensan y todos se respetan por igual..."

Raúl Santos Ortiz

Sobre las clases

"El profesor considera mucho más a los estudiantes en los Estados Unidos. También les presta más atención. En España es difícil acercarse a los profesores después de terminada su clase. Aquí no, te reciben, te atienden, te ayudan, te dan su tiempo con generosidad..."

Olga Pérez Soler

---

conseguir *to get, obtain*
el **derecho** *right*
la **forma de vida** *way of life*
la **generosidad** *generosity*

el **jefe, –a** *boss*
móvil *mobile*
obtener *to obtain*

por igual *equally*
único, –a *only*
ya... ya *whether . . . or*

Ejercicios

19 Preguntas

1. ¿Qué dice José Barnet sobre la comida en España?
2. ¿Qué comidas le gustan a él?
3. ¿Por qué le es difícil acostumbrarse a las horas de la comida en España?
4. ¿Cómo es la familia española de Juanita?
5. ¿Qué hay que hacer en España para conocer chicas, según Daniel?
6. ¿Cuál es la diferencia entre las clases de España y las de los EE.UU., de acuerdo a Paula?
7. ¿Qué dice Miguel de la forma de divertirse de los americanos?
8. ¿Qué opina Isabel de las relaciones familiares en los EE.UU.?
9. Según Raúl, ¿cómo es la función del padre en una familia americana?
10. ¿Qué diferencia encuentra Olga entre los profesores de España y los de los EE.UU.?

20 Ejercicio escrito

Write a letter, in Spanish, to the director of a summer program in Spain, telling why you would like to study there.

21 Dictado

1. Your teacher is going to select one of the preceding paragraphs for dictation and read the text to you. Close your book and follow your teacher's instructions.
2. After the dictation is over, you'll correct your own mistakes by consulting the corresponding paragraphs.
3. Translate the paragraph dictated to you, from Spanish into English.

22 Proyecto

Una agencia de turismo
You have a small travel agency somewhere in Spain. Plan an advertising campaign to attract tourists to the U.S. What places or cities in this country would you recommend to a tourist? Make up ads in Spanish about those places. The following points should be taken into account:

- Sitios importantes del lugar donde vives
- Ciudades o lugares interesantes de los EE.UU. donde hayas estado
- Características de esos lugares que sean atractivas
- Medios de transporte que se pueden usar para llegar a esos lugares
- Interés geográfico, histórico, ecológico, artístico (museos, teatros)
- Facilidades de alojamiento
- Facilidades deportivas

23 Ejercicio de conversación

Work with a partner. One of you is the travel agent, the other is the client. Taking into account the following suggestions, make up a dialog between the travel agent and the client.

- ¿Cuándo va a tomar sus vacaciones?
- ¿Cuántos días de vacaciones tiene?
- ¿Cuánto quiere gastar?
- ¿A qué lugar le interesaría ir? (montaña, playa...)
- ¿Qué tipo de alojamiento prefiere? (hotel, pensión, acampar...)
- ¿Quisiera practicar algún deporte? ¿Cuál?

VOCABULARIO

el **albergue** *lodging, hostel*
el **astillerro** *shipyard*
el **compositor, –a** *composer*
la **cumbre** *summit*
el **mirador** *lookout site*
el **rocío** *dew*

la **sierra** *jagged mountain range*
la **venta** *road-side inn*

andaluz, –a *Andalusian, from Andalusia*

pesquero, –a *fishing*
nacer *to be born*
a.C. (antes de Cristo) *B.C. (before Christ)*

Palabras similares

el **anfiteatro** *amphitheater*
el **concierto** *concert*
el **dolmen** *dolmen, a prehistoric monument thought to be a tomb*
el **esencia** *essence*
el **monasterio** *monastery*

el **Oriente** *the Orient, the East*
la **sinfonia** *symphony*

instantáneo, –a *instantly*
itálico, –a *Italic, Italian*

romano, –a *Roman*
sevillano, –a *Sevillian, from Seville*

inspirarse *to be inspired*

Notas culturales

Adriano *Hadrian, Roman emperor (76–138 A.D.)*
Béquer, Gustavo A. *Spanish poet and writer (1836–1870)*
Escipión El Africano *Roman warrior (235–183 B.C.)*
la **Giralda** *tower of the cathedral of Seville*
Garcilaso de la Vega (El Inca) *Peruvian chronicler and historian (1539–1616)*
Itálica *First Roman city outside Italian territory. Founded in Spain in the year 206 B.C.*
Murillo, Bartolomé E. *Spanish painter (1617–1782)*
Trajano *Trajan, Roman emperor (53–117 A.D.)*
Almería, Cádiz, Córdoba, Granada, Huelva, Jaén, Málaga and **Sevilla.** These are the eight provinces of **Andalucía,** a southern region of Spain.

Arcos de la **Frontera**
Bornos   } cities in the province of **Cádiz**
Jérez de la **Frontera**

Montilla   city in the province of **Córdoba**

Antequera
Estepona
Marabella   } cities and towns in the province of Málaga
Mijas
Puerto Banús
Torremolinos

For Reference

Grammar Summary

Articles

Definite Articles		
	Masculine	*Feminine*
Singular *Plural*	el chico los chicos	la chica las chicas

Indefinite Articles		
	Masculine	*Feminine*
Singular *Plural*	un chico unos chicos	una chica unas chicas

Contractions of the Definite Article

a + el → al
de + el → del

Adjectives

Adjectives That End in –o

	Masculine	*Feminine*
Singular *Plural*	chico alto chicos altos	chica alta chicas altas

Adjectives That End in –e

	Masculine	*Feminine*
Singular *Plural*	chico inteligente chicos inteligentes	chica inteligente chicas inteligentes

Adjectives That End in a Consonant

	Masculine	*Feminine*
Singular	chico menor	chica menor
Plural	chicos menores	chicas menores

Adjectives of Nationality

	Masculine	*Feminine*
Singular	chico francés	chica francesa
Plural	chicos franceses	chicas francesas

Shortening of Adjectives Before a Masculine Singular Noun

alguno	algún chico
bueno	buen chico
malo	mal chico
primero	primer chico
tercero	tercer chico
ninguno	ningún chico

Demonstrative Adjectives

este	Masculine	Feminine
Singular Plural	este chico estos chicos	esta chica estas chicas

ese	Masculine	Feminine
Singular Plural	ese chico esos chicos	esa chica esas chicas

aquel	Masculine	Feminine
Singular	aquel chico	aquella chica
Plural	aquellos chicos	aquellas chicas

Demonstratives: Neuter

esto   eso   aquello

Possessive Adjectives: Short Forms

mi hijo, mi hija mis hijos, mis hijas	nuestro hijo, nuestra hija nuestros hijos, nuestras hijas
tu hijo, tu hija tus hijos, tus hijas	vuestro hijo, vuestra hija vuestros hijos, vuestras hijas
su hijo, su hija sus hijos, sus hijas	

Possessive Adjectives: Long Forms

hijo mío, hija mía hijos míos, hijas mías	hijo nuestro, hija nuestra hijos nuestros, hijas nuestras
hijo tuyo, hija tuya hijos tuyos, hijas tuyas	hijo vuestro, hija vuestra hijos vuestros, hijas vuestras
hijo suyo, hija suya hijos suyos, hijas suyas	

Diminutives

Diminutive forms are made by adding **–ito** or **–(e)cito** to a noun, adjective, or adverb:

árbol — arbolito
mejor — mejorcito
luz — lucecita

Notice that spelling changes must be made when necessary:

luego — lueguito

Adverbs

Adverbs are formed by attaching **–mente** to the feminine form of the adjective:

rápido – rápidamente
principal – principalmente
tristísimo – tristísimamente

Comparatives

Comparisons of Unequal Quantities

$$\left.\begin{array}{c}\textbf{más}\\[1em]\textbf{menos}\end{array}\right\} + \left\{\begin{array}{c}\textit{adjective}\\\textit{adverb}\\\textit{noun}\end{array}\right\} + \textbf{que/de}$$

Note: Spanish has four irregular comparative adjectives: **mejor, peor, menor, mayor.**

Comparisons of Equal Quantities

$$\textbf{tan} + \left\{\begin{array}{c}\textit{adjective}\\\textit{adverb}\end{array}\right\} + \textbf{como}$$

tanto, –a + {*singular noun*} + **como**
tantos, –as + {*plural noun*} + **como**
tanto + **como**

Superlatives

Adjective (with final vowel dropped) + **–ísimo (–a, –os, –as)**

Pronouns

Subject Pronouns	Direct Object Pronouns	Indirect Object Pronouns	Reflexive and Reciprocal Pronouns*	Objects of Prepositions
yo	me	me	me	mí****
tú	te	te	te	ti****
él, ella, Ud.	lo, la	le***	se	él, ella, Ud.
nosotros, –as	nos	nos	nos	nosotros, –as
vosotros, –as**	os	os	os	vosotros, –as
ellos, ellas, Uds.	los, las	les***	se	ellos, ellas, Uds.

    * See also Reciprocal Expressions below.
    ** **Vosotros, –as** and the **os** forms are used only in Spain.
    *** **Se** replaces **le** and **les** before **lo, los, la, las.**
    **** With the preposition **con,** the forms **conmigo** and **contigo** are used.

Reciprocal Expressions

In order to make a phrase with a reciprocal pronoun clear, use **uno…otro:**
Se miraron una a la otra.
¿Os conocéis uno al otro?

Emphatic Pronouns

Object Pronouns

me…**a mí**	nos…**a nosotros, –as**
te…**a ti**	vos…**a vosotros, –as**
lo/le… **a usted** **a él**	los/les… **a ustedes** **a ellos**
la/le… **a usted** **a ella**	las/les… **a ustedes** **a ellas**

Reflexive Pronouns

me…**a mí mismo, –a**	nos…**a nosotros, –as mismos, –as**
te…**a ti mismo, –a**	os…**a vosotros, –as mismos, –as**
	se… **a sí mismo, –a** **a sí mismos, –as**

Position of Object Pronouns

Indirect and direct object pronouns are placed immediately before the conjugated verb. When both object pronouns are used, the order is indirect object pronoun followed by direct object pronoun.

Me dio la guitarra.   **No me la dio.**

When object pronouns are used with familiar or polite positive commands, the object pronouns are placed immediately after the verb, and are written as a single word.

Véndaselo.   **Ponlo aquí.**

When the reflexive object pronoun **os** is attached to the affirmative command form, the **d** of the verb form is dropped and the **os** is added. The only exception is **idos.**

lavad   **lavaos**
levantad   **levantaos**

Object pronouns may either be attached to the end of an infinitive form or precede the conjugated verb.

Voy a venderla.   **La voy a vender.**   **Voy a vendérselo.**

When object pronouns are used with a present participle, the object pronouns may be attached to the end of the present participle or precede the conjugated verb.

Estoy hablándote.   **Te estoy hablando.**

Possessive Pronouns

	Masculine		Feminine	
	Singular	Plural	Singular	Plural
mine	el mío	los mios	la mía	las mías
yours (fam.)	el tuyo	los tuyos	la tuya	las tuyas
his, hers yours (pol.) theirs	el suyo	los suyos	la suya	las suyas
ours	el nuestro	los nuestros	la nuestra	las nuestras
yours (fam. pl.)	el vuestro	los vuestros	la vuestra	las vuestras

Demonstrative Pronouns

	Masculine	Feminine
this (one) *these*	éste éstos	ésta éstas
that (one) *those*	ése ésos	ésa ésas
that (one) *those*	aquél aquéllos	aquélla aquéllas

Relative Pronouns

Two relative pronouns in Spanish are **que** and **quien(es)**.

Que can refer to persons and things:

> **La chica que llamó es mi prima.**
> **Van a la iglesia que está cerca de la casa.**

Quien(es) only refers to persons and is used after prepositions:

> **La chica con quien habló es mi prima.**
> **Los chicos con quienes trabajo viven allí.**

The relative pronoun is never omitted in Spanish.

Interrogative Words and Expressions

Interrogative words have a written accent mark to distinguish them from their relative forms:

¿cómo?	¿qué?	¿cuál/cuáles?
¿cuándo?.	¿qué tal?	¿quién/quiénes?
¿dónde?	¿para qué?	¿cuánto/cuántos/cuánta/cuántas?
¿adónde?	¿por qué?	

Exclamatory Words

Exclamatory words also have written accents to distinguish them from their relative forms. **¡Qué...!** and **¡Cómo...!** are the most commonly used:

> **¡Qué hombre!**
> **¡Cómo llueve!**

Negation
Negative Words

Affirmative	Negative Counterpart
sí	no
algo	nada
alguien	nadie
alguno	ninguno
algunas veces	nunca, jamás
también	tampoco
o...o...	ni...ni...

A negative word may be placed before a verb: **Nadie viene.** A negative word may also follow a verb. If it does, **no** or another negative word must appear before the verb: **No viene nadie.**

Regular Verbs

Note: Chart continues across to next page. Regular verb endings are underlined.

Verb	Present	Preterit	Imperfect	Future	
HABLAR	hablo hablas habla hablamos habláis hablan	hablé hablaste habló hablamos hablasteis hablaron	hablaba hablabas hablaba hablábamos hablabais hablaban	hablaré hablarás hablará hablaremos hablaréis hablarán	
COMER	como comes come comemos coméis comen	comí comiste comió comimos comisteis comieron	comía comías comía comíamos comíais comían	comeré comerás comerá comeremos comeréis comerán	
VIVIR	vivo vives vive vivimos vivís viven	viví viviste vivió vivimos vivisteis vivieron	vivía vivías vivía vivíamos vivíais vivían	viviré vivirás vivirá viviremos viviréis vivirán	

Irregular Verbs

Note: Chart continues across to next page. Only irregular verb forms are given.
Note: See **"Index of Irregular Verbs"** for other irregular verbs used in this text.

Verb	Present	Preterit	Imperfect	Future	
ANDAR		anduve anduviste anduvo anduvimos anduvisteis anduvieron			
CABER	quepo cabes cabe cabemos cabéis caben	cupe cupiste cupo cupimos cupisteis cupieron		cabré cabrás cabrá cabremos cabréis cabrán	
CAER(SE)	caigo caes cae caemos caéis caen	caí caíste cayó caímos caísteis cayeron			
DAR	doy das da damos dais dan	di diste dio dimos disteis dieron			

Conditional	Tú and Vosotros Commands	Polite Commands	Present Subjunctive	Past (Imperfect) Subjunctive	Participles
hablaría hablarías hablaría hablaríamos hablaríais hablarían	habla hablad	hable hablemos hablen	hable hables hable hablemos habléis hablen	hablara hablaras hablara habláramos hablarais hablaran	hablado hablando
comería comerías comería comeríamos comeríais comerían	come comed	coma comamos coman	coma comas coma comamos comáis coman	comiera comieras comiera comiéramos comierais comieran	comido comiendo
viviría vivirías viviría viviríamos viviríais vivirían	vive vivid	viva vivamos vivan	viva vivas viva vivamos viváis vivan	viviera vivieras viviera viviéramos vivierais vivieran	vivido viviendo

Conditional	Tú and Vosotros Commands	Polite Commands	Present Subjunctive	Past (Imperfect) Subjunctive	Participles
cabría cabrías cabría cabríamos cabríais cabrían					
					caído cayendo
		dé demos den	dé des dé demos deis den		

Chart continues across next two pages

Verb	Present	Preterit	Imperfect	Future	
DECIR	digo dices dice decimos decís dicen	dije dijiste dijo dijimos dijisteis dijeron		diré dirás dirá diremos diréis dirán	
ESTAR	estoy estás está estamos estáis están	estuve estuviste estuvo estuvimos estuvisteis estuvieron			
HABER	he has ha hemos habéis han	hube hubiste hubo hubimos hubisteis hubieron		habré habrás habrá habremos habréis habrán	
HACER	hago haces hace hacemos hacéis hacen	hice hiciste hizo hicimos hicisteis hicieron		haré harás hará haremos haréis harán	
IR(SE)	voy vas va vamos vais van	fui fuiste fue fuimos fuisteis fueron	iba ibas iba íbamos ibais iban		
OÍR	oigo oyes oye oímos oís oyen	oí oíste oyó oímos oísteis oyeron			
OLER	huelo hueles huele olemos oléis huelen				
PODER	puedo puedes puede podemos podéis pueden	pude pudiste pudo pudimos pudisteis pudieron		podré podrás podrá podremos podréis podrán	
PONER	pongo pones pone ponemos ponéis ponen	puse pusiste puso pusimos pusisteis pusieron		pondré pondrás pondrá pondremos pondréis pondrán	

Conditional	Tú and Vosotros Commands	Polite Commands	Present Subjunctive	Past (Imperfect) Subjunctive	Participles
diría dirías diría diríamos diríais dirían	di				dicho diciendo
		esté estemos estén	esté estés esté estemos estéis estén		
habría habrías habría habríamos habríais habrían			haya hayas haya hayamos hayáis hayan		
haría harías haría haríamos haríais harían	haz		haga hagas haga hagamos hagáis hagan		hecho
	ve id(os)	vaya vayan	vaya vayas vaya vayamos vayáis vayan	fuera fueras fuera fuéramos fuerais fueran	ido yendo
			oiga oigas oiga oigamos oigáis oigan		oído oyendo·
	huele				
podría podrías podría podríamos podríais podrían					
pondría pondrías pondría pondríamos pondríais pondrían	pon	ponga pongamos pongan	ponga pongas ponga pongamos pongáis pongan		puesto

Chart continues across next two pages

Verb	Present	Preterit	Imperfect	Future	
SABER	sé sabes sabe sabemos sabéis saben	supe supiste supo supimos supisteis supieron		sabré sabrás sabrá sabremos sabréis sabrán	
SALIR	salgo sales sale salimos salís salen			saldré saldrás saldrá saldremos saldréis saldrán	
SER	soy eres es somos sois son	fui fuiste fue fuimos fuisteis fueron	era eras era éramos erais eran		
TENER	tengo tienes tiene tenemos tenéis tienen	tuve tuviste tuvo tuvimos tuvisteis tuvieron		tendré tendrás tendrá tendremos tendréis tendrán	
TRAER	traigo traes trae traemos traéis traen	traje trajiste trajo trajimos trajisteis trajeron			
VALER	valgo vales vale valemos valéis valen			valdré valdrás valdrá valdremos valdréis valdrán	
VENIR	vengo vienes viene venimos venís vienen	vine viniste vino vinimos vinisteis vinieron		vendré vendrás vendrá vendremos vendréis vendrán	
VER	veo ves ve vemos veis ven	vi viste vio vimos visteis vieron	veía veías veía veíamos veíais veían		

Conditional	Tú and Vosotros Commands	Polite Commands	Present Subjunctive	Past (Imperfect) Subjunctive	Participles
sabría sabrías sabría sabríamos sabríais sabrían		sepa sepamos sepan	sepa sepas sepa sepamos sepáis sepan		
saldría saldrías saldría saldríamos saldríais saldrían	sal				
	sé	sea seamos sean	sea seas sea seamos seáis sean	fuera fueras fuera fuéramos fuerais fueran	
tendría tendrías tendría tendríamos tendríais tendrían	ten		tenga tengas tenga tengamos tengáis tengan		
			traiga traigas traiga traigamos traigáis traigan		traído trayendo
valdría valdrías valdría valdríamos valdríais valdrían					
vendría vendrías vendría vendríamos vendríais vendrían	ven		venga vengas venga vengamos vengáis vengan		viniendo
			vea veas vea veamos veáis vean		visto

Stem-Changing Verbs
Present Indicative Tense

o → ue **encontrar**	o → ue **volver**	o → ue **dormir**	e → ie **pensar**	e → ie **perder**	e → ie **preferir**	e → i **pedir**
encuentro	vuelvo	duermo	pienso	pierdo	prefiero	pido
encuentras	vuelves	duermes	piensas	pierdes	prefieres	pides
encuentra	vuelve	duerme	piensa	pierde	prefiere	pide
encontramos	volvemos	dormimos	pensamos	perdemos	preferimos	pedimos
encontráis	volvéis	dormís	pensáis	perdéis	preferís	pedís
encuentran	vuelven	duermen	piensan	pierden	prefieren	piden

Preterit Tense

o → u dormí	e → i preferí	e → i pedí
dormí	preferí	pedí
dormiste	preferiste	pediste
durmió	prefirió	pidió
dormimos	preferimos	pedimos
dormisteis	preferisteis	pedisteis
durmieron	prefirieron	pidieron

Present Subjunctive Tense

o → ue encuentre	o → ue vuelva	o → ue duerma	e → ie piense	e → ie pierda	e → ie, i prefiera	e → i pida
encuentre	vuelva	duerma	piense	pierda	prefiera	pida
encuentres	vuelvas	duermas	pienses	pierdas	prefieras	pidas
encuentre	vuelva	duerma	piense	pierda	prefiera	pida
encontremos	volvamos	dormamos	pensemos	perdamos	prefiramos	pidamos
encontréis	volváis	dormáis	penséis	perdáis	prefiráis	pidáis
encuentren	vuelvan	duerman	piensen	pierdan	prefieran	pidan

Other Similar Verbs

acordarse (ue)	cerrar (ie)	divertirse (ie, i)	medir (i, i)	repetir (i, i)
acostarse (ue)	contar (ue)	doler (ue)	morir (ue, u)	sentir(se) (ie, i)
almorzarse (ue)	costar (ue)	empezar (ie)	poder (ue)	sonar (ue)
atender (ie)	despedirse (i, i)	encender (ie)	querer (ie)	vestirse (i, i)
atravesar (ie)	despertarse (ie)	llover (ue)	reír (i, i)	

Spelling (Orthographic) — Changing Verbs
Present Indicative Tense

–cer **conocer**	- cir c → zc **conducir**	–ger **recoger**	–gir g → j **dirigir**	- guir gu → g **seguir**	- uir i → y **destruir**
conozco	conduzco	recojo	dirijo	sigo	destruyo
conoces	conduces	recoges	diriges	sigues	destruyes
conoce	conduce	recoge	dirige	sigue	destruye
conocemos	conducimos	recogemos	dirigimos	seguimos	destruimos
conocéis	conducís	recogéis	dirigís	seguís	destruís
conocen	conducen	recogen	dirigen	sigen	destruyen

Preterit Tense

–car c → **qu** before **e** **buscar**	**–gar** g → **gu** before **e** **llegar**	**–zar** z → **c** before **e** **empezar**	**i → y** between vowels	
			leer	**destruir**
busqué	llegué	empecé	leí	destruí
buscaste	llegaste	empezaste	leíste	destruiste
buscó	llegó	empezó	leyó	destruyó
buscamos	llegamos	empezamos	leímos	destruimos
buscasteis	llegasteis	empezasteis	leísteis	destruisteis
buscaron	llegaron	empezaron	leyeron	destruyeron

Present Subjunctive Tense

–cer **conocer**	**- cir** c → **zc** **conducir**	**–ger** g → **j** **recoger**	**–gir** **dirigir**	**–guir** gu → **g** **seguir**
conozca	conduzca	recoja	dirija	siga
conozcas	conduzcas	recojas	dirijas	sigas
conozca	conduzca	recoja	dirija	siga
conozcamos	conduzcamos	recojamos	dirijamos	sigamos
conozcáis	conduzcáis	recojáis	dirijáis	sigáis
conozcan	conduzcan	recojan	dirijan	sigan

–car c → **qu** **buscar**	**–gar** g → **gu** **llegar**	**–zar** z → **c** **empezar**	**–uir** i → **y** **destruir**
busque	llegue	empiece	destruya
busques	llegues	empieces	destruyas
busque	llegue	empiece	destruya
busquemos	lleguemos	empecemos	destruyamos
busquéis	lleguéis	empecéis	destruyáis
busquen	lleguen	empiecen	destruyan

Irregular Participles

Present Participles

caer	**cayendo**	pedir	**pidiendo**
creer	**creyendo**	preferir	**prefiriendo**
decir	**diciendo**	repetir	**repitiendo**
divertir	**divirtiendo**	seguir	**siguiendo**
dormir	**durmiendo**	sentir	**sintiendo**
leer	**leyendo**	servir	**sirviendo**
morir	**muriendo**	traer	**trayendo**
oír	**oyendo**	venir	**viniendo**

Past Participles

abrir	**abierto**
decir	**dicho**
escribir	**escrito**
hacer	**hecho**
morir	**muerto**
poner	**puesto**
romper	**roto**
ver	**visto**
volver	**vuelto**

Progressive Tenses

	Indicative	Subjunctive			
Present Progressive	estoy* estás está estamos estáis están	esté estés esté estemos estéis estén	hablando	comiendo	viviendo
Past Progressive	estuve estuviste estuvo estuvimos estuvisteis estuvieron estaba estabas estaba estábamos estabais estaban	estuviera estuvieras estuviera estuviéramos estuvierais estuvieran	hablando	comiendo	viviendo
Present	he has ha hemos habéis han	haya hayas haya hayamos hayáis hayan	hablado	comido	vivido
Past	había habías había habíamos habíais habían	hubiera hubieras hubiera hubiéramos hubierais hubieran	hablado	comido	vivido
Future	habré habrás habrá habremos habréis habrán		hablado	comido	vivido
Conditional	habría habrías habría habríamos habríais habrían		hablado	comido	vivido

Impersonal Expressions with **haber**

hay	*there is, there are*
había **hubo**	*there was, there were*
habrá	*there will be*
habría	*there would be*
ha habido	*there has been, there have been*

* Note: The verbs **seguir, continuar,** or **andar** may be used as alternates to the verb **estar.**

Ser vs. estar

ser

a. for origin:
¿De dónde es Lupe?
Ella es de México.

b. for physical features or personality:
¿Cómo es Paco?
Él es muy alto.
¿Cómo es la maestra?
Ella es muy estricta.

c. to tell who someone is:
¿Quién es don Luis?
Él es el papá de Paco.

d. for time:
¿Qué hora es?
Son las tres y media.

estar

a. for location:
¿Dónde está Juan?
Juan está en la escuela.

b. for health:
¿Cómo están los maestros?
Ellos están enfermos.

c. for progressive tenses:
¿Qué están haciendo?
Están hablando español.

Gustar

The concept "to like" is expressed in Spanish as "to be pleasing." Thus:
John likes the book = The book is pleasing to John.
A Juan le gusta el libro.
A María le gustaban los cuentos. *Mary used to like the stories.*
Nos gustaron las flores. *We liked the flowers.*

Verbs used like **gustar**

agradar	importar
convenir	parecer
doler(ue)	preocupar
faltar	quedar
interesar	tocar

Reflexive Verbs

These are verbs for which the subject and object of the action are the same:
¿Quién se viste ahora?
Yo me visto ahora, y luego ellos se visten.
Note the use of the reflexive pronouns with the verb.
Other reflexive verbs:

irse	encontrarse
lavarse	levantarse
ponerse	llamarse
sentirse	aburrirse

Reflexive Construction *se*

When the doer of an action is not mentioned or implied, the reflexive construction **se** is used. The subject usually follows the verb. The verb form immediately follows **se,** and is always the third person singular or plural form, depending on whether the subject is singular or plural:
Se habla español.
Se alquilan esquís aquí.

Unspecified Subject *se*

When the subject of a sentence is not specific, Spanish uses **se** + the third person singular form of the verb. The unspecified or indefinite subject usually corresponds to the English *one, it, they:*

Se sabe que ella esquía bien.

Passive Voice

A verb is said to be passive—in the passive voice—when the subject of the verb receives the action of the verb. To form the different tenses of the passive voice, you use a form of **ser** followed by a past participle. The form of **ser** agrees with the subject and the past participle agrees with the subject in number and gender.

Las muchachas fueron invitadas por mí.
Este libro será leído por los chicos.

When the doer of an action of a verb is not specified or indefinite, the passive voice is expressed by using the reflexive construction **se.**

	Doer is Mentioned or Implied	Doer is Not Mentioned or Implied
Person	Lynette fue invitada por Ale. Lynette y Ale fueron invitadas por mí.	Se invitó a Lynette. Se invitó a Lynette y Ale.
Thing	La carta fue escrita por mí. Las cartas fueron escritas por mí.	Se escribió la carta. Se escribieron las cartas.

Uses of the Subjunctive Mood

a. to express a doubt, an emotion, a request:
Dudo que ella escriba hoy. **Él quería que tú lo compraras.**

b. to express an indirect command:
Que haga ella el reporte. **Que terminen para mañana.**

c. to express the idea "let's...":
Hagamos este reporte hoy. **Consideremos nuestra herencia.**

d. to express the positive and the negative formal commands and to express the negative familiar command:
Escriba(n) usted(es) el reporte. **No escriba(n) usted(es) el reporte.**
No escribas tú el reporte. **No hagas tú esto.**

e. with adverbs and adverbial expressions of time:
Llamó para que fuéramos.
Tan pronto como ellos vengan, iremos a cenar.

f. with expressions in noun clauses:
Es necesario que estudies. **Fue importante que vinierais.**

g. in adjective clauses with indefinite or unknown persons, places or things:
Buscaban un libro que fuera más fácil.
No conozco a nadie que pueda hacer el trabajo.

h. in if...then sentences:
Si pudieran llegar a tiempo, estaríamos muy contentos.

Sequence of Tenses with the Subjunctive*

Tense in Main Clause	Tense in Dependent Clause
present present perfect future command	present subjunctive
preterit imperfect past perfect conditional	past (imperfect) subjunctive

* These are general rules; there are some exceptions.

Some Verbs That Require a Preposition Before an Infinitive

Verbs That Require "a"	Verbs That Require "con"	Verbs That Require "de"	Verbs That Require "en"
aprender ayudar empezar enseñar invitar ir(se) venir	encontrarse soñar	acabar acordarse darse cuenta olvidarse tener ganas tratar	insistir tardar

Para vs. Por

para	por
1. To indicate the direction of an action *(toward, to, for a place)*: **Inés va para el parque.** **Luisa salió para Sevilla.** 2. To indicate the purpose, the end of, destination of an action *(in order to, for something or someone)*: **Fui para ver los cuadros.** **Ella compró el boleto para ti.** 3. To indicate a period of time in the future *(by, for such and such a time)*: **Para el lunes saldrá de aquí.** **Iré a Madrid para el mes que viene.** 4. To indicate what something is used for *(for, to use for)*: **Tengo gafas para leer.** **Compra este traje para el viaje.** 5. To indicate a comparison *(considering, in spite of)*: **Para una persona que vive en Venezuela, no sabe mucho del país.** **Para estar aquí dos semanas, no hemos visto nada.**	1. To indicate movement through or in a place *(through, by, along, in)*: **Uds. caminaron por el parque.** **Él paseó por Sevilla.** 2. To indicate the motive or the reason for an action *(because, on account of, for the sake of, instead of, due to)*: **Por no preguntar, él se perdió.** **Ella compró el boleto por ti.** 3. To indicate a length of time or approximate time around which something occurs *(around such and such a time)*: **Luisa va a Sevilla por un mes.** **Inés vino por tres horas.** 4. To indicate the manner or the way of doing something *(by, on, in)*: **Llegamos a la ciudad por coche.** **Invita a Luisa por teléfono.** 5. To indicate exchange of one thing for another *(this for that)*: **Por este boleto tienes que darme otro.** **Te cambio mi reloj por tu radio.**

Personal *a*

The personal "a" is used before direct objects that are people, pets, and cities.

¿Conociste a mi tía ayer?
Quiero mucho a mi perro, Chasco.
Quien no ha visto a Granada no ha visto nada.

Numerals

Cardinals

0	cero	18	dieciocho	70	setenta
1	uno (un, una)	19	diecinueve	80	ochenta
2	dos	20	veinte	90	noventa
3	tres	21	veintiuno (veintiún)	100	cien
4	cuatro	22	veintidós	101	ciento uno
5	cinco	23	veintitrés	200	doscientos, –as
6	seis	24	veinticuatro	300	trescientos, –as
7	siete	25	veinticinco	400	cuatrocientos, –as
8	ocho	26	veintiséis	500	quinientos, –as
9	nueve	27	veintisiete	600	seiscientos, –as
10	diez	28	veintiocho	700	setecientos, –as
11	once	29	veintinueve	800	ochocientos, –as
12	doce	30	treinta	900	novecientos, –as
13	trece	31	treinta y uno	1.000	mil
14	catorce	32	treinta y dos	1.001	mil uno
15	quince	40	cuarenta	2.000	dos mil
16	dieciséis	50	cincuenta	1.000.000	un millón (de)
17	diecisiete	60	sesenta	2.000.000	dos millones (de)

Ordinals

1°	primero (primer), –a	6°	sexto, –a
2°	segundo, –a	7°	séptimo, –a
3°	tercero (tercer), –a	8°	octavo, –a
4°	cuarto, –a	9°	noveno, –a
5°	quinto, –a	10°	décimo, –a

Dates

May 1, 1786	1° de mayo de 1786	(el primero de mayo de mil setecientos ochenta y seis)
June 2, 1801	2 de junio de 1801	(el dos de junio de mil ochocientos uno)
August 3, 1919	3 de agosto de 1919	(el tres de agosto de mil novecientos diecinueve)
February 14, 1980	14 de febrero de 1980	(el catorce de febrero de mil novecientos ochenta)

Index of Irregular, Stem-Changing, and Spelling-Changing Verbs

The alphabetical list below will refer you to the appropriate pages for the verb itself or for a verb that follows the same pattern.

abrigar, *like* llegar, 361
acercar(se), *like* buscar, 361
acordarse (ue), *like* encontrar, 360
acostarse (ue), *like* encontrar, 360
agradecer, *like* conocer, 360, 361
agregar, *like* llegar, 361
ahogarse, *like* llegar, 361
alcanzar, *like* empezar, 361
almorzar (ue), *like* encontrar, 360; *like* empezar, 361
amanecer, *like* conocer, 360, 361
andar, 354
apagar, *like* llegar, 361
aparecer, *like* conocer, 360, 361
aplicar, *like* buscar, 361
apostar (ue), *like* encontrar, 360
arrancar, *like* buscar, 361
atacar, *like* buscar, 361
atender (ie), *like* perder, 360
aterrizar, *like* empezar, 361
atraer, *like* traer, 358-359
atravesar (ie), *like* pensar, 360
avanzar, *like* empezar, 361

bautizar, *like* empezar, 361
bendecir, *like* decir, 356-357
brincar, *like* buscar, 361
buscar, 361

caber, 354-355
caer(se), 354-355
cargar, *like* llegar, 361
cerrar (ie), *like* pensar, 360
colgar (ue), *like* encontrar, 360; *like* llegar, 361
colocar(se), *like* buscar, 361
colonizar, *like* empezar, 361
comenzar (ie), *like* empezar, 360, 361
competir (i, i), *like* pedir, 360
complacerse, *like* conocer, 360, 361
componer, *like* poner, 356-357
concluir, *like* destruir, 360, 361
conducir, 360, 361
conocer, 360, 361
conseguir (i, i), *like* seguir, 360, 361; *like* pedir, 360

consentir (ie, i), *like* preferir, 360
constituir, *like* destruir, 360, 361
construir, *like* destruir, 360, 361
contribuir, *like* destruir, 360, 361
convencer, *like* conocer, 360, 361
convenir, *like* venir, 358-359
convertirse (ie, i), *like* preferir, 360
corregir (i, i), *like* pedir, 360
costar (ue), *like* encontrar, 360
crecer, *like* conocer, 360, 361
creer, *like* leer, 361
cruzar, *like* empezar, 361

chocar, *like* buscar, 361

dar, 354-355
decir, 356-357
dedicarse, *like* buscar, 361
demostrar (ue), *like* encontrar, 360
desaparecer, *like* conocer, 360, 361
descomponer, *like* poner, 356-357
desconocer, *like* conocer, 360, 361
deslizar(se), *like* empezar, 361
despedirse (i, i), *like* pedir, 360
despertarse (ie), *like* pensar, 360
desplazar, *like* empezar, 361
destacar, *like* buscar, 361
destruir, 360, 361
detener, *like* tener, 358-359
devolver (ue), *like* volver, 360
dirigir(se), 360, 361
disfrazar(se), *like* empezar, 361
disminuir, *like* destruir, 360, 361
disponer, *like* poner, 356-357
distinguir, *like* seguir, 360, 361
distraer, *like* traer, 358-359
distribuir, *like* destruir, 360, 361
divertirse (ie, i), *like* preferir, 360
doler (ue), *like* volver, 360
dormirse (ue, u), 360

ejercer, *like* conocer, 360, 361
empezar (ie), 360, 361

encargarse, *like* llegar, 361
encender (ie), *like* perder, 360
encontrar(se) (ue), 360
enriquecer, *like* conocer, 360, 361
entender (ie), *like* perder, 360
enterrar (ie), *like* pensar, 360
entregar, *like* llegar, 361
entretener(se), *like* tener, 358-359
envolver (ue), *like* volver, 360
equivocarse, *like* buscar, 361
escoger, *like* recoger, 360, 361
esforzarse (ue), *like* encontrar, 360; *like* empezar, 361
esparcir, *like* conducir, 360, 361
especializarse, *like* empezar, 361
establecer(se), *like* conocer, 360, 361
estar, 356-357
estremecer(se), *like* conocer, 360, 361
exigir, *like* dirigir, 360, 361
explicar, *like* buscar, 361
extenderse (ie), *like* perder, 360
extinguir, *like* seguir, 360, 361

fabricar, *like* buscar, 361
fingir, *like* dirigir, 360, 361
fortalecer, *like* conocer, 360, 361
freír (i, i), *like* pedir, 360

garantizar, *like* empezar, 361
gobernar (ie), *like* pensar, 360
gozar, *like* empezar, 361
gustar, 363

haber, 356-357
hacer(se), 356-357
hervir (ie, i), *like* preferir, 360
huir, *like* destruir, 360, 361

identificar, *like* buscar, 361
incluir, *like* destruir, 360, 361
influir, *like* destruir, 360, 361
invertir (ie, i), *like* preferir, 360
investigar, *like* llegar, 361
irse, 356-357

jugar (ue), 111; *like* llegar, 361
juzgar, *like* llegar, 361

lanzarse, *like* empezar, 361
leer, 361

llegar, 361
llover (ue), *like* volver, 360

mantener, *like* tener, 358-359
medir (i, i), *like* pedir, 360
merecer, *like* conocer, 360, 361
morir(se) (ue, u), *like* dormir, 360
mostrar (ue), *like* encontrar, 360
mover (ue), *like* volver, 360

navegar, *like* llegar, 361
negar, *like* llegar, 361
nevar (ie), *like* pensar, 360

obedecer, *like* conocer, 360, 361
obtener, *like* tener, 358-359
ofrecer, *like* conocer, 360, 361
oír, 356-357
oler, 356-357
oponerse, *like* poner, 356-357
organizar, *like* empezar, 361

pagar, *like* llegar, 361
parecer, *like* conocer, 360, 361
pedir (i, i), 360
pegar, *like* llegar, 361
pensar (ie), 360
perderse (ie), 360
permanecer, *like* conocer, 360, 361
pertenecer, *like* conocer, 360, 361
pescar, *like* buscar, 361

picar, *like* buscar, 361
poblar (ue), *like* encontrar, 360
poder (ue), 356-357
poner(se), 356-357
practicar, *like* buscar, 361
preferir (ie, i), 360
prevenir, *like* venir, 358-359
prever, *like* ver, 358-359
probar (ue), *like* encontrar, 360
producir, *like* conducir, 360, 361
promover (ue), *like* volver, 360
provenir, *like* venir, 358-359
publicar, *like* buscar, 361
purificar, *like* buscar, 361

querer, *like* perder, 360

realizar, *like* empezar, 361
recoger, 360, 361
recomendar (ie), *like* pensar, 360
reconocer, *like* conocer, 360, 361
recordarse (ue), *like* encontrar, 360
recostarse (ue), *like* encontrar, 360
reducir(se), *like* conducir, 360, 361
referir (ie, i), *like* preferir, 360
reforzar (ue), *like* encontrar, 360; *like* empezar, 361
refrescar, *like* buscar, 361
regar (ie), *like* pensar, 360
reír (i, i), *like* pedir, 360
relucir, *like* conducir, 360, 361
repetir (i, i), *like* pedir, 360
repicar, *like* buscar, 361
requerir (ie, i), *like* preferir, 360
resolver (ue), *like* volver, 360
rogar (ue), *like* encontrar, 360; *like* llegar, 361

saber, 358-359
sacar, *like* buscar, 361
sacrificar, *like* buscar, 361
salir, 358-359
secar, *like* buscar, 361
seguir (i, i), 360, 361
sembrar (ie), *like* pensar, 360
sentar(se) (ie), *like* pensar, 360
sentir(se) (ie, i), *like* preferir, 360
ser, 358-359
servir (i, i), *like* pedir, 360
sobresalir, *like* salir, 358-359
sonar (ue), *like* encontrar, 360
sonreír(se) (i, i), *like* pedir, 360
soñar (ue), *like* encontrar, 360
sugerir (ie, i), *like* preferir, 360
suponer, *like* poner, 356-357

tener, 358-359
tentar (ie), *like* pensar, 360
tocar, *like* buscar, 361
tonificar, *like* buscar, 361
traducir, *like* conducir, 360, 361
traer, 358-359
trazar, *like* empezar, 361
tropezar (ie), *like* empezar, 360, 361

utilizar, *like* empezar, 361

valer, 358-359
valorizar, *like* empezar, 361
vencer, *like* conocer, 360, 361
venir, 358-359
ver, 358-359
vestirse (i, i), *like* pedir, 360
visualizar, *like* empezar, 361
volar (ue), *like* encontrar, 360
volver(se) (ue), 360

zurcir, *like* conducir, 360, 361

Spanish-English Vocabulary

A

a *to; at;* a la vez *at the same time;* a mano *by hand;* a su hora *on time;* a tiempo *on time*

abajo *below;* de arriba abajo *from top to bottom*

abandonado, –a *abandoned*

el **abanico** *fan*

abierto, –a *open, opened*

abrasador, –a *burning, consuming*

el **abrazo** *hug*

abrigar *to cover up (warmly)*

el **abrigo** *coat*

abrir *to open*

absorbente *absorbent*

absurdo, –a *absurd*

la **abuela** *grandmother*

el **abuelo** *grandfather;* los abuelos *grandparents, grandfathers*

aburrido, –a *boring*

A. C. (antes de Cristo) *B. C. (before Christ)*

acá *here, over here*

acabar *to finish;* acabar de + inf *to have just + past participle*

acampar *to camp out*

el **acceso** *access*

el **accidente** *accident*

la **acción** *share, stock*

el **accionista,** la **a.** *shareholder*

el **aceite** *oil;* el aceite de oliva *olive oil*

el **acelerador** *accelerator, gas pedal*

aceptar *to accept*

la **acera** *sidewalk*

acerca de *concerning, about*

acercar(se) *to approach, go near*

aclamar *to acclaim*

el **acompañamiento** *accompaniment (musical)*

acompañar *to accompany*

aconsejar *to advise*

acordarse (ue) *to remember*

el **acordeón** *accordion*

acostado, –a *lying down*

acostarse (ue) *to lie down, go to bed*

acostumbrar(se) (a) *to get used or accustomed to*

la **actitud** *attitude*

la **actividad** *activity*

activo, –a *active*

el **actor** *actor*

la **actriz** (pl **actrices**) *actress*

la **actuación** *performance*

actual *current, present-day*

la **actualidad** *present time*

actuar *to act*

acuático, –a *aquatic, living or growing in water*

acuerdo: de acuerdo a *in accordance with, according to;* estar de acuerdo *to agree*

acumular(se) *to accumulate*

adelantado, –a *advanced*

adelante *let's get on, onward;* más adelante *later*

el **adelanto** *advance*

además *besides*

adentro *within, inside*

adicional *additional*

adiós *good-bye*

adivinar *to guess*

adjunto, –a *enclosed*

la **administración** *administration, management*

administrar *to administer, manage*

admirar *to admire*

el **adobe** *sun-dried clay brick*

¿adónde? *(to) where?*

adornado, –a *decorated*

el **adorno** *ornament*

adquirir *to acquire*

Adriano *Hadrian, Roman emperor (76–138 A.D.)*

la **aduana** *customs office;* la declaración de aduana *customs declaration*

el **adulto, –a** *adult*

el **adversario, –a** *opponent*

el **aeromozo, –a** *flight attendant*

el **aeroplano** *airplane*

el **aeropuerto** *airport*

la **aerovía** *airline*

afectar *to affect*

el **afecto** *affection*

afectuosamente *affectionately*

afeitar(se) *to shave*

afeitar: la máquina de afeitar *electric shaver*

el **aficionado, –a** *fan*

afligir *to afflict*

africano, –a *African*

afuera *outside*

las **afueras** *outskirts*

agarrar *to grab*

el **agasajo** *proof of esteem, kindness*

ágil *agile*

agitar *to wave*

agradable *agreeable, pleasant*

agradar *to please*

agradecer *to be grateful*

agregar *to add*

agrícola *agricultural*

la **agricultura** *agriculture*

la **agronomía** *agronomy, study of agriculture*

el **agua** (f) *water;* el agua de colonia *cologne;* el agua salada *salt water*

el **aguacate** *avocado*

el **aguacero** *downpour, rainstorm*

aguantar *to hold*

el **águila** *eagle*

el **aguinaldo** *Christmas gift*

ahí *there*

el **ahijado, –a** *godson, goddaughter*

ahogar(se) *to drown (oneself)*

ahora *now;* de ahora en adelante *from now on;* por ahora *for the time being;* ahora mismo *at once*

ahorrar *to save*

el **aire** *air*

el **ajedrez** *chess*

ajeno, –a *belonging to another, of another*

el **ají** *green or red pepper*

el **ajo** *garlic*

ajustar *to adjust*

al *to the (contraction of* a + el*)*

el **ala** (f) *wing; brim (of a hat)*

el **alambre** *wire*

el **albañil** *mason, bricklayer*

el **albergue** *lodging, hostel*

el **álbum** *album;* el álbum de recortes *scrapbook*

el **alcance** *reach*

alcanzar *to reach*

el **alcázar** *fortress, castle*

el **alcohol** *alcohol*

la **aldea** *village*

alegrarse *to be glad*

alegre *happy*

la **alegría** *happiness*

alejado, –a *distant, far away*

alejar(se) *to move away, to remove from a distance*

alerta *alert*

la **alfarería** *pottery*

el **alfiler** *pin*

la **alfombra** *rug*

el **alga** (f) *seaweed*

algo something

el **algodón** cotton; de algodón (made of) cotton

alguien somebody, someone

algún, –o, –a some

Alhama village in the province of Granada

la **Alhambra** palace and gardens of the Moorish kings in Granada

la **alimentación** food, nutrition

el **alimento** food

el **alma** (f) soul

el **almacén** warehouse

el **almacenamiento** storage

almacenar to store

almorzar (ue) to lunch

el **almuerzo** lunch

¿aló? hello?

la **alpargata** espadrille, hemp sandal

alquilar to rent

el **alquiler** rent

alrededor de around

alterar to alter, change

alto, –a tall; high; alta mar high seas, open seas

la **altura** altitude; height

el **alumno, –a** student, pupil

allá (over) there; por allá (through) there

allí there

el **ama: ama de casa** homemaker

la **amabilidad** amiability, affability

amable kind

el **amado, –a** beloved

amanecer to dawn

el **amanecer** dawn

amarillo, –a yellow

amarrar to fasten, tie up

amazona: a la amazona side-saddle style of horseback riding

la **ambición** ambition

ambicionar to desire, yearn, or long for

ambicioso, –a ambitious

el **amigo, –a** friend

la **amistad** friendship

el **amo, –a** master, owner, proprietor

el **amor** love

amoroso, –a amorous, of love

la **ampliación** enlargement

el **amplificador** amplifier

el **analfabetismo** illiteracy

analfabeto, –a illiterate

anaranjado, –a orange (color)

el **anca** (f) croup, hind quarters (of horses)

ancho, –a width; wide

el **anciano, –a** old man, old woman

el **ancla** (f) anchor

anclar to anchor

Andalucía Andalusia, southern region of Spain

andaluz, –a (pl **andaluces**)

Andalusian, from Andalusia

andar (con) to go around (with)

andino, –a Andean, of the Andes

el **anfiteatro** amphitheater

el **ángel** angel

el **anillo** ring

animado, –a animated, exciting

el **animal** animal

animar to encourage; to liven up

el **ánimo** spirit

anoche last night

el **anochecer** dusk

anotar to make notes

ansiosamente anxiously

ante before, in front of

anteayer the day before yesterday

la **antena** aerial, antenna

el **antepasado** ancestor

anterior previous

antes before

antiguo, –a ancient, old

las **Antillas** Antilles, West Indies, group of islands in the Caribbean Sea

la **antorcha** torch

la **antropología** anthropology

anual annual, yearly

anunciar to announce

el **anuncio** ad, commercial

el **anzuelo** fish hook

el **año** year; el año escolar academic year; el año pasado last year

apagar to turn off

el **aparato** ride (in amusement park); appliance

aparecer to appear

el **apartamento** apartment

aparte aside

el **apellido** surname, last name

aplaudir to clap, applaud

el **aplauso** applause

aplicar to apply

apostar (ue) to bet

apreciado, –a dear, appreciated

aprender to learn

aprovechar to take advantage (of)

aproximadamente approximately

la **apuesta** bet

el **apunte** note

apurarse to hurry up

aquel, –lla, llos, llas that, those

aquél, –lla, llos, llas that one, those

aquello that

aquí here; aquí mismo right here; por aquí through here

la **araña** spider

el **árbitro** referee

el **árbol** tree

archivado, –a filed

el **archivo** archive, place where

archives and records are kept

el **arco** bow; arch

la **ardilla** squirrel

el **área** ((f) area; el área de llegadas (f) arrival area

la **arena** sand

el **arete** earring

árido, –a arid

la **aristocracia** aristocracy

el **arma** (f) firearm

la **armadura** suit of armor

la **armonía** harmony

el **arpa** (f) harp

el **arqueólogo, –a** archaeologist

el **arquero, –a** archer

la **arquitectura** architecture

arrancar to start (a motor)

arreglar to fix

el **arreglo** arrangement

arriba above; arriba de on, on top of; de arriba abajo from top to bottom

arrimarse to get close

arrodillar(se) to kneel down

el **arroyo** stream, brook

el **arroz** rice

la **arruga** wrinkle

el **arte** (pl **las artes**) art

el **artefacto** appliance, artifact

la **artesanía** handicrafts

el **artesano, –a** craftsman, –woman

el **artículo** item, article; article (written work)

el **artista**, la **a.** artist

artístico, –a artistic

el **as** ace, wizard

asegurar to insure, to guarantee

el **aseo** cleanliness

así that way, then; así que therefore

el **asiento** seat

asimismo likewise

asistir a to attend

asomar to show, to stick out

asombrarse to be amazed, astonished

el **asombro** astonishment, amazement

el **aspecto** aspect

la **aspirina** aspirin

el **astillero** shipyard

el **astro** star, heavenly body

asustado, –a frightened

asustar to frighten

atacar to attack

la **atención** attention; poner atencion to pay attention

atender (ie) to look after, to take care of

atentamente truly yours, sincerely

aterrizar to land

el **Atlántico** Atlantic (Ocean)

el **atlas** atlas

el **atleta**, la **a.** athlete

la **atmósfera** atmosphere

la **atracción** attraction
atraer to attract, draw
atraído, –a attracted, drawn
atrapar to trap
atrás back; en marcha atrás in reverse
atravesar (ie) to go through, to cross
atreverse to dare, venture
atroz (pl atroces) atrocious
el **auditorio** auditorium
aumentar to increase
aún even; still
aunque although
ausente absent
el **autobús** bus
la **autoescuela** driving school
el **automóvil** car, automobile
la **autopista** highway, skyway
el **autor, –a** author
la **autoridad** authority
el **auxilio** help, aid; los primeros auxilios first aid
el **avance** advance
avanzado, –a advanced
avanzar to advance, move forward
el **ave (f)** bird
la **avena** oats
la **avenida** avenue
la **aventura** adventure
averiguar to find out, ascertain
el **avestruz** ostrich
la **aviación** aviation
el **avión** plane
avisar to warn, inform, tell
el **aviso** warning
ayer yesterday
el **aymará** language of an ancient Indian tribe in Peru
la **ayuda** help
el **ayudante, la a.** assistant, helper
ayudar to help; por ayudar for helping
el **azahar** orange or lemon blossom
azotar to hit, batter around
el **azteca, la a.** Aztec
azteca Aztec
Aztlán legendary home of the Aztecs
el **azúcar (f)** sugar
la **azucena** white lily
azul blue

B

el **bacalao** codfish
el **bachillerato** high school
la **bahía** bay
bailar to dance
el **bailarín, –a** dancer
el **baile** dance
bajar(se) to go down; get off

bajo under
bajo, –a short (height); low; bass
la **baladilla** ballad
la **balanza** scales
el **balcón** balcony
el **balón** ball (basket-, volley-, soccer)
el **balsie** Dominican dance of African origin
el **banco** bank; bench; la cuenta de banco bank account
la **banda** band
la **bandeja** tray
la **bandera** flag
el **bandoneón** large concertina used especially in Argentina
bañarse to bathe (oneself), go in the water
el **baño** bath; bathroom; el cuarto de baño bathroom; el traje de baño swimsuit
barato, –a cheap, inexpensive
la **barba** beard
el **barbero, –a** barber
Barcelona city in Spain
el **barco** boat, ship
el **barómetro** barometer
el **barracón** slaves' living quarters
barrer to sweep
la **barrera** barrier, obstacle
el **barril** barrel
el **barrio** neighborhood
el **barro** mud, clay
basado, –a based
la **base** base
básico, –a basic
el **básquetbol** basketball
¡basta! that's enough
bastante enough
bastar to suffice, to be enough
el **bastón** cane, walking stick
la **bata** smock, robe
la **batalla** battle; el campo de batalla battlefield
el **bate** bat (baseball)
batear to bat
la **batería** battery (of a car); battery, percussion section
el **batido** milkshake
la **batidora** blender
el **bautismo** baptism
bautizar to baptize
beber to drink
Bécquer, Gustavo A. Spanish poet and writer (1836–1870)
el **béisbol** baseball
la **belleza** beauty
bello, –a beautiful
bendecir to bless
la **bendición** blessing
el **beneficio** benefit
el **beso** kiss
la **biblioteca** library
la **bicicleta** bicycle
bien fine, well; está bien all right; ¡qué bien! how nice!

el **bien** good, goodness
el **bienestar** well-being
bienvenido, –a welcome
bilingüe bilingual
el **billete** ticket
binario, –a binary
la **biología** biology
el **bizcocho** cake
el **blanco** target
blanco, –a white
blando, –a soft
el **bloque** block
la **blusa** blouse
la **boca** mouth
el **bocadillo** sandwich
la **bocina** loudspeaker
la **boda** wedding
la **bodega** wine cellar; grocery store
la **bola** ball; bowling ball
el **bolero** Latin-American dance
el **boleto** ticket
la **bolsa** bag
el **bolsillo** pocket
el **bongó** bongo drum
bonito, –a pretty
el **borde** border; al borde along the edge
borroso, –a blurred
el **bosque** forest, woods
la **bota** boot
botánico, –a botanical
botar to throw away; to throw out
el **bote** boat
la **botella** bottle
el **botellón** big bottle
el **botiquín** first-aid kit; medicine cabinet
el **botón** button (for clothes); button, knob
el **botones, la b.** baggage attendant
boxear to box
el **boxeo** boxing
el **brazo** arm
breve brief
brevemente briefly
brillante bright
el **brillante** diamond, brilliant
brillar to shine
brincar to jump
la **brisa** breeze
la **brocha** paint brush
la **broma** joke
bromear to joke
broncear to tan
la **bruja** witch
la **brújula** compass
bruto, –a rough, uncut
bucear to skin-dive
bueno, –a good
¿bueno? hello?
el **buey** ox
burgués, –a bourgeois
la **burocracia** bureaucracy
el **burro** donkey

buscar   to look up, look for
la **butaca**   armchair

C

la **cabalgata**   procession of riders, cavalcade
la **caballería**   mount, horse
el **caballero**   gentleman
el **caballo**   horse
el **cabello**   hair
caber   to fit
la **cabeza**   head
el **cabezudo**   effigy with oversized head used in carnival parades
la **cabina**   cockpit
la **cabra**   goat
el **cacahuate**   peanut
la **cacerola**   saucepan, casserole
el **cacharro**   jalopy
cada   each; cada vez   every time, each time
la **cadena**   chain
la **cadera**   hip
caer(se)   to fall down
la **cafetera**   coffee maker
la **cafetería**   cafeteria
la **caída**   fall
la **caja**   cash (box); box; la caja registradora   cash register
el **calcetín**   sock
calcular   to calculate
el **cálculo**   calculation, computation
el **caldo**   broth
el **calendario**   calendar
la **calidad**   quality
caliente   warm; hot
la **calificación**   grade, mark
calmar(se)   to calm down
el **calor**   heat; hace (mucho) calor   it's (very) hot; tener calor   to be hot
caluroso, –a   warm, hot
callado, –a   silent, quiet
callar   to be silent; to silence
la **calle**   street
el **callejón**   alley
la **cama**   bed
la **cámara**   camera
el **camarón**   shrimp
cambiar(se)   to change; cambiar de idea   to change one's mind
el **cambio**   change (money); change; la casa de cambio   money exchange office; en cambio   on the other hand
cambios: los cambios automáticos   automatic shift; los cambios manuales   manual shift
la **camelia**   camellia
caminar   to walk
la **caminata**   hike
el **camino**   way; road; path; el camino de tierra   dirt road; por el camino   on the way

el **camión**   truck; bus
la **camisa**   shirt
la **camiseta**   t-shirt
el **campamento**   camping site; el campamento de verano   summer camp
la **campana**   bell
la **campaña**   campaign
el **campeón, –a**   champion
el **campeonato**   championship
el **campesino, –a**   farmer, country person
el **campo**   field; countryside
el **canal**   channel, station
el **canario**   canary
cancelar   to cancel
la **cancha**   court
la **canción**   song
el **candidato, –a**   candidate
el **cangrejo**   crab
la **canoa**   canoe
cansado, –a   tired
el **cansancio**   fatigue, weariness; muerto, –a de cansancio   dead tired
cansarse   to get tired
el **cantante, la c.**   singer
cantaor, –a   singer (Flamenco style)
cantar   to sing
el **cantar**   song (folk song)
la **cantidad**   quantity
la **cantimplora**   canteen
el **canto**   song
la **caña**   sugar-cane; pole, cane, reed
la **cañería**   pipe line
el **caño**   narrow water channel
el **cañón**   cannon; canyon
la **capa**   cape, cloak
la **capacidad**   capacity
capaz   capable
la **capilla**   chapel
el **capital**   capital (money)
la **capital**   capital (city)
captar   to understand, grasp
capturar   to capture
la **cara**   face; expression
el **caracol**   snail, shell
el **carácter**   character
el **caramelo**   candy
la **caravana**   caravan
el **carbón**   coal
la **cárcel**   jail
carcomido, –a   consumed, eroded
la **careta**   mask
la **carga**   charge; cargo, load
cargar   to load
el **cargo**   position, duty; a cargo de   in charge of
el **Caribe**   Caribbean
el **cariño**   love, affection
cariñosamente   lovingly
cariñoso, –a   affectionate
la **carnada**   bait
la **carne**   meat

el **carnero**   ram
caro, –a   expensive
el **carpintero, –a**   carpenter
la **carrera**   career; race; la carrera de obstáculos   obstacle race
la **carreta**   cart, wagon
la **carretera**   highway, road
el **carril**   lane
el **carro**   car
la **carrocería**   body (of a car); chassis
la **carroza**   float, decorated vehicle for parades
el **carrusel**   carrousel, merry-go-round
la **carta**   menu; letter
el **cartaginense**   Carthagenian (from an ancient colony in north Africa)
las **cartas**   playing cards
la **cartelera**   billboard
la **cartera**   purse, pocketbook
el **cartón**   cardboard; de cartón   (made of) cardboard
el **cartucho**   (tape) cartridge
la **casa**   house; a casa   (toward) home; en casa   at home; la casa de cambio   money exchange office
casarse   to marry, get married
el **cascabel**   bell (jingle)
la **cascada**   waterfall
el **casco**   hoof; helmet
la **caseta**   booth
casi   almost
el **caso**   case; hacer caso (a)   to pay attention to; en caso de   in case of; in the event of
las **castañuelas**   castanets
el **castillo**   castle
la **casualidad**   chance, coincidence; por casualidad   by chance
el **catalán**   Catalan, Catalonian, from the Spanish region of Catalonia
la **catástrofe**   catastrophe
el **catchup**   ketchup
el **catecismo**   catechism
la **catedral**   cathedral
la **categoría**   category
el **catolicismo**   catholicism
católico, –a   catholic
el **catre**   cot
la **causa**   cause, reason
cavar   to dig
el **cayo**   islet, key (small island)
la **cebolla**   onion
la **cebra**   zebra
ceder   to hand over, yield; ceder el paso   to yield right-of-way
la **ceja**   eyebrow; el lápiz de cejas   eyebrow pencil
la **celda**   cell
la **celebración**   celebration
celebrar   to celebrate
el **cementerio**   cemetery
la **cena**   supper, dinner

el **censo** *census*
el **centavo** *cent*
centígrado, –s *centigrade*
el **centímetro** *centimeter*
central *central*
céntrico, –a *central*
el **centro** *downtown; center*
cepillarse *to brush;* cepillarse los dientes *to brush one's teeth*
el **cepillo** *brush;* el cepillo de dientes *toothbrush*
la **cera** *wax*
la **cerámica** *ceramic(s); pottery*
cerca *near;* cerca de *near*
la **cerca** *fence*
las **cercanías** *vicinity*
cercano, –a *near, close*
el **cereal** *cereal*
el **cerebro** *brain*
la **ceremonia** *ceremony*
cerrar (ie) *to close*
el **cerro** *hill*
el **certificado** *certificate;* el certificado de vacuna *vaccination certificate*
cesar *to stop, cease*
el **cese** *cease, stop*
el **cesto** *basket*
la **Cía.** *Co. (abbreviation of company)*
la **cicatriz** *scar*
la **cicletada** *bicycle race*
el **ciclista,** la **c.** *rider*
el **ciclón** *cyclone*
ciego, –a *blind*
el **cielo** *sky*
el **Cielo** *heaven*
la **ciencia** *science;* la ciencia ficción *science fiction*
el **científico, –a** *scientist*
ciento *one hundred*
cierto, –a *certain; true;* por cierto *certainly*
la **cima** *top, summit*
el **cine** *movie*
la **cinta** *belt (judo);* la cinta (magnetofónica) *recording tape*
el **cinto** *belt*
la **cintura** *waist*
el **cinturón** *belt;* el cinturón de seguridad *seat belt, safety belt*
el **circuito** *circuit;* el corto-circuito *short circuit*
la **circulación** *traffic (of vehicles, people, etc.);* doble circulación *two-way traffic*
el **círculo** *circle*
la **cita** *date*
la **ciudad** *city*
la **civilización** *civilization*
la **claridad** *brightness*
claro *of course;* claro que *of course*
claro, –a *light (color)*

la **clase** *class; type;* la clase media *middle class*
el **clasificado:** el **clasificado de periódico** *newspaper classified ad*
clavar *to fix*
la **clave** *percussion instrument used in the folkloric music of the Antilles*
el **clavel** *carnation*
el **claxon** *horn*
el **cliente,** la **c.** *customer*
la **clientela** *clientele*
el **clima** *climate*
el **club** *club*
cobrar *to collect money, receive payment*
el **cobre** *copper*
la **cocina** *kitchen*
cocinar *to cook*
el **cocinero, –a** *cook*
el **coco** *coconut*
el **cóctel** *cocktail;* el cóctel de frutas *fruit cocktail*
el **coche** *car;* el coche deportivo *sports car*
el **cochero, –a** *coachman, –woman*
el **codo** *elbow*
el **cohete** *rocket; firecracker*
la **col** *cabbage*
la **cola** *line (of people);* hacer cola *to stand in line*
colaborar *to collaborate*
el **colador** *strainer*
el **colchón** *mattress;* el colchón de aire *air mattress*
la **colección** *collection*
coleccionar *to collect*
el **colegio** *school*
colgar (ue) *to hang*
el **colibrí** *hummingbird*
la **colina** *hill*
la **colocación** *job, placement*
colocado, –a *placed, employed*
colocar(se) *to place, to put; to get a job (in, with)*
la **colonia** *colony*
colonial *colonial*
la **colonización** *colonization*
el **colonizador, –a** *colonizer, settler*
colonizar *to colonize, settle*
el **color** *color*
el **colorido** *colorfulness*
la **columna** *column*
el **collar** *necklace*
la **comadre** *relationship between godmother and parents of child*
combatir *to fight*
la **combinación** *combination*
combinar *to combine*
el **comedor** *dining room*
comenzar (ie) *to begin*
comer *to eat*
comercial *commercial business*
el **comerciante,** la **c.** *merchant*

el **comercio** *commerce*
el **cometa** *comet*
cómico, –a *funny;* las tiras cómicas *comic strips*
la **comida** *dinner, meal, food*
el **comilón, –a** *hearty eater*
como *like; since; about*
¡cómo!: ¡cómo no! *why not!*
¿cómo? *what?; how?*
como: como si *as though, as if*
la **cómoda** *dresser; chest of drawers*
la **comodidad** *comfort*
cómodo, –a *comfortable*
el **compadre** *relationship between godfather and parents of child*
compañero, –a *pal, classmate*
la **compañía** *company*
comparar *to compare*
compartir *to share*
el **compás** *compass*
la **competencia** *competition*
el **competidor, –a** *competitor*
competir (i, i) *to compete*
la **complacencia** *complacency, satisfaction*
complacerse en *to take pleasure*
el **complejo** *compound*
completo, –a *complete;* por completo *completely*
el **cómplice,** la **c.** *accomplice*
el **componente** *component*
componer *to compose; to fix*
la **composición** *composition; (musical) composition, piece*
el **compositor, –a** *composer*
compra *purchase, buy;* ir de compras *to go shopping*
el **comprador, –a** *buyer*
comprar *to buy*
comprender *to understand*
la **comprensión** *comprehension*
el **compromiso** *engagement, date*
la **computadora** *computer*
común *common*
la **comuna** *municipal district*
la **comunidad** *community*
con *with;* con tal de (que) *provided that*
conceder *to grant*
concentrar(se) *to concentrate*
la **concha nácar** *mother-of-pearl, conch*
la **conciencia** *conscience*
el **concierto** *concert*
concluir *to finish, conclude*
la **concordia** *harmony*
concreto, –a *concrete*
el **concurso** *contest*
conducir *to drive;* la licencia de conducir *driving license*
el **conejo** *rabbit*
la **confección** *preparation*
la **conferencia** *conference*
la **confianza** *trust, confidence*
confiar *to trust*
el **conformista** *conformist*

confundido, –a confused
confundirse to get confused
la **conga** conga (drum), a popular Cuban dance of African origin and its music
el **congelàdor** freezer
congelar(se) to freeze, become frozen
el **conjunto** ensemble; en conjunto ensemble, set
conmigo with me
conocer to know (a person, place)
conocido, –a known
el **conocimiento** understanding; knowledge
la **conquista** conquest
el **conquistador, –a** conqueror
conquistar to conquer
conseguir (i, i) to get, obtain
el **consejero, –a** counselor, advisor
el **consejo** advice
consentir (ie, i) to consent, agree
la **conserva** canned or tinned food
la **conservación** conservation
conservar to conserve, save
considerado, –a considered
considerar to consider
consistir (en) to consist (of)
constituir (en) to constitute, make up
la **construcción** construction
construir to construct, build
el **consuelo** consolation, comfort
la **consulta** consultation
consultar to consult, look in
consumir to consume, to use up
la **contabilidad** accounting
el **contacto** contact
la **contaminación** pollution
el **contaminante** contaminator
contar (ue) to tell (about); to count
contemplar to contemplate, look at
la **contestación** answer
la **continuación** continuation, sequel; a continuación next
la **contradanza** country dance, contredance
el **contraste** contrast
contribuir to contribute
el **control** control
controlar to control
convencer to convince
la **convención** pact, treaty
convenir (ie) to suit, be convenient; convenir en to agree
el **convento** convent
la **conversación** conversation
conversar to chat
convertir(se) (ie, i) to convert, change
la **convicción** conviction
el **convidado, –a** guest
convivir to coexist, live together

cooperar to cooperate
la **copa** wineglass; cup
la **copia** copy; sacar copias to make copies
el **copiloto, la c.** copilot
la **copla** stanza
el **coral** coral
el **corazón** heart
la **corbata** tie
el **cordel** cord, string
Córdoba Córdoba (or Cordova), city on the Guadalquivir River in southern Spain
el **coreógrafo, –a** choreographer
la **correa** belt; la correa transportadora conveyor belt
correctamente correctly, the right way
correcto, –a correct
el **corredor, –a** runner
corregir (i, i) to correct
el **correo** mail, post; el correo áereo air mail
correr to run; to race
la **correspondencia** correspondence
corresponder to correspond
la **corrida** bullfight
cortado, –a cut
cortar to cut
el **corte** cut
la **corte** court
cortés polite, courteous
la **cortina** curtain
corto, –a short (length)
la **cosa** thing
cosechar to harvest
la **costa** coast
costar (ue) to cost
el **costo** cost
la **costumbre** custom; de costumbre usually, customarily
la **costura** sewing
la **creación** creation
creado, –a created
crear to create
la **creatividad** creativity
crecer to grow
el **crédito** credit card
el **credo** creed
creer to think, believe
la **crema** cream
la **cresta** crest
la **cría** breeding
el **criado, –a** maid, servant
la **crianza** nursing, nurturing
criollo, –a creole
el **cristal** crystal, glass; de cristal (made of) glass
la **cristalería** glassware, glassmaking
el **cristianismo** Christianity
cristianizar to convert to Christianity
cristiano, –a Christian
Cristo Christ
crítico, –a faultfinding, critical

la **crónica** chronicle
el **cruce** crossing; el cruce de peatones crosswalk; el cruce de trenes railroad crossing
cruzar to cross the street, etc.
el **cuaderno** notebook
la **cuadra** block, street
el **cuadradito** small square
cuadrado, –a square
el **cuadro** painting, picture
¿cuál? which? which one?
¿cuáles? which? which ones?
cualquier, –a any, anyone
cuando when; de vez en cuando every now and then
¿cuándo? when?
¿cuánto? how much?; how?
cuanto: en cuanto a as for
¿cuántos, –as? how many?
el **cuarto** room; el cuarto de baño bathroom; el cuarto de dormir bedroom
cuarto, –a fourth; menos cuarto a quarter to (the hour); y cuarto a quarter after (the hour)
el **cuatro** four-stringed guitar
cubano, –a Cuban
cubierto, –a covered
el **cubito** cube
cubrir to cover
la **cuchara** spoon
la **cucharada** tablespoon
la **cucharadita** teaspoon
la **cucharita** teaspoon
el **cucharón** large cooking spoon
el **cuchillo** knife
el **cuello** neck
la **cuenta** check, bill; la cuenta de banco bank account
el **cuento** story
la **cuerda** rope, string
el **cuero** leather
el **cuerpo** body
la **cuesta** hill
la **cuestión** question, matter
la **cueva** cave
¡cuidado! careful! watch out!; con cuidado carefully; tener (mucho) cuidado to be (very) careful
cuidar to take care of
la **culebra** snake
cultivar to cultivate, grow
el **cultivo** cultivation, growing
el **culto** cult
la **cultura** culture
cultural cultural
la **cumbre** summit
cumpleaños birthday
cumplidor, –a reliable
cumplir to carry into effect, to perform, to fulfill
cumplir: cumplió… años was… years old
la **cuna** birthplace; cradle
el **cuñado, –a** brother-in-law, sister-in-law

la **cúpula** *dome*
el **cura** *priest*
  curar *to cure*
  curioso, –a *curious*
  cursi *tacky, in bad taste*
el **curso** *course*
  curtir *to tan (hides)*
la **curva** *curve*
  cuyo, –a, –os, –as *whose*

CH

el **cha-cha-chá** *popular Latin American dance*
el **chacha** *a musical instrument*
  champú *shampoo*
  chao *good-bye (from Italian ciao)*
el **chaqué** *morning coat*
la **chaqueta** *jacket*
la **charla** *chat, talk*
  charlar *to talk*
el **cheque** *check;* el cheque de viajero *traveler's check*
  chequear *to check, inspect*
la **chica** *girl*
el **chico** *boy*
  chileno, –a *Chilean*
  chismoso, –a *gossipy*
la **chispa** *spark*
el **chiste** *joke*
el **chivo** *goat*
  chocar *to crash, collide*
el **chocolate** *chocolate*
  chófer, la c. *driver, chauffeur*

D

la **dama** *lady;* dama de honor *maid of honor*
las **damas** *checkers (game)*
el **damasco** *damask (fabric)*
la **danza** *dance; popular Cuban dance*
el **danzón** *popular Cuban dance*
  dar *to give;* darse cuenta de *to realize, become aware;* dar con *to hit (with)*
el **Darro** *river in the province of Granada, Spain*
el **dato** *datum, information; fact(s)*
  de *from; of; in; about; with; for*
  debajo de *under*
el **debate** *debate*
  deber *should*
  debido a *due to*
  debido, –a *due*
  decidido, –a *decided*
  decidir *to decide*
  decir (i, i) *to say;* quiere decir *means*
la **decisión** *decision*
la **declaración** *declaration;* la declaración de aduanas *customs declaration*

  declarar *to declare*
la **decoración** *decoration*
  decorar *to decorate*
  dedicar *to dedicate*
  dedicarse (a) *to dedicate oneself (to)*
el **dedo** *finger*
el **defecto** *defect, fault*
  defender(se) *to defend (oneself)*
la **defensa** *defense*
  definido, –a *defined*
  dejar *to leave; to leave behind; to allow; to let*
  del *of the (contraction of de + el)*
  delante *in front*
la **delegación** *delegation, representative group*
  delgado, –a *thin*
  delicado, –a *delicate*
  delicioso, –a *delicious*
  demás *other, rest of the;* los demás *the rest of; the others*
  demasiado *too (much)*
  demorarse *to take a long time, delay;* demores: no te demores *don't take long*
  demostrar (ue) *to show*
  dentro: dentro de *inside;* por dentro *on the inside*
  depender (de) *to depend (on)*
el **deporte** *sports*
el **deportista, la d.** *sportsman, –woman*
  deportivo, –a *sportive;* el coche deportivo *sports car*
  depositado, –a *deposited*
la **derecha** *right;* a la derecha *to the right*
  derecho *straight (ahead)*
el **derecho** *right*
  derivar(se) *to derive, come from*
  derramar *to spill*
la **derrota** *defeat*
  desaparecer *to disappear*
  desarrollar *to develop*
  desarrollarse *to take place*
el **desarrollo** *development*
el **desastre** *disaster*
  desayunarse *to eat breakfast*
el **desayuno** *breakfast*
  descalzo, –a *barefoot*
  descansar *to rest*
el **descanso** *rest*
el **descendiente, la d.** *descendant*
  descomponer *to break down*
  desconocer *not to know, to ignore*
  desconocido, –a *unknown*
el **descontento** *displeasure*
  descortés *impolite, discourteous*
  describir *to describe*
  descubierto, –a *discovered*
el **descubridor, –a** *discoverer*
el **descubrimiento** *discovery*
  descubrir *to discover*
el **descuento** *discount;* se hará un

descuento *(he) will give us a discount*
  desde *from; since;* desde hace... años *...years ago*
el **desdén** *disdain*
  desear *to want*
  desértico, –a *desert-like*
  desfilar *to parade by*
la **desgracia** *misfortune, disgrace*
  desierto, –a *desert*
  deslizar(se) *to slide*
  desmayarse *to faint*
  desmembrado, –a *dismembered*
el **desodorante** *deodorant*
  desolado, –a *desolate*
  despacio *slowly*
la **despedida** *good-bye, farewell*
  despedirse (i, i) *to say good-bye*
el **despegue** *take-off*
el **despertador: el reloj despertador** *alarm clock*
  despertarse (ie) *to wake up*
  desplazar *to displace, supplant*
el **desprecio** *contempt, scorn*
  después *afterwards, then;* después de *after;* después que *after*
  destacado, –a *outstanding, distinguished*
  destacar *to underline, emphasize*
el **destinatario** *addressee*
el **destino** *destiny, fate*
  destruir *to destroy*
la **desventaja** *disadvantage*
el **detalle** *detail*
el **detective, la d.** *detective*
  detener (ie, u) *to stop, halt*
  detenido, –a *halted, detained*
  detestar *to detest, hate*
la **deuda** *debt*
  devolver (ue) *to return, give back*
el **día** *day;* al otro día *the next day;* los días: buenos días *good morning*
el **diablo** *devil;* de diablos *like devils*
el **dialecto** *dialect*
el **diálogo** *dialog*
el **diario** *diary*
  diario, –a *daily*
el **dibujante, la d.** *cartoonist*
  dibujar *to draw*
el **dibujo** *drawing*
el **diccionario** *dictionary*
la **dicha** *happiness*
el **diente** *tooth;* el diente de ajo *garlic clove*
la **dieta** *diet*
  diferenciar(se) *to differentiate, distinguish*
  diferente *different*
  difícil *difficult*
  difícilmente *difficultly, hardly*
la **dificultad** *difficulty*
  ¿diga? *hello?*

digno, –a de *worthy of*
el **dilema** *dilemma*
la **dinamita** *dynamite*
el **dinero** *money*
el **dios, la diosa** *god, goddess*
el **diputado, –a** *deputy, representative*
la **dirección** *direction*
directamente *directly*
el **directorio** *directory; board of directors*
el **dirigente, la d.** *leader*
dirigir *to direct*
dirigirse (a) *to speak directly (to)*
disciplina *discipline*
disciplinado, –a *disciplined*
el **disco** *disk; phonograph record; poner (un disco) to put on (a record)*
la **discoteca** *discotheque*
discriminar *to discriminate*
la **discusión** *discussion*
discutir *to discuss*
diseñado, –a *designed*
el **diseño** *design*
el **disfraz** *disguise, costume*
disfrazar(se) *to disguise, dress up in a costume*
disfrutar *to enjoy*
disimular *to hide, to overlook*
disminuir *to diminish*
disponer de *to have, possess*
dispuesto, –a *ready; willing*
disputado, –a *disputed*
distinguir *to distinguish*
distintivo, –a *distinctive, characteristic*
distinto, –a *different*
distraer *to distract*
distribuido, –a *distributed*
distribuir *to distribute*
la **diversión** *fun, amusement*
divertido, –a *fun, amusing; merry*
divertirse (ie, i) *to amuse oneself*
el **dividendo** *dividend*
dividir *to divide*
la **divinidad** *divinity, deity*
doblado, –a *doubled*
doblar *to bend; to make a turn*
doble *double, twofold; de doble control dual control; doble circulación two-way traffic*
la **docena** *dozen*
dócilmente *docilely, obediently*
el **doctor, –a** *doctor*
la **doctrina** *doctrine*
el **documental** *documentary*
documento *document*
el **dólar** *dollar*
doler (ue) *to hurt*
el **dolmen** *dolmen, a prehistoric monument thought to be a tomb*
el **dolor** *pain, ache*
doméstico, –a *domestic*

dominar *to dominate*
el **dominó** *dominoes*
don *title of respect used with a man's first name*
donde *where; por donde on which*
¿dónde? *where?; de dónde? from where?*
dondequiera *wherever*
doña *title of respect used with a woman's first name*
dorado, –a *gold-colored or -plated*
dormido, –a *asleep*
dormir(se) (ue, u) *to sleep; to fall asleep*
el **dosel** *canopy*
Dr., –a *abbreviation for doctor*
el **drama** *drama, play*
dramático, –a *dramatic, moving*
el **dramaturgo, –a** *playwright*
la **duda** *doubt; por las dudas in case*
dudar *to doubt*
el **dueño, –a** *owner*
el **dulce** *candy, sweets*
durante *during*
durar *to last*
duro, –a *hard, tough*

E

e *and*
echar *to throw out*
la **economía** *economy; hacer economías to economize, to save*
económico, –a *economical*
la **ecuación** *equation*
la **edad** *age*
el **edificio** *building*
la **educación** *education*
EE. UU. *abbreviation for Estados Unidos*
efectivo, –a *effective; real; en efectivo in cash*
el **efecto** *effect*
la **eficiencia** *efficiency*
el **ejecutivo, –a** *executive*
el **ejemplo** *example; por ejemplo for example*
ejercer *to exert*
el **ejercicio** *exercise*
el **ejército** *army*
el *the*
él *he, him (prep obj)*
la **electricidad** *electricity*
eléctrico, –a *electric*
el **elefante** *elephant*
elegante *elegant*
el **elegido, –a** *chosen one*
el **elenco** *cast*
eliminar *to eliminate*
ella *she*
ellas *they (f only)*
ellos *they*

embalsamar *to embalm*
la **embarcación** *ship, boat*
embargo: sin embargo *however*
el **embarque** *shipment*
el **emblema** *emblem*
el **embrague** *clutch*
embullar *to urge, develop enthusiasm*
la **emergencia** *emergency*
la **emoción** *emotion*
el **emparedado** *sandwich*
el **empate** *tie (sports)*
empeñarse en *to insist, persist*
el **empeño** *persistence, perseverance*
el **emperador** *emperor*
la **emperatriz** *empress*
empezar (ie) *to begin*
el **empleado, –a** *employee, worker*
empleo *job, employment*
la **empresa** *enterprise, business, company*
empujar *to push*
en *in; on; at*
el **enamorado, –a** *lover, sweetheart*
enamorarse *to fall in love*
encantado, –a *delighted*
encantador, –a *enchanting, charming*
encantar *to enchant; delight*
encargarse *to take charge, be responsible for*
encariñar(se) *to become fond of*
encender (ie) *to light (a fire); to set on fire; to turn on*
encerar *to wax*
encerrarse *to lock oneself up*
la **enciclopedia** *encyclopedia*
el **encierro** *penning of bulls*
encima: encima de *on top of*
encontrar(se) (ue) *to meet; to find*
el **enemigo, –a** *enemy*
la **energía** *energy*
enfadar(se) *to get annoyed or angry*
enfermarse *to get sick*
la **enfermedad** *illness*
la **enfermera** *nurse*
enfermo, –a *ill, sick*
enfrentar(se) *to face, confront*
enfrente *in front; enfrente de in front of*
enfriar *to cool, chill*
engordar *to get fat*
el **enjuague** *rinse*
enojado, –a *mad, angry*
enojarse *to get angry*
enorme *enormous, huge*
enredar(se) *to entangle*
enriquecer *to enrich*
la **ensalada** *salad*
ensayar *to rehearse*
el **ensayista, la e.** *essayist*
el **ensayo** *rehearsal; essay*
enseguida *right away*

enseñar *to show; to teach, show how*
ensillar *to saddle*
el **entendedor, –a** *one who understands*
entender (ie) *to understand*
entero, –a *whole*
enterrado, –a *buried*
enterrar (ie) *to bury*
entonces *then*
la **entrada** *admission (ticket); entrance; el pasillo de entrada foyer, entry, hallway*
entrar *to go in, enter*
entre *between, among*
la **entrega** *delivery; handling over; la entrega de equipaje baggage pick-up*
entregar *to hand over*
el **entrenador, –a** *trainer*
el **entrenamiento** *training*
entrenar *to train*
entretener (ie, u) *to entertain*
entretenerse (ie) *to amuse oneself*
entretenido, –a *amusing, entertaining; entertained*
el **entretenimiento** *entertainment*
la **entrevista** *interview*
entusiasmar(se) *to become enthusiastic*
el **entusiasmo** *enthusiasm*
entusiasta *enthusiastic*
el **envase** *container*
envenenar *to poison*
la **envidia** *envy*
envolver (ue) *to wrap*
envuelto, –a *wrapped*
la **Epifanía** *Epiphany*
la **época** *time, age*
equilibrio *equilibrium*
el **equipo** *team; equipment, gear; el equipo de sonido sound system*
equivalente *equivalent*
equivocarse *to make a mistake, to be mistaken*
la **era** *age, era*
el **error** *error*
las **escalas: hacer escalas en…** *(to) stop in…*
la **escalera** *stairs*
escapar *to get away, to escape*
la **escena** *scene*
la **escenografía** *scenography*
Escipión *Scipio, Roman warrior (235–183 b.c.)*
el **esclavo, –a** *slave*
la **escoba** *broom*
escoger *to choose*
escolar *scholastic, pertaining to a school*
esconder(se) *to hide*
el **escor** *score*
escribir *to write; la máquina de escribir typewriter*
el **escritor, –a** *writer*

el **escritorio** *writing desk; teacher's desk*
escuchar *to listen*
la **escuela** *school*
la **escultura** *sculpture*
ese, –a, –os, –as *that, those*
ése, –a, –os, –as *that one, those*
la **esencia** *essence*
esforzarse (ue) *to strive, make an effort*
el **esfuerzo** *effort*
eso *that; por eso for that reason*
el **espacio** *space*
espacioso, –a *spacious, big*
la **espada** *sword*
la **espalda** *back*
España *Spain*
el **español** *Spanish (lang)*
el **español, –a** *Spaniard, Spanish*
espantar *to frighten or scare away*
esparcir *to scatter, spread*
el **espárrago** *asparagus*
la **espátula** *spatula*
especial *special*
especializarse *to specialize*
la **especie** *species, type*
la **especificación** *specification*
el **espectador, –a** *spectator*
el **espejo** *mirror*
los **espejuelos** *eyeglasses; los espejuelos de sol sunglasses*
la **espera** *wait; el salón de espera waiting room*
esperar *to wait (for)*
espeso, –a *thick*
las **espinacas** *spinach*
el **espíritu** *spirit*
espiritual *spiritual*
el **esplendor** *splendor, magnificence*
los **esposos** *husband and wife*
el **esqueleto** *skeleton*
el **esquí** *ski*
el **esquiador, –a** *skier; water skier*
esquiar *to ski*
la **esquina** *corner, intersection*
estable *stable*
establecer(se) *to settle, establish*
el **establo** *stable*
la **estación** *season; station, terminal*
el **estacionamiento** *parking*
estacionar *to park*
el **estadio** *stadium*
las **estadísticas** *statistics*
el **estado** *state; state, condition*
los **Estados Unidos** *United States*
estallar *to blow up, explode*
la **estampilla** *postage stamp*
la **estancia** *name given to large cattle ranch in Argentina, Uruguay, and Chile*
el **estándar** *standard*
el **estanque** *pond*
estar *to be*

la **estatua** *statue*
la **estatura** *height*
este, –a, –os, –as *this, these*
éste, –a, –os, –as *this one, these*
el **este** *east*
el **estéreo** *stereo (record player)*
estimado, –a *dear, esteemed*
esto *this*
estoico, –a *stoical*
el **estómago** *stomach*
estrecho, –a *narrow*
la **estrella** *star; ferris wheel*
estremecer(se) *to shake, tremble*
estrenar *to perform for the first time*
el **estribo** *stirrup*
estricto, –a *strict*
la **estructura** *structure*
el **estudiante, la e.** *student*
estudiar *to study*
el **estudio** *study*
la **estufa** *stove*
estupendo, –a *fantastic*
la **etapa** *step*
eternamente *eternally*
eterno, –a *eternal*
la **etiqueta** *label, tag*
étnico, –a *ethnic*
Europa *Europe*
el **evento** *event*
evitar *to avoid*
exactamente *exactly*
la **exactitud** *accuracy, exactness*
exagerar *to exaggerate*
exaltar *to exalt, glorify*
el **examen** *exam*
el **examinador, –a** *examiner*
examinar *to examine*
excelente *excellent*
la **excepción** *exception*
el **exceso** *excess; el exceso de equipaje excess baggage*
la **excusa** *excuse*
la **exhibición** *exhibition*
exhibir *to exhibit*
exigir *to demand*
el **éxito** *success*
exótico, –a *exotic*
la **expedición** *expedition*
la **experiencia** *experience*
experimental *experimental*
el **experimento** *experiment*
experto, –a *expert*
la **explicación** *explanation*
explicar *to explain*
la **exploración** *exploration*
explorar *to explore*
la **explosión** *explosion*
el **explosivo** *explosive*
explotar *to exploit, work a mine*
exportación *export, exportation*
exportador, –a *exporter*
la **exposición** *exposition*
expresar *to express*
la **expresión** *expression*

exprimir *to squeeze*
extenderse (ie) *to extend*
la **extensión** *stretch, extension*
extenso, –a *extensive, long*
extinguir *to extinguish*
la **extracción** *extraction*
extrañar *to miss (something or someone)*
extranjero, –a *foreign; (m) abroad*
el **extranjero, –a** *foreigner*
extraño, –a *strange*
el **extremo** *extreme*

F

la **fábrica** *factory*
fabricado, –a *manufactured, built, made*
fabricar *to construct, build*
fabuloso, –a *fabulous*
fácil *easy*
la **facilidad** *facility, convenience*
la **fachada** *facade*
la **faja** *land belt*
la **falda** *skirt*
la **falta** *fault;* la falta (de) *lack, absence*
faltar *to be missing*
la **fama** *fame, reputation*
la **familia** *family*
el **familiar** *member of the family*
famoso, –a *famous, well-known*
el **fantasma** *ghost*
fantástico, –a *fantastic*
la **farmacia** *drugstore*
el **faro** *headlight*
el **farol** *street lamp*
fascinado, –a *fascinated*
el **favor** *favor;* por favor *please*
favorecedor, –a *becoming, enhancing*
favorito, –a *favorite*
la **fe** *faith*
la **fecha** *date*
federal *federal*
la **felicidad** *happiness*
la **felicitación** *congratulations*
feliz *happy*
el **fenicio, –a** *Phoenician (from an ancient region in the East Mediterranean)*
feo, –a *ugly*
la **feria** *fair*
la **ferretería** *hardware store*
fértil *fertile, fruitful*
el **festival** *festival*
la **ficción** *fiction*
el **fichero** *filer; filing cabinet*
fiel *faithful*
la **fiesta** *holiday; party*
la **figura** *figure*
fijo, –a *fixed, set; stable*
la **fila** *row*

filantrópico, –a *philanthropic, humanitarian*
filosofar *to philosophize, think or reason as a philosopher*
la **filosofía** *philosophy*
el **filósofo, –a** *philosopher*
el **fin** *end;* el fin de semana *weekend;* en fin *in short;* por fin *finally*
final *final;* al final *at the end*
el **finalista,** la **f.** *finalist*
financiero, –a *financial*
la **finca** *farm*
fingir *to pretend*
la **firma** *signature*
firmar *to sign*
firme *firm, steady*
físico, –a *physical;* la educación física *physical education*
el **flamenco** *a style of Spanish gypsy music, dancing and singing originally from Andalusia*
el **flan** *baked custard*
la **flauta** *flute*
la **flecha** *arrow*
flexión *flection*
la **flor** *flower*
floral *floral*
la **flota** *fleet*
flotante *floating*
flotar *to float*
el **folklore** *folklore*
folklórico, –a *folkloric*
el **folleto** *brochure*
el **fondo** *bottom; fund;* fondo de ahorros *savings fund*
la **forma** *form;* la forma de vida *way of life*
formar(se) *to form*
la **fórmula** *formula*
fortalecer *to fortify, strengthen*
la **fortuna** *fortune*
el **fósforo** *match*
la **foto** *photograph*
la **fotografía** *photograph; photography*
fotografiar *to photograph*
el **fotógrafo,** la **f.** *photographer*
fotoquímico, –a *photochemical*
el **fraile** *friar*
francamente *frankly*
el **francés** *French (lang)*
el **franciscano, –a** *Franciscan, belonging to the religious order*
franco, –a *frank*
la **frase** *phrase*
la **fraternidad** *fraternity, brotherhood*
la **frazada** *blanket*
el **fregadero** *kitchen sink*
freír (i, i) *to fry*
frenar *to break*
el **freno** *brake;* el freno de mano *hand (emergency) brake*
el **frente** *front;* frente a *in front (of), opposite*
la **fresa** *strawberry*

el **fresco** *refreshing wind; fresco, mural*
el **frío** *cold weather;* tener frío *to be cold*
frío, –a *cold*
frito, –a *fried*
la **frontera** *border, frontier*
frotar *to rub*
la **fruta** *fruit*
el **fuego** *fire*
la **fuente** *fountain; source*
fuera: fuera de *out of;* por fuera *on the outside*
fuerte *strong; heavy*
el **fuerte** *fort, fortress*
la **fuerza** *strength, force*
la **función** *performance, function*
funcionar *to function, work*
el **funcionario, –a** *official, functionary*
el **fundador, –a** *founder*
fundar *to found, establish*
la **fundición** *foundry*
el **fútbol** *soccer*
el **futuro** *future*
futuro, –a *future*

G

gabinete *kitchen cabinet*
las **gafas** *goggles, eyeglasses*
la **galería** *gallery*
el **galón** *gallon*
galopar *to gallop*
la **galletita** *cookie*
la **gallina** *hen*
la **gamba** *shrimp*
la **gana** *desire, wish;* tener ganas de *to feel like, to have an urge for, want*
ganadero, –a *cattle-raising*
el **ganado** *cattle*
ganador, –a *winning*
el **ganador, –a** *winner*
la **ganancia** *profit, gain*
ganar *to win; to earn*
la **ganga** *bargain*
garantizar *to guarantee*
el **garbanzo** *chickpea*
Garcilaso de la Vega (El Inca) *Peruvian chronicler and historian (1539–1616)*
la **garganta** *throat*
la **gasolina** *gas, gasoline*
gastar *to spend*
el **gasto** *expense*
el **gato, –a** *cat*
el **gaucho** *cowboy of the pampas (plains) of South America*
el **gazpacho** *a cold vegetable soup*
los **gemelos, –as** *twins*
la **generación** *generation*
general *general*
el **Generalife** *Moorish palace and gardens in Granada*

la **generosidad** *generosity*
Genil *river in the province of Granada*
el **genio,** la **g.** *genius*
la **gente** *people*
la **geografía** *geography*
geográfico, –a *geographic*
el **gerente,** la **g.** *manager*
el **gigante,** la **g.** *giant; giant figure (in carnival parades)*
gigantesco, –a *gigantic, huge*
el **gimnasio** *gymnasium*
la **giralda** *tower of the Cathedral of Seville*
girar *to revolve*
el **gitano, –a** *gypsy*
el **globo** *balloon*
la **gloria** *glory*
el **gobernante,** la **g.** *ruler*
gobernar (ie) *to govern*
el **gobierno** *government*
el **godo, –a** *Goth (from an old Scandinavian people who founded kingdoms in Spain)*
la **golondrina** *swallow (bird)*
el **golpe** *blow, hit*
golpear *to hit*
la **goma** *rubber;* la goma de pegar *glue*
gordo, –a *fat, heavy*
la **gorra** *cap*
la **gota** *drop*
gozar *to have fun, enjoy*
la **grabadora** *tape recorder*
grabar *to record*
las **gracias** *thanks;* gracias *thank you*
gracioso, –a *cute*
el **grado** *degree*
la **graduación** *graduation*
graduarse *to graduate*
gran (form of **grande**) *great, big*
la **granadina** *variety of flamenco song*
granate *deep red (garnet)*
grande *big;* grandes *big*
la **granja** *farm*
el **grano** *grain*
gratis *free;* de gratis *for free*
gris *gray*
gritar *to shout*
la **gritería** *yelling*
el **grito** *scream, shout*
grueso, –a *heavy*
el **grupo** *group*
el **Guadalquivir** *river of Spain*
el **guante** *baseball glove; glove*
guapo, –a *good-looking, handsome, pretty*
la **guaracha** *popular dance, derived from an old Spanish dance*
la **guarda** *guard*
guardar *to keep*
la **guarnición** *garrison, soldiers' station in a fort, town, etc.*
la **guayaba** *guava (a tropical fruit)*

la **guerra** *war*
el **guerrero, –a** *warrior*
el **guía,** la **g.** *guide*
guiar *to drive*
el **guión** *hyphen, dash*
el **güiro** *musical instrument made from a dried gourd*
la **guitarra** *guitar*
gustar *to like, to be pleasing to*
el **gusto** *pleasure;* tanto gusto *glad to meet you*

H

la **habanera** *Cuban dance*
haber *to have, to be;* haber (que) *to have (to)*
había *there was, there were*
hábil *clever, skillful*
la **habilidad** *ability*
hábilmente *skillfully*
la **habitación** *room*
el **habitante,** la **h.** *inhabitant, dweller*
habitar *to inhabit*
el **habla** (f) *speech, language*
hablador, –a *talkative*
hablar *to speak*
habrá *there will be, it will have*
hacer *to do, to make;* hacer caso (a) *to pay attention to*
hacerse *to become;* hacerse tarde *to get to be late;* se me hace *it seems to me*
hacia *toward*
la **hacienda** *large farm; livestock, cattle (singular only)*
el **hacha** (f) *ax*
el **hada** (f) *fairy*
la **hamaca** *hammock*
el **hambre** (f) *hunger;* muerto, –a de hambre *dying of hunger;* tener hambre *to be hungry*
la **hamburguesa** *hamburger*
hasta *until; as far as; even;* hasta luego *see you later;* hasta que *until*
hay *there is; there are*
el **hechicero, –a** *sorcerer, sorceress*
hecho, –a *made*
el **heladero, –a** *ice-cream vendor*
el **helado** *ice cream*
el **helicóptero** *helicopter*
la **herencia** *heritage*
la **herida** *cut, wound*
la **hermana** *sister*
la **hermandad** *brotherhood*
el **hermano** *brother;* los hermanos *brothers, brothers and sisters*
hermosísimo, –a *very pretty, very beautiful*
la **hermosura** *beauty*
la **herramienta** *tool*
hervir (ie, i) *to boil*
el **hidrocarburo** *hydrocarbon*

el **hielo** *ice*
la **hierba** *grass*
el **hierro** *iron*
el **higo** *fig*
la **hija** *daughter*
el **hijo** *son*
el **hilo** *thread;* de hilo *(made of) linen*
el **himno** *hymn; anthem*
la **hipoteca** *mortgage*
hispánico, –a *Hispanic*
hispano, –a *Hispanic; from Spain*
Hispanoamérica *Spanish America*
hispanoárabe *Hispano-Arabic*
hispanolatino, –a *of or from Spain in Roman times*
la **historia** *history; story*
histórico, –a *historic*
el **hogar** *home*
la **hoguera** *bonfire*
la **hoja** *leaf (tree); sheet (paper)*
holgazán, –a *idle, lazy*
el **hombre** *man*
el **hombro** *shoulder*
hondo, –a *deep*
el **honor** *honor*
la **hora** *time; hour;* a su hora *on time;* por hora *by the hour*
el **horario** *schedule*
horizontal *horizontal*
el **horizonte** *horizon*
el **horno** *oven*
el **horóscopo** *horoscope*
el **hospital** *hospital*
el **hostal** *inn, hostel*
hostil *hostile*
el **hotel** *hotel*
hoy *today;* hoy día *nowadays;* hoy mismo *today, right now*
hubo *there was*
la **huelga** *strike*
el **huerto** *fruit or vegetable garden*
el **hueso** *bone*
el **huésped,** la **h.** *guest*
el **huevo** *egg*
huir *to flee, run away*
la **humanidad** *humanity*
humano, –a *human*
la **humedad** *humidity*
húmedo, –a *humid*
la **humildad** *humility*
humilde *humble*
hundir(se) *to sink*
el **huracán** *hurricane*
huraño, –a *reticent, taciturn*

I

la **ida** *going; departure;* de ida y vuelta *round-trip*
la **idea** *idea*
ideal *ideal*
idéntico, –a *identical*

identificar *to identify*
el **idioma** *language*
la **iglesia** *church*
ignorar *to ignore*
igual *equal, same;* por igual *equally, the same*
el **igual** *one's equal*
igualar(se) *to equal, be equal*
la **igualdad** *equality*
iluminar *to illuminate*
la **ilusión** *illusion*
ilustrar *to illustrate*
la **imagen** *figure, small statue; image;* imagen viva *living image*
imaginar(se) *to imagine, think*
imaginario, –a *imaginary*
el **imán** *magnet*
la **impaciencia** *impatience*
impaciente *impatient*
impenetrable *impenetrable*
el **imperio** *empire*
el **impermeable** *raincoat*
la **impertinencia** *impertinence*
el **ímpetu** *impetus, momentum*
importante *important;* lo importante *the important thing*
importar *to matter*
imposible *impossible*
impresionante *impressing, impressive*
impreso, –a *printed*
la **impresora** *printer*
improvisar *to improvise*
el **impuesto** *tax*
impulsar *to impel, drive*
impulsivamente *impulsively*
la **inactividad** *inactivity*
la **inauguración** *inauguration*
inaugurar *to inaugurate, open (to the public)*
inca *Inca*
el **incendio** *fire*
incesantemente *incessantly*
el **incidente** *incident*
el **incienso** *incense*
incitar *to incite; to induce*
incluir *to include*
incluso *including*
incómodo, –a *uncomfortable*
inconsolablemente *unconsolably*
incorporar(se) *to incorporate, unite*
increíble *incredible*
la **independencia** *independence*
indestructible *indestructible*
el **indígena,** la **i.** *native inhabitant*
indio, –a *Indian*
el **indio, –a** *Indian*
indispuesto, –a *indisposed, sick*
individual *individual*
la **industria** *industry*
industrial *industrial*
la **inercia** *inertia*
inestable *unstable*
la **influencia** *influence*

influir *to influence*
la **información** *information*
informal *informal*
el **informe** *report*
la **ingeniería** *engineering*
el **ingeniero, –a** *engineer*
ingenioso, –a *ingenious, clever*
el **inglés** *English (lang)*
el **ingrediente** *ingredient*
los **ingresos** *income*
iniciar *to start*
la **injusticia** *injustice*
inmediatamente *immediately*
la **inmensidad** *immensity*
inmenso, –a *immense, great*
inmóvil *immobile, motionless*
innumerable *countless*
inofensivo, –a *inoffensive, harmless*
inolvidable *unforgettable*
la **inscripción** *inscription*
inscrito, –a *inscribed, registered*
el **insecto** *insect*
insensato, –a *senseless*
inseparable *inseparable*
insignificante *insignificant*
insistir (en) *to insist (on)*
insoportable *unbearable*
inspirado, –a *inspired*
inspirarse *to be inspired*
instalar *to install*
instantáneo, –a *instantaneous*
la **instrucción** *direction, instruction*
instructivo, –a *instructive, educational*
el **instructor, –a** *instructor*
el **instrumento** *instrument*
el **integrante** *integrant, constituent*
intelectual *intellectual*
la **inteligencia** *intelligence*
inteligente *intelligent*
intercolegial *intercollegiate, between different schools*
el **interés** *interest*
interesante *interesting*
interesar *to interest, be of interest*
interior *inner, interior*
internacional *international*
interno, –a *internal*
interrumpir *to interrupt*
la **interrupción** *interruption*
la **intersección** *intersection*
íntimo, –a *intimate*
la **introducción** *introduction*
la **inundación** *flood*
inútil *useless*
invadir *to invade*
el **inválido, –a** *invalid*
inventar *to invent*
el **inventario** *inventory, list*
el **inventor, –a** *inventor*
la **inversión** *investment*
invertir (ie, i) *to invest*
la **investigación** *research, investigation*

investigar *to investigate, research*
el **invierno** *winter*
la **invitación** *invitation*
el **invitado, –a** *guest*
invitar *to invite*
la **ira** *anger, wrath*
la **ironía** *irony*
irresistible *irresistible*
irritado, –a *irritated*
irse *to go; to go away, leave*
la **isla** *island*
el **Islam** *Moslem religion*
Itálica *first Roman city outside Italian territory*
itálico, –a *Italic, Italian*
izquierdo, –a *left*

J

el **jabón** *soap*
Jalisco *state in Mexico*
jamás *never*
el **jamón** *ham*
el **jarabe** *syrup*
el **jardín** *garden (flowers)*
el **jardinero, –a** *gardener*
el **jarrón** *vase*
la **jaula** *cage*
los **jeans** *jeans*
el **jefe, –a** *chief*
el **jengibre** *ginger*
el **jinete,** la **j.** *(horse) rider*
la **jirafa** *giraffe*
la **jornada** *day's work (number of hours)*
joven *young;* los jóvenes *young people*
la **joya** *jewel*
el **judaísmo** *Judaism, religion of the Jews*
judío, –a *Jewish*
el **judo** *judo*
el **juego** *game*
el **juez,** la **j. (pl jueces)** *judge*
el **jugador, –a** *player*
jugar (ue) *to play*
el **jugo** *juice*
el **juguete** *toy*
la **jungla** *jungle*
la **junta** *council, board;* la junta directiva *board of directors*
junto, –a *together;* junto a *next to*
la **justicia** *justice*
justo, –a *fair*
la **juventud** *youth*
juzgar *to judge*

K

el **kilogramo, kilo (Kg.)** *kilogram*
el **kilómetro** *kilometer*

L

la the; her, it (obj pron); la del the one with
el **labio** lip
la **labor** labor
el **laboratorio** laboratory
labrado, –a carved
el **lado** side; al lado de beside; por todos lados everywhere; por un lado... por otro on one hand... on the other
el **ladrillo** brick
el **ladrón, –a** thief
el **lago** lake
la **lágrima** tear
la **laguna** lagoon
lamentar to lament, bewail
la **lámpara** lamp
la **lana** wool; de lana (made of) wool
la **langosta** lobster
lanzarse to dive, throw oneself
el **lápiz** (pl **lápices**) pencil
largo, –a long; a lo largo along, throughout the length of; de largo long
las the; them (f pl obj pron)
la **lasca** slice
lastimado, –a hurt
lastimar(se) to hurt (oneself)
la **lata** tin can
latino, –a Latin American
el **laúd** lute
la **lavadora** washing machine
el **lavaplatos** dishwasher
lavar(se) to get washed; to wash
el **lazo** bond, tie
el **lector, –a** reader
la **lectura** reading
la **leche** milk; la leche malteada malt
el **lecho** bed
la **lechuga** lettuce
leer to read
legal legal
legendario, –a legendary
lejano, –a distant
lejos far; de lejos from the distance
la **lengua** language; tongue
el **lenguaje** language
el **lente** lens; el lente de contacto contact lens
lento, –a slow
la **leña** firewood
el **león** lion
la **letra** lyrics; el juego de letras letter game
el **letrero** sign, poster
levantar(se) to get up; to lift, raise
la **leyenda** legend
la **libertad** freedom, liberty
el **libertador, –a** liberator
la **libra** pound

libre free
la **librería** bookstore
el **librero** bookcase
el **libro** book
la **licencia** license; la licencia de conducir driver's license
el **líder, la l.** leader
ligero, –a light
limeño, –a from or of Lima, the capital of Peru
el **límite** limit, frontier
la **limonada** lemonade
el **limonero** lemon tree
la **limosina** limousine
la **limosna** alms, charity
el **limpiabotas, la l.** shoeshine person
limpiar to clean
la **limpieza** cleaning
limpio, –a clean
lindo, –a beautiful, pretty
la **línea** line
la **linterna** flashlight
la **lista** roll, attendance list; list; pasar lista to call the roll
listo, –a ready
literario, –a literary
la **literatura** literature
el **litro** liter
liviano, –a light (weight)
lo it (m); lo mucho que how much; lo que what; whatever
el **lobo** wolf
la **localidad** location
la **localización** location
la **loción** lotion; la loción de afeitar after-shave lotion; la loción para broncear suntan lotion
loco, –a crazy
la **locura** madness; craziness
lograr to achieve, attain
la **lombriz** worm
la **lona** canvas (dropcloth)
los the; them (m pl obj pron)
el **lucero** bright star
la **luciérnaga** firefly
la **lucha** fight, struggle
luchar to fight, struggle
luego later; hasta luego see you later
el **lugar** place; en otro lugar somewhere else
el **lujo** luxury; de lujo luxurious
lujoso, –a luxurious
la **luna** moon
el **lunar** round print in fabric (polka dot)
la **luz** (pl **luces**) light

LL

la **llama** llama
la **llamada** (phone) call
llamar(se) to be called, named; to call

llamativo, –a showy
el **llano** plain, field
el **llanto** crying, weeping
la **llanura** plain, field
la **llegada** arrival; el área de llegadas (f) arrival area
llegar to arrive; llegar a ser to become
llenar to fill; fill out
lleno, –a full
llevar to carry, take along; llevar los libros to keep the books (accounting); llevar la cuenta to keep account of, keep the records
llorar to cry
llover (ue) to rain
la **lluvia** rain
lluvioso, –a rainy

M

el **machete** machete; large, heavy knife
la **madera** wood
el **madero** lumber
la **madre** mother
Madrid capital of Spain
la **madrina** godmother
la **madrugada** dawn
madurar to ripen
maduro, –a ripe
el **maestro, –a** teacher
mágico, –a magic
magnífico, –a great, splendid
mal badly; sick
el **mal** misfortune; wrong
el **malecón** sea wall
la **maleta** suitcase
el **maletero, –a** porter
el **maletín** bag, small suitcase
malherido, –a badly wounded
malo, –a bad
la **malla** mesh, coat of mail
la **mamá** mother
el **mambo** Latin American dance of Cuban origin
mami Mom
la **manada** herd
los **mandados** orders; groceries; errands
mandar to give orders, be in charge; to send
el **mandatario, –a** leader, chief executive
el **mandato** command
el **mando** control
mandón, –a bossy
manejar to drive; to manage, handle
la **manera** way, means
la **manga** fishing net
el **mango** mango (a tropical fruit)
el **maní** peanut
la **mano** hand; a mano by hand
el **manojo** handful, bunch

el **mantel** *tablecloth*
mantener (ie) *to maintain, keep up*
el **mantenimiento** *maintenance*
la **mantequilla** *butter*
la **mantilla** *mantilla, veil*
el **manto** *mantle, cloak*
el **manual** *manual, handbook*
el **manubrio** *handle*
la **manzana** *apple; block (of houses)*
la **maña** *skill, dexterity*
mañana *tomorrow; hasta mañana see you tomorrow*
la **mañana** *morning; por la mañana in the morning*
el **mapa** *map*
el **maquillaje** *make-up*
la **máquina** *machine; car; la máquina de afeitar electric shaver; la máquina de escribir typewriter*
la **maquinaria** *machinery*
el **mar** *sea*
las **maracas** *maracas*
la **maravilla** *wonder, marvel; de maravilla a marvel*
maravillado, –a *amazed*
maravilloso, –a *marvellous*
la **marca** *mark, brand*
marcar *to dial; to indicate, show*
marcha: en marcha atrás *in reverse*
marcharse *to go away*
la **marina** *marina*
la **marinera** *Peruvian dance*
el **marisco** *shellfish*
la **marisma** *salt marsh*
el **mármol** *marble*
martillar *to hammer*
el **martillo** *hammer*
mas *but*
más *more*
masivo, –a *massive*
la **mata** *plant, tree*
el **matamoscas** *flyswatter*
matar *to kill*
el **mate** *kind of tea popular in South America*
las **matemáticas** *mathematics*
el **matemático, –a** *mathematician*
la **materia** *subject*
el **material** *material*
materno, –a *maternal*
la **matrícula** *license plate*
matricularse *to register, sign up*
el **matrimonio** *married couple*
máximo, –a *maximum*
el **maya** *Mayan Indian*
mayor *great(er); older; bigger*
el **mayordomo** *official of a brotherhood*
la **mayoría** *majority*
mayormente *mainly, mostly*
la **mayúscula** *capital letter*
me *me; myself*

mecánico, –a *mechanical*
el **mecanógrafo, –a** *typist*
la **mecedora** *rocking chair*
la **medalla** *medal*
la **media** *sock*
mediano, –a *medium*
la **medianoche** *midnight*
la **medicina** *medication, medicine*
médico, –a *medical*
el **médico, –a** *doctor*
la **medida** *size, measurement*
medio, –a *half; median, average; y media half past (the hour)*
el **medio: por medio** *by means of; el medio de comunicación means of communication*
el **mediodía** *noon*
medir (i, i) *to measure*
mejor *better; a lo mejor perhaps; lo mejor the best (thing)*
mejorar *to improve*
la **melancolía** *melancholy*
melodiosamente *melodiously*
el **melón** *melon*
la **memoria** *memory; de memoria by heart, from memory*
la **mena** *ore*
la **mención** *mention*
mencionar *to mention*
menor *younger, smaller*
menos *less; a menos que unless; de menos less; menos cuarto a quarter to (the hour); por lo menos at least*
el **mensaje** *message*
el **mensajero, –a** *messenger*
la **mensualidad** *monthly installment*
mensualmente *monthly*
la **mente** *mind*
la **mentira** *lie*
menudo: a menudo *often*
el **mercader, –a** *merchant*
el **mercado** *marketplace*
la **mercancía** *merchandise, goods*
merecer *to deserve*
el **merengue** *Latin American dance*
la **merienda** *snack, light meal in afternoon*
el **mes** *month; el mes pasado last month*
la **mesa** *table; la mesa de comer dining table*
la **mesita: la mesita de noche** *night-table*
la **meta** *goal*
meter(se) *to get oneself into; to put, place*
el **metro** *subway; meter (unit of measure)*
la **mezcla** *mixture*
la **mezcladora** *blender*
mezclar *to mix*
la **mezquita** *mosque (Moslem temple)*
mi *my*
el **micrófono** *microphone*

el **microordenador** *microcomputer*
el **miedo** *fright, fear; tener miedo to be scared*
miedoso, –a *cowardly*
la **miel** *honey*
el **miembro, la m.** *member*
mientras: mientras (que) *while; mientras tanto meanwhile*
el **milagro** *miracle*
la **milanesa** *breaded veal cutlet*
militar *military*
la **milla** *mile*
la **mina** *mine*
minero, –a *of mining*
el **minero, –a** *miner*
mínimo, –a *minimum*
el **ministro, –a** *minister*
la **minoría** *minority*
el **minuto** *minute*
mío, –a, –os, –as *my, of mine*
el **mío, –a, –os, –as** *mine*
la **mirada** *look, glance*
el **mirador** *lookout site*
mirar *to look at*
mis (pl of mi) *my*
la **misa** *mass*
la **misión** *mission*
el **misionero, –a** *missionary*
mismo, –a *same; hoy mismo today, right now; lo mismo que the same as*
el **mismo, –a** *himself, herself; por sí mismo, –a by itself*
el **misterio** *mystery, enigma*
misteriosamente *mysteriously*
misterioso, –a *mysterious*
la **mitad** *half*
mítico, –a *mythical*
el **mito** *myth*
el **mocasín** *moccasin shoe*
la **mochila** *knapsack, backpack*
la **moda** *fashion; estar de moda to be fashionable*
el **modelo, la m.** *(fashion) model; model*
moderno, –a *modern*
módico, –a *moderate*
modificado, –a *modified*
el **modo** *way*
el **molde** *cake pan; mold*
el **momento** *moment, minute; de momento suddenly*
el **monasterio** *monastery*
la **moneda** *coin*
monetario, –a *monetary; la unidad monetaria monetary unit*
el **mono, –a** *monkey*
el **monólogo** *monolog*
monótono, –a *monotonous*
el **monóxido de carbono** *carbon monoxide*
monstruo *monster*
la **montaña** *mountain; la montaña rusa roller coaster*
montañoso, –a *mountainous*
montar *to ride; montar a caballo*

to ride horseback; **montar las tiendas** to pitch the tents
el **monte** mountain
la **montura** (horse) saddle
el **monumento** monument
  morado, –a purple
  morder to bite
  morena, –a dark, dark-haired
  morir(se) (ue, u) to die
  moro, –a Moorish
el **moro, –a** Moor
la **mosca** fly
la **mostaza** mustard
el **mostrador** counter
  mostrar (ue) to show
el **motel** motel
la **moto** motorcycle
la **motocicleta** motorcycle
el **motor** motor
  mover (ue) to move (around)
  móvil mobile
la **movilidad** mobility
el **movimiento** movement
el **muchacho, –a** boy, girl
  mucho a lot (adv); **¿te falta mucho?** do you have much left (to do)?
  mucho, –a a lot; **muchos, –as** many, a lot
  mudarse to move (to a house)
  mudo, –a mute
el **mueble** furniture
la **mueblería** furniture store
el **muelle** pier
la **muerte** death
  muerto, –a dead
la **mujer** woman
la **mula** mule
el **multimillonario, –a** multi-millionaire
  multiplicar(se) to multiply
  mundial (of the) world
  mundialmente worldwide
el **mundo** world; **todo el mundo** everyone
la **municipalidad** municipal district
la **muñeca** wrist
el **mural** mural
la **muralla** wall
  Murillo, Bartolomé E. Spanish painter (1617–1682)
el **músculo** muscle
el **museo** museum
la **música** music
  musical musical
el **músico, la m.** musician
  musulmán, –a Moslem
el **musulmán, –a** Moslem
  muy very

N

  nacer to be born
  nacido, –a born
el **nacimiento** birth
la **nación** nation

  nacional national
la **nacionalidad** nationality
  nada anything, nothing
el **nadador, –a** swimmer
  nadar to swim
  nadie no one, nobody
el **náhuatl** Aztec language
la **naranja** orange (fruit)
el **naranjal** orange grove
el **naranjo** orange tree
la **nariz** nose
  nativo, –a native
la **naturaleza** nature
la **navaja** razor
el **navegante, la n.** navigator
  navegar to sail, navigate
la **Navidad** Christmas
la **neblina** fog
  necesario, –a necessary
el **necesitado, –a** needy person
  necesitar to need
  negar to deny
el **negocio** business
  negro, –a black
  Nerón Nero, Roman emperor (37–68 a.d.)
el **nervio** nerve
  nerviosamente nervously
  nervioso, –a nervous
el **neumático** tire (of car)
  neutro: en neutro in neutral
la **nevada** snowfall
  nevar (ie) to snow
  ni (not) even; **ni... ni** neither... nor
el **nicho** niche, recess in wall
el **nido** nest
el **nieto, –a** grandson, grand-daughter
la **nieve** snow
  ningún, ninguno, –a no, not any; any, none; **not... anyone**, nobody; **por ningún lado** nowhere
el **niño, –a** kid, little boy or girl; baby
el **nitrato de sodio** sodium nitrate
  nitrogenado, –a nitrogenous, containing nitrogen
el **nivel** level
  no no; **si no** otherwise
  No. (número) number
la **noche** night; **de noche** at night; **esta noche** tonight; **por la noche** at night
la **Nochebuena** Christmas Eve
las **noches: buenas noches** good evening, good night
  nómada nomadic
el **nombramiento** appointment
  nombrar to name
el **nombre** name
el **nopal** nopal, prickly pear, cactus
  noreste northeast
  normal normal
el **noroeste** northwest

el **norte** north
  norteamericano, –a North American
  nos us; ourselves
  nosotras we (f)
  nosotros we (m or m and f)
  notar to note, notice
la **noticia** news
el **noticiario** newscast, news show
la **novela** TV serial, soap opera
la **novillada** bullfight with young bulls
la **nube** cloud
  nublado, –a cloudy
  nublarse to become cloudy
el **nudo** knot
la **nuera** daughter-in-law
  nuestro, –a, –os, –as our
  nuevo, –a new; **quedará como nuevo** it will be like new
  nuevo: de nuevo again
la **nuez (pl nueces)** nut
el **número** number
  nunca never
la **Ñustita** ancient Inca princess

O

  o or
  o... o either... or
  obedecer to obey
  obediente obedient
el **objetivo** objective
el **objeto** object
la **obra** work, labor; deed; **la obra teatral** artistic production, play
el **obrero, –a** worker, laborer
  observar to observe
  obsesionado, –a obsessed
  obtener to obtain
  obvio, –a obvious
la **ocasión** occasion
el **océano** ocean
el **ocio** leisure; idleness
  oculto, –a hidden, concealed
la **ocupación** occupation
  ocupado, –a busy
  ocupar to occupy
  ocurrir to occur, happen
el **Oché** artistic representation of African deity
el **oeste** west
  ofender to offend
  oficial official
la **oficina** office
el **oficio** craft, trade
  ofrecer to offer
la **ofrenda** offering, gift
el **oído** (inner) ear
  oír to listen, hear
  ¡ojalá! let's hope that; **¡ojalá que no!** I hope not!
el **ojo** eye
la **ola** wave

oler   to smell
la **Olimpiada**   Olympiad
olímpico   Olympic
el **olivo**   olive
el **olor**   smell
olvidar   to forget
la **olla**   kettle, pan
el **ombú**   umbra tree, common in the pampas of South America
la **onza**   ounce
la **ópera**   opera
oponerse a   to oppose
la **oportunidad**   opportunity
la **oposición**   opposition
oprimir   to press
optimista   optimistic
opuesto, –a   opposite
oral   oral
el **orden**   order, command; poner en orden   to straighten up
ordenado, –a   tidy
el **ordenador**   computer
ordeñar   to milk
la **oreja**   ear
organizado, –a   organized
el **organizador, –a**   organizer
organizar   to organize
el **órgano**   organ
el **orgullo**   pride
orgulloso, –a   proud
la **orientación**   orientation
el **Oriente**   Orient, the East
el **origen**   origin
original   original
originarse   to originate
la **orilla**   shore
el **Orisha**   deity of the Yoruban cult, originally from Nigeria
el **oro**   gold
la **orquídea**   orchid
os   you (m and f pl obj pron)
la **oscuridad**   darkness
oscuro, –a   dark
el **oso**   bear
el **otomán**   ottoman, low, cushioned seat without a back
el **otoño**   autumn, fall
otro, –a   other, another; al otro día   the next day; en otro lugar   somewhere else; otra vez   again
la **oveja**   sheep
el **oxígeno**   oxygen

P

la **paciencia**   patience; tener paciencia   to be patient
paciente   patient
el **pachi**, la **p.**   member of an ancient S.A. Indian tribe
el **padre**   father
los **padres**   parents, fathers
el **padrino**   godfather
la **paga**   pay

pagar   to pay
la **página**   page
el **pago**   payment
el **país**   country
el **paisaje**   landscape
el **paisano, –a**   fellow countryman, –woman
el **pájaro**   bird
la **pala**   shovel
la **palabra**   word
el **palacio**   palace
la **palanca: la palanca de velocidades**   gear shift
la **paleta**   paddle
pálido, –a   pale
el **palitroque**   breadstick
la **palmera**   palm tree
el **palo**   stick
la **paloma**   dove, pigeon
el **pan**   bread
panamericano, –a   Pan-American
la **pandereta**   tambourine
los **pantalones**   pants
la **pantalla**   screen
el **panteón**   pantheon, burial place
el **pañuelo**   handkerchief
el **papá**   father, dad
la **papa**   potato
los **papás**   parents, fathers
las **papas: las papas fritas**   french fries
el **papel**   paper
la **papita**   potato chip
el **paquete**   package
el **par**   pair, couple
para   for; para que   so that; ¿para qué?   what for?
el **parabrisas**   windshield
la **parada**   stop
el **parador**   inn, hostelry; trading post
el **paraguas**   umbrella
el **paraíso**   paradise
paralelo, –a   parallel
pararse   to stop; parar de + inf   to stop + gerund
parcialmente   partially
pardo, –a   brown
parecer   to look like, seem
parecido, –a   alike, similar
la **pared**   wall
la **pareja**   partner; couple
el **parentesco**   relationship, kinship
el **pariente**   relative
el **parque**   park; el parque de diversiones   amusement park
el **parqueo**   parking (space)
el **párrafo**   paragraph
la **parrillada**   barbecue
el **párroco**   parish priest
la **parte**   part, place; por otra parte   besides; por parte de   by, on the part of; por todas partes   everywhere
el **participante**, la **p.**   participant
participar   to participate

particular   particular, special; en particular   particularly
la **partida**   start of a race; la partida de ajedrez   chess game
el **partido**   game
el **pasaje**   fare
el **pasaporte**   passport
pasar   to spend time; to happen; to go by; to show, broadcast; to go ahead, pass
el **pasatiempo**   pastime
la **Pascua**   Easter
el **pase**   pass
pasear   to stroll, sightsee
el **paseo**   boulevard; ride, trip
el **pasillo**   hallway; el pasillo de entrada   foyer, entry hallway
el **paso**   step; cede el paso   yield right-of-way
la **pasta**   paste; la pasta de dientes   toothpaste
el **pastel**   pastry
la **pastelería**   bakery, pastry shop
el **pastelillo**   pastry, turnover
la **pastilla**   tablet, lozenge
el **pastor, –a**   shepherd, shepherdess
pastoral   pastoral
la **pata**   leg (of animal)
el **patín**   skate; el patín de hielo   ice skate
el **patinador, –a**   skater
patinar   to skate; patinar en hielo   to ice-skate
el **patio**   courtyard, yard, patio
el **pato**   duck
la **patria**   homeland
el **patrón, –a**   patron saint
patronal   related to a patron saint
pavimentado, –a   paved
el **pavo**   turkey
el **payaso, –a**   clown
la **paz**   peace
p.d. (posdata)   p.s. (postscript)
el **peatón**   pedestrian
el **pecado**   sin
el **pecho**   chest
el **pedal**   pedal
el **pedazo**   piece, chunk
el **pedigrí**   pedigree
pedir (i, i)   to ask for, request
pegar   to hit
peinar   to comb
peinarse   to comb one's hair
el **peine**   comb
la **pelea**   fight
pelear   to fight
el **pelícano**   pelican
la **película**   movie, film; de película   out of this world, extraordinary
el **peligro**   danger
peligroso, –a   dangerous
el **pelo**   hair
la **pelota**   ball (baseball, etc.)
la **pena**   sorrow; penalty, punishment; es una pena   it's a pity

la **península** *peninsula*
el **pensador, –a** *thinker*
el **pensamiento** *pansy; thought*
  pensar (ie) *to think;* pensar en *to think about*
  pensativo, –a *pensive, thoughtful*
la **pensión** *boarding house*
  Pentecostés *Pentecost, a Christian feast*
  peor *worse*
el **peor, la p.** *the worst*
el **pepino** *cucumber*
  pequeño, –a *small*
la **percusión** *percussion*
  perderse (ie) *to lose; to miss*
la **pérdida** *loss*
  perdido, –a *lost*
  perdón *excuse me*
el **peregrino, –a** *pilgrim*
  perezoso, –a *lazy*
  perfeccionar *to perfect, make perfect*
  perfectamente *perfectly*
  perfecto, –a *perfect*
  perforar *to perforate, pierce*
el **perfume** *perfume*
el **pericote** *rat*
el **periódico** *newspaper*
el **periodista, la p.** *journalist*
la **perla** *pearl*
  permanecer *to stay, remain*
  permanente *permanent, constant*
el **permiso** *permission*
  permitir *to allow, let*
  pero *but*
el **perro** *dog;* el perro caliente *hot dog*
la **persiana** *Venetian blind*
la **persona** *person*
el **personaje** *character, personage*
  personal *personal*
la **perspectiva** *perspective*
  pertenecer *to belong*
  peruano, –a *Peruvian*
la **pesa** *scales (for weighing)*
  pesado, –a *boring, dull; heavy*
  pesar: a pesar de *in spite of*
la **pesca** *fishing*
el **pescado** *fish*
el **pescador, –a** *fisherman, -woman*
  pescar *to fish*
el **pescuezo** *neck*
la **peseta** *Spanish monetary unit*
el **peso** *monetary unit of several Latin American countries; weight*
  pesquero, –a *fishing (adj)*
el **pétalo** *petal*
el **petróleo** *oil, petroleum*
  petrolero, –a *oil (adj)*
el **pez** (pl **peces**) *fish*
el **piano** *piano*
el **picadero** *riding school*
  picadito, –a *minced*
  picar *to nibble*

el **pico** *peak*
  pictórico, –a *pictorial*
el **pie** *foot;* a pie *on foot;* de pie *standing up*
la **piedra** *stone;* la piedra preciosa *precious stone, gem*
la **piel** *skin; fur*
el **pienso** *dry hay*
la **pierna** *leg*
la **pieza** *play; piece, piece (of music or work of art)*
los **pijamas** *pajamas*
la **píldora** *pill*
el **piloto, la p.** *pilot*
la **pimienta** *(black) pepper*
el **pimiento** *bell pepper;* el pimiento verde *green pepper*
el **pincel** *artist's brush*
el **pino** *pine tree*
  pintar *to paint*
el **pintor, –a** *painter*
  pintoresco, –a *picturesque*
la **pintura** *paint*
la **piña** *pineapple;* de piña *(made of) pineapple*
la **pirámide** *pyramid*
el **pirata, la p.** *pirate*
el **piropo** *flattery, compliment*
la **pisa** *pressing (of grapes)*
  pisar *to step on*
la **piscina** *swimming pool*
el **piso** *floor*
la **pista** *race track; runway; trail, track, rink*
la **pistola** *pistol, gun*
la **pizza** *pizza*
la **placa** *plaque;* la placa de matrícula *license plate*
el **placer** *pleasure*
el **plan** *plan*
el **planeta** *planet*
la **planilla** *application form*
el **plano** *plan, blueprint*
  plano, –a *flat*
la **planta** *plant*
el **plástico** *plastic;* de plástico *(made of) plastic*
la **plata** *silver;* de plata *(made of) silver*
la **plataforma** *platform*
el **plátano** *banana*
  plateado, –a *silver-colored, or plated*
el **platillo** *small plate, saucer;* los platillos *cymbals*
el **plato** *dish, plate*
la **playa** *beach*
la **plaza** *plaza, square*
el **plazo** *period, term; installment;* a plazos *in installments*
el **plebeyo, –a** *plebeian, commoner*
el **pleito** *fight, dispute*
la **pluma** *pen; feather*
la **población** *population*
  poblar (ue) *to populate*
  pobre *poor, worthy of sympathy*

el **pobre, la p.** *poor, needy person*
la **pobreza** *poverty*
  poco *a little bit;* al poco rato *in a little while;* en poco tiempo *in a short time;* poco a poco *little by little*
  pocos, –as *few*
el **poder** *power*
  poder (ue, u) *to be able, can*
el **poema** *poem*
la **poesía** *poetry*
el **poeta** *poet*
la **poetisa** *poetess, woman poet*
el **policía** *police officer*
la **política** *politics*
el **polo** *pole;* el polo acuático *water polo*
el **polvo** *powder*
el **pollo** *chicken;* de pollo *(made of) chicken*
  ponchar *to strike out*
  poner(se) *to set, put; to put on;* poner atención *to pay attention*
  ponerse a *to begin*
  popular *popular*
la **popularidad** *popularity*
  por *through; by; to, in order to, because of, for;* por eso *for that reason;* ¿por qué? *why?;* por (mi, tu, su...) cuenta *on (my, your, his, her...) account;* por más que *no matter what;* por si acaso *just in case*
el **por ciento** *percent*
  porque *because*
el **portafolio** *briefcase*
el **portal** *porch*
  portarse *to behave*
la **posada** *inn, hostel*
  poseer *to possess*
la **posibilidad** *possibility*
  posibilitar *to make possible*
el **poste** *post, pole*
el **postre** *dessert*
el **pozo** *(water) well*
la **práctica** *practice*
  prácticamente *practically*
  practicar *to practice; to play (sports)*
la **pradera** *meadowland*
la **precaución** *precaution*
  precaver *to prevent*
  preceder *to precede*
el **precio** *price*
la **precisión** *precision*
  preciso, –a *precise*
la **preferencia** *preference*
  preferir (ie, i) *to prefer*
la **pregunta** *question*
  preguntar *to ask*
el **premio** *prize*
  prendido, –a *fastened*
la **prensa** *press; the press, newspapers*
la **preocupación** *preoccupation, concern*

preocupado, -a *worried*
preocupar *to concern, worry*
la **preparación** *preparation*
preparado, -a *prepared*
preparar *to prepare*
prescribir *to prescribe*
la **presencia** *presence*
presentar *to introduce; to present*
presente *present, here*
preservar *to preserve, keep*
presidir *to preside over*
la **presilladora** *stapler*
la **presión** *pressure*
prestar *to lend;* prestar atención *to pay attention*
presto, -a *ready*
el **presupuesto** *budget*
prevenir (ie, i) *to prevent, warn, caution*
prever *to foresee*
primario, -a *elementary (school)*
la **primavera** *spring*
primer, -o, -a *first*
primero *first, firstly;* los primeros auxilios *first aid*
el **primo, -a** *male, female cousin*
principal *main*
el **príncipe** *prince*
el **principiante, la p.** *beginner*
el **principio** *beginning, start; principle, fundamental*
el **prior, -a** *head priest, mother superior*
la **prisa** *haste, hurry;* de prisa *in a hurry*
la **prisión** *prison*
prisionero, -a *imprisoned*
el **prisionero, -a** *prisoner*
privado, -a *private*
probablemente *probably*
probar (ue) *to taste, try*
el **problema** *problem*
la **procedencia** *origin*
el **prócer, la p.** *leader*
la **procesión** *procession, parade*
el **proceso** *process*
proclamar *to proclaim, declare*
la **producción** *production*
producir *to produce, make*
el **producto** *product*
la **profecía** *prophecy*
la **profesión** *profession*
el **profesional, la p.** *professional*
el **profesor, -a** *teacher, professor*
profundamente *profoundly, deeply*
la **profundidad** *depth, profundity*
el **programa** *program, show*
la **programación** *programming*
programado, -a *programmed*
programar *to program*
el **progreso** *progress*
prohibir *to forbid, prohibit*
la **promesa** *promise*
prometer *to promise*
promover (ue) *to promote*

el **pronóstico** *forecast, prediction*
pronto *soon;* de pronto *suddenly;* hasta pronto *see you soon*
la **pronunciación** *pronunciation*
pronunciar *to pronounce*
la **propina** *tip*
propio, -a *one's own*
proporcional *proportional*
proporcionar *to give, supply*
la **prosperidad** *prosperity*
el **protagonista, la p.** *protagonist, principal character*
la **protección** *protection*
el **protector, -a** *protector*
proteger *to protect*
protestar *to protest, to object*
provenir (ie, i) *to come from*
el **proverbio** *proverb, saying*
la **provincia** *province*
próximo, -a *next*
proyectar *to project, to cast*
el **proyecto** *project*
la **prueba** *test; competition*
pto. *point (abbreviation)*
publicar *to publish*
la **publicidad** *publicity*
el **público** *public; audience*
público, -a *public*
el **pueblo** *town; townspeople*
el **puente** *bridge*
el **puerco** *pig*
la **puerta** *door*
el **puerto** *port*
puertorriqueño, -a *Puerto Rican*
pues *but, so; well; since*
el **puesto** *stand, booth; position*
la **pulgada** *inch*
el **pulpo** *octopus*
pulsar *to press*
el **punto** *point;* el punto cardinal *cardinal point;* en punto *on the dot, sharp*
la **pupila** *pupil (of the eye)*
el **pupitre** *pupil's desk*
purificar *to purify*
puro, -a *pure; innocent*
púrpura *purple*

Q

que *that, which; who, whom; than;* más que *more than*
¿qué tal? *how are you? how are things?*
¡qué...!; ¡qué fresco, -a! *what nerve!, how fresh!;* ¡qué pena! *what a shame!;* ¡qué va! *no way!*
¿qué? *what?*
el **quechua** *Quechuan, language of the Incas*
quedar(se) *to be located; to remain;* quedarse dormido, -a *to fall asleep*

quejarse *to complain*
quemar *to burn*
querer (ie) *to want;* quiere decir *means;* quisiera *(one) might want*
querido, -a *dear (fam)*
el **queso** *cheese*
quien *who, whom*
¿quién, -es? *who?*
la **quijada** *jaw*
la **química** *chemistry*
el **quinqué** *hurricane lamp*
la **quinta** *country house*
quitar *to remove, take away*
quizá *perhaps, maybe*

R

el **radiador** *radiator*
el **radio** *radio*
la **raíz (pl raíces)** *root*
el **rallador** *grater*
la **rama** *bough, branch*
el **ramo** *bouquet (of flowers)*
la **rana** *frog*
el **rancho** *ranch, farm*
rápido, -a *fast*
la **raqueta** *racket*
las **raquetas** *snowshoes*
raro, -a *rare, strange;* rara vez *seldom*
el **rato** *while, short period of time;* hace un rato *a while ago;* los ratos libres *free time*
el **ratoncito** *little mouse (dim)*
la **raya** *stripe; line*
el **rayo** *ray, beam*
la **raza** *race;* de raza *purebred*
la **razón** *reason;* tener razón *to be right*
la **reacción** *reaction*
real *real; royal*
la **realidad** *reality, truth;* en realidad *really, truly*
realizado, -a *carried out*
realizar *to carry out, perform; to accomplish*
realmente *really, truly*
rebajar *to mark down (the price)*
el **rebaño** *herd, flock*
rebelar(se) *to revolt, rebel*
rebotar *to bounce*
el **recepcionista, la r.** *receptionist*
el **receptor** *receiver*
la **receta** *recipe; prescription*
recetar *to write a prescription, prescribe*
recibir *to receive*
el **recibo** *receipt*
reciente *recent*
recoger *to collect, pick up; to gather up*
la **recomendación** *recommendation*
recomendar (ie) *to recommend*
reconocer *to recognize*

el **reconocimiento** *inspection, examination*
el **récord** *record*
recordar (ue) *to remember*
recorrer *to go through*
el **recorrido** *route, path*
recostarse(ue) *to lean, recline*
la **recreación** *recreation, entertainment*
recreativo, –a *entertaining, recreational*
el **recreo** *recess*
recto, –a *straight; honest, upright*
el **recuerdo** *souvenir*
recuerdos *regards*
el **recurso** *resource*
la **red** *net*
redondeado, –a *rounded*
redondo, –a *round*
reducir(se) *to reduce*
la **referencia** *reference*
referir (ie, i) *to refer*
el **refinamiento** *refinement*
refinar *to refine*
la **refinería** *refinery*
reflejar *to reflect*
reforzar (ue) *to reinforce, to strengthen*
el **refrán** *proverb, popular saying*
refrenar *to curb, restrain*
refrescar *to cool, to refresh*
el **refresco** *soft drink;* los refrescos *snacks, refreshments*
el **refrigerador** *refrigerator*
regalar *to give (a present)*
el **regalo** *gift*
regar (ie) *to water, irrigate*
la **regata** *regatta, boat race*
regatear *to bargain, haggle*
la **región** *region*
registrador, –a: la caja registradora *cash register*
registrar *to register*
la **regla** *ruler; rule, regulation*
regresar *to return*
el **regreso** *return*
regular *so-so*
la **reina** *queen*
el **reino** *kingdom*
reír (í, i) *to laugh*
la **reja** *bar, grille; wrought iron work*
relacionado, –a *related*
relacionar(se) *to relate*
el **relevo** *relay*
la **religión** *religion*
religioso, –a *religious*
el **reloj** *watch;* el reloj despertador *alarm clock*
reluciente *shining, gleaming*
relucir *to shine, glitter*
el **remitente,** la r. *sender*
la **remolacha** *beet*
renunciar *to renounce, give up*
la **reparación** *repair, reparation*
reparar *to repair, fix*

repartir *to deliver, hand out*
repasar *to review, go over*
el **repaso** *review*
repente: de repente *suddenly*
repetir (i, i) *to repeat*
repicar *to ring (church bells)*
replicar *to answer, reply*
el **reportaje** *article, report*
el **reporte** *report*
el **reportero, –a** *reporter*
la **representación** *performance*
el **representante,** la r. *representative*
representar *to represent*
representativo, –a *representative*
la **república** *republic*
repuesto: de repuesto *spare, back-up*
requerir (ie, i) *to require*
el **requisito** *requisite*
rescatado, –a *rescued*
la **reserva** *reserve*
la **reservación** *reservation*
la **residencia** *residence*
residir *to reside*
resignarse (a) *to resign oneself (to)*
resolver (ue) *to solve*
el **resorte** *spring, coil*
respecto a *with respect to*
respetar *to respect*
el **respeto** *respect*
respirar *to breathe*
responder *to answer*
la **responsabilidad** *responsibility*
responsable *responsible*
la **respuesta** *answer*
el **restaurante** *restaurant*
restaurar *to restore*
el **resto** *the rest, residue*
el **resultado** *result*
resultar *to result, turn out to be*
el **resumen** *summary, résumé*
retratado, –a *photographed*
retratar *to photograph*
el **retrato** *portrait photograph, picture*
reunir(se) *to gather, get together*
revelar *to develop (photos)*
revés: al revés *backward*
revisar *to inspect, check*
la **revista** *magazine*
revivir *to relive, revive*
la **revolución** *revolution*
el **rey** *king*
ricamente *richly*
rico, –a *delicious, good; rich*
ridículo, –a *ridiculous;* ¡qué ridículo, –a! *how ridiculous!*
el **rigor** *severity, rigor*
riguroso, –a *rigorous, severe*
la **rima** *rhyme*
el **rímel** *mascara*
el **rincón** *corner*
el **río** *river*

la **riqueza** *wealth, riches*
rítmicamente *rhythmically*
el **ritmo** *rhythm*
el **rito** *rite, ceremony*
el **ritual** *ritual*
robar *to rob, steal*
el **robo** *theft, robbery*
el **robot** *robot*
la **roca** *rock*
el **rocío** *dew*
el **rock** *rock music*
rodeado, –a *surrounded*
rodear *to surround*
la **rodilla** *knee*
el **rodillo** *paint roller; rolling pin*
rogar (ue) *to beg, plead*
rojo, - a *red*
el **rollo** *roll*
romano, - a *Roman*
romántico, –a *romantic*
la **romería** *pilgrimage, festival or celebration held near a shrine*
el **romero, –a** *pilgrim*
el **rompecabezas** *jigsaw puzzle*
romper(se) *to break, to fall apart*
la **ropa** *clothing; clothes;* la ropa de montar *riding clothes*
la **rosa** *rose*
la **rotación** *rotation*
la **rotonda** *rotunda*
rubio, –a *blond*
la **rueda** *wheel*
el **ruido** *noise*
la **ruina** *ruin*
la **rumba** *Cuban dance*
el **rumor** *rumor*
rural *rural*
la **rutina** *routine*

S

la **sabana** *savanna, grassy plain*
saber *to know (a fact);* saber + inf *to know how + inf*
el **sabio, –a** *wise person*
sabroso, –a *tasty, delicious; delightful*
sacar *to obtain, get, take out;* sacar copias *to make copies;* sacar fotografías *to take photos;* sacar la licencia *to get one's license*
el **saco** *sack, bag;* el saco para dormir *sleeping bag*
sacrificar *to sacrifice*
el **sacrificio** *sacrifice*
el **sacudidor** *duster*
la **sal** *salt*
la **sala** *living room; room*
salado, –a *salty;* el agua salada *salt water*
saldar *to settle, pay up (a debt)*
la **salida** *departure;* el salón de salidas *departure room*

salir *to go out, leave; to turn out*

el **salón** *room; drawing room;* el salón de espera *waiting room;* el salón de salidas *departure room;* el salón familiar *family room*

saltar (de) *to jump (out of, from)*

el **salto** *jump, leap; waterfall*

la **salud** *health*

saludar *to say hello*

el **saludo** *greeting*

la **salva** *round (of applause, firecrackers, etc.)*

salvaje *wild, savage*

salvar *to save*

la **sandalia** *sandal*

la **sandía** *watermelon*

el **sandwich** *sandwich*

la **sangre** *blood;* de sangre *by blood*

sano, –a *healthy*

santo, –a *holy*

el **santo, –a** *saint; name day*

el **santuario** *sanctuary*

el **sapo** *toad*

la **sardina** *sardine*

la **sartén** *frying pan*

el **sastre, la s.** *tailor*

la **satisfacción** *satisfaction*

satisfecho, –a *satisfied*

se *himself, herself; yourself; yourselves; themselves*

el **secador** *dryer (hair)*

la **secadora** *dryer (clothes)*

secar *to dry*

la **sección** *section*

seco, –a *dry*

secreto, –a *secret*

secundario, –a *secondary;* la escuela secundaria *high school*

la **sed** *thirst;* tener sed *to be thirsty*

la **seda** *silk;* de seda *(made of) silk*

la **sede** *seat, headquarters*

seguir (i, i) *to follow, continue*

según *according to*

segundo, –a *second;* de segunda mano *second-hand*

seguramente *surely*

la **seguridad** *security;* el cinturón de seguridad *safety belt*

el **seguro** *insurance*

seguro (que) *of course*

seguro, –a *sure, secure, self-confident*

el **selector** *selector, dial*

la **selva** *jungle*

el **sello** *stamp, imprint*

el **semáforo** *traffic light, semaphore*

la **semana** *week;* el fin de semana *weekend;* la semana pasada *last week*

semanalmente *weekly*

sembrar (ie) *to sow, plant*

el **semestre** *semester*

el **senador, –a** *senator*

sencillo, –a *simple*

senil *senile*

sentar(se) (ie) *to sit down*

la **sentencia** *aphorism, maxim; sentence, judgement*

el **sentido** *sense;* de dos sentidos *two-way*

el **sentimiento** *feeling*

sentir(se) (ie, i) *to feel (health)*

la **señal** *sign;* la señal de mano *hand signal*

señalar *to signal, indicate*

el **señor** *man; mister, sir;* el Señor *the Lord*

la **señora** *lady, Mrs.*

la **Señora del Rocío** *Lady of Rocío*

la **señorita** *Miss*

la **separación** *separation, distance*

la **sequía** *drought*

ser *to be*

el **ser** *being, existence;* el ser humano *human being*

la **serenidad** *serenity, calm*

la **serie** *series*

serio, –a *serious*

la **serpiente** *snake*

serruchar *to saw*

el **servicio** *service*

la **servilleta** *napkin*

servir (i, i) *to serve*

Sevilla *Seville, city in southern Spain*

sevillano, –a *Sevillian, from or of Seville*

si *if;* si no *otherwise*

sí *yes*

la **sidra** *cider*

siempre *always;* siempre que *whenever*

la **sierra** *jagged mountain range*

el **siglo** *century*

el **significado** *importance; meaning*

significativo, –a *significant*

el **signo** *sign*

siguiente *next, following*

silbar *to whistle*

el **silbato** *whistle*

el **silencio** *silence, quiet*

silencioso, –a *quiet*

la **silla** *chair;* la silla de comedor *dining chair*

similar *similar*

simpático, –a *nice*

simple *simple; simple-minded; mere*

sin *without;* sin embargo *however*

sindical *syndical, pertaining to trade unions*

la **sinfonía** *symphony*

sino *but (rather)*

el **síntoma** *symptom*

el **sistema** *system*

el **sitio** *place*

la **situación** *situation*

situado, –a *situated, located*

sobre *on, on top of; about, concerning*

el **sobre** *envelope*

sobresalir *to stand out, to excel*

sobrevivir *to survive*

el **sobrino, –a** *nephew, niece*

el **sóccer** *soccer*

social *social*

la **sociedad** *society*

el **socio, –a** *partner*

el **sofá** *couch, sofa*

la **soga** *rope*

el **sol** *sun; Peruvian monetary unit;* hace sol *it's sunny*

solamente *only*

el **soldado, la s.** *soldier*

soleado, –a *sunny*

la **soledad** *solitude; loneliness*

la **solera** *wine-aging process*

el **solicitante, la s.** *applicant, solicitant*

solicitar *to apply for; to ask or look for*

sólo *only*

el **solo** *solo (musical)*

solo, –a *alone*

la **solución** *solution*

solucionar *to solve*

la **sombra** *shade; shadow*

el **sombrero** *hat*

sonar (ue) *to sound*

el **sonido** *sound*

sonreír(se) (i, i) *to smile*

sonriente *smiling*

la **sonrisa** *smile*

soñar (ue) *to dream;* soñar con *to dream about*

la **sopa** *soup*

soplar *to blow*

soportable *bearable*

el **soporte** *support, base*

la **soprano** *soprano*

sorber *to sip*

sordo, –a *muffled (sound); deaf, hard of hearing*

sorprendido, –a *surprised*

la **sorpresa** *surprise*

sospechar *to suspect*

Sr. *Mr. (abbreviation of señor)*

Sra. *Mrs. (abbreviation of señora)*

Srta. *Miss (abbreviation of señorita)*

su *your (pol); his; her; their*

suave *soft*

subir *to go up; to raise*

submarino, –a *underwater*

substituir *to substitute*

el **subsuelo** *subsoil*

el **suceso** *event, happening*

Sudamérica *South America*

el **suegro, –a** *father-in-law, mother-in-law*

el **sueldo** *salary*

el **suelo** *ground*
suelto, –a *loose*
el **sueño** *sleep, sleepiness; dream*
la **suerte** *luck;* por suerte *fortunately, luckily;* ¡qué suerte! *how lucky!*
el **suéter** *sweater*
suficiente *enough*
sufrir *to suffer*
sugerir (ie, i) *to suggest*
sujeto, –a *subject, liable to*
sumar *to add*
el **supermercado** *supermarket*
supervisar *to supervise*
la **supervisión** *supervision*
suponer *to suppose*
supremo, –a *supreme*
supuesto: por supuesto *of course*
el **sur** *south*
el **sureste** *southeast*
surfear *to surf*
el **suroeste** *southwest*
sus *your* (pol); *her; his; your* (pol); *their*
el **susto** *scare, fright*
suyo, –a, –os, –as *his; her; your* (pol); *your* (pl); *their*

T

el **tabaco** *tobacco*
la **tabla** *board*
el **tablón** *bulletin board*
tacaño, –a *stingy*
tal *such;* de tal modo *in such way;* ¿qué tal? *how are you?;* tal vez *perhaps*
la **talla** *size*
tallado, –a *carved*
tallar *to carve*
el **taller** *(repair) shop; workshop, factory*
el **tamaño** *size*
también *too, also*
el **tambor** *drum*
la **tambora** *bass drum*
tampoco *(not) either, neither*
tan *so (much);* tan... como *as... as*
el **tanque** *tank*
tanto, –a, –os, –as *so much, so many;* tanto, –a, –os, –as... como *as much, as many... as;* mientras tanto *meanwhile;* tanto gusto *glad to meet you*
la **tapa** *lid, cover; snack*
el **tapiz** *tapestry, carpet*
la **taquilla** *box office*
el **taquillero, –a** *ticket seller*
tararear *to hum (a tune)*
tardar *to delay*
tarde *late;* más tarde *later;* ya es tarde *it's late*
la **tarde** *afternoon;* de la tarde *in the afternoon;* por la tarde *in*

the afternoon; buenas tardes *good afternoon*
la **tarea** *task; homework*
la **tarjeta** *card;* la tarjeta de crédito *credit card;* la tarjeta de visitante *visitor's card*
el **taxi** *taxi*
la **taza** *cup*
te *you* (fam obj pron); *yourself* (ref obj pron)
teatral *theatrical*
el **teatro** *theater*
la **tecla** *key*
el **teclado** *keyboard*
la **técnica** *technique*
el **técnico, –a** *technician*
la **tecnología** *technology*
tecnológicamente *technologically*
el **techo** *ceiling*
la **teja** *(roof) tile*
tejer *to knit, weave*
el **tejido** *woven material*
la **tela** *cloth*
el **teleférico** *cable railway, tram*
el **teléfono** *telephone; telephone number*
el **telegrama** *telegram*
la **teleguía** *TV schedule*
el **telescopio** *telescope*
la **telesilla** *chairlift (to transport skiers)*
televisado, –a *televised, broadcast*
la **televisión** *television*
el **televisor** *TV set*
el **telón** *curtain*
el **tema** *theme, topic*
temer *to fear*
la **temperatura** *temperature*
la **tempestad** *storm*
el **templo** *temple*
temprano *early*
tenazmente *tenaciously, firmly*
el **tenedor** *fork*
tener (ie) *to have;* tener lugar *to take place;* tener que ver *to have to do with, to be related;* tener ganas de *to feel like;* tener (mucho) cuidado *to be (very) careful;* tener éxito *to succeed;* tener que + inf *to have to + inf;* tener tiempo de *to have time to*
el **tenis** *tennis*
la **tensión** *tension*
tentar (ie) *to tempt*
la **tentativa** *attempt*
teórico, –a *theoretical*
tercio *one-third*
terminar *to end;* al terminar *at the end*
el **término** *term*
el **termómetro** *thermometer*
termonuclear *thermonuclear*
la **terraza** *terrace (for farming);*

terrace; la terraza cubierta *covered terrace*
el **terremoto** *earthquake*
el **terreno** *land*
el **territorio** *territory*
la **tertulia** *get-together*
el **tesoro** *treasure*
el **testigo, la t.** *witness*
textil *textile*
el **texto** *text*
la **tía** *aunt*
el **tiburón** *shark*
el **tiempo** *time; weather;* en poco tiempo *in a short time;* a tiempo *on time; in time, early;* tener tiempo de *to have time to*
la **tienda** *tent; store;* la tienda de artesanía *handicrafts store;* la tienda de campaña *camping tent*
la **tierra** *land; earth; dirt, soil*
tieso, –a *stiff, rigid*
el **tigre** *tiger*
las **tijeras** *scissors*
el **timbal** *kettle drum*
tímido, –a *timid*
el **tío, –a** *uncle, aunt*
típico, –a *typical*
el **tipo** *type*
la **tira** *narrow strip (of cloth, paper, etc.);* la tira cómica *comic strip*
tirado, –a *drawn, pulled*
tirar(se) *to shoot, throw; to dive*
el **tiro** *shot;* el tiro al blanco *shooting gallery; target shooting*
el **título** *title; diploma*
la **tiza** *chalk*
la **toalla** *towel*
el **tobillo** *ankle*
el **tobogán** *toboggan*
el **tocadiscos** *record player*
tocar *to touch; to play (a song); to play (an instrument); to sound*
el **tocino** *bacon*
todavía *still*
el **todo** *everything;* hay de todo *there's everything;* ¡todo puede pasar! *anything can happen!*
todo, –a *all (of); all, every*
tomado, –a *taken*
tomar *to take; to pick, pick up; to have, eat, or drink*
el **tomate** *tomato*
la **tonelada** *ton*
tonificar *to strengthen, tone up*
tonto, –a *silly*
el **tonto, –a** *fool*
el **tórax** *thorax*
el **torero, –a** *bullfighter*
la **tormenta** *storm*
el **torneo** *tournament*
el **toro** *bull*
la **toronja** *grapefruit*
la **torre** *tower*

la **torta** cake
la **tortilla** thin, flat, round cake made of cornmeal or flour
la **tortuga** turtle
tortuoso, –a winding, tortuous
la **tostada** toast
la **tostadora** toaster
total total
trabajador, –a hard-working
el **trabajador, –a** worker
trabajar to work
el **trabajo** job, work
el **tractor** tractor
la **tradición** tradition
tradicional traditional
la **traducción** translation
traducir to translate
el **traductor, –a** translator
traer to bring
el **tráfico** traffic
Trajano Trajan, Roman emperor (53–117 a.d.)
el **traje** costume, suit; el traje de baño swimsuit
la **trampa** trap; ¡trampa! cheat!
tranquilo, –a quiet, peaceful
el **transporte** transportation
trapear to mop
tras after, behind
trasplantar to transplant
el **tratado** treaty
tratar (de) to try (to)
tratarse (de) to be about, deal (with)
trazar to draw, trace
el **tren** train; subway; en tren by train
el **trencito** little train (dim)
tribal tribal; having to do with a tribe
la **tribu** tribe
el **tributo** tribute
tridimensional three-dimensional
el **trigo** wheat
el **trineo** sleigh; sled
la **tripulación** crew
triste sad; meager, paltry
triturar to crush
triunfar to triumph
el **triunfo** triumph
el **trofeo** trophy
el **trombón** trombone
la **trompa** elephant's trunk
la **trompeta** trumpet
el **trono** throne
la **tropa** troop, soldiers
tropezar (ie) to hit, bump into
tropical tropical
el **truco** trick
el **trueno** thunder
tú you (fam)
tu(s) your (fam)
el **tubo** tube; (hair) roller
la **tumba** tomb
la **túnica** tunic, robe
el **turismo** tourism
el **turista, la t.** tourist

turístico, –a tourist
el **turno** turn
tuyo, –a, –os, –as your, yours, (fam)

U

u or
Ud. abbreviation for usted
Uds. abbreviation for ustedes
último, –a latest; last
ultravioleta ultraviolet
un a, an; one
la **U.N.E.S.C.O.** the United Nations Educational, Scientific, and Cultural Organization
único, –a only, sole; lo único the only one
la **unidad** unit; la unidad monetaria monetary unit
unificador, –a unifying, uniting
el **uniforme** uniform
unir to unite, join
la **universidad** university
universitario, –a (of the) university
uno, –a one; unos, –as some, a few
la **uña** nail
urgentemente urgently
uruguayo, –a Uruguayan
usar to use; to wear
el **uso** use
usted you (pol sing)
ustedes you (pl)
el **utensilio** utensil
útil useful
las **utilidades** earnings, returns
utilizar to use, utilize
la **uva** grape

V

la **vaca** cow
las **vacaciones** vacation
la **vacuna** vaccination; el certificado de vacuna vaccination certificate
el **vagabundo, –a** vagabond, hobo
el **vagón** wagon, car (of train)
la **vagoneta** small wagon
la **vajilla** dishes, china
vale okay; más vale it's worth more
valer to be worth; to cost
valiente brave, courageous
el **valle** valley
valorizar to value
el **vals** waltz
el **vampiro, –a** vampire
el **vándalo, –a** vandal
la **vara** pole; Spanish linear measure (.84 meters)
variable variable

la **variedad** variety; las variedades variety show
varios, –a various; several
el **vaso** drinking glass
vasto, –a vast, extensive
¡vaya! well!, there!
la **vecindad** neighborhood
el **vecino, –a** neighbor
la **vegetación** vegetation
el **vegetal** vegetable
el **vehículo** vehicle
la **vela** candle; sailing (sport); sail
la **velada** night watch
el **velero** sailboat
la **veleta** weathervane
la **velocidad** speed; a toda velocidad at full speed
el **venado** deer
vencer to conquer, win over
el **vendaje** bandage
el **vendedor, –a** sales clerk
vender to sell
la **vendimia** vintage, grape harvest
venerado, –a venerated
venerar to venerate, worship
venir (ie, i) to come
la **venta** sale; roadside inn
la **ventaja** advantage
la **ventana** window
ver to see; a ver let's see
el **verano** summer
veras: de veras really
la **verbena** festival on the eve of a saint's day
la **verdad** truth; de verdad for real; es verdad that's true
verdadero, –a true
verde green
la **verdura** green vegetable
la **versión** version
el **verso** verse
vertical vertical
el **vestido** dress
vestido, –a dressed
vestirse (i, i) to get dressed
el **vestuario** wardrobe
la **veta** vein, streak
la **vez** (pl veces) time; turn; una vez que once; en vez de instead of; a su vez in turn; a la vez at the same time; cada vez every time; each time; de vez en cuando every now and then; otra vez again; tal vez perhaps
la **vía** road, way; la vía de bicicletas bicycle lane; la vía pública thoroughfare
viajar to travel
el **viaje** trip; el viaje de vuelta return trip; ir de viaje to go on a trip
viajero, –a traveling
el **viajero, –a** traveler; el cheque de viajero traveler's check
la **víctima** victim
la **vida** life

el **vidrio**   glass
viejo, –a   old
el **viento**   wind
el **vigor**   vigor, strength
vil   vile, despicable
la **villa**   town; village
el **vino**   wine
la **violencia**   violence
el **violín**   violin
virar   to turn; prohibido virar
en U   no U-turn
la **virgen**   virgin
el **virreinato**   viceroyalty
el **virrey**   viceroy
la **virtud**   virtue
el **virus**   virus
la **visión**   vision
la **visita**   visit; guests, company
el **visitante,** la **v.**   visitor
visitar   to visit
la **vista**   view; a la vista   in sight
visto   seen; por lo visto   it seems
visualizar   to make visible
el **viudo, –a**   widower, widow

los **víveres**   food supplies
vivir   to live
vivo, –a   vivid
el **vocabulario**   vocabulary
la **vocación**   vocation
volador, –a   fleeting, swift
el **volante**   steering wheel
volar (ue)   to fly
el **volcán**   volcano
el **vólibol**   volleyball
el **volumen**   volume
la **voluntad**   will
voluntario, –a   voluntary
volver (ue)   to return; volver a +
inf   to + inf again
volverse (ue)   to turn, become
vosotras   you (f pl)
vosotros   you (m pl or m and f pl)
la **voz** (pl **voces**)   voice
el **vuelo**   flight
la **vuelta**   turn; return; de ida y
vuelta   round-trip; dar una
vuelta   to ride around, go for a
ride; dar vueltas   to go around
vuestro, –a   your, yours

Y

y   and
ya   already; ya es tarde   it's
already late; ya que   since
la **yarda**   yard (measure)
el **yate**   yacht
la **yerba**   grass
el **yerno**   son-in-law
yo   I
el **yodo**   iodine
la **yola**   yawl, gig

Z

zafar   to untie, loosen
la **zanahoria**   carrot
la **zanja**   ditch
el **zapato**   shoe
zodiacal   of the zodiac
la **zona**   zone; la zona postal
zip or postal code
el **zoológico**   zoo
la **zorra**   fox
zurcir   to mend, darn

Grammar Index

Note: For all irregular verbs, see the **Verb Charts** in the **Grammar Summary** and the **Index of Irregular Verbs.**

A 5
B 6
C 7
D 8
E 9
F 0
G 1
H 2
I 3
J 4